国家自然科学基金重大项目
大数据环境下的商务管理研究丛书

大数据环境下的运营策略优化与协调研究

陈　剑　吴俊杰　刘登攀　戴　悦
吴肖乐　黎　波　杨　柳　等　著

科学出版社
北　京

内 容 简 介

大数据正在改变着我们的生活和工作方式，影响着政府、企业和顾客之间的关系，颠覆了许多传统的企业运营模式。本书将介绍大数据环境下的运营策略优化与协调方面的最新研究成果，具体包括两个方面：①大数据环境下的分析和建模方法、运营优化和协调策略，如高维数据中的因果学习方法、考虑情境要素的社会化商务分析方法、服务系统中的顾客行为建模、信息设计、企业进入市场时机优化、竞争者合作策略及线上线下价格策略；②基于数据的运营分析和优化方法，如数据驱动激励设计、基于数据的零售运营优化及基于大数据的采购风险管理。

本书可供高校和科研单位的硕士研究生、博士研究生和教师阅读参考，对企业管理人员也具有参考价值。

图书在版编目（CIP）数据

大数据环境下的运营策略优化与协调研究/陈剑等著. —北京：科学出版社，2020.11

（大数据环境下的商务管理研究丛书）

ISBN 978-7-03-064591-3

Ⅰ. ①大…　Ⅱ. ①陈…　Ⅲ. ①企业管理-运营管理-研究　Ⅳ. ①F273

中国版本图书馆 CIP 数据核字（2020）第 037879 号

责任编辑：陈会迎 / 责任校对：贾伟娟

责任印制：张　伟 / 封面设计：无极书装

科 学 出 版 社 出版

北京东黄城根北街 16 号

邮政编码：100717

http://www.sciencep.com

北京虎彩文化传播有限公司印刷

科学出版社发行　各地新华书店经销

*

2020 年 11 月第　一　版　开本：720×1000　B5

2020 年 11 月第一次印刷　印张：19 1/2

字数：390 000

定价：196.00 元

（如有印装质量问题，我社负责调换）

大数据环境下的商务管理研究丛书
编委会名单

总　　序

科技发展日新月异，颠覆性的技术不断涌现，特别是最近十几年，互联网、物联网、云计算、智能技术等的快速发展和普及，使我们的社会发生了翻天覆地的变化。支付宝、微信等记录着人们的交易情况；穿戴设备记录着人们的运动和身体状况；社交媒体记录着人们的思考和交流网络；天网工程记录着人和物的出行轨迹，保障社会的稳定和安全；等等。目前，微信每天有 450 亿次信息发送，数以亿计的镜头更是留下了数量巨大的数据，全球数据量呈爆炸式增长，互联网数据中心（Internet Data Center，IDC）预计到 2025 年全球数据量将达到 175ZB①。大数据正在渗透人类社会的方方面面，正在成为改变世界格局、塑造人类社会未来的重要力量之一。在商务领域，一方面，大数据赋能（empower）企业发展，帮助企业增强能力，助力企业转型升级。例如，传统零售商利用大数据开展精准营销，制造企业利用大数据生产个性化产品，医疗健康服务提供者利用大数据开展个性化诊疗等。另一方面，大数据使能（enable）企业创新，为企业创造新的产品、模式，开辟新领域。例如，滴滴和 Uber 等对传统出租车行业的冲击和改造，支付宝和微信等对支付行业的冲击，亚马逊和京东等对传统零售行业的冲击等。

大数据正在改变着商务的格局，使得当前的商务环境呈现出一些显著的特征，其中有三个特征尤其突出。第一个是移动化，技术的进步和普及推动互联网向移动互联网发展，促进万物智联，便利的移动接入满足了所有商务活动参与者随时、随地采取行动的愿望，随着 5G②等的发展，这个特征将成为常态。第二个是社会化，白热化的竞争进一步加速了企业以核心能力为导向的趋势，技术发展支撑制造和服务向社会化、网络化发展；消费者的行为和决策常常受“社会意见”的影响；商家的决策既要考虑利益相关者的诉求，也要顾及利益无关者的影响；整个商业生态建立在社会化的基础之上。第三个是个性化，当前顾客成为竞争中的稀缺资源，以顾客为中心成为企业、商家的核心战略；在数字化时代，突出个性、彰显自我是“新人类”的重要标签，企业如何做到随顾客的“意”，即满足他们的个性化要求，是当前竞争的焦点。当然，这三个特征不是相互孤立的，而是相互作用和影响的。

---

① 即 zettabyte，中文名为泽字节，是计算机术语，代表的是 10^{21} 字节。

② 即 5th-generation，第五代移动通信技术。

大数据引发的变革是全面而深刻的，且具有颠覆性，既是机会又充满挑战，存在大量的科学问题亟待解决。我们有幸承担了国家自然科学基金重大项目“大数据环境下的商务管理研究”（71490720）的任务。作为国内第一个大数据方面的重大项目，该项目将具体的研究内容确定为：针对大数据的复杂性和大数据环境下商务管理面临的巨大挑战和机遇，采用建模、实验、实证、案例分析等研究方法，从参与者与市场的商务行为机理、顾客洞察与市场营销策略、运营策略优化与协调、商务智能与模式创新、商务分析与计算方法、大数据支撑平台等角度，系统地凝练和解决当前大数据环境下的商务管理中的一些重大科学问题（研究框架如图 0-1 所示）。通过深入系统的研究，该项目试图揭示大数据环境下商务管理中参与者与市场的交互式商务行为机理，洞察顾客行为与价值实现机制并设计相应的市场营销策略，优化大数据环境下企业运营策略与风险控制方案，构建大数据环境下企业商务智能的能力并剖析商业模式创新的原理和模式，研发面向大数据的商务分析与计算方法。

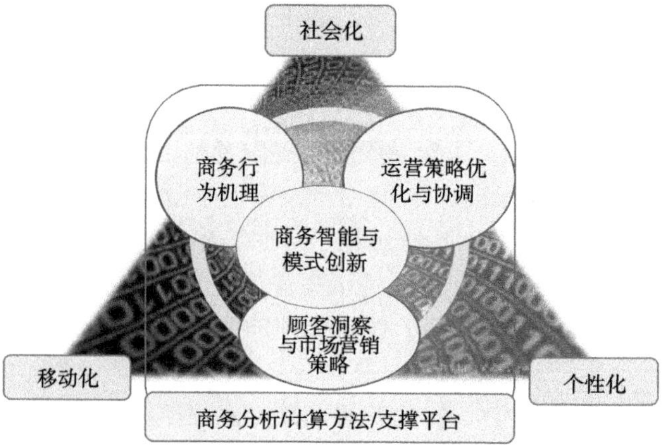

图 0-1　“大数据环境下的商务管理研究”内容框架

为此，我们组织了一支以清华大学、复旦大学、西南交通大学、合肥工业大学和哈尔滨工业大学优秀学者为核心的研究团队，围绕上述研究框架开展深入研究。研究团队紧紧把握立足中国实践，到国际上讲中国故事这个总方针；围绕从实践中发现具有普适性的科学问题，通过我们的努力为人类贡献学术新知这个总目标；采取注重整体、协同攻关的研究思路，经过四年多的努力，取得了一大批有价值的研究成果。主要进展包括以下几个方面。

揭示大数据环境下用户产生内容以目的价值、社会价值和娱乐价值为导向的动机，解析企业商业干预行为对用户产生内容的影响机理，剖析多渠道整合信息传播的商业价值、不同传播内容特征和传播主体特征对用户商业行为的影响规律，以及网络信息传播、社会资本结构、用户商务行为三者之间动态交互与发展的关系，系统地解释企业、用户群体之间共创企业价值和用户价值的逻辑，探索用户评论机制、卖家保证机制和平台治理机制对市场有效性和公平性的理论解释，总结大数据技术与应用采纳和扩散的新过程及新方式，初步构建大数据技术扩散的组织理论。

用网络中心度和多样性等特征来刻画顾客在大数据时代的兴趣系统及全生命周期行为特性，探究基于家庭网络和社区网络行为特征的个体行为向群体行为演化的过程和规律，从网络结构和动态特征上揭示城市与农村之间在社区网络、家庭网络上的差异及其对消费行为和产品扩散的影响，剖析企业在线产品推荐与用户互动行为的机理，解析行为定位如何影响用户对在线广告的反应，并建立两阶段决策模型，设计考虑时间、地理位置和社会关系三维因素以获得动态实时精准的企业电子商务和市场营销策略，探讨"一带一路"框架下高铁"走出去"的国家战略，并分析其全球战略价值。

建立几类典型消费者的行为模型，探究大数据环境下的信息设计策略，优化大数据环境下的企业的运作策略（包括企业市场进入策略、价格决策、库存决策、广告竞争决策、平台匹配策略、线上及线下和全渠道运作策略与多职能业务集成的策略优化等），开发数据驱动的企业运作策略优化和协调方法（如定价决策，库存决策，以及选址、选品和库存联合决策等），设计大数据环境下企业间竞争与合作策略（如竞争企业产能合作策略、供应链渠道优化策略、不同场景下供应链企业间的契约设计方法、动态机制设计方法），构建基于大数据的采购风险综合集成管理框架。

构建面向企业内外部数据资源整合的商务智能模型与方法（如性能更优的融合内外部数据的用户辨识方法、新颖代表性测度及代表性信息提取方法、面向特定场景的更高效推荐算法等），揭示信息技术（information technology，IT）具有应对不确定性以减轻企业绩效波动的潜力的内在规律，探讨了 IT 投资决策时企业偏离行业平均水平后带来的绩效影响，探究了企业信息系统的存在性和实施程度与审计师的工作质量及效率的相关性，基于提出的竞争性测度和模型可智能识别出反映市场用户意图和认知的竞争品牌，提炼出社会化互动营销情境下的任务特征及分类以分析社会化互动模式的创新扩散机理，拓展和加深了技术采纳和使用理论的基础。

提出面向商务管理的大数据获取、评估与融合、学习和预测等方法（如高效检索相似性计算技术、面向商务管理的数据约简方法、面向商务管理的数据融合方法、因果学习方法等），构建面向商业情报分析、个性化推荐的大数据分析与计算方法（如面向用户画像方面的非参数层次贝叶斯主题模型、面向产品个性维度的量化模型和基于语言规则的产品标签筛选方法、针对个性化需求的推荐方法等），初步建立了面向汽车品牌管理的大数据商务分析系统与支撑平台（包括大数据分析平台、多源数据获取和融合系统、面向企业需求和用户需求的品牌管理子系统）。

基于上述研究成果，我们在国内外高水平学术刊物上发表了一大批论文，特别是在相关领域国际顶尖期刊（即管理、数据分析类顶尖刊物：UT Dallas 界定的 24 种期刊、*ACM Transactions on Database Systems*、*ACM Transactions on Information Systems*、*ACM Transactions on Knowledge Discovery from Data*、*IEEE Transactions on Knowledge and Data Engineering*）上发表论文 50 多篇，并在重要国际会议上做了大量的学术报告（包括一些主旨报告、邀请大会报告）。这些结果反映出我们预期到国际上讲中国故事的努力取得了显著的成效，我们讲的中国故事得到了国际学术同行的认可，并在相关领域的国际顶级学术论坛展示和传播我们基于中国实践的学术新知。同时，我们也非常注意将研究成果应用于国内外企业，帮助它们更好地开展相关业务，例如，我们的研究成果被中国人民保险集团股份有限公司、国药控股股份有限公司、安徽江淮汽车集团股份有限公司、奇瑞汽车股份有限公司、苏宁易购集团股份有限公司、IBM 公司等采纳。

为了更为系统地展示我们前期的研究成果，特组织项目研究团队将部分研究成果汇集成这一系列研究专著。本系列专著的出版一方面向大众展示和传播我们的研究成果，另一方面希望起到抛砖引玉的作用，吸引更多的人投身到这个蓬勃发展的研究领域。本系列由下列五部专著组成：《大数据环境下的商务行为机理：理论与实证》（黄丽华等著）、《大数据环境下的顾客洞察与市场营销策略研究》（贾建民等著）、《大数据环境下的运营策略优化与协调研究》（陈剑等著）、《基于大数据的商务智能与模式创新研究》（陈国青等著）、《数据驱动的品牌关系管理》（刘业政等著）。

尽管该重大项目的任务即将完成，然而对大数据环境下商务管理的探索和研究不仅没有结束，而是方兴未艾。毕竟，大数据的时代潮流正在引发巨大的、全方位的社会经济变革。我们的尝试和努力仅仅是一个开头，需要更加深入、全面、系统地认识、理解大数据对商务引发的革命性变革，研究其逻辑和规律，进而顺应变革的潮流、结合科技的力量研究相关的理论、方法和管理技术。至少有三个方向值得特别关注。第一，技术和商务的深度融合将颠覆和重塑人们的思维逻辑、认知方式和行为习惯。需要重点回答下面问题：如何基于数据形成具有因果关系的逻辑分析框架从而指导数据驱动的商务分析理论和方法，如何设计新的机制和规范以适应商务参与者的变化、参与者的思维和行为的改变，等等。第二，大数据、智能技术等导致的自动化、智能化将助力传统行业的转型升级，如机器人、无人仓库、无人超市、自动驾驶等的普及。关键课题包括如何结合领域知识改进商务模型、优化商务流程和经营策略、提升竞争效率等。第三，大数据和新技术也在推动行业破坏性创新，例如，“数据–服务–产品”包将真正实现“产品即服务”，改变产品的产权关系，触发制造业的彻底革命；又如，基因测序的应用和普及将引发医疗健康及保险等行业的革命。那么，接下来就要进一步探索如何在新的商务生态下创新商务模式、设计商务流程和经营策略、创造竞争优势等。

该项目能够在过去四年多的时间里得以顺利、有效地执行并取得重要进展和成果离不开许多组织和个人的殷切关怀、热情帮助、大力支持和全力投入。首先，感谢国家自然科学基金委员会高瞻远瞩，把握学科发展的前沿，适时立项，并在研究经费上予以支持。感谢国家自然科学基金委员会管理科学部的领导吴启迪主任、李一军主任、高自友主任一贯的关心、指导、支持和鼓励，工商管理处的冯芷艳处长在推动大数据相关研究方面的热情和努力与在该项目启动会上对项目执行规划的具体指导，工商管理处的吴刚处长在项目的执行过程中的指导、督促和支持。衷心感谢项目专家指导组马费成教授、毛基业教授和曾大军教授对项目在研究过程中给予的指导和具体的建设性意见。还要特别感谢项目团队所在单位，清华大学、复旦大学、西南交通大学、合肥工业大学和哈尔滨工业大学为研究团队工作的顺利开展提供了良好的环境和条件，以及一大批企业在项目研究过程中的配合和协助［包括阿里巴巴（中国）有限公司、北京京东尚科信息技术有限公司、苏宁易购集团股份有限公司、北京嘀嘀无限科技发展有限公司、中国人民保险集团有限公司、中国移动通信有限公司、北京百度网讯科技有限公司、奇瑞汽车股份有限公司等］。也要感谢所有参加该项目研究的老师和同学，包括项目团队核心成员：杨善林院士、叶强教授、徐心教授、刘红岩教授、戴悦教授。各课题的协调人：卫强教授、卢向华教授、肖勇波教授、郝辽刚教授、姜元春教授。各课题组骨干成员：课题一成员包括凌鸿教授、黄京华教授、李玲芳教授、郭迅华教授、王有为教授、张诚教授、彭志伟教授、林丽慧教授、许博教授、李希熙教授等；课题二成员包括徐飞教授、杨沙教授、张紫琼教授、李国鑫教授、耿维教授、Chul Ho Lee 教授、杨洋博士、王欣教授等；课题三成员包括吴俊杰教授、朱岩教授、刘登攀教授、张成洪教授、吴肖乐教授、黄朔教授、黎波教授、叶青教授、杨柳教授、袁华教授、钱宇教授等；课题四成员包括 Doug Vogel 教授、闻中教授、易成教授、吴天石教授、夏昊教授等；课题五成员包括倪志伟教授、李军教授、何建民教授、徐进教授、丁帅教授、王晓佳教授和孙见山教授等。谢谢大家一直以来真诚的配合和全心的投入，正是大家的齐心协力保障了项目的顺利进行。最后向参加本系列专著撰写的所有作者的倾心投入、朱华女士在项目进行和专著系列出版过程中的尽心协助，以及科学出版社及相关编辑在专著的编辑和出版过程中表现出的职业水准致以诚挚的敬意。

陈　剑　清华大学
陈国青　清华大学
黄丽华　复旦大学
贾建民　西南交通大学
刘业政　合肥工业大学

2019 年 7 月

目　　录

第 1 章　绪　　论

陈剑，黄朔
清华大学经济管理学院

1.1　大数据环境下运营策略优化与协调的意义

互联网尤其是移动互联网的普及，带来了电子商务应用的发展与成熟。与此同时，伴随着物联网和云计算等新兴信息技术的发展，当前全球的数据量呈现爆炸式的增长。全球的数据量从 3EB[①]增长到 200EB，仅仅用了 25 年的时间（1986~2011 年），随后数据量的增长趋势进一步加快，据 IDC 预测，全球数据量的总和将从 2018 年的 33ZB 增长到 2025 年的 175ZB（Reinsel et al.，2018）。在数据量暴增的同时，数据的多样性、低价值密度、实时性等复杂特征也日益显著。种种现象表明，目前我们正在进入一个大数据的时代。大数据已经在制造业、零售业、电子商务、金融服务、信息消费及移动位置服务等行业和领域得到了广泛应用，并正在成为全世界共同关心的焦点问题。

哈佛大学的社会学教授加里·金将大数据比拟为一场新的技术革命，因为它对国家治理模式、企业决策、组织和业务流程及个人生活方式都将产生巨大的影响。而当我们聚焦于大数据环境对商务管理产生的巨大影响时，可以将大数据环境的核心特征归纳为移动化、社会化和个性化。

数据量增长的一个重要原因在于全球数以十亿计的人正通过智能手机等工具将其生活逐步转移到网上。最近的一项调查表明，45%的美国人每天会多次上网，28%的人几乎总是在线（Perrin and Kumar，2019）。而在我国，中国互联网络信息中心（China Internet Network Information Center，CNNIC）的报告指出，截至 2018 年底，我国的网民规模已达 8.29 亿人，其中使用手机上网的比例更是高达 98.6%，

---

① 即 exabyte，中文名为艾字节，是计算机术语，代表的是 10^{18} 字节。

人均每周上网时间长达 27.6 小时（CNNIC，2019）。所有这些活动都会在互联网上留下丰富的数据记录，这正是大数据的重要来源之一。

近年来，在线社交网络（online social networks）逐渐成为人们在互联网中重要的互动、沟通、协作及内容创造的媒介之一。用户成为互联网的主体，用户产生内容（user generated content，UGC）则构成了在线社交网络的内容主体，而信息内容的产生、接收与传播也成为用户在在线社交网络中深度参与的主要活动。用户在社会化媒体中的所有行为活动都会被记录下来，这些行为特征往往是用户偏好及其个性化需求的直接表现，这为企业提供了洞察顾客需求、发现商业机会的新视角。

在大数据时代，企业能够有更多的机会去了解顾客，甚至可能比顾客自身还更加清楚他们的需求。大数据环境和相关技术在个性化营销、个性化推荐方面具有天然的优势。例如，用户的个性化需求通过其在社会化媒体中的各类活动显现出来，将用户产生内容与社会关系网络结合，就使社会化媒体具有了天然的营销渠道特征，可以同时为企业的个性化营销、精准营销提供数据资源和平台。

要研究大数据环境下的商务管理，就必须结合大数据社会化、移动化和个性化等重要新特征，认清这些新特征给商务管理带来的新机遇与挑战，才能围绕大数据环境下商务管理中的重大基础科学问题开展深入系统研究。针对这一问题，国家自然科学基金委员会管理科学部于 2014 年批准了由清华大学牵头，联合复旦大学、西南交通大学、合肥工业大学、哈尔滨工业大学等合作单位共同申请的国家自然科学基金委员会重大项目“大数据环境下的商务管理研究”（71490720）。该项目包括大数据环境下的商务行为机理研究、大数据环境下的顾客洞察与市场营销策略研究、大数据环境下的运营策略优化与协调研究、基于大数据的商务智能与模式创新研究和面向大数据的商务分析与计算方法及支撑平台研究等五个课题。

关于大数据在商务管理中的潜在价值，麦肯锡全球研究院曾经在 2011 年的一份报告中，为人们描绘了一幅激动人心的大数据分析应用前景。当时的研究报告指出，大数据在创造透明度、发现顾客需求、细分市场、辅助决策支持、商务模式/产品/服务创新等方面，具有重要的潜在价值。同时报告指出，大数据分析将在若干领域具有很大的增长潜力，并测算出大数据的应用每年可以为美国医疗健康行业和欧洲政府分别节省 3000 亿美元和 1000 亿欧元，利用个人位置信息可创造出 6000 亿美元的消费者剩余（Manyika et al.，2011）。

然而，五年之后，当麦肯锡全球研究院再次聚焦这个议题时，却发现当时所预计的大数据分析的潜在价值并没有得到完全实现。其中表现最好的是利用个人位置信息提供的服务，也仅实现了 2011 年预测潜在价值的 50%~60%，而在其他某些领域，只实现了 10%~20%的预测潜在价值。麦肯锡全球研究院的分析报告认为造成这一结果的重要原因在于，企业缺乏将从数据中获得的见解转化为日常商业流程的能力，也就是说，企业不仅面临数据分析专家的短缺，而且缺少能将数据分析能力与业界商务技能结合起来的商业转化人士（Henke et al.，2016）。

上述现象表明，在大数据环境下，与数据分析能力同等重要的还包括将数据分析与具体业务相结合的能力。数据往往以碎片化的信息孤岛存在于不同的利益主体中，把数据转化为生产力不但需要先进的分析技术和可视化工具，更需要调和利益主体的激励和价值。针对这个问题，本书将从运营策略优化与协调的角度，分析大数据环境给企业运营带来的变化与机遇。作为重大项目“大数据环境下的商务管理研究”的课题之一——大数据环境下的运营策略优化与协调研究（71490723）与项目的其他四个课题互为依托，形成一个完整的体系。而对商务分析方法和计算方法的研究，以及随后构建的大数据支撑平台和工具，则能够更为全面地对核心科学问题进行支撑和验证，使研究成果更具现实意义和实用价值。本书介绍的内容与大数据环境下商务管理的其他研究内容的关联如图1-1所示。

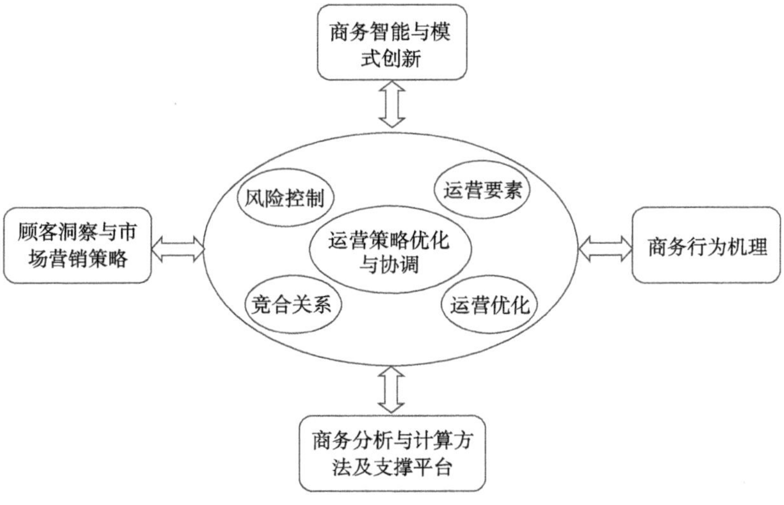

图1-1　运营策略优化与协调和其他核心科学问题的关系

本书将分别从大数据环境下商务分析的基本工具和方法、考虑大数据环境特征的运营优化和协调策略，以及基于数据的运营分析和优化方法等多个角度出发，研究大数据环境下新型运营要素及其度量、企业间的竞争与合作、运营优化与协调策略及其运营风险的控制。主要内容包括：大数据环境下的因果学习与稳定预测，大数据环境下考虑情境要素的社会化商务分析，大数据环境下的顾客行为建模和信息设计研究，大数据环境下的企业竞合框架分析，数据驱动的企业定价策略研究，以共享出行平台为代表的大数据环境下创新运营模式研究，基于数据分析的全渠道零售商选址、选品与库存决策，以及基于大数据的采购风险管理策略等。

1.2 大数据环境下运营策略优化与协调的变化

在日渐加剧的全球市场竞争中，如何有效地管理大数据，挖掘出大数据的潜在价值，将成为未来竞争和增长的基础，并日益成为企业重要的生产要素和战略资产。一些初步的应用已经表明，大数据在帮助企业发掘新的商机、提高运营绩效方面的潜力巨大。在不远的将来，企业经营活动的方方面面都将与大数据密不可分，甚至可以说，大数据将会颠覆许多传统的企业运营模式。具体而言，大数据环境下的企业生产、服务运营管理和供应链管理呈现出以下一些变化。

首先，作为企业运营管理最终的服务对象，顾客对产品、服务的价值测度和决策行为正在发生翻天覆地的变化。传统观念认为，顾客的“效用”取决于产品、服务自身的属性及顾客对这些属性的感知程度，因此，顾客通过评价某个产品、服务价值来决定购买决策的时候，参考的维度一般包括品牌、价格、功能、质量等几个方面。然而随着人们生活水平的提高和消费习惯的改变，“产品–服务”包中无形的服务要素的权重越来越大，这极大地增加了顾客感知价值的差异性和不确定性。与此同时，得益于电子商务和社会化媒体的迅速发展，信息的搜索成本急剧降低，海量的口碑信息对消费者行为产生了巨大影响。社交媒体中关于产品、服务的顾客体验评价成为影响顾客感知价值的重要因素，表现为顾客的购买决策在很大程度上受到其他消费者购买行为和评论的影响。CNNIC 的报告数据显示，约有 77.5%的消费者会根据网络口碑做出商品选择和购买决策（CNNIC，2016）。在某些特定领域，如信息产品、出版物、影视、娱乐体验及新产品或服务等领域，这种“网络外部性”和“口碑效应”对企业运营的影响尤其突出。

其次，大数据的发展给企业的经营环境、经营方式、组织结构、业务流程等带来了深刻的影响。随着物联网、云计算等技术的日渐成熟，基于信息技术的新产品和新服务不断涌现，与之相对应，新的商务模式创新成为大数据时代的一个显著特征。例如，基于卖家数据分析的阿里小额贷款颠覆了传统银行的贷款业务；腾讯的手机微信产品给运营商的短信业务带来了巨大冲击，并在电商、金融等领域发挥越来越大的影响力；移动互联技术和以智能手机与平板电脑为代表的移动终端的普及为企业提供顾客需要的服务创造了新的契机。目前，各种基于位置的服务（如打车、餐饮、娱乐、交通推荐服务等）及其商业模式正在改变人们的生活和消费习惯。同时，许多企业意识到，大数据真正的价值在于基于数据的深度分析所创造的有用知识。为了在残酷的市场竞争中立于不败之地，越来越多的企业正利用基于大数据的商务分析来增强企业的核心竞争力。例如，一些企业利用内部产生的大量数据，包括监测设备运行的传感器数据、实时库存更新的 RFID（radio frequency identification，射频识别）数据等，进行前瞻性的设备维护和配件库存管理（Dutta et al.，2007）；也有企业结合顾客的实时需求数据和企业自身数据，为顾客提供及时的定制化产品和服务，如 CEMEX 公司（Sanders，2014）；又如，在电子商务对传统零售造成极大冲击的背景下，O2O[①]模式正在越来越多的行业普及。O2O 通过各种活动将线上的消费者引导到线下实体店去消费，同时线下的消费者在消费结束以后，将线下的体验反馈到线上从而构成闭环。这种模式将线下门店和线上渠道形成一个无缝连接的全渠道，为消费者提供了一致的消费体验。

最后，大数据环境下供应链结构日渐复杂，企业的分工协作越发重要。在服务日渐重要、“信息”或者“数据”也成为“产品-服务”包中一个至关重要组成部分的背景下，越来越多的提供信息服务的企业加入传统供应链中。比如，集成了旅游信息的去哪儿网已经成为人们出行时获得机票、酒店信息的一个主要来源。同时，在云计算、物联网等现代信息技术的支持下，虚拟企业将越发普遍，很多产品、服务在设计、生产、配送、售后服务等环节都将通过全球范围的“众包”的方式来完成。在这样的背景下，传统的“供应商—生产商—批发商—零售商”垂直供应链结构被颠覆，职能部门的界线（如运营部门与财务部门之间的界线）也被打破，来自不同行业、不同职能、不同地区的企业和个体形成基于互联网平台错综复杂的“供应网”。比如，通过集结社会闲散资金从而为企业提供融资服务的“众筹”平台也成为供应链中的一个重要环节。在一个网络化（networked）的世界中，这种“跨界”的整合与集成给企业的经营管理带来了更大的风险，使企业之间的协调运作变得尤为重要，因为一个小环节引发的问题很可能通过连锁反应的方式导致其他相关企业出现不可弥补的损失。

通过以上内容可以看出，大数据的发展给顾客需求、企业运营、供应链结构等方面都带来了巨大的变化。面对这些变化，如何把数据转化为生产力，利用大数据方法优化企业的运营，是大数据时代企业面临的现实问题。

1.3　大数据环境下运营策略优化与协调的机遇

在大数据时代，企业在了解顾客需求、有效地设计运作系统、降低运营风险、建立与合作伙伴的有效协作机制等方面都面临着极大的挑战。而与此同时，大数据及基于大数据的相关技术（如机器学习、数据挖掘等）为企业在新时期有效地

① 即 online to offline，指将线下的商务机会与互联网结合。

应对这些挑战、重新打造核心竞争力提供了新的机遇。

在了解顾客价值测度方面，基于顾客的消费习惯、兴趣爱好、关系网络、顾客在新浪微博（简称微博）和微信等社交媒体中的信息、顾客在电子商务站点的购买记录与产品评论等，结合商家的促销和广告活动、政府政策（如商务部发起的家电下乡活动）等信息，利用关联分析、数据挖掘、统计分析等技术与方法，结合行为实验，可以建立能有效描述顾客决策和价值测度的定量模型，从而为企业合理地分析顾客价值在产品生命周期中的演变规律，进而使企业实施有效的需求管理奠定基础。例如，通过分析微博上表情符号的使用频率，可以发现微博中表情符号的使用量在不断增长和变化，最后趋于成熟、稳定。当表情符号的使用逐渐变成微博的语言习惯，人们对表情符号的使用就不是混乱无序的，而是能够真实地反映用户的情感及行为。

在通过数据分析更好地掌握顾客选择偏好的前提下，企业从产品、服务的设计开始，到整个服务流程的结束，都能更好地满足顾客的需求。特别是在“产品-服务”包中实物产品所占比重越来越低的背景下，企业可以通过设计不同的服务包组合，以满足不同细分市场顾客的需求。除此之外，基于大数据的商务分析还能创造出更有价值的服务。以医疗服务为例，如果通过医疗机构已有的海量医疗记录，结合病人的生活习惯、遗传基因等数据建立疾病（如糖尿病）的患病风险模型，发现疾病的主导风险因子，那么结合个体消费者的数据，就能够“预测”顾客的患病风险概率，并以此为基础为顾客提供个性化的健康咨询服务，从而实现以诊疗为核心的医疗服务向以生活方式管理为核心的健康服务的转变。

在重塑核心竞争力方面，大数据为企业重新定位自己在供应链中的角色、选择有效的市场竞争策略并构建基于数据共享的上下游关系创造了新的机会。在制造业向基于制造的服务业转型的过程中，“品牌”、“服务”与“知识经济”相对于产品制造显得越来越重要。基于数据分析的产品设计与改进、精准营销、个性化服务等越来越成为企业的核心竞争力。类似于小米科技有限责任公司（简称小米）这样的企业，其核心竞争力之一就在于通过 MIUI 系统中用户的反馈来了解顾客需求，从而持续地改进产品。

在运作系统优化方面，大数据让企业在更好地了解客户需求的前提下优化运作系统，从而为向顾客提供个性化的产品及定制化的服务奠定了基础。在持续变化的环境中，基于大数据的分析使企业可以动态跟踪顾客需求的变化，动态监控供应链中的各个环节，并制定实时的运营管理决策（如定价、生产、运输等）。通过打造“数据驱动”的运作系统，企业可以通过持续的学习进行有效的资源配置，以更好地匹配需求和供给，从而提高绩效并开拓新的利润增长点（Cronin，2014）。当前许多企业正在试图开展全渠道营销，这既包括传统的线下企业向线上拓展（如苏宁），也包括现有的线上企业向线下延伸（如京东）。在全渠道营销的背景下，线上的销售数据、浏览数据等可以帮助销售商更好地对线下零售中遇到的问题进行决策，特别是通过全渠道收集的数据会多于传统数据，因此利用数据来指导操作是更具有参考性的办法，如全渠道零售商的选品问题、货架库存问题及选址问题等。

在风险管理方面，大数据技术的出现增强了供应链的可视性（visibility），从而为企业降低运营风险提供了基础。一方面，在产品或原材料的供应端，如果每个供应商的产品供应信息都实时地更新到企业的数据平台上，并根据企业的制造计划去进行匹配，无疑能降低各零部件库存不匹配的风险。另一方面，在产品的需求端，基于大数据的分析能帮助企业更好地了解顾客需求，从而降低需求不确定性所带来的风险。以采购风险管理为例，通过将更多维、更大量的相关数据融入采购风险管理中，可以实现更多风险要素的嵌入，提升企业的采购风险管理能力。这里提到的数据既包括国家报告、行业报告、第三方信息、信用历史、社交媒体评论、交易数据等跨界数据，也包括大数据背后隐藏的知识如关联模式、客户行为、演化机制等。当前越来越多的开源数据库（欧盟开放数据平台、谷歌公共数据浏览器、新浪微博数据中心等）为我们提供了丰富的研究素材，开放的大数据平台（百度大数据引擎、阿里云大数据平台等）为大数据分析提供了基本工具。充分利用这些数据和工具有助于我们进一步探索大数据赋能采购风险管理。

当前，已经有一些企业开始利用基于大数据的分析来设计、优化运作系统；一些初步的企业应用已经开始展现出大数据的巨大潜力。例如，移动通信、全球定位和大数据等技术的进步使共享出行平台取得了颠覆式的发展，共享出行平台是一个基于智能手机应用程序即时匹配有出行需求的消费者（或称为乘客）和独立的服务提供者（或称为司机）的在线双边市场。截至 2018 年，中国最大的共享出行平台——滴滴出行在全国 400 座城市里，每天完成 3000 万个出行订单，拥有 2100 万名注册司机。而作为中国商业企业的领先者，苏宁也在持续推进科技转型、智慧服务的发展战略，依托全渠道数据，苏宁逐步探索出线上线下多渠道融合、全品类经营、开放平台服务的业务形态，通过“店商+电商+零售服务商”的云商模式，实现 O2O 的线上线下融合，引领零售发展新趋势。

总之，大数据为企业围绕消费者创新产品和服务、重新定义在供应链中的核心竞争力、重组组织结构和业务流程、优化运营系统、重塑供应链关系等方面都提供了新的机会，目前在某些企业和行业已经取得了初步的成功。然而一份报告指出，大数据在企业的大规模应用还远远谈不上成功（Court，2015），在一次对企业数据分析部门负责人的调查中，当谈到大数据技术对于企业收入和成本的改进时，3/4 的受访者认为其改进作用的幅度尚不足 1%。那么，企业应当如何充分发挥大数据的潜在价值？如何利用大数据及相关技术有效解决大数据时代所带来的新的管理问题？通过本节的介绍，可以看出这些问题涉及大数据分析技术、社会化媒体下的消费者价值测度、基于大数据的创新商业模式设计、数据驱动的运营系统优化与协调等多个方面。而本书关注的是如何从运营策略优化与协调的角度，分析大数据环境给企业运营带来的变化与机遇。我们将分别从大数据环境下商务分析的基本工具和方法、考虑大数据环境特征的运营优化和协调策略研究，以及基于数据的运营分析和优化方法等几个角度出发，对大数据环境下的运营策略优化与协调的研究问题展开讨论。

1.4 本书的内容安排简介

作为重大项目“大数据环境下的商务管理研究”的课题之一，本项目开展以来，课题组成员聚焦于大数据环境下的企业运营管理相关问题，按计划开展了深入、系统的研究，取得了一大批创新性的研究成果。本书基于课题组成员的部分研究成果，并综合了当前业界热点和最新研究前沿，组织了一系列专题研究内容，将在第 2 章至第 11 章分别进行介绍。我们将从企业运营策略优化与协调的视角，探讨大数据环境下运营管理研究的核心问题，即企业如何在运营中通过数据和技术创造价值。

我们基于面向大数据的商务分析工具与方法，充分考虑大数据环境给商务管理带来的新特征，把介绍重点放在如何在大数据环境下优化企业的运营和解决企业的激励和机制设计问题，以及如何直接利用大数据形成新的运营管理模式或方法，提升企业的运营绩效。本书旨在从商业逻辑提炼大数据的商业价值，从激励和机制的角度凝练大数据利用中的制度因素，从优化的角度总结基于大数据的最优运营策略。

大数据技术从根本上改变了市场主体搜集、处理、利用信息的方式，放松了企业各职能部门优化运营的约束，增加了商业生态系统各企业间博弈的维度，调整了企业经营风险控制的内容。围绕这些新问题，本书介绍的内容聚焦在如下三个方面。

第一，面向大数据环境，提供解决商务运营分析所需的一般性工具或方法。第 2 章介绍了大数据环境下的因果学习与稳定预测；第 3 章和第 4 章分别以社会化媒体和服务系统为研究背景，系统研究了大数据环境下顾客的决策机制，从而为企业利用数据增加对市场的认知透明度，有效地干预顾客的信息需求奠定了基础；第 5 章则聚焦于大数据环境下的信息设计问题。

第二，在企业的运营管理中，大数据环境会带来一些新的特征，如社会化、移动化和个性化。正如前文所述，这些新特征会带来新的商务模式和企业运营模式。我们将基于多个前沿研究方向，对大数据环境下的企业运营方法和策略展开介绍。第 6 章重点介绍了大数据环境下企业进入市场时机优化问题，以及电商广告竞争分析；第 7 章分别从理论和实证两个角度，对双渠道企业的定价策略展开研究；第 8 章聚焦于大数据环境下的企业竞争与合作问题；第 9 章针对大数据环境下新的商务模式——共享出行平台展开研究，重点探讨了此类平台的劳动力供给问题。

第三，本书还介绍了如何直接基于大数据形成新的商务模式或运营方法，提升企业的运营绩效。第 7 章和第 9 章在理论分析的基础上，都通过数据进行了进一步的实证研究；第 10 章以一家中国领先的在线零售商为背景，基于全渠道数据分析了该零售商的选址、选品和库存决策；第 11 章提出了一个研究框架，探讨如何将更多维、更大量的相关数据融入采购风险管理中，实现更多风险要素的嵌入，提升企业的采购风险管理能力。

本书介绍的内容从数据或信息、消费者、单个企业、供应链等不同主体出发，覆盖了大数据环境下企业运营管理的多个典型问题。第 2 章和第 5 章分别以高维数据和信息为对象展开研究。其中，第 2 章在相关性关系不平稳的情形下，研究了因果学习和稳定预测两类重要的学习任务；第 5 章应用博弈论和信息设计的前沿知识，完成了给定外部约束条件下的最优信息设计。第 3 章和第 4 章主要针对消费者展开研究。其中，第 3 章讨论了在社会化媒体背景下如何发现消费者偏好；第 4 章在大数据环境下，对服务系统的排队问题这一典型运营管理问题展开了研究，得到了一些不同于传统排队问题的新结论。第 3 章、第 6 章、第 7 章、第 9 章和第 10 章主要围绕单个企业的运营管理问题进行探讨。其中，第 3 章基于社会化媒体的用户偏好发现，进一步讨论了企业的社会化媒体营销平台与内容传播，如个性化推荐等；第 6 章对运营与营销的交叉问题展开研究，包括进入市场时机优化和电商广告竞争等；第 7 章分析了多渠道定价这一典型的运营管理问题；第 9 章也探讨了定价问题，然而与传统运营模型不同的是，该章研究的对象是一个双边市场，定价问题是针对供给方展开的，重点研究市场收入率将如何影响服务提供者的劳动力供给行为；第 10 章的内容则包含了选址、选品和库存决策等多个典型运营管理问题。针对供应链中同一层级多个企业之间的竞争合作关系，第 5 章研究了存在多个竞赛参与者的情形下，竞赛设计者的规则设计问题，相关结论有助于政府制定相应策略，提升竞赛的效率和有效性；第 8 章分别探讨了竞争企业间的产能共享和企业联盟问题；第 11 章讨论了供应链中企业的采购风险管理问题。

本书各章节间的逻辑关系如表 1-1 所示。

表 1-1　本书章节的逻辑结构表

研究对象	大数据分析的一般性工具/方法	考虑大数据环境特征的运营优化和协调策略	基于数据的运营分析和优化方法
数据/信息	第 2 章（因果学习与稳定预测） 第 5 章（信息设计）		
消费者	第 3 章（社会化媒体：用户偏好发现） 第 4 章（排队问题）		
单个企业		第 3 章（社会化媒体：社会化营销） 第 6 章（进入市场时机优化和电商广告竞争） 第 7 章（定价问题） 第 9 章（供给方定价）	第 7 章（定价问题） 第 9 章（供给方定价） 第 10 章（选址、选品和库存决策）
供应链	第 5 章（信息设计）	第 8 章（竞合关系）	第 11 章（采购风险管理）

参 考 文 献

CNNIC. 2016. 2015 年中国网络购物市场研究报告.

CNNIC. 2019. 第 43 次中国互联网络发展状况统计报告.

Court D. 2015. Getting big impact from big data. https://www.mckinsey.com/business-functions/digital-mckinsey/our-insights/getting-big-impact-from-big-data[2019-06-05].

Cronin B. 2014. World news — the outlook：business finds new reason for optimism. https://www.wsj.com/articles/business-finds-new-reason-for-optimism-1394994601[2020-06-02].

Dutta A，Lee H L，Whang S. 2007. RFID and operations management：technology，value，and incentives. Production and Operations Management，16（5）：646-655.

Henke N，Bughin J，Chui M，et al. 2016. The age of analytics：competing in a data-driven world. McKinsey Global Institute.

Manyika J，Chui M，Brown B，et al. 2011. Big data：the next frontier for innovation，competition，and productivity. McKinsey Global Institute.

Perrin A, Kumar M. 2019. About three-in-ten U.S. adults say they are "almost constantly" online. Pew Research Center.

Reinsel D，Gantz J，Rydning J. 2018. The digitization of the world：from edge to core. IDC Report.

Sanders N R. 2014. Big Data Driven Supply Chain Management：A Framework for Implementing Analytics and Turning Information into Intelligence. New Jersey：Pearson Education.

第 2 章　大数据环境下的因果学习与稳定预测

黎波
清华大学经济管理学院

2.1　问 题 背 景

机器学习尤其是有监督的机器学习已经在图像或语音识别、机器翻译等任务中展现了惊人的精度，成为当下人工智能热潮的最大推动力。传统的机器学习算法本质上是建立在对预测特征与结果变量或标签之间的相关性学习基础之上。得益于很多大数据的庞大样本量，大规模机器学习模型（如神经网络）通过对线性或者非线性相关性的精准学习，在很多任务中表现出强大的泛化能力（generalization ability）。现代机器学习算法的优异表现依赖一个核心假设，即相关性关系平稳，更强的版本是独立同分布（independently identically distribution，IID）假设。然而在很多数据科学问题中，这一核心假设很可能是脆弱或不成立的。导致相关性关系不平稳的原因有很多，如数据采集中选择性偏差、时空维度的变迁、不同业务之间的差异等。我们下面讨论两类应用场景，阐明直接基于历史数据的相关性挖掘在很多时候并不能保证得到优良的决策或预测表现。

2.1.1　数据驱动的决策优化

数据驱动的决策制定是商务分析、科学政策制定和精准医疗的核心。一个直接的做法是首先利用统计或者机器学习算法对未知的个体变量值进行预测，然后利用运筹优化算法进行决策优化。但是很多决策或政策制定事实上是一种干预（intervention），如商品促销、政策补贴等。在这些问题中，决策制定者需要回答的是各种“假如……，……会怎样？”的反事实（counterfactual）的预测问题，也就是探寻决策变量的水平变更之后结果变量会如何变化。这本质上是一个因果关系的学习问题。传统的预测性机器学习方法主要基于对特征变量和结果变量之间的相关性挖掘，将它们直接应用到决策优化场景可能会导致表现欠佳。如 Athey（2017）给出的经典例子：由于季节性或者事件性等因素，酒店的历史价格和入住率通常正相关，但是盲目提升价格并不一定是提升入住率的良策。决策优化问题针对的是控制了上述季节性或者事件性等混淆因素（confounders）之后的假想世界（hypothetical world），在那个假想世界中价格和入住率的相关性关系与现实世界中的情形有了逆向变化。在大量经济或商业决策问题中，我们需要通过学习决策变量和结果变量之间的因果关系才能有效地制定干预性的决策或政策（Bottou et al.，2013；Mišić and Perakis，2020）。

2.1.2 环境变化下的预测问题

大数据的一类很重要的特征是异质性（Fan et al.，2014），大数据的多来源是造成异质性的主要原因。当数据的异质性导致训练数据与应用领域数据分布不同时，将基于历史数据训练出来的机器学习算法应用到新的数据源时预测能力很可能下降。比如，由于病人的背景或者疾病严重程度的差异，基于社区医院数据训练出来的疾病预测模型被应用到三甲医院的案例中时精度可能并不让人满意；或者当市场情况发生变化时，将基于历史顾客消费数据训练出来的需求预测模型应用到未来也可能出现较大偏差。传统机器学习主要针对的是在数据独立同分布假设下的泛化能力。当算法的训练数据集［训练领域（training domain）］与使用场景下的数据［目标领域（target domain）］不同源时，上述核心假设并不成立，通常也就意味着变量之间的相关性模式发生了变化，这将导致机器学习算法的表现降级。近年来发展很快的领域自适应学习（domain adaptation learning）或者更广泛的迁移学习（transfer learning）（Pan and Yang，2010）针对的正是这一类场景。很多相关的研究假设应用目标领域的特征分布已知（或有充分的目标领域的特征样本），研究者利用这种类半监督式学习的结构协同训练领域与目标领域，改进机器学习算法，使其在与训练领域异质的目标领域依然有优良的表现。一方面，领域自适应学习或者迁移学习对每类目标领域都需要结合历史数据重新训练，这将带来很大的计算成本。另一方面，很多应用问题中，算法在目标领域的应用初期特征分布并不明朗（冷启动问题）。因此，发展一类不假设应用目标领域已知的机器学习范式具有很强的实际需求。我们定义在多种目标领域下预测精度的均值与方差都比较稳定的算法为稳定预测。

2.1.3　商务大数据的高维性

大数据环境下的商务管理使用的数据通常呈现出高维的特征。比如，很多商业决策场景需要预测顾客需求，传统的方法往往只基于历史销售数据，然后使用简单的时间序列模型或者参数化的分布函数建模进行预测。因为基于高维特征的机器学习算法在预测精度上呈现了优越的表现力，近年来越来越多的研究开始使用各种企业内外部的相关数据来构造预测特征，从而大幅提高了对产品需求的预测精度。Ferreira 等（2016）对某在线零售企业的产品定价优化进行了研究，利用产品信息（如颜色流行度等）、价格信息（如竞品价格等），以及品牌活动信息等建构了 17 个特征来预测服装品类的需求。Glaeser 等（2019）研究了全渠道零售企业的线下选址问题，基于人口与经济统计信息（如当地的人口规模、收入信息等）、商业地址信息（如临近的同业竞争及学校、医院等机构有无等）、运营信息（如是否送货到户等）、历史销售数据等多种来源的数据，经过特征工程提炼出超过 200 个特征变量用来预测每个位置的销量。Bertsimas 和 Kallus（2020）的数值研究部分研究了某销售 CD①、DVD②及蓝光碟片等产品的媒体公司的库存管理问题，使用 4 年整个零售网络的销售与库存信息等内部数据、票房评论和搜索引擎流量等公开数据构建了 91 个特征变量进行销量预测。管理科学研究中的高维问题还包括整合预测和决策优化的大数据报童模型（Ban and Rudin，2019）、庞大选择集下的选择模型建模（Chiong and Shum，2019）、高度竞争市场中面临众多竞争对手时的定价问题（Li et al.，2018）、大规模属性集合的产品设计问题（Joo et al.，2019）、情景变量充沛的动态决策问题（Bastani and Bayati，2020）等。在各种高维大数据问题中，研究者通过设计合适的正则化方法达到降低维度并相应地降低问题复杂度的目标。

上面的讨论表明，相关性关系不平稳情形下处理效应（即因果效应）估计及稳定预测是两类重要的学习任务。同时，商务管理使用的内外部多源数据呈现出高维的特征。本章将简要回顾一下文献中关于大数据环境下尤其是高维异构数据中的因果学习与稳定预测方面的部分研究，并展开介绍一下作者及其合作者最近在这方面的一些研究进展。

2.2　高维因果学习的一些进展

为了简化讨论，我们仅考虑处理（决策）变量（treatment variable）是二值的

---

① 即 compact disk，指光盘，激光唱片。

② 即 digital versatile disc，指数字通用光盘。

情形，如是否推送广告、是否采纳某个系统、是否实施某个治疗方案等。我们用 T 代表二值的处理变量（取值为 0 或 1），Y 是连续型的结果变量，如收益、企业市值、血压水平等。本章讨论的很多方法可以被推广到 T 是多值或连续［剂量（dosage）］，或者 Y 是二值或多值等情形中去。我们采纳统计因果推断中的主要范式潜在结果框架即 Neyman-Rubin 模型（Imbens and Rubin，2015）。对于每个个体，我们假定存在两个潜在的结果变量 $Y(0)$ 和 $Y(1)$，分别对应处理变量水平为 0 和 1 时结果变量的水平。因此，观测到的结果变量为 $Y=Y(T)$，也就是现实中我们永远只观测到两个潜在结果变量中的一个。个体层面的处理效应被定义为 $Y(1)-Y(0)$，因为其中一个潜在结果变量缺失，个体层面的处理效应无从知晓。我们转而关注总体层面上的平均处理效应（average treatment effect）$\mathrm{ATE}=E\left[Y(1)-Y(0)\right]$ 或者考虑异质性的条件平均处理效应（conditional average treatment effect）$\mathrm{CATE}(\boldsymbol{X}):=\tau(\boldsymbol{X})=E\left[Y(1)-Y(0)\mid\boldsymbol{X}\right]$，其中，$\boldsymbol{X}$ 为可用来分组的协变量。

随机对照实验（randomized controlled trials，RCT）是识别估计处理效应的黄金法则。我们将处理变量水平为 1 的样本组称为实验组，将处理变量水平为 0 的样本组称为对照组。当处理变量 T 水平被随机分配时，ATE 可以用实验组和对照组的平均结果变量水平之差来估计。大致的原理是随机化使实验组与对照组的样本除了在处理变量水平上有差异外，在任何其他可能的原因变量水平上都是平衡的，因此结果变量水平上的差异只可能归为处理变量水平的差异所致。因此，基于随机对照实验的处理效应学习本质上是排他法。

然而，在很多现实问题中，随机对照实验要么不可能，如研究长期吸烟是否有害健康或研究教育回报；要么成本高昂或耗时甚久导致样本过少，如高价单品的价格试验或罕见病的临床试验。历史沉淀的观测性数据往往成为更容易获取的研究资源。基于观测性数据的因果关系学习的主要挑战在于很难区分处理变量和可能的混淆变量（confounding variable）的效应。比如，假如吸烟组的样本个体比不吸烟组的样本个体饮食习惯更不健康，那么两组样本在健康水平上的差异就很难说是哪个因素导致的。当所有的混淆变量 $\boldsymbol{X}$ 都假定被观测到时（通常被称作非混淆性假设或者可忽视性假设），统计学家发展了一系列方法如匹配法、倾向性得分加权、双重稳健方法等来估计平均因果效应。

利用倾向性得分（propensity score）做逆概率加权（inverse probability weighting，IPW）是一类被普遍采用的方法。其中，倾向性得分被定义为 $e(\boldsymbol{x})=P(T=1\mid\boldsymbol{X}=\boldsymbol{x})$，在非混淆性假设下可以证明

$$\mathrm{ATE}=E\left\{\frac{TY}{e(\boldsymbol{X})}-\frac{(1-T)Y}{1-e(\boldsymbol{X})}\right\}$$

因此，实验组和对照组的样本分别用 $\frac{1}{e(\boldsymbol{X})}$ 和 $\frac{1}{1-e(\boldsymbol{X})}$ 加权后的样本均值之差便是平均处理效应的无偏估计（unbiased estimator）。下面简要描述一下在基于样本加权的处理效应估计方面的两个工作。

2.2.1　数据驱动的变量分解法

在基于观测性数据的统计因果推断中，如前所述，一方面，为了厘清干预变量和结果变量之间的因果关系，我们需要控制可能的混淆因素，即那些既影响干预变量又影响结果变量的因素，这样能够控制因果关系中的偏差。另一方面，还有一类变量只影响结果变量，但与干预变量无关，这类变量被称为调整变量（adjustment variable）。可以将调整变量理解为影响结果变量的因果机制中与所关注干预变量完全独立的通道，如图 2-1 所示。因此，将调整变量对结果变量的影响效应剔除有助于降低我们所关注的因果链条研究中的方差水平（Lin，2013；Bloniarz et al.，2016）。

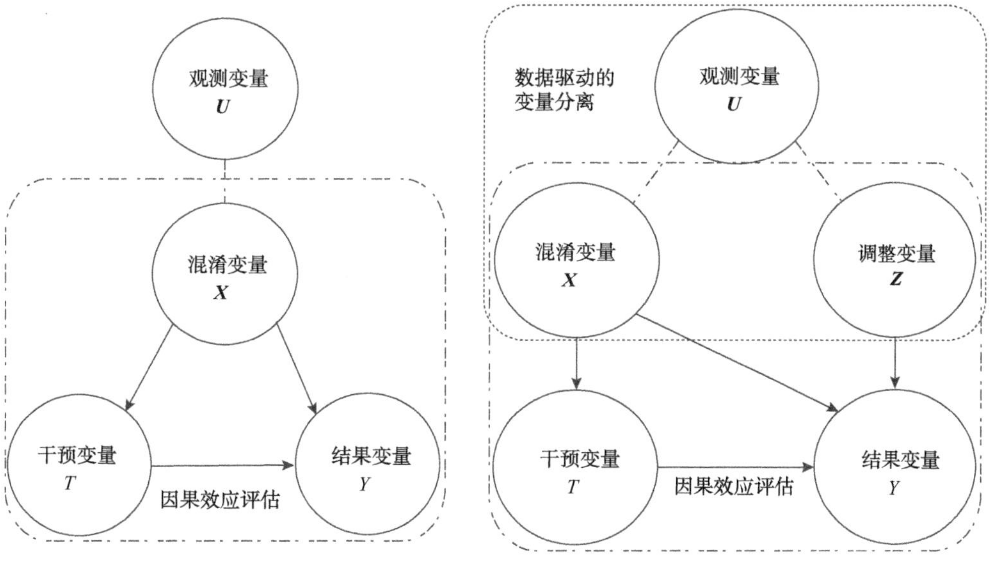

（a）前人的因果框架图　　（b）我们的因果框架图

图 2-1　因果框架图

在实际应用中一个有意义的问题是如何区分混淆变量和调整变量，进而利用混淆变量去干扰（降偏差）及利用调整变量去噪声（降方差），从而得到精度更高的 ATE 估计量。在 Kuang 等（2017a）的研究中，我们提出一类数据驱动的对两类变量进行分解的算法 D^2VD（data-driven variable decomposition，数据驱动的变量分解）。我们依然用 T 和 Y 表示干预变量和结果变量，用 $\boldsymbol{U}$ 表示所有的观测变量，包括混淆变量 $\boldsymbol{X}$、调整变量 $\boldsymbol{Z}$ 及无关变量 $\boldsymbol{I}$。我们的方法主要基于下面的观察：

$$E\left[\left(Y(1)-Y(0)\right)\middle|\boldsymbol{U}\right]=E\left\{\left[\frac{T}{e(\boldsymbol{X})}-\frac{1-T}{1-e(\boldsymbol{X})}\right]\left[Y-\phi(\boldsymbol{Z})\right]\middle|\boldsymbol{U}\right\}$$

因此，我们利用上式构建一个形式化的最小二乘估计来学习平均处理效应：

$$\left\|\left[\frac{\boldsymbol{T}}{e(\boldsymbol{X})}-\frac{\boldsymbol{1}-\boldsymbol{T}}{1-e(\boldsymbol{X})}\right]\left[\boldsymbol{Y}-\phi(\boldsymbol{Z})\right]-h(\boldsymbol{U})\right\|_2^2$$

在实际应用中，我们事先并不区分 $\boldsymbol{U}$ 中哪些是 $\boldsymbol{X}$，哪些是 $\boldsymbol{Z}$。我们将上述方程中的函数 $e(\boldsymbol{X})$、$\phi(\boldsymbol{Z})$ 和 $h(\boldsymbol{U})$ 都事先表示为 $e(\boldsymbol{U})$、$\phi(\boldsymbol{U})$ 和 $h(\boldsymbol{U})$，当将这三个函数用线性函数参数化时，$\phi(\boldsymbol{U})=\boldsymbol{U\alpha}$，$h(\boldsymbol{U})=\boldsymbol{U\gamma}$，$e(\boldsymbol{U})=1/\left[1+\exp(-\boldsymbol{U\beta})\right]$。我们通过引入系数正交的正则项来对 $\boldsymbol{X}$ 和 $\boldsymbol{Z}$ 进行自动分解。具体来说，上述正交约束正则项可以被表述为 $\|\boldsymbol{\alpha}\odot\boldsymbol{\beta}\|_2^2=0$，这里 $\odot$ 表示 Hadamard 乘积，也就是矩阵各相应元做乘法。最终的优化算法可以被完整写成

$$\begin{gathered}\text{minimize}\left\|(\boldsymbol{Y}-\boldsymbol{U\alpha})\odot W(\boldsymbol{\beta})-\boldsymbol{U\gamma}\right\|_2^2\\ \text{s.t.}\ \sum\log\left(1+\exp\left((1-2T)\cdot\boldsymbol{U\beta}\right)\right)<\tau\\ \|\boldsymbol{\alpha}\|_1\leqslant\lambda,\ \|\boldsymbol{\beta}\|_1\leqslant\delta,\ \|\boldsymbol{\gamma}\|_1\leqslant\eta,\ \|\boldsymbol{\alpha}\odot\boldsymbol{\beta}\|_2^2=0\end{gathered}$$

其中，$W(\boldsymbol{\beta})=\dfrac{T-e(\boldsymbol{U})}{e(\boldsymbol{U})(1-e(\boldsymbol{U}))}$；$e(\boldsymbol{U})=1/\left(1+\exp(-\boldsymbol{U\beta})\right)$。

上述算法通过对倾向性得分函数 $e(\boldsymbol{U})$ 和异质性的平均处理效应函数 $h(\boldsymbol{U})$ 的联合学习（joint learning），并结合正交正则项的约束，将混淆变量与调整变量进行自动分解，进而估计出相应的异质性平均处理效应。这个联合学习方法能够更加精准地识别数据变量中的结构关系，从而提升估计过程的精度。进一步，总体的平均处理效应可以通过对异质性平均处理效应求均值，也就是对 $E\left[h(\boldsymbol{U})\right]$ 进行估计。

2.2.2 差异化混淆变量平衡法

基于倾向性得分的加权法（或者匹配法）通常被拆分为两步：首先利用逻辑回归之类的模型得到 $\hat{e}(\boldsymbol{x})$，即倾向性得分 $e(\boldsymbol{x})$ 的估计值；然后再基于 $\hat{e}(\boldsymbol{x})$ 做加权或者匹配。但在实际应用中这种两步法有两个缺陷。一方面，模型误设导致实际使用的权重和理论上正确的权重之间出现较大的偏差，这个问题在大数据环境中 $\boldsymbol{X}$ 的维数很高时出现的可能性很大；另一方面，当个别样本上的 $\hat{e}(\boldsymbol{x})$ 接近 0

或者 1 时，利用 $\hat{e}(\boldsymbol{x})$ 或者 $1-\hat{e}(\boldsymbol{x})$ 做逆概率加权会导致极端权重，这导致个别样本的角色被极大放大，从而使得有效样本量变得很小，进而导致估计方差膨胀，在高维数据中局部数据的稀疏性也会放大这种风险。

针对上面的问题，近年来有研究（Hainmueller，2012；Zubizarreta，2015；Athey et al.，2018）提出在加权的框架中抛弃基于倾向性得分建模的思路，转而直接优化权重来平衡混淆变量的分布。如此既可以排除混淆变量的效应，还可以控制权重的极端性从而防止方差膨胀。为了便于说明，我们定义实验组的平均处理效应 ATT（average treatment effect on the treated）和对照组的平均处理效应 ATC（average treatment effect on the control）分别为

$$\text{ATT}=E\left[Y(1)-Y(0)|T=1\right]$$

$$\text{ATC}=E\left[Y(1)-Y(0)|T=0\right]$$

总体的平均处理效应是这两组的平均处理效应的加权平均，即 $\text{ATE}=P(T=1)\times\text{ATT}+P(T=0)\times\text{ATC}$。

我们以实验组的平均处理效应 ATT 为例，下面的讨论也适用于估计对照组的平均处理效应 ATC。因为 $\text{ATT}=E\left[Y(1)|T=1\right]-E\left[Y(0)\,|\,T=1\right]$，第一项 $E\left[Y(1)|T=1\right]=E\left[Y\,|\,T=1\right]$ 可以用实验组的样本均值直接估计。在非混淆性假设之下，可以证明使用 $w=\dfrac{e(\boldsymbol{X})}{1-e(\boldsymbol{X})}$ 对对照组进行加权平均是第二项 $E\left[Y(0)\,|\,T=1\right]$ 的无偏估计。直接优化权重法舍弃了基于倾向性得分估计的权重建构方法，而是将权重当作待优化的参数。具体而言，直接优化权重法定义的 ATT 的估计量为 $\widehat{\text{ATT}}=\bar{Y}_{\text{t}}-\boldsymbol{Y}_{\text{c}}^{\text{T}}\boldsymbol{W}$，这里 $\bar{Y}_{\text{t}}$ 是实验组的结果变量样本均值，$\boldsymbol{Y}_{\text{c}}$ 是对照组的结果变量向量，$\boldsymbol{W}$ 是对照组的样本权重向量。研究者选取合适的对照组的样本权重向量 $\boldsymbol{W}$，使得实验组和对照组在混淆变量的各阶矩上达到平衡，从而达到平衡两者分布的目的。以一阶矩为例，采用上述直接权重优化的方法最小化 $\|\bar{\boldsymbol{X}}_{\text{t}}-\boldsymbol{X}_{\text{c}}^{\text{T}}\boldsymbol{W}\|_2^2$ 或 $\|\bar{\boldsymbol{X}}_{\text{t}}-\boldsymbol{X}_{\text{c}}^{\text{T}}\boldsymbol{W}\|_{\infty}^2$，这里 $\bar{\boldsymbol{X}}_{\text{t}}$ 是实验组的混淆变量样本均值向量，$\boldsymbol{X}_{\text{c}}$ 是对照组的混淆变量矩阵。通常研究者会对 $\boldsymbol{W}$ 做合适的正则化，如 Hainmueller（2012）使用权重熵，Zubizarreta（2015）使用权重方差，从而控制最终的处理效应估计量的方差。

在之前的直接优化权重法中，每个混淆变量的角色是均等的。但在 Kuang 等（2017b）的研究中，我们发现差异化不同混淆变量的角色可能带来收益，由此我们提出一类差异化混淆变量平衡（differentiated confounder balancing，DCB）的加权方法估计平均处理效应。我们首先假定潜在结果变量 $Y(0)$ 对 $\boldsymbol{X}$ 的线性回归方程为 $Y(0)=\boldsymbol{X}\boldsymbol{\beta}+\varepsilon$，这里为了方便计算，我们依然用 $\boldsymbol{X}$ 表示混淆变量生成的特征，可能包括原始的混淆变量及它们生成的高阶项与交叉项等。我们有如下的观察：

$$\text{bias}\left(\widehat{\text{ATT}}\right)=\boldsymbol{\beta}^{\text{T}}\cdot\left(\bar{\boldsymbol{X}}_{\text{t}}-\boldsymbol{X}_{\text{c}}^{\text{T}}\boldsymbol{W}\right)^2$$

因此，每个混淆变量不平衡程度对估计偏差的贡献是由相应的系数（即$\boldsymbol{\beta}$的相应分量）决定的。基于上述表达式，我们提出一类差异化混淆变量平衡的加权方法，最小化如下的目标函数：

$$\left(\boldsymbol{\beta}^{\text{T}}\cdot\left(\bar{\boldsymbol{X}}_{\text{t}}-\boldsymbol{X}_{\text{c}}^{\text{T}}\boldsymbol{W}\right)\right)^2$$

其中，权重向量$\boldsymbol{W}$和系数向量$\boldsymbol{\beta}$为同步优化的参数。我们用$\left\|\boldsymbol{Y}_{\text{c}}-\boldsymbol{X}_{\text{c}}\boldsymbol{\beta}\right\|_2^2+\left\|\boldsymbol{W}\cdot\left(\boldsymbol{Y}_{\text{c}}-\boldsymbol{X}_{\text{c}}\boldsymbol{\beta}\right)\odot\left(\boldsymbol{Y}_{\text{c}}-\boldsymbol{X}_{\text{c}}\boldsymbol{\beta}\right)\right\|_2^2$当作潜在结果变量$Y(0)$对$\boldsymbol{X}$的线性回归方程的近似经验损失目标函数同步优化，并对$\boldsymbol{W}$和$\boldsymbol{\beta}$做合适的正则化以进一步控制方差，最后的联合学习问题可以被表述为

$$\text{minimize}\left(\boldsymbol{\beta}^{\text{T}}\cdot\left(\bar{\boldsymbol{X}}_{\text{t}}-\boldsymbol{X}_{\text{c}}^{\text{T}}\boldsymbol{W}\right)\right)^2$$

$$\text{s.t.}\ \left\|\boldsymbol{Y}_{\text{c}}-\boldsymbol{X}_{\text{c}}\boldsymbol{\beta}\right\|_2^2+\left\|\boldsymbol{W}\cdot\left(\boldsymbol{Y}_{\text{c}}-\boldsymbol{X}_{\text{c}}\boldsymbol{\beta}\right)\odot\left(\boldsymbol{Y}_{\text{c}}-\boldsymbol{X}_{\text{c}}\boldsymbol{\beta}\right)\right\|_2^2\leqslant\lambda$$

$$\left\|\boldsymbol{W}\right\|_2^2\leqslant\delta,\ \left\|\boldsymbol{\beta}\right\|_2\leqslant\mu,\ \left\|\boldsymbol{\beta}\right\|_1\leqslant\nu,\ \boldsymbol{1}^{\text{T}}\boldsymbol{W}=1,\ \boldsymbol{W}\succeq\boldsymbol{0}$$

与之前的直接优化权重法相比，我们提出的样本权重与混淆变量权重同步优化的算法可更加精细地控制估计偏差，并通过$\boldsymbol{W}$的二范数正则项控制估计方差，从而达到总体的估计精度的提升。差异化混淆变量平衡法的优良性在大量的数值试验中得到了验证。

此外，在 Kuang 等（2020a）的研究中，我们将调整变量也纳入进来，考虑去除调整变量效应之后的差异化混淆变量平衡优化，进一步降低了估计方差，取得了更优良的估计效果。

2.2.3 其他基于机器学习的因果学习研究进展

我们简要回顾一下高维数据中的因果学习及其在静态的离线决策优化中的应用方法研究。

1. 高维因果学习

LASSO（least absolute shrinkage and selection operator，最小绝对收缩和选择算子）等变量选择的机器学习方法被广泛应用到平均处理效应估计中的控制变量选择上。Belloni 等（2014）提出双重选择（double selection）的方法，利用 LASSO 等机器学习方法对倾向性得分回归和结果变量回归分别进行变量选择，然后将两个回归选择出来的变量联合起来进行最终的平均处理效应估计。Farrell（2015）将 Belloni 等（2014）的方法推广到干预变量具有多值的情形，并引入了群 LASSO 的方法进行变量选择。Belloni 等（2017）将这一类方法推广到了更一般的高维环

境下的因果参数估计中。

平均处理效应能指导全局的策略判断，然而越来越多的政策或者决策干预环境中，决策者希望能得到更精细的异质性处理效应估计，即前面提到的条件平均处理效应 $\mathrm{CATE}(\boldsymbol{X})=E\left[Y(1)-Y(0)\mid \boldsymbol{X}\right]$。在精准医疗、精准扶贫、个性化推荐等大量应用领域，异质性处理效应估计能帮助决策者识别目标人群或用户，从而提升资源配置的效率。很多基于决策树或者森林的机器学习方法被应用到异质性的处理效应估计问题当中。Athey 和 Imbens（2016）提出因果树的方法，因果树方法通过合适的迭代分拆特征空间，成长出一棵树，使每片叶子上的实验组与对照组的样本是平衡的，类似一个随机对照实验。进而基于成长起来的树结构可以估计异质性平均处理效应：

$$\hat{\tau}(\boldsymbol{x})=\frac{1}{\left|\left\{i:T_i=1,\boldsymbol{X}_i\in L(\boldsymbol{x})\right\}\right|}\sum\nolimits_{\{i:T_i=1,\boldsymbol{X}_i\in L(\boldsymbol{x})\}}Y_i-\frac{1}{\left|\left\{i:T_i=0,\boldsymbol{X}_i\in L(\boldsymbol{x})\right\}\right|}\sum\nolimits_{\{i:T_i=0,\boldsymbol{X}_i\in L(\boldsymbol{x})\}}Y_i$$

Wager 和 Athey（2018）将因果树的方法推广为因果随机森林方法。因果随机森林方法借用随机森林的思想，先用子抽样（subsampling）的方法抽取 B 组子样本，分别生长出一棵因果树，并得到相应的异质性平均处理效应的估计 $\hat{\tau}_b(\boldsymbol{x})$，$b=1,2,\cdots,B$。然后用这些基于树的估计量的均值作为最终的估计：$\hat{\tau}(\boldsymbol{x})=\frac{1}{B}\Sigma_{b=1}^{B}\hat{\tau}_b(\boldsymbol{x})$。Wager 和 Athey（2018）进一步推导出 $\hat{\tau}(\boldsymbol{x})$ 的渐进方差表达式，并基于刀切法（jackknife）给出了方差估计，从而完整地建构了对异质性平均处理效应的统计推断方法。

更早的时候，Hill（2011）、Green 和 Kern（2012）等提出用贝叶斯可加回归树（Bayesian additive regression tree，BART）的方法估计异质性平均处理效应。BART 可以被视为贝叶斯版本集成树的算法，不过这一方法缺乏相应的正式统计推断工具，因此尚具有一定局限性。

2. 数据驱动的离线决策优化

我们假定决策变量 T 是二值的，并沿用之前的潜在结果变量的符号 $Y(0)$ 和 $Y(1)$。给定协变量 $\boldsymbol{X}$，策略 $\pi(\boldsymbol{X})$ 将 $\boldsymbol{X}$ 映射到 0 或者 1，对应两个决策水平。$\pi(\boldsymbol{X})$ 可以被写作 $\pi(\boldsymbol{X})=1(\boldsymbol{X}\in G)$，$G$ 是某个合适的集合，$1(\cdot)$ 是示性函数，比如，$\pi(\boldsymbol{X})=1(f(\boldsymbol{X})>0)$ 对应某个函数 $f(\boldsymbol{X})$。我们用 $Y(\pi(\boldsymbol{X}))$ 表示策略 $\pi(\boldsymbol{X})$ 对应的结果变量水平。假定结果变量水平越高越好，风险中性的决策者寻求策略 $\pi(\boldsymbol{X})$ 使价值函数 $E\{Y(\pi(\boldsymbol{X}))\}$ 最大化，很多现实应用中策略函数 $\pi(\boldsymbol{X})$ 需要满足一些约束，如可解释性或者资源约束等。

在总体层面，

$$\begin{aligned}E\{Y(\pi(\boldsymbol{X}))\}&=E\{Y(1)1(\pi(\boldsymbol{X})=1)+Y(0)1(\pi(\boldsymbol{X})=0)\}\\&=E\{(Y(1)-Y(0))1(\pi(\boldsymbol{X})=1)\}+E\{Y(0)\}\\&=E\{E[Y(1)-Y(0)\mid\boldsymbol{X}]1(\pi(\boldsymbol{X})=1)\}+E\{Y(0)\}\end{aligned}$$

因此，理论最优的策略是 $\pi(\boldsymbol{X})=1(\tau(\boldsymbol{X})>0)$。这说明了估计处理效应与决策优化密切相关。但是实际应用中 $\tau(\boldsymbol{X})$ 是未知的，一个朴素的想法是先用前述的因果随机森林方法去估计 $\tau(\boldsymbol{X})$，再直接代入得到可操作的策略。但这种方法有两个缺陷：第一，没有考虑估计过程的不确定性，通常会导致表现欠佳；第二，不能很好地把决策空间的约束纳入进去。近年来，在经济学、统计学（精准医疗）、机器学习等领域针对上述一般性的数据驱动的决策优化问题有大量的研究。

数据驱动的离线（静态）决策优化通常分为评估（evaluation）和学习（learning）两步。评估指的是从历史数据中估计 $E\{Y(\pi(\boldsymbol{X}))\}$；学习指的是给定价值函数的估计量 $\hat{E}\{Y(\pi(\boldsymbol{X}))\}$，进而优化学习出最优策略。在评估方面，Kitagawa 和 Tetenov（2018）等基于倾向性得分建构下面的估计量：

$$\hat{E}\{Y(\pi(\boldsymbol{X}))\}=\frac{1}{n}\sum_{i=1}^{n}\left[(2\pi(\boldsymbol{X}_i)-1)\frac{Y_i(T_i-e(\boldsymbol{X}_i))}{e(\boldsymbol{X}_i)(1-e(\boldsymbol{X}_i))}\right]$$

Dudik 等（2011）将因果推断中的双重稳健的方法应用到评估当中；Swaminathan 和 Joachims（2015b）提出了自正则化（self-normalized）的方法来控制方差；Swaminathan 和 Joachims（2015a）给上述估计加上样本方差正则项控制估计方差；Athey 和 Wager（2018）利用样本分拆技术提出基于更加高效（方差更小）的得分函数的评估方法；类似于我们在 2.2.2 小节的讨论，Kallus（2018）提出采用直接优化权重的方法直接优化上述求和中的权重 $\dfrac{T_i-e(\boldsymbol{X}_i)}{e(\boldsymbol{X}_i)(1-e(\boldsymbol{X}_i))}$。

在策略学习方面，如果 X 维数太高，并考虑到可能的函数形式的多样性，通常决策空间的维数会非常高，为了解决相应的计算问题，Zhao 等（2012）、Zhang 等（2012）和 Zhou 等（2017）巧妙地将评估和学习融合，利用 hinge 损失函数替代示性函数所对应的 0-1 损失函数，将上述策略学习问题转化为一个基于凸优化的分类问题，从而可以用成熟的统计机器学习方法如支持向量机等技术快速求解。Kitagawa 和 Tetenov（2018）、Athey 和 Wager（2018）则重点研究了一般框架下数据驱动的策略学习的理论性质。

2.3　稳 定 预 测

我们考虑计算机视觉中的图像识别问题，这是一个典型的人工智能任务。如图 2-2 所示，假定我们的目标是识别图片中的狗，训练样本中有大量狗在草地上的图片，因此训练出来的机器学习模型会将草地的特征和狗本身的特征（如各种轮廓特征等）当作狗这个标签的重要预测因素。当目标样本中的狗是在水里游泳时，基于训练样本训练出来的同时高度依赖草地和狗本身特征的预测算法表现可能欠佳，一般会劣于仅使用狗本身特征的预测算法，而后者被视为仅使用因果性特征的预测算法，其在环境变化时的表现将会更加稳定。

图 2-2　训练样本与目标领域可能不同源的情形

领域自适应学习等迁移学习方法通常假设存在一些目标领域的特征信息。在这方面主要有两类技巧：一类是利用目标领域中的无标签样本特征信息建构密度比权重将训练领域与目标领域协同起来；另一类是结合训练领域与目标领域学习特征的新表示方式，使特征的表示方式在训练领域和目标领域尽量类似。但很多现实目标任务是在线的，并没有目标领域的特征信息可以借用；以及训练大型机器学习模型的计算成本很高，如果每一个新任务都需要重新训练将产生很大的计算成本。基于这两个原因，我们希望发展不依赖目标领域的特征信息的稳定预测算法。

稳定学习框架针对的正是目标领域未知的情形，我们假定存在若干不同的数据环境 E，对任意环境 $e \in E$，我们用 $\boldsymbol{D}^e=\left(\boldsymbol{X}^e, Y^e\right)$ 表示环境 e 中的数据对。我们的训练样本可能仅仅来自一个单一环境，但是稳定预测的目的是希望训练出来的机器学习算法在每一个候选数据环境中的预测精度都不错，具体来说，我们希望算法在每一个环境中的预测精度的均值和方差都可控。

正如前述图片识别的例子所启示的，我们的核心假设是：存在 $\boldsymbol{X}^e$ 的一个拆分 $\boldsymbol{X}^e=\left(\boldsymbol{S}^e, \boldsymbol{V}^e\right)$，使得对任意的环境 e，

$$P\left(Y^e=y \mid \boldsymbol{S}^e=\mathbf{s}, \boldsymbol{V}^e=\mathbf{v}\right)=P\left(Y^e=y \mid \boldsymbol{S}^e=\mathbf{s}\right)=P(y \mid \mathbf{s})$$

其中，$\boldsymbol{S}^e$ 为稳定特征；$\boldsymbol{V}^e$ 为噪声特征。

比较理想的稳定特征是与结果变量（标签）之间具有因果关系的特征。统计、计量经济学、计算机科学等文献中有大量的因果关系识别与估计的方法，包括基于潜在结果变量的 Neyman-Rubin 模型和 Pearl 的因果图模型（Pearl，2009）。Neyman-Rubin 模型通常一次只考虑一个可能的原因变量；而 Pearl 的因果图方法涉及大量的条件独立性检验。这两种方法在高维尤其是超高维的特征情形下都会面临很大的计算困难。在 Shen 等（2018）、Kuang 等（2018）的研究中，针对不可知的目标领域，我们提出了一类因果关系驱动的正则化方法。我们的主要思路是利用全局加权，尽量将特征变量之间的相关性降低，这样学习出来的模型系数近似可以被视为处理效应，基于这些模型系数的预测也将更加稳定。全局加权部分的权重参数与特征维数无关，从而可以很容易地扩展到高维情形。

具体而言，用 $\boldsymbol{W}$ 代表样本权重向量，我们假定特征均为二值的，依次将每个特征视为一个潜在的干预变量，利用前面的权重优化的思路直接使除了焦点变量之外的特征平衡化。我们在单个干预变量 T 的情形时的平衡优化目标函数为 $\operatorname{argmin}_{W}\left\|\bar{\boldsymbol{X}}_t-\sum_{j: T_j=0} W_j \boldsymbol{X}_j\right\|$，我们将这个单一（局部）平衡目标函数推广为控制全局平衡的目标函数。

在 Shen 等（2018）的研究中，我们主要考虑利用基于浅层（原始）特征的逻辑回归进行分类，利用上述全局平衡的正则项与加权的逻辑回归损失函数联合优化：

$$\operatorname{minimize} \sum_{i=1}^{n} W_i \log\left(1+\exp\left(\left(1-2 Y_i\right) \cdot\left(\boldsymbol{X}_i \boldsymbol{\beta}\right)\right)\right)$$

$$\text{s.t.} \quad \sum_{j=1}^{p}\left\|\frac{\boldsymbol{X}_{-j}^{\mathrm{T}} \cdot\left(\boldsymbol{W} \odot \boldsymbol{X}_j\right)}{\boldsymbol{W}^{\mathrm{T}} \cdot \boldsymbol{X}_j}-\frac{\boldsymbol{X}_{-j}^{\mathrm{T}} \cdot\left(\boldsymbol{W} \odot\left(\mathbf{1}-\boldsymbol{X}_j\right)\right)}{\boldsymbol{W}^{\mathrm{T}} \cdot\left(\mathbf{1}-\boldsymbol{X}_j\right)}\right\|_2^2 \leqslant \lambda_1, \quad \boldsymbol{W} \succeq \mathbf{0}$$

$$\|W\|_2^2 \leqslant \lambda_2,\ \|\boldsymbol{\beta}\|_2 \leqslant \lambda_3,\ \|\boldsymbol{\beta}\|_1 \leqslant \lambda_4,\ (\Sigma_{i=1}W_i - 1)^2 \leqslant \lambda_5$$

其中，$\boldsymbol{X}_j$ 为第 j 个特征向量；$\boldsymbol{X}_{-j}$ 为除了第 j 个特征之外的特征矩阵。我们将全局平衡目标函数 $\sum_{j=1}^{p}\left\|\frac{\boldsymbol{X}_{-j}^{\mathrm{T}}\cdot(\boldsymbol{W}\odot\boldsymbol{X}_j)}{\boldsymbol{W}^{\mathrm{T}}\cdot\boldsymbol{X}_j}-\frac{\boldsymbol{X}_{-j}^{\mathrm{T}}\cdot(\boldsymbol{W}\odot(\boldsymbol{1}-\boldsymbol{X}_j))}{\boldsymbol{W}^{\mathrm{T}}\cdot(\boldsymbol{1}-\boldsymbol{X}_j)}\right\|_2^2$ 称为因果性正则项。全局平衡目标函数依次将每个特征 $\boldsymbol{X}_j$ 视为一个干预变量，将剩下的特征 $\boldsymbol{X}_{-j}$ 视为潜在的混淆因素，我们建构一个局部的平衡目标函数，然后将每个特征对应的局部平衡目标函数加和得到全局平衡目标函数。如果这一项为零，则达到了全局平衡的目标。

在 Kuang 等（2018）的研究中，我们将上面基于浅层特征的方法推广到深度神经网络的架构当中，提出深度全局平衡回归法（deep global balancing regression, DGBR）。如图 2-3 所示，我们首先利用深度自编码器（deep auto-encoder）对特征进行加工，给定原始特征 $\boldsymbol{X}$，

$$\phi(\boldsymbol{X})^{(1)} = \sigma\left(\boldsymbol{A}^{(1)}\boldsymbol{X} + b^{(1)}\right)$$

$$\phi(\boldsymbol{X})^{(k)} = \sigma\left(\boldsymbol{A}^{(k)}\phi(\boldsymbol{X})^{(k-1)} + b^{(k)}\right),\quad k \geqslant 2$$

其中，$\boldsymbol{A}$ 为系数向量；b 为常数项。

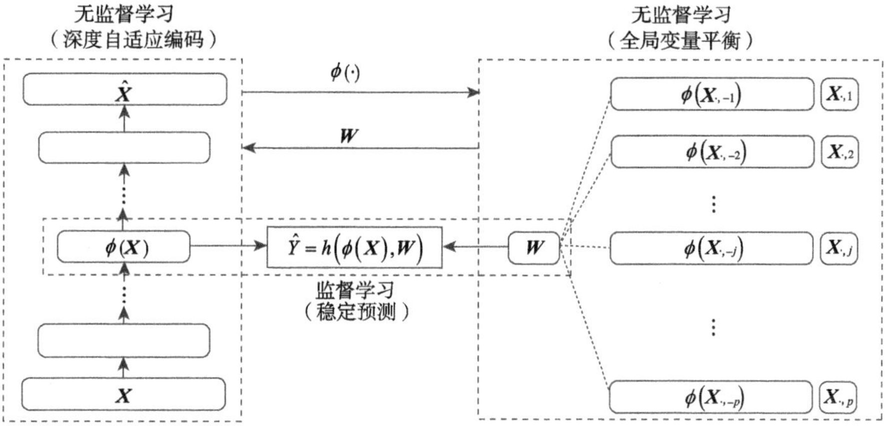

图 2-3　深度全局平衡回归框架

我们使用 Sigmoid 激活函数 $\sigma(\cdot)$，并结合全局平衡的正则项进行分类器的训练。

$$\text{minimize}\sum_{i=1}^{n} W_i \log\left(1+\exp\left((1-2Y_i)\cdot(\phi(\boldsymbol{X}_i)\boldsymbol{\beta})\right)\right)$$

$$\text{s.t.}\quad \sum_{j=1}^{p}\left\|\frac{\phi(\boldsymbol{X}_{-j})^{\mathrm{T}}\cdot(\boldsymbol{W}\odot\boldsymbol{X}_j)}{\boldsymbol{W}^{\mathrm{T}}\cdot\boldsymbol{X}_j}-\frac{\phi(\boldsymbol{X}_{-j})^{\mathrm{T}}\cdot(\boldsymbol{W}\odot(\boldsymbol{1}-\boldsymbol{X}_j))}{\boldsymbol{W}^{\mathrm{T}}\cdot(\boldsymbol{1}-\boldsymbol{X}_j)}\right\|_2^2 \leqslant \lambda_1,\quad \boldsymbol{W}\succeq\boldsymbol{0}$$

$$\|\boldsymbol{W}\|_2^2 \leqslant \lambda_2, \quad \|\boldsymbol{\beta}\|_2 \leqslant \lambda_3, \quad \|\boldsymbol{\beta}\|_1 \leqslant \lambda_4, \quad \left(\Sigma_{i=1} W_i - 1\right)^2 \leqslant \lambda_5$$

$$\|\boldsymbol{W}\|_2^2 \leqslant \lambda_2, \quad \|\boldsymbol{\beta}\|_2 \leqslant \lambda_3, \quad \|\boldsymbol{\beta}\|_1 \leqslant \lambda_4$$

$$\left\|\boldsymbol{W} \cdot \mathbf{1} \odot \left(\boldsymbol{X} - \hat{\boldsymbol{X}}\right)\right\|_F^2 \leqslant \lambda_6, \quad \sum_{k=1}^{K}\left(\left\|\boldsymbol{A}^{(k)}\right\|_F^2 + \left\|\hat{\boldsymbol{A}}^{(k)}\right\|_F^2\right) \leqslant \lambda_7$$

这里，$\left\|\boldsymbol{W} \cdot \mathbf{1} \odot \left(\boldsymbol{X} - \hat{\boldsymbol{X}}\right)\right\|_F^2$ 度量重建特征与原始特征之间的误差，$\sum_{k=1}^{K}\left(\left\|\boldsymbol{A}^{(k)}\right\|_F^2 + \left\|\hat{\boldsymbol{A}}^{(k)}\right\|_F^2\right) \leqslant \lambda_7$ 对深度自编码器的系数进行正则化约束。

总之，通过对样本权重的全局平衡优化，我们分别在浅层模型和深层网络模型中学习出具有因果意味的效应系数。基于这些系数的预测模型在大量的数值实验中被证明在多种环境变迁模式中具有稳定的表现。

进一步，在 Kuang 等（2020b）的研究中，我们将上述方法推广到一般的特征，包括连续与离散情形。我们发现全局平衡的正则化本质上是通过去相关性的优化，从而去除噪声特征与结果变量之间似是而非的关系。因此，我们提出去相关性的加权回归（decorrelated weighting regression，DWR）算法，通过引入全局去相关性的正则化惩罚项 $\sum_{j=1}^{p}\left\|\frac{\boldsymbol{X}_j^{\mathrm{T}}\boldsymbol{W}\boldsymbol{X}_{-j}}{n} - \frac{\boldsymbol{X}_j^{\mathrm{T}}\boldsymbol{W}}{n} \cdot \frac{\boldsymbol{X}_{-j}^{\mathrm{T}}\boldsymbol{W}}{n}\right\|_2^2$ 达到一般情形下的全局平衡。

值得一提的是，我们主要通过一类因果性效应的学习的方法实现了跨环境的稳定预测。与之相反，Peters 等（2016）通过跨环境的稳定预测来定义和估计处理效应。这些研究表明因果学习与稳定预测之间的深刻关联。

迁移学习或者领域泛化（Pan and Yang，2010）是近年来活跃的机器学习领域。因为训练领域与目标领域的差异性，研究者必须做一些结构化的假设才可能让训练领域的经验迁移到目标领域。机器学习的核心是针对目标领域的风险函数 $E\ell\left(\boldsymbol{X}, Y, \boldsymbol{\theta}\right)$ 进行估计，这里 $\ell\left(\boldsymbol{X}, Y, \boldsymbol{\theta}\right)$ 是损失函数。当目标领域相对于训练领域发生了迁移时，我们面临的主要问题是如何利用训练样本给出针对目标领域的风险函数估计。按照重要性再加权（importance reweighting）的抽样思想，我们可以利用训练样本构建如下针对目标领域的风险函数估计量：

$$\hat{E}\ell\left(\boldsymbol{X}^{\mathrm{te}}, Y^{\mathrm{te}}, \boldsymbol{\theta}\right) = \frac{1}{n}\sum_{i=1}^{n}\frac{p^{\mathrm{te}}\left(\boldsymbol{X}_i^{\mathrm{tr}}, Y_i^{\mathrm{tr}}\right)}{p^{\mathrm{tr}}\left(\boldsymbol{X}_i^{\mathrm{tr}}, Y_i^{\mathrm{tr}}\right)}\ell\left(\boldsymbol{X}_i^{\mathrm{tr}}, Y_i^{\mathrm{tr}}, \boldsymbol{\theta}\right)$$

其中，$p^{\mathrm{tr}}(\cdot,\cdot)$ 与 $p^{\mathrm{te}}(\cdot,\cdot)$ 分别为训练领域和目标领域的分布密度函数。在迁移学习中，我们通常只有目标领域的特征样本，因此无法学习目标领域的联合分布函数 $p^{\mathrm{te}}\left(\boldsymbol{x}, y\right)$，这种直接的重要性加权方法是不可行的。我们按照特征 $\boldsymbol{X}$ 和结果变量（标签）Y 的联合分布做拆分，即 $P\left(\boldsymbol{X}, Y\right) = P\left(\boldsymbol{X}\right)P\left(Y|\boldsymbol{X}\right) = P\left(Y\right)P(\boldsymbol{X}\,|\,Y)$，提出

下面两类简化假设。

（1）最常见的假设是协变量迁移（covariate shift），也就是 $\boldsymbol{X}$ 的边际分布 $P(\boldsymbol{X})$ 发生了变化，但是条件分布 $P(Y|\boldsymbol{X})$ 不变，这通常也被称为样本选择偏差。此时 $\frac{p^{\mathrm{te}}(\boldsymbol{x},y)}{p^{\mathrm{tr}}(\boldsymbol{x},y)}=\frac{p^{\mathrm{te}}(\boldsymbol{x})}{p^{\mathrm{tr}}(\boldsymbol{x})}$，因为训练领域和目标领域的特征样本可以被用来估计 $p^{\mathrm{tr}}(\boldsymbol{x})$ 和 $p^{\mathrm{te}}(\boldsymbol{x})$，进而可以通过可行的重要性加权方法（Shimodaira，2000；Huang et al.，2007；Sugiyama et al.，2008）对经验风险估计进行再加权，从而可以利用训练样本估计在目标领域中的风险。有研究通过深度神经网络进行不变表示（invariant representation）学习（Long et al.，2015，2016），也就是希望学习基于原始特征的神经网络新表示，使新的表示方式在训练领域与目标领域很接近，也就是在新的表示空间中训练领域与目标领域的差异近乎被消除了，从而可以利用常规的机器学习方法进行迁移预测。

（2）第二类假设是与协变量迁移相反的目标迁移（target shift），也就是假设仅有 $P(Y)$ 发生了变化，但是条件分布 $P(\boldsymbol{X}|Y)$ 不变，类似的情形在统计与计量的文献中也被称为内生分层抽样。此时加权函数为 $\beta(y)=\frac{p^{\mathrm{te}}(y)}{p^{\mathrm{tr}}(y)}$。因为 $p^{\mathrm{tr}}(\boldsymbol{x}|y)=p^{\mathrm{te}}(\boldsymbol{x}|y)$，Zhang 等（2013）考虑表达式：

$$\int p^{\mathrm{tr}}(\boldsymbol{x},y)\beta(y)\mathrm{d}y=\int p^{\mathrm{tr}}(\boldsymbol{x}|y)p^{\mathrm{tr}}(y)\beta(y)\mathrm{d}y=\int p^{\mathrm{te}}(\boldsymbol{x}|y)p^{\mathrm{te}}(y)\mathrm{d}y=p^{\mathrm{te}}(\boldsymbol{x})$$

$p^{\mathrm{tr}}(\boldsymbol{x},y)$ 和 $p^{\mathrm{te}}(\boldsymbol{x})$ 均可以从样本中直接学习，因此 $\beta(y)$ 的估计被表述为一个逆问题（inverse problem）的求解问题。Zhang 等（2013）进一步利用上述函数在再生核希尔伯特空间（reproducing kernel Hilbert space，RKHS）上的表示进行估计。

对于其他的边际分布和条件分布都发生变化的情形，则需要加一些别的强假设才可能进行有效的迁移学习。例如，Zhang 等（2013）提到的广义目标迁移和条件迁移、Wang 等（2014）提出的模型迁移等。与我们的研究密切相关的是 Rojas-Carulla 等（2018）的研究，他们也假设存在 $\boldsymbol{X}$ 的元素集的一个子集组成的向量 $\boldsymbol{S}$，使得 $p^{\mathrm{tr}}(Y|\boldsymbol{S})=p^{\mathrm{te}}(Y|\boldsymbol{S})$，该子集被称为不变集合（invariant set），不过 Rojas-Carulla 等（2018）依然假设存在目标领域的特征信息，或者同时存在目标领域的特征与标签信息，他们分别将上述两类情形转化为领域泛化（domain generalization）与多任务学习（multi-task learning）问题，而我们的前述研究针对的是完全无监督的稳定预测问题。而且，Rojas-Carulla 等（2018）的算法依然是基于子集搜索的方法，这在高维情形下无法拓展。Schölkopf 等（2012）对因果学习和迁移学习之间的关系做了深入的讨论。

此外，稳定预测（及决策）与分布鲁棒优化（distributionally robust optimization，

DRO）及鲁棒机器学习方法有深刻关联（Duchi and Namkoong，2018；Gao et al.，2017；Gotoh et al.，2018）。利用基于经验分布的不确定集（uncertainty set）做分布鲁棒优化得到的预测或者决策算法对数据分布的迁移具有一定的鲁棒性。

2.4　小　　结

基于大规模历史日志数据（观测性数据）和随机对照实验数据的因果推断方法日益成为许多拥有海量数据及便捷用户实验平台的大型互联网科技公司评估产品与服务设计、在线广告归因等的主要手段，其他行业也可能通过处理效应估计进行业务改进，如零售行业可以通过数据分析厘清品类选择、产品组合呈现、配送方式等对顾客的产品选择及退货行为的影响来提升运营效果。精准的处理效应估计对提升产品与服务的用户满意度及科学定价具有重要意义。

商务大数据的动态性、异质性等特征使我们有理由相信在大量真实的数据分析及管理决策场景中，数据变量间的相关关系很可能会发生变化。比如，商务管理实践中管理决策者经常面临的顾客需求量的预测问题。无论是经过内生管理决策如促销等干预之后的需求预测，还是市场环境变化之后的需求预测，直接使用常规的预测算法可能导致糟糕的预测精度，决策者需要审慎考虑变量相关性的可能变化导致的系统性偏差。基于因果推断的反事实预测和稳定预测方法是可供使用的更科学的技术工具。鲁棒的机器学习与决策优化方法是最近文献研究的一个热门领域，研究者与决策者希望数据驱动的预测和决策算法能够对数据质量、模型假设等诸多方面的假设具有鲁棒性，这方面的考量在复杂的大数据环境中尤为重要。

本章强调了相关性关系不平稳时因果关系学习及基于因果性学习的稳定预测的重要性，并回顾了其他研究者及作者与合作者近几年在这两个相关领域的部分研究工作，希望这些因果学习和稳定预测方法能成为复杂数据环境中的重要决策工具。

参 考 文 献

Alaa A M，van der Schaar M. 2017. Bayesian inference of individualized treatment effects using multitask gaussian processes. https://arxiv.org/abs/1704.02801[2020-03-20].

Athey S. 2017. Beyond prediction：using big data for policy problems. Science，355（6324）：483-485.

Athey S，Imbens G W. 2016. Recursive partitioning for heterogeneous causal effects. PNAS，113（27）：7353-7360.

Athey S, Imbens G W, Wager S. 2018. Approximate residual balancing: debiased inference of average treatment effects in high dimensions. Journal of the Royal Statistical Society: Series B (Statistical Methodology), 80 (4): 597-623.

Athey S, Wager S. 2018. Efficient policy learning. https://arxiv.org/abs/1702.02896[2020-03-20].

Ban G Y, Rudin C. 2019. The big data newsvendor: practical insights from machine learning. Operations Research, 67 (1): 90-108.

Bastani H, Bayati M. 2020. Online decision-making with high dimensional covariates. Operations Research, 68 (1): 276-294.

Belloni A, Chernozhukov V, Fern ά ndez-Val I, et al. 2017. Program evaluation and causal inference with high-dimensional data. Econometrica, 85 (1): 233-298.

Belloni A, Chernozhukov V, Hansen C. 2014. Inference on treatment effects after selection amongst high-dimensional controls. The Review of Economic Studies, 81 (2): 608-650.

Bertsimas D, Kallus N. 2020. From predictive to prescriptive analytics. Management Science, 66(3): 1025-1044.

Bloniarz A, Liu H Z, Zhang C H, et al. 2016. Lasso adjustments of treatment effect estimates in randomized experiments. PNAS, 113 (27): 7383-7390.

Bottou L, Peters J, Quinonero-Candela J, et al. 2013. Counterfactual reasoning and learning systems: the example of computational advertising. Journal of Machine Learning Research, 14: 3207-3260.

Chiong K X, Shum M. 2019. Random projection estimation of discrete-choice models with large choice sets. Management Science, 65 (1): 256-271.

Duchi J, Namkoong H. 2018. Learning models with uniform performance via distributionally robust optimization. https://arxiv.org/abs/1810.08750[2020-03-20].

Dudik M, Langford J, Li L. 2011. Doubly robust policy evaluation and learning. The 28th International Conference on Machine Learning.

Fan J Q, Han F, Liu H. 2014. Challenges of big data analysis. National Science Review, (2): 293-314.

Farrell M H. 2015. Robust inference on average treatment effects with possibly more covariates than observations. Journal of Econometrics, 189: 1-23.

Ferreira K J, Lee B H A, Simchi-Levi D. 2016. Analytics for an online retailer: demand forecasting and price optimization. Manufacturing & Service Operations Management, 18 (1): 69-88.

Gao R, Chen X, Kleywegt A J. 2017. Distributionally robustness and regularization in statistical learning. Working Paper.

Glaeser C, Fisher M, Su X. 2019. Optimal retail location: empirical methodology and application to practice. Manufacturing & Service Operations Management, 21 (1): 86-102.

Gong M, Zhang K, Liu T, et al. 2016. Domain adaptation with conditional transferable components. The 33rd International Conference on Machine Learning.

Gotoh J Y, Kim M J, Lim A E B. 2018. Robust empirical optimization is almost the same as mean-variance optimization. Operations Research Letters, 46 (4): 448-452.

Green D P, Kern H L. 2012. Modeling heterogeneous treatment effects in survey experiments with Bayesian additive regression trees. Public Opinion Quarterly, 76 (3): 491-511.

Hainmueller J. 2012. Entropy balancing for causal effects: a multivariate reweighting method to produce balanced samples in observational studies. Political Analysis, 20 (1): 25-46.

Hill J L. 2011. Bayesian nonparametric modeling for causal inference. Journal of Computational and Graphical Statistics, 20 (1): 217-240.

Huang J, Smola A J, Gretton A, et al. 2007. Correcting sample selection bias by unlabeled data//Schölkopf B, Platt J, Hofmann T. Advances in Neural Information Processing Systems 19. Cambridge: MIT Press: 601-608.

Imbens G W, Rubin D B. 2015. Causal Inference in Statistics, Social, and Biomedical Sciences. Cambridge: Cambridge University Press.

Joo M, Thompson M L, Allenby G M. 2019. Optimal product design by sequential experiments in high dimensions. Management Science, 65 (7): 3235-3254.

Kallus N. 2018. Balanced policy evaluation and learning//Bengio S, Wallach H, Larochelle H. Advances in Neural Information Processing Systems 31. Cambridge: MIT Press: 8895-8906.

Kitagawa T, Tetenov A. 2018. Who should be treated? Empirical welfare maximization methods for treatment choice. Econometrica, 86 (2): 591-616.

Kuang K, Cui P, Athey S, et al. 2018. Stable prediction across unknown environments. The 24th ACM SIGKDD International Conference on Knowledge Discovery & Data Mining.

Kuang K, Cui P, Li B, et al. 2017a. Treatment effect estimation with data-driven variable decomposition. The 31st AAAI Conference on Artifical Intelligence.

Kuang K, Cui P, Li B, et al. 2017b. Estimating treatment effect in the wild via differentiated confounder balancing. The 23rd ACM SIGKDD International Conference on Knowledge Discovery and Data Mining.

Kuang K, Cui P, Li B, et al. 2020a. Treatment effect estimation via differentiated confounder balancing and regression. ACM Transactions on Knowledge Discovery from Data, 14(1): 1-25.

Kuang K, Xiong R X, Cui P, et al. 2020b. Stable prediction with model misspecification and agnostic distribution shift. Proceedings of the AAAI Conference on Artificial Intelligence, 34 (4):4485-4492.

Li J, Netessine S, Koulayev S. 2018. Price to compete ... with many: how to identify price competition in high- dimensional space. Management Science, 64 (9): 4118-4136.

Lin W. 2013. Agnostic notes on regression adjustments to experimental data: reexamining Freedman's critique. Annals of Applied Statistics, 7 (1): 295-318.

Long M S, Cao Y, Wang J M, et al. 2015. Learning transferable features with deep adaptation networks. The 32nd International Conference on Machine Learning.

Long M S, Zhu H, Wang J M, et al. 2016. Unsupervised domain adapta-tion with residual transfer networks. The 30th Conference on Neural Information Processing Systems.

Mišić V V, Perakis G. 2020. Data analytics in operations management: a review. Manufacturing & Service Operations Management, 22 (1): 158-169.

Pan S J, Yang Q. 2010. A survey on transfer learning. IEEE Transactions on Knowledge and Data Engineering, 22 (10): 1345-1359.

Pearl J. 2009. Causality: Models, Reasoning and Inference. 2nd ed. Cambridge: Cambridge University Press.

Peters J, Bühlmann P, Meinshausen N. 2016. Causal inference by using invariant prediction: identification and confidence intervals. Journal of the Royal Statistical Society, 78 (5): 947-1012.

Rojas-Carulla M, Schölkopf B, Turner R, et al. 2018. Invariant models for causal transfer learning. Journal of Machine Learning Research, 19 (1): 1309-1342.

Schölkopf B, Janzing D, Peters J, et al. 2012. On causal and anticausal learning. The 29th International Conference on Machine Learning.

Shen Z, Cui P, Kuang K, et al. 2018. Causally regularized learning with agnostic data selection bias. 2018 ACM Multimedia Conference.

Shimodaira H. 2000. Improving predictive inference under covariate shift by weighting the log-likelihood function. Journal of Statistical Planning and Inference，90：227-244.

Sugiyama M，Suzuki T，Nakajima S，et al. 2008. Direct importance estimation for covariate shift adaptation. Annals of the Institute of Statistical Mathematics，60：699-746.

Swaminathan A，Joachims T. 2015a. Batch learning from logged bandit feedback through counterfactual risk minimization. Journal of Machine Learning Research，16：1731-1755.

Swaminathan A，Joachims T. 2015b. The self-normalized estimator for counterfactual learning. The 28th Conference on Neural Information Processing Systems.

Wager S，Athey S. 2018. Estimation and inference of heterogeneous treatment effects using random forests. Journal of the American Statistical Association，113（523）：1228-1242.

Wang X，Huang T，Schneider J. 2014. Active transfer learning under model shift. The 31st International Conference on Machine Learning.

Yao L，Li S，Li Y. 2018. Representation learning for treatment effect estimation from observational data//Bengio S，Wallach H，Larochelle H. Advances in Neural Information Processing Systems 31. Cambridge：MIT Press：2634-2644.

Yoon J，Jordon J，van der Schaar M. 2018. Ganite：estimation of individualized treatment effects using generative adversarial nets. International Conference on Learning Representations 2018.

Zhang B Q，Tsiatis A A，Laber E B，et al. 2012. A robust method for estimating optimal treatment regimes. Biometrics，68：1010-1018.

Zhang K，Schölkopf B，Muandet K，et al. 2013. Domain adaptation under target and conditional shift. The 30th International Conference on Machine Learning.

Zhao Y Q，Zeng D L，Rush A J，et al. 2012. Estimating individualized treatment rules using outcome weighted learning. Journal of the American Statistical Association，107（449）：1106-1118.

Zhou X，Mayer-Hamblett N，Khan U，et al. 2017. Residual weighted learning for estimating individualized treatment rules. Journal of the American Statistical Association，112（517）：169-187.

Zubizarreta J R. 2015. Stable weights that balance covariates for estimation with incomplete outcome data. Journal of the American Statistical Association，110（511）：910-922.

第 3 章 考虑情境要素的社会化商务分析

吴俊杰，刘冠男
北京航空航天大学经济管理学院

3.1 大数据环境下的社会化商务

近十几年来，在线社交网络逐渐成为人们在互联网中重要的互动、沟通、协作及内容创造的媒介之一（Pavlou and Gefen，2004）。在线社交网络将人们的社会关系从“线下”移植到了“线上”，从而为用户创造了一种介于虚拟与真实之间的社交场景。用户可以在各类在线社交网络平台中建立好友关系，与线上好友进行社交互动，同时发布、传播和分享各类信息内容。因此，用户成为互联网的主体，用户产生内容则构成了在线社交网络的内容主体，而信息内容的产生、接收与传播也成为用户在社交网络中深度参与的主要活动。因此，用户之间的社会关系逐渐变为信息内容的载体，信息内容借助社交网络中的转发、分享等机制，实现了广度和深度的传播，而部分信息内容则可能演化发展为社会关注的热点事件，并逐渐取代传统媒体内容成为重要的舆论导向，而传统媒体反过来从社交网络的内容中寻找热点内容作为素材。实际上，用户在社会化媒体中的所有行为活动都会被记录下来，这些行为特征往往是用户偏好及其个性化需求的直接表现，这为企业提供了洞察顾客需求、发现商业机会的新视角。

得益于社会化媒体的迅猛发展，传统的电子商务也在寻求与社会化媒体这种包含了大量用户群体的平台进行深度融合，期望通过社会化媒体的渠道、用户网络直接接触到潜在的用户群体，将用户通过社会化媒体直接导流到电子商务网站并发生交易，从而将社会化媒体中的流量转化为交易额。这种融合的探索在逐渐改变传统企业的营销渠道、商务形式，并且催生了社会化商务这种新型的商务模式。

社会化媒体平台为用户与企业提供了更多的直接发生交互的渠道。众多企业作为用户参与到社会化媒体中的内容产生与传播等活动中，这也使企业与用户的关系由过去“点对面”的关系转换为“点对点”的关系。企业在过去的营销活动中常常借助传统平面媒体如电视、报纸，面向一定的目标用户群体投放广告；而在社会化媒体中,企业面对的则是自主选择和表达并具有个性化需求的用户个体。因此，如何通过发掘用户在社会化媒体中的行为特征，并将社会化媒体转变为企业有效的营销路径，成为企业在社会化媒体环境中亟待解决的管理问题。

相比传统的商务活动，社会化商务直接面向用户个体，并将用户潜移默化地转化为企业营销活动的助力者。用户可以对感兴趣的营销内容进行分享和转发，借助社会关系网络使营销内容从单一节点扩散到更广大的群体，形成了“口口相传”的营销效果，而这个过程均是由用户自主完成的。企业可以从用户在社会化媒体的行为特征中洞察用户的个性化需求，有效定位目标用户群体，从而设计比传统营销工具更加精准的营销策略。此外，企业在社会化媒体中官方账号的运营成本要远低于传统的营销模式，对中小企业来说具有更大的可操作性。

社会化商务将企业、用户、信息、产品等要素有机地联系在了一起，极大地发挥了社会化媒体在电子商务中的优势，也产生了跨平台、多源异构的大数据。用户通过电子商务平台直接地与企业及其产品发生交互；而商家借助社会化媒体感知到每个个体用户的存在；用户则在社会化媒体中关注、传播与企业相关的信息内容，并与企业形成直接互动关系，从而影响企业的营销内容的传播路径和管理决策。显然，用户是社会化媒体中的主体。用户在社会化媒体中可以自主表达观点、态度、情绪，但同时其行为受到大量外部环境的影响。例如，大众关注的热点事件可能影响用户的观点和态度,也会进一步影响其社交网络中的传播意愿；而在什么时间（when）、什么地点（where）、从哪个用户（who）、接触到何种信息内容（what）也将在很大程度上决定用户对营销广告的接受程度和传播范围。这些不同要素构成了用户在社会化商务活动中所处的情境（context）。因此，3.2 节将着重探讨影响社会化商务的各类情境要素。

3.2　社会化商务的情境要素

在社会化商务的背景下，企业的营销对象由过去传统媒体中被动接受营销信息的同质化群体，变为具有主动选择且彼此互联的异质化的用户个体。同时，用户接受信息和产品的渠道和场景也从简单的电视、平面媒体拓展到多屏幕和多情境，乃至随时随地，因而呈现出了多样化的特征。例如，用户可以在公交上通过手机登录微博，在街头浏览电商网站中的产品信息。另外，用户在社会化媒体中生产、分享各种信息内容，也呈现出一种个性化的方式。用户对不同来源的信息的接受程度具有显著的差异。例如，追星族的偶像推荐的商品往往能获得粉丝的认可和青睐，用户会信赖好友圈子里互相推荐的产品。此外，在社会化商务中，企业通过在社会化媒体中建立官方账号，可以和普通用户建立起对等的社会化关系，直接与用户互动。企业自身的账号、品牌和发布内容建设也会影响社会化营销的效果。

因此在营销决策中，企业需要从个性化的角度综合考虑终端用户的特征、使用场景、营销内容和社会关系等，并借助数据挖掘技术，发现用户的行为模式，从而在合适的营销时机和场景下精准地向用户推送营销广告及产品信息。我们将这些影响社会化商务的要素统称为社会化商务的情境要素。典型的情境要素包括情绪情境要素、内容情境要素、社交情境要素、时间情境要素、地理情境要素等。

3.2.1 情绪情境要素

消费情绪是指消费者在购物和使用产品或服务的过程中，由产品属性、服务质量和产品的评论感知所引发的一系列特定的情绪反应，它可以分为正面情绪、负面情绪和中性情绪。消费情绪正成为影响社会化商务中消费者购买意愿的关键因素（黄盼盼，2016）。一般来说，正向情绪会促进消费者发生重复购买、交叉购买行为，并且会降低价格敏感度，愿意接受高价格并愿意向周围人推荐产品或者服务，同时，拥有正向情绪的消费者对产品和服务表现出更高的忠诚度。有研究指出，消费者的正向情绪对其购买行为和满意度有正向的影响，消费者的负向情绪对其购买行为和满意度有负向的影响（黄盼盼，2016）。沈鹏熠（2011）的研究也证实了外界刺激会推动消费者情绪反应的形成,并直接对其购买意愿产生影响。对国内城市消费者冲动性购买的研究表明，消费者的情绪体验能够对消费者的购买意愿产生直接的影响（岳海龙，2005）。

3.2.2 内容情境要素

大众的消费情绪归根到底还是会受到一些社会化媒体发布的内容的影响。这里的内容包括一切与产品或者服务有关的由企业、消费者或者其他相关人员如品牌代言人在社会化媒体平台上面发布的内容。消费者发布的内容也就是评价，很多研究已经探究过评价内容质量对消费者消费意愿的影响，高质量的正向评价对消费者来说会更有说服力。另外，企业自营媒体账号及代言人等其他相关媒体的宣传内容的质量也会对社会化商务产生影响。品牌官方微博是产品宣传最重要的窗口，关于产品最全面、最详细的信息都来自品牌官方微博，第一手产品资讯都是从品牌官方微博发出，然后经由产品代言人微博进行转发，进一步扩大信息覆盖人群，所以，官方微博发布产品宣传内容的质量会对消费者了解该产品或服务的程度产生很大的影响，进而影响消费者的消费决策（李晓丹，2018）。

3.2.3　社交情境要素

消费者的社交网络会影响其消费选择。在现实生活中，社交网络通常是个体与个体之间通过朋友、血缘、交易、爱情、理想、兴趣爱好等建立起来的社会网络。用户购买产品或服务通常受到家庭、朋友、同事和合作伙伴的影响。由于受到这些共同作用的影响，很容易发现在社交网络中存在共同的购买行为。比如，如果一个群体中的大多数人购买了某种产品，这个群体的个体就极易受到这个群体的影响。其实现实生活中这个现象就经常发生，比如，人们处在不确定状态的时候会看看别人正在做什么。心理学将这种行为解释为：当人们需要做出决策时，会参考他人（他人已经做过的或者正在做的），来减少自己的不安全感。事实证明，人会通过社交网络从朋友那里获取产品购买的建议。现在，许多社会化电子商务网站已经将这种“社会认同”应用到实践中，比如，基于兴趣、风格类型等建立独立的社区，用户会在这些社区中找到与自己“志同道合”的人，大家一起展开沟通和讨论（陈洋，2013）。

3.2.4　时间情境要素

同样一条社会化营销广告，在不同的时间推给消费者，其接受的态度和观点可能不尽相同。这是因为社会化媒体中的用户具有自身的作息规律和行为习惯，其对信息和产品的偏好程度是随时间动态变化的。例如，社会网络中的用户在清晨可能对新闻感兴趣，而在晚上则更偏好娱乐类的消息。而类似的时间情境的影响也会反映到消费者的购物决策中来，例如，消费者在非工作时间可能会比在工作时间具有更强烈的购买意愿，所以在节假日有针对性地向消费者进行产品推荐比平时可能会带来更大的销量增长。此外，消费者在晚上更容易网购消费，在这种时间向消费者营销产品往往会更有效果。另外，从长期来看，消费者对某种产品的偏好也会随时间、季节、时令的不同而变化，因此，在社会化营销中考虑时间因素的影响会使营销信息的推荐更加精准和有效。

3.2.5　地理情境要素

和时间情境类似，处于不同地理位置的用户对同样的信息内容及产品的偏好可能有差异。例如，中国东部地区经济比西部地区经济更加发达，东部地区的消费者也会比西部地区的消费者具有更强的购买力，所以对于高端产品的营销宣传，东部地区的消费者可能具有更强的购买意愿。沿海地区的消费者可能比内陆地区的消费者对泳衣、游泳圈等沙滩用品具有更强的购买意愿；纬度高的地区的消费者会更偏爱买羽绒服等厚实保暖的服装，纬度低的地区的消费者会更偏爱夏装、风扇等驱热用具。消费者所处的地理位置和环境会对其购物偏好有一定程度的影响，因而在社会化商务中，也需要充分考虑到消费者的地理位置。特别是在移动互联网时代，用户在社交网络、移动电子商务等平台中发布内容的同时，也可以披露其实时所在的位置信息。企业可以考虑这些位置信息对用户偏好的影响，将其与用户内容联合起来对用户进行协同建模。例如，用户在社交网络发布其位于商圈附近，周边企业可以结合用户发布的内容推断其偏好，并对其进行折扣、优惠券等营销信息的推送。

3.3 基于情境要素的目标营销群体发现

消费者在进行购物决策时，情感、态度等感性因素可能占据主导地位。而在社会化商务中，由于用户的主体性，感性因素更加深入地介入消费过程，并逐渐成为消费者表现出的新特征。与此同时，在电子商务时代中，消费者面临丰富的商品种类，物质追求已经不是第一位。按照马斯洛的需求层次理论，当物质需求已经得到很好的满足时，精神层次的满足成为新的追求，更能吸引消费者。因此在消费过程中，消费者也追求归属感、认同感，对于品牌消费更为强烈，同时对品牌的内涵、情感特征提出了更高的需求。此外，消费者在消费时也更考虑商品带来的归属感、认同感等情感体验，例如，追星族的偶像推荐的商品往往能获得粉丝的认可和青睐；用户会信赖好友圈子里互相推荐的产品，其一方面认为这种推荐真实可靠，另一方面能获得朋友圈的归属感。因此，用户的情绪是社会化商务必须要考虑的情境要素之一，本节则利用社会化媒体中的情绪情境要素进行目标营销群体的发现。

3.3.1 社会化媒体中的情绪情境要素

微博提供了丰富的表情符号，且随着微博上的最新动态不断更新改变。表情符号生动有趣，不仅能够形象地表达用户的心理，如开心、愤怒、悲伤、惊讶，还有其他丰富的内容，便于用户在不同情境下方便地使用表情符号提供其他信息，如天气（晴天、雪、下雨）、节日（中秋节、圣诞节、春节）、行为（旅行、点赞、转发）。由于表情符号丰富有趣，同时使用非常方便，用户逐渐养成了使用表情符号的习惯，对表情符号进行统计分析，能发现许多现象、规律，有助于了解用户的行为、心理及偏好。

一方面，我们针对微博上在 2011 年之前完成注册的 16 万名用户在 2011 年 1 月~12 月发布的 600 万条微博进行统计，统计结果表明 25.8%的微博使用了表情符号，而这个比例在 Twitter 上仅为 10.1%。图 3-1 展示了微博上表情符号使用频率，可以看出微博中表情符号的使用频率在不断增长，最后趋于稳定。当使用表情符号逐渐变成微博语言习惯，人们对表情符号的使用就不是混乱无序的，表情符号就能够真实地反映用户的情感及行为。

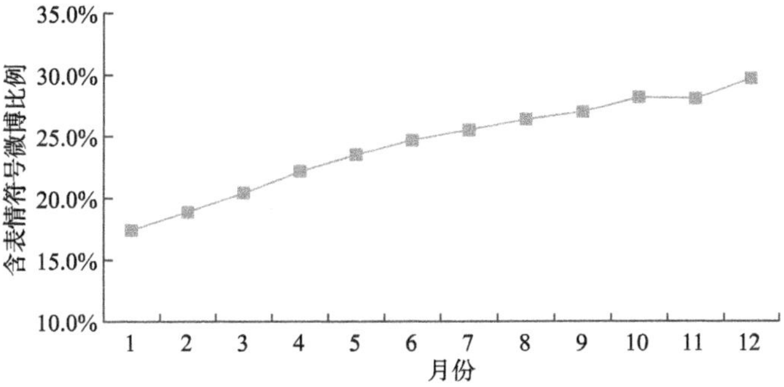

图 3-1　2011 年表情符号使用频率走势图

另一方面，我们针对微博数据集统计了不同表情符号的使用情况。如果把表情符号出现的频率按由大到小的顺序排列，得到表情符号使用次数分布（图 3-2），用户对表情符号的使用基本符合幂律分布。

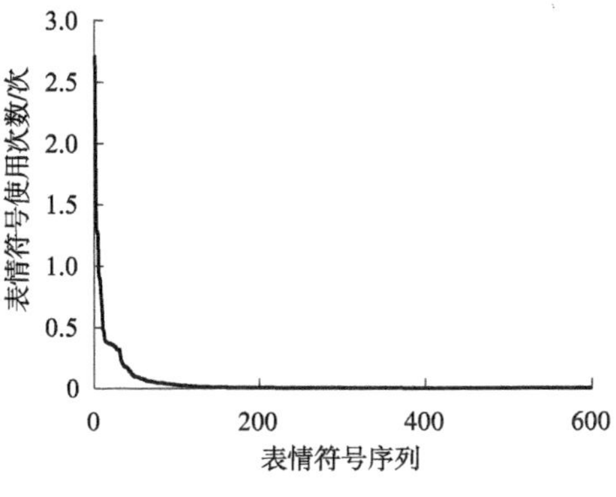

图 3-2　表情符号使用次数分布

1. 表情符号与情感表达

用户使用表情符号多用来表达情感。通过对各个表情符号所在微博的高频关键词进行统计分析，也印证了这一点。本章选取使用频率最高的 50 个表情符号。对各个表情符号取仅包括该表情符号的微博各 10 000 条，对微博进行分词，统计 top100 的高频关键词。通过观察各个表情符号的高频关键词可以看到，表情符号所在的语境大多有非常鲜明的情感倾向，如“哈哈”“可爱”“礼物”“鄙视”“怒骂”等，但也存在部分表情符号情感倾向不明显，如“奥特曼”“神马”“兔子”等表情符号。通过以上分析可以得出部分表情符号经常被用来表达情感，其所在语境有明显的情感倾向，因此可以利用表情符号来标注微博：若某表情符号表现了明显的积极或消极情感倾向，那么包含该表情符号的微博亦会有明显的积极或消极情感倾向。而微博提供了多个表情符号，新的表情符号也在不断涌现，因此有必要对表情符号建立分类器，使新的表情符号能自动分类，进而被用于标注微博情感倾向。部分表情符号及其高频关键词如表 3-1 所示。

表 3-1 部分表情符号高频关键词列表

表情符号	高频关键词
可爱	可爱；好；哈哈；家；爱你；人；心；嘻嘻；说；偷笑；鼓掌；谢谢；快乐；喜欢；最；吃；害羞；花心幸福；亲亲；呵呵；真的；开心；后；萌；下；孩子；点；美；一起；生日；朋友；中；個；兔子；女；哈；太开心；月；蛋糕；关注；耶；哇；希望；妹；抱抱；期待；哈哈哈；good；微笑；给力；脸；感觉；丑；加油；赞；亲；酷；不错
圣诞老人	圣诞老人；圣诞树；圣诞；圣诞铃铛；圣诞袜；礼物；圣诞帽；好；哈哈；雪；雪人圣诞节；家；心；人；礼花；活动；手套；快乐；给力；鼓掌；可爱；爱你；爱；一起；偷笑；嘻嘻；铃铛；围脖；亲；吃；谢谢；期待；聖誕；开心；希望；喜欢；蛋糕；花心；朋友；围观；温暖帽子；准备；不错；关注；美；名；牛人；孺子；爱心；第一；兔子；圣诞快乐；Christmas；感谢；时间
彩虹	彩虹；好；心；阳光；微风；哈哈；早安；晚安；太阳；家；心语；说；快乐；爱你；爱；蛋糕；素食；光影；吃；一起；喜欢；鼓掌；爱心；锅；美；幸福；生日；生活；礼花；飞机；水；点；蔡妍；可爱；花心；希望；真的；礼物；谢谢；下雨；油；流星；偷笑；些；即可；心情；分钟；落日；感叹号；开心；月；世界；候；好的；嘻嘻；雪；兔子；微笑；good；一下；炒；小汽车；泪；现在；音乐
我要奋斗	我要奋斗；脑子；好；测试；加油；现在；原来；人；哈哈；神马；地址；神；试试；努力；刚刚；家；视频；天；来自；糖果；童鞋；奋斗；月；一定；明天；脑；爱；心；火爆；经典；给力；搞笑；排行榜；始；希望；中；D；笑；语录；鼓掌；爱你；继续；后；梦想；酷；下；奥特曼；时间；喜欢；真的；种；抓狂；请；候；嘻嘻；生活；工作；最后
哭泣女	泪；好；人；想；抓狂；说；哈哈；真的；哭死；咆哮；真爱；喵呜；求；心；泪；果；可怜；感动；痛；好想；不想；伤；衰；呜呜；噶；生病；泪奔；伤心；一直；今晚；真是；视频；一起；肿；听；不知；搞；时间；咯；事
不公平	不公；抓狂；泪；人；想；呜呜；样；泪奔；偷笑；死；哭泣女；晕；肥肥；伤；可怜；哭；挖鼻屎；冤；怒；衰；闪电；吵闹；委屈；吵鬧；肥；肿；嘻嘻；大哭；不活了；狂笑
气死了	飙泪；怒火；讥笑；忍；抓狂；泪；怒；抓沙发；囧；死；生闷气；累；藏猫猫；可怜；吓一跳；治愈；泰山移
怒	怒；抓狂；泪；死；怒骂；衰；鄙视；愤怒；晕；难；人性；狗；生病；吃惊；可怜；汗；挖鼻屎；讨厌；烦

微博上表情符号数据较多，且在不断地发展变化，模型中使用的积极、消极表情符号需要不断地更新，因此，需要建立一个表情符号分类模型，通过模型不断地将新增的表情符号进行分类，进而用于情感分类模型。而为了建立对表情符号的分类器，需要筛选出一部分表情符号作为种子表情符号，这类表情符号能明确地表达积极或消极的情感，同时需要能够代表积极或消极情感中不同类型的情绪，如积极情感中的喜悦、兴奋、赞同，消极情感中的悲伤、愤怒、延误等。继而以这些种子表情符号为起点建立分类器，若表情符号与某类种子表情符号的使用情境相似度较高，则认为该表情符号与该类种子表情符号表达了同种情感，可以划归一类。按上述要求手工筛选出微博中使用频繁且情感倾向明确的表情符号作为种子表情符号，具体筛选方法如下。

（1）统计表情符号的使用次数，从使用频率超过 3 万次的表情符号中利用表情符号的形象及名称，手工筛选出情感倾向明确的 30 个积极表情符号、30 个消极表情符号。

（2）取微博中包含且仅包含以上 60 个表情符号中的一个的微博，每个表情符号取 10 000 条微博，统计 10 000 条微博的 top50 的高频关键词。若积极表情符号的高频关键词中出现了大量的消极词汇，则剔除该表情符号；反之，若消极表情符号的高频关键词中有大量积极词汇，则剔除该表情符号。

通过以上两个步骤得到 6 个积极表情符号、6 个消极表情符号，将这 12 个表情符号作为种子表情符号。包含种子表情符号的微博共 10 165 236 条，占全部微博的 20.51%。使用各个表情符号的微博数量见表 3-2。定义仅包含积极表情符号的微博为积极微博，仅包含消极表情符号的微博为消极微博。

表 3-2　种子表情符号覆盖的微博数量

种子	表情符号	覆盖微博数量/条
积极种子	哈哈	3 361 399
	心	1 495 094
	good	979 393
	赞	644 405
	耶	470 992
	爱	39 567
消极种子	泪	2 076 030
	抓狂	912 080
	怒	498 746
	怒骂	89 746
	伤心	86 295
	吐	67 398

2. 表情符号表示

由于表情符号本身携带的信息较少，仅包含表情符号的形象及名称，且表情符号文本较短，直接匹配或者分类的难度较大，难以直接利用表情符号自身特征对其进行分类。而表情符号所在的语境与表情符号表达的情感倾向有较强的关联，Go 等（2009）研究证明，积极表情符号如“☺”所在语境中包含大量积极词汇，反之，消极表情符号如“☹”所在语境中包含大量的消极词汇，因而可以使用包含各个表情符号的微博文本来扩充表示表情符号。

进一步，可以利用表情符号所在的语境来表示各个表情符号。若某个表情符号为积极表情符号，则该表情符号所在的语境也为积极的文本，那么同类的积极文本可以合并，因为合并后的文本依然表达的是积极情感。为表示各个表情符号，本章抽取包含且仅包含一种种子表情符号的 10 000 条微博，对微博文本进行拼接合并，得到长文本。

而由于微博中语言表达并不标准，分词较困难，分词结果中有些字符串并无实际意义；同时，由于微博语言演化较快，不规范，经常出现一些新兴的个性化词汇，如小圈子里的特定表达、方言等，这些低频词汇总数不多，但类别较多，使表示微博文本的词汇规模极大。而对于这些低频词汇，如果在大量的微博信息中都找不到这些词，即人们对这个词没有兴趣或不了解，则这个词对于分类的意义也不大。而微博中出现频率较高的关键词通常为停用词，也不具有明确的语义倾向，因此也需要剔除。最终我们提取出了特征集合中使用次数低于 4 次的低频词，以及出现频率高于 70%的高频词，得到一个关键特征集合，进而将该长文本转化为 TF-IDF（term frequency-inverse document frequency，词频–逆文本频率）向量，用于表达该表情符号。至此，种子表情符号已经转换为向量空间上的点，而对于需要分类的表情符号，计算该表情符号分别与积极、消极种子表情符号的相似度，若该表情符号与积极种子表情符号的相似度远高于消极种子表情符号，则该表情符号为积极表情符号，反之则为消极表情符号。

对于传统的基于独热编码（one-hot representation）的词表示机制，每个词都转化为一个$|V|$维行向量，其中V为模型使用到的词典。基于独热编码的词表示机制的文本同样地被转化到一个$|V|$维行向量中，文本中若出现某个关键词则在该向量对应的维度取 1，否则为 0，因而文本的表示维度高且特征稀疏，维度灾难造成了建模的困难。同时，相似的词利用独热编码表示后相似度为 0，因此，两个句子即使使用了很多同义词表达相同的语义，在相似度上仍然非常低。因此，我们使用隐语义索引（latent semantic indexing，LSI）模型对表示向量进行降维。相较于原始的特征空间，LSI 降维后能将文本映射到一个低维的语义空间，能充分表达分类所必需的语义结构，同时能部分地解决相似度计算、信息冗余等问题，已经在信息检索和文本分类中有了许多成功的应用。在实际应用中，我们对 LSI 模型

的关键参数做了详尽的讨论。

1）语义话题数量确定

LSI 模型并没有理论说明应取多少个维度的语义空间，也就是保留多少个最大的特征值，但维数k的取值对最后的结果有极大的影响（Yuki et al.，2007），在实际使用中，一般只能通过反复的实验来确定k的取值。利用 12 个种子表情符号的文本最多能建立 12 个话题（topic）的模型。因此，我们选定不同数量的话题，观察在不同话题数量下各个表情符号的得分分布。

将 111 个表情符号手工初步分为 77 个积极表情符号和 34 个消极表情符号。对积极表情符号与消极表情符号在各个话题的概率的均值进行 t 检验后的 p 值如表 3-3 所示。

表 3-3　不同话题数量的模型表现

话题数/个	p 值	积极与消极得分差绝对值的均值
1	0.010	
2	0.012	0.424
3	0.371	0.398
4	0.432	0.364
5	0.873	0.372
6	0.106	0.377
7	0.663	0.379
8	0.864	0.301
9	0.698	0.243
10	0.773	0.205
11	0.918	0.216
12	0.931	0.195

随着话题数量增多，达到 2 个话题以上时，在各个话题上的积极表情符号与消极表情符号的区分度并不大（p 值大于 0.05），因此将话题数量加到 3 个及以上并没有意义。

2）微博数量的确定

为了准确起见，应该尽量选取更多的包含该表情符号的微博来表示表情符号。而选取的微博越多，能覆盖这么多微博的表情符号也就越少。将各表情符号能覆盖的微博数量按由大到小进行排列，并画出覆盖微博数量累计占比图（图 3-3）。

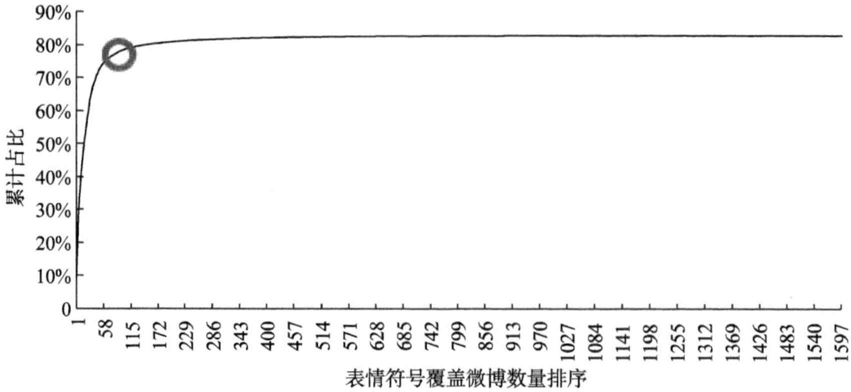

图 3-3 表情符号覆盖微博数量累计占比图

根据表情符号覆盖微博数量的分布图，我们选择用 10 000 条微博来表示各个表情符号，此时既能覆盖较多的微博，又不会损失太多表情符号。以上 111 个表情符号能覆盖的微博占 2011~2012 年全部使用表情符号微博的 79.1%，如图 3-3 中的圆圈所示。

3. 表情符号分类

假设表情符号积极得分高于消极得分时，认为该表情符号为积极表情符号，反之，则为消极表情符号。使用 10 000 条微博表示各个表情符号，并建立二维的 LSI 模型可将 111 个表情符号初步分为 77 个积极表情符号与 34 个消极表情符号。而当表情符号的积极得分与消极得分较为接近时（即积极得分与消极得分的分差在 0 左右时），该表情符号所在的语境可能较为模糊，既有积极的表达，也有消极的表达。因此需要进一步划分分差区间。

由于不能确定分差服从哪种分布，选用切比雪夫不等式来计算分差置信区间。当 c 取 2 时，因区间 $(\mu - c\sigma, \mu + c\sigma)$ 包含至少 75%的点，剔除了 25%的边界模糊的表情符号，可以认为这个区间内的点是可靠的。对于积极表情符号而言，该区间为（−0.072，0.963），消极表情符号的分差置信区间为（−0.971，0.194），去掉其中重合的区间（−0.072，0.194），因而积极表情符号的分差置信区间是（0.194，0.963），消极表情符号的分差置信区间为（−0.971，−0.072）。设定分差置信区间后，可以得到 58 个积极表情符号、35 个消极表情符号，作为最终用于标记微博的表情符号集合。

3.3.2 富情感用户的情绪情境要素分析

对表情符号的使用进行统计时，我们发现许多微博中会同时存在积极和消极表情符号，因此定义这种同时包含积极和消极表情符号的微博为富情感微博。延续富情感微博的定义，富情感用户则可以被定义为发布富情感微博较多的用户。反之，没有发布过任何富情感微博的用户则被定义为普通用户。

1. 富情感表达

微博上富情感微博的比例为 2.4%，而在 Twitter 上这个比例仅为 1.1%。微博上富情感微博远高于 Twitter 也与心理学上的一个理论相印证。该理论认为，东方人在表达情绪时更为辩证而非极端，同时这一特征在女性中更为明显（Bagozzi et al.，1999），统计发布富情感微博的用户的性别比例发现，富情感微博的用户有 74%为女性。并且在富情感用户中我们发现一个认证为微女郎（经过微博认证，积极在微博上分享自己的照片与生活的女性用户）的群体，82.8%的认证为微女郎的用户都是富情感用户。

进一步地，我们对富情感微博发布的时间规律进行统计。分别统计积极、消极、富情感微博在一天 24 小时、一周 7 天内的分布情况。计算方法如下（以 24 小时的统计为例）：

$$p_i^c = \frac{t_i^c}{\sum_{i=1}^{24} t_i^c} \tag{3-1}$$

其中，t_i 为在第 i 小时发布的微博的数量；p_i 为第 i 小时发布的微博占 24 小时内发布微博的比例；c 为情感极性，包含积极、消极和富情感。统计结果如图 3-4 所示。

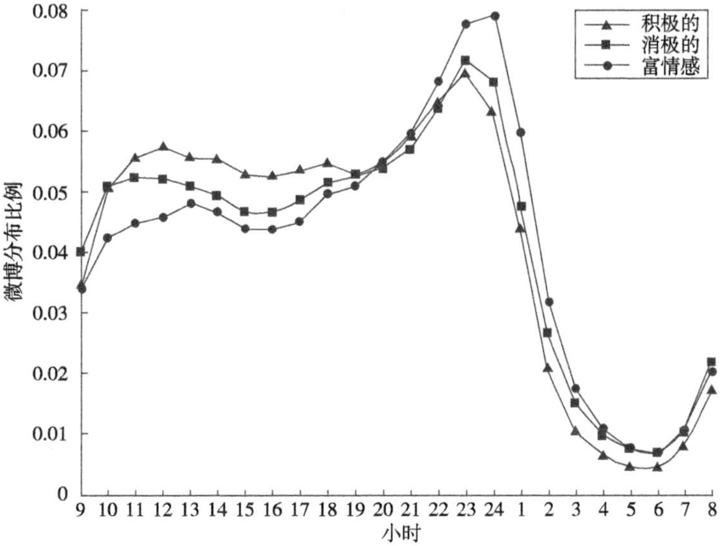

（a）

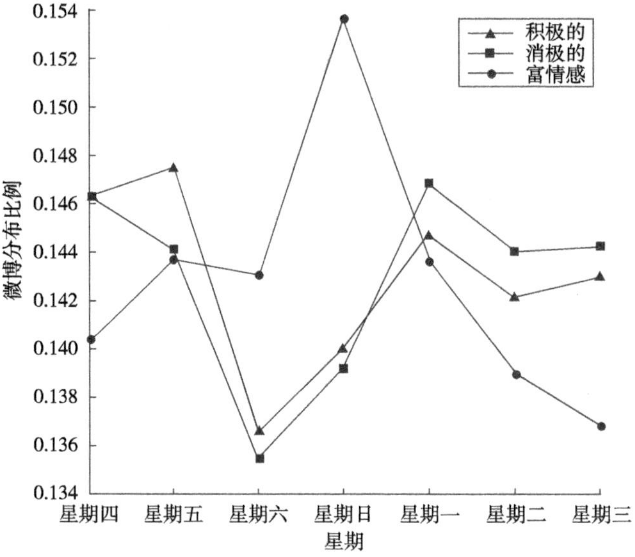

（b）

图 3-4 积极、消极、富情感微博的发布时间分布

由图 3-4 可以看出，用户一般在晚上 9 点到凌晨 1 点之间，星期五至星期日发布的富情感微博数量较多，而这两个时间段也是微博用户较为孤单、无聊的两个时间区间。

2. 话题偏好分析

对富情感用户的微博进行初步观察发现，富情感用户是一群微博活跃用户，乐于在微博上分享生活中的点点滴滴，且关注的事件多为一些文体、娱乐类事件。抽取研究（Zuo et al.，2016）中获得的文娱、体育、政治、经济类的 top500 的关键词，将文娱、体育类关键词归为文体类关键词，政治、经济类关键词归为政经类关键词。统计这 2000 个关键词分别在普通用户与富情感用户的微博中出现的频次，统计结果见表 3-4。对普通用户而言，平均每条微博中会出现 0.0219 次政经类关键词，远远高于富情感用户的 0.0078 次/条，而富情感用户使用文体类关键词的频率（3.38%）远远高出普通用户的 1.48%。由关键词上的明显差异可以看出富情感用户较普通用户更为关注文体类话题，而对政经类话题关注较少。

表 3-4 富情感及普通用户对政经、文体类关键词使用统计

用户	政经类		文体类	
	关键词出现总次数/微博总数	关键词出现总次数/微博总词数	关键词出现总次数/微博总数	关键词出现总次数/微博总词数
富情感用户	0.78%	0.07%	3.38%	0.32%
普通用户	2.19%	0.23%	1.48%	0.16%

对于重大事件的关注分析也能得出类似的结果：分别统计富情感用户、普通用户在 2012 年全年内发布积极、消极微博的数量走势，选取 2012 年全年中积极、消极值得分最高的 top20 个峰值点，而这些峰值点通常代表某些外部事件引发大部分网民的关注和讨论的时间点，因此这些峰值点往往能指示一些重大事件，同时能反映网民关注的一些热点话题、兴趣领域。根据 2012 年的积极、消极微博数量走势图可以识别出富情感用户关注的一些积极、消极事件，可以发现引起富情感用户积极情绪高涨的事件，除了重大节日，如春节、中秋节等，还包括欧洲杯半决赛、奥运会夺冠、《中国好声音》比赛等文体事件，而这些时间点上普通用户情绪波动并不剧烈。富情感用户关注的消极事件中，除了全民都较为关注的自然灾害话题，如“5 · 12”汶川地震、“7 · 21”北京特大暴雨外，TVB（Television Broadcasts Limited，电视广播有限公司）电视剧《护花危情》的悲剧大结局、《中国好声音》的“黑幕”、欧洲杯上喜爱的球队失利都会引起富情感用户负面情绪的高涨。而普通民众关注的，如周总理逝世周年纪念日等事件，富情感用户则并不关注。

3. 社会交互分析

富情感用户通常是微博上非常活跃的用户，他们较为频繁地发布微博（研究样本中富情感用户数和普通用户数分别为 1890 人和 336 人），拥有较多的粉丝（研究样本中富情感用户粉丝数和普通用户粉丝数分别为 2506 人和 735 人）、好友（研究样本中富情感用户好友数和普通用户好友数分别为 270 人和 194 人）。足见富情感用户非常依赖微博这个平台，因此也通过这个平台与好友进行交流互动。而微博关闭和重新开放微博评论（积极事件 H、消极事件 A）时，富情感用户热烈的反应也侧面印证了这一点。富情感微博是用户宣泄、交流情感的一个重要方式，因此许多富情感微博会主动“@”好友来向好友倾诉。积极、消极、富情感三类微博在 24 小时内“@”好友的比例如图 3-5 所示，可以看出用户在发布富情感微博时更倾向“@”好友。

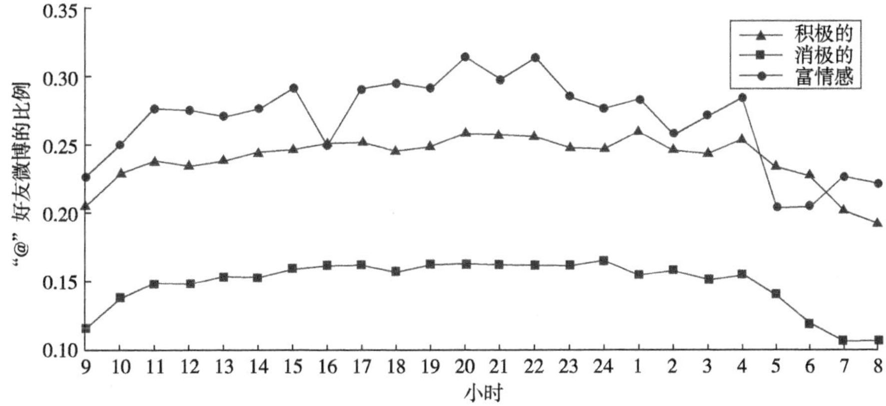

图 3-5　积极、消极、富情感微博在 24 小时内“@”好友的比例

而对深度富情感用户在微博中“@”的好友的关系强度进行分析发现，用户在富情感微博中“@”的好友与用户有更多共同粉丝（平均 20 个共同粉丝数），而这个数据在积极、消极微博中仅为 12 和 7。好友关系强度对比证明了用户倾向在富情感微博中主动联系与自己关系亲密的好友进行倾诉。因此，是否是在富情感微博中“@”的好友可以成为判断用户之间是否为强连接的一个指标。

对比积极、消极、富情感微博，与好友进行交互的富情感微博更能够吸引好友，获得更多的回复。分别统计“@”了用户好友的积极、消极、富情感微博获得的转发、评论数。统计结果显示，富情感微博获得的好友评论数与转发数均明显高于积极、消极微博，且用户发布富情感微博越多越容易获得较多的关注，吸引更多评论与转发。

进一步地，我们统计积极、消极、富情感微博获得好友的评论和转发情况，如表 3-5 所示。可以发现，富情感微博容易获得更多的评论，而转发数相对评论数而言则相对较少，因此可以推测，富情感微博可能讨论的是更为琐碎、私人的话题，用户与好友倾向通过评论这种一对一的、私人的方式来进行交流，而不是较为公开地转发。

表 3-5 积极、消极、富情感微博获得转发、评论数

用户富情感微博数	转发微博类型	平均转发数/次	平均评论数/次
100 条及以上	积极	1.75	3.15
	消极	1.63	4.97
	富情感	4.46	5.66
50~99 条	积极	1.55	3.64
	消极	1.50	5.19
	富情感	2.73	6.52
30~49 条	积极	1.59	3.64
	消极	1.31	5.19
	富情感	2.38	6.52

4. 情感迁移分析

富情感微博中会同时出现积极与消极表情符号，而一般而言，积极表情符号通常处于表达积极情感的分句，反之，消极表情符号出现于表达消极情感的分句。因此，从一条微博中表情符号的转换序列能推测微博情感的转换。

统计富情感微博中情感的迁移，若表情符号序列由积极表情符号序列转化为消极表情符号序列，则定义该类微博为积极→消极情感转换微博，反之，则为消极→积极情感转换微博。经统计，消极→积极情感转换微博共 60 293 条，而积极→消极情感转换微博仅 39 457 条，因此可以看出用户在发布富情感微博时也在积极调整自己的情绪，减轻负面情绪，努力转变为积极情绪。

而就这类富情感微博的回复与转发而言，消极→积极情感转换微博更易获得较多的转发，类似于正能量的传播；而积极→消极情感转换微博更易获得较多的评论，对这类微博则给予了更多的私人的鼓励和关怀。

3.3.3　基于情绪转移的目标营销群体发现

富情感用户社交活跃且具有较高的影响力，本小节通过分析该用户群体的购物情绪转移挖掘社会化商务中的目标营销群体，以此进行精准广告投放，降低企业的营销成本。

1. 富情感用户购物情绪分析

2012 年时微博已经成为许多电商宣传互动的平台，微博上不仅有许多电商卖家注册官方微博进行活动宣传，许多普通用户也会在微博上交流讨论自己的购物体验。而 2012 年时“双十一”已经成为人们最为关注的一个购物狂欢节，因此我们抽取 2012 年“双十一”前后各一周，即 11 月 4 日~11 月 18 日这 15 天富情感用户及普通用户的微博进行分析。

首先使用“买”“购物”“逛街”“淘宝”等关键词对微博进行筛选，然后人工过滤，筛选提及购买行为的微博，筛选后得到富情感用户购物微博 197 条，普通用户购物微博 427 条。以购物微博发布的时间为相对 0 点，从 0 点开始分别向前、向后各取 7 天的用户微博进行分析，分别记录这前后 14 天内每天的用户情绪波动情况。具体的走势如图 3-6 所示。

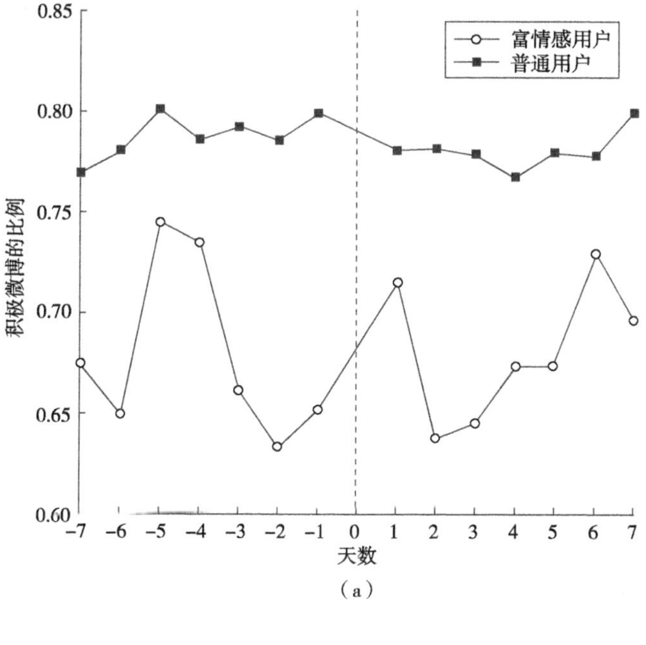

（a）

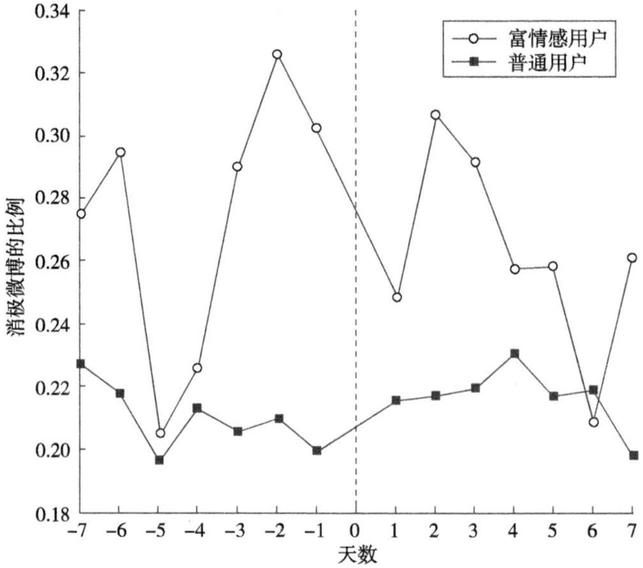

（b）

图 3-6　用户购物前后情绪走势

假设在购物微博前后 24 小时内，微博用户的情绪与购物行为密切相关，而前后 7 天，用户情绪基本平复，则 7 天的情绪分布则可以代表日常的均值水平。比较购物前后 24 小时及 7 天内的情绪分布，如表 3-6 所示，可以发现：对于用户在 24 小时时间窗内，①富情感用户在购物前通常处于一个情绪低迷的状态，而购物后用户积极微博占比显著上升；②普通用户通常在情绪较为高涨的时候进行购物，而购物后消极微博的占比反而略有上涨。

表 3-6　用户购物前后情绪统计

用户类型	时间	24 小时时间窗		7 天时间窗	
		积极微博占比	消极微博占比	积极微博占比	消极微博占比
富情感用户	购买之前	65.2%	30.2%	67.4%	27.5%
	购买之后	71.5%	24.9%	69.7%	26.1%
普通用户	购买之前	79.9%	20.0%	77.0%	22.7%
	购买之后	78.1%	21.6%	80.0%	19.8%

为了验证这种情绪的波动不是偶然的，我们打乱了微博的顺序，调换了微博的发布时间，重新统计购物前后情绪的波动，发现情绪的转变并不明显，统计结果见表 3-7。因此，可以认为这种由购物行为引发的情绪波动是明显的。

表 3-7　用户购物前后情绪统计（打乱微博顺序）

用户类型	时间	24 小时时间窗		7 天时间窗	
		积极微博占比	消极微博占比	积极微博占比	消极微博占比
富情感用户	购买之前	68.2%	25.9%	69.1%	24.1%
	购买之后	67.6%	26.4%	68.9%	24.5%
普通用户	购买之前	74.5%	25.5%	75.2%	24.8%
	购买之后	76.2%	23.8%	79.1%	20.9%

两类用户的这种行为正好与市场心理学中无序购买的研究有一致之处。Faber 和 Christenson（1996）在对冲动购买型用户与普通用户的购买情绪进行对比研究时发现，冲动购买型用户在购物前通常会体验到多种不同的情绪，如烦乱、愤怒、喜悦等，而对普通用户而言购物前的主导情绪则是高兴；冲动购买型用户在购物后通常消极情绪下降，积极情绪上涨，而普通用户则与之正好相反，消极情绪上涨，积极情绪下降。因此，可以推测，富情感用户或许与冲动购买型用户一样，使用购物来调节自己的负面情绪。我们进一步统计在“双十一”期间参与购物的用户的比例发现，20.5%的富情感用户在此期间提及自己的购物体验，而这个比例在普通用户中只有 7.8%。进一步验证了富情感用户对购物的积极态度。

2. “双十一”电商社会化营销效果评价

在 Web 2.0 环境下，用户与用户之间形成了更加紧密的互联，用户之间的观点、情绪更加深入地互相影响。而这导致的结果是，用户之间的信赖度增加，用户与商家之间的信赖度降低。Opinion Research Services 在 2008 年公布的一份调查数据显示，83%的被调查用户表示网络上其他用户的评论和评价对他们的购物决策有很大的影响，用户非常在意其他人的观点和态度，其一方面认为这些观点是比较客观的参考信息，另一方面可以以此获得群体的归属感。而尼尔森调查显示，70%的被调查用户相信其他消费者的推荐，而不相信商家广告，eMarketer 的调查也佐证了这一结论，相信其他用户推荐的用户在 2010 年增加了 47.5%，相信微博好友推荐的人增加了 21%；与之相反的是，相信广告的用户数则越来越少。

因此，可以看到微博用户本身的观点、态度对其他用户产生的影响远甚于商家自己的营销。而本章挖掘出的富情感用户的影响力更强，因而他们的观点、情绪能深刻地影响到自己的粉丝和好友。因此，对这群用户的情感进行刻画能真实地反映整个用户群体的情绪态度。

选取 2014 年 11 月 4 日至 2014 年 11 月 18 日之间共 15 天及 2014 年全年的富情感用户微博，利用 3.3.1 节构建的微博情感分类模型对微博的情感进行分析、统计。抽取这段时间微博用户讨论传统综合电商阿里巴巴（包括淘宝和天猫）、小米和京东的相关微博进行分析，并统计用户对这两个电商的情感分布，统计结果见表3-8。

表 3-8 富情感用户情感分布统计表

微博类型	"双十一"期间			2014 年全年		
	中性	积极	消极	中性	积极	消极
全部微博	32.9%	44.6%	22.5%	42.5%	39.0%	18.5%
阿里巴巴	42.1%	42.1%	15.8%	58.2%	28.1%	13.7%
小米	50.0%	50.0%	0.0%	51.1%	26.7%	22.2%
京东	28.6%	42.9%	28.5%	54.3%	37.0%	8.7%

从统计结果看，富情感用户在"双十一"期间对阿里巴巴和小米的积极情绪上升，消极情绪变化不大或下降，而对京东的消极情绪上升，积极情绪上升幅度不及其他两家。显然京东的营销效果远远差于阿里巴巴和小米。而传统电商影响力调查获得的统计结果也指出，2014 年"双十一"期间天猫的营销效果最好，小米次之，京东劣于前两者。

本小节对富情感用户营销方面的特征进行了深入的分析，发现这类用户有以下特征：①在社交网络上非常活跃；②在社交网络上的影响力高于一般用户；③与冲动购买型用户有相似的情感转化特征。这些特征都使富情感用户成为极好的社会化营销目标和营销效果的感应器、传感器。

首先，富情感用户和冲动购买型用户一样，都喜爱购物，并且购物是他们调节情感的一个重要手段。因此，他们容易成为营销的目标，并且一旦通过媒体上的信息感知到了他们的负面情绪，购物的营销就很可能对他们产生效果。其次，社交活跃的特征决定了他们乐于在这个平台上分享他们生活里方方面面的事情，如果他们对某些产品有很好或者很差的体验，他们都可能将这些信息公布于社交网络。而他们在社交网络里有大量的粉丝，有较强的影响力决定了他们的意见会对其他很多用户有很深、很广泛的影响。因此，对富情感用户情绪的感知一方面能帮助商家把握向他们做营销的时机；另一方面，这类用户的口碑能深刻影响其他用户，因而具有极强的代表性，商家不用广泛地采样调查，富情感用户对品牌的情感、态度就能反映大部分用户的态度。富情感用户对三大电商的情感分析统计详情如图 3-7 所示。

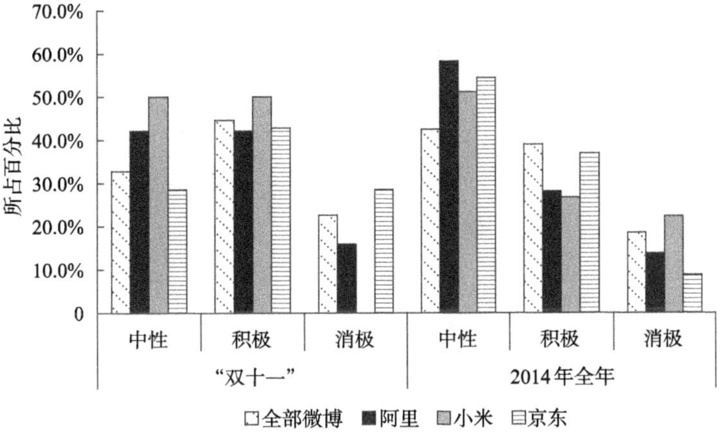

图 3-7 富情感用户对三大电商的情感分析

3.4 基于情境要素的社会化推荐方法

社会化媒体平台中信息数量巨大且形式多样，用户常常面临信息过载的困境，因而无法从快速传播的媒体信息流中获取有效信息；同时，和传统媒体相比，用户对社会化媒体中信息的接受和使用是一种主动的行为，具有更加个性化的需求和行为方式。因此，若缺乏合理的定位、发布策略及对用户个性化需求的挖掘，企业的社会化营销也难以达成实质性的营销目标。本节以企业信息网络中的用户与信息之间的互动关系为基础，挖掘用户在社会化媒体中的行为模式，分析影响社会化营销的情境要素及传播规律，并设计有效的社会化营销智能方法。

3.4.1 社会化媒体营销平台上的内容传播特点

从传统的营销视角来看，企业在发布营销广告时，不仅会针对广告内容本身进行优化，还会综合考虑潜在的消费人群特征及消费诉求，从而设计合理的投放策略。例如，企业发现中老年及女性群体在晚间黄金时段是看电视的主要群体，因此会在热门电视节目中投放针对这类群体的产品广告；又如，利用节假日（春节、圣诞节等）消费者具有较大购物需求时，开展促销活动，对特定产品给予折扣。此外，企业还会抓住时机，如利用事件、季节展开营销。这是因为客户对信息的接收具有一定的行为模式，并且其购买行为亦会遵从一定的季节、时间规律。

与传统的营销活动中的媒介不同，用户对于社会化媒体的使用是一个主动选择且具有个性化特点的行为。一般而言，用户可以在任何时间、任何场景下浏览微博内容，在浏览时会同时接收到各类信息，甚至会产生信息过载并导致许多内容直接被忽略。同时，用户的行为会在不同情境之中发生变化，兴趣也会在不同时间段发生转移。对社会化媒体营销来说，目标用户的行为更加复杂，其特征和行为模式的挖掘也更有难度。相关研究报告显示，微博发布时间会对其传播的范围造成影响（Dabeer et al.，2011），例如，通过统计发现用户在周三、周四的活跃度高，而工作日的晚上营销价值较大。此外，研究发现，在信息内容中增加一些网址［URL（uniform resource locator，统一资源定位器）］、标签（#），或者加入一些视频、图片等元素对其进行优化（Suh et al.，2010），可以增强其被分享和转发的可能性。为此，本节以社会化商务中各类情境要素为基础，研究影响用户对社会化商务的接受程度，并提出协同建模的策略，从而开展社会化营销。

3.4.2 社会化情境要素协同建模

1. 社会化媒体中的用户转发模式

用户在特定时间会对特定的微博账号发布的相关内容产生兴趣，从而触发其转发行为。因此，用户在社会化媒体中的行为在很大程度上影响了信息内容的传播，同时决定了企业在社会化媒体中的营销效果。

为了优化企业官方微博在社会化媒体中的内容发布策略，需要对用户的转发行为进行探究。实际上，用户在社会化媒体中的行为是自发产生、自主选择的，因而每个用户个体的行为都是个性化的。然而，用户个体之间在使用习惯、兴趣等方面也存在一定的相似性，在相同的使用场景中，相似的用户可能表现出相似的行为，我们将这种在用户群体中具有一定共性的转发行为特征称为社会化媒体中的用户转发模式。

从直观上来说，用户在微博中的活动一般从登录其账号开始。由于微博系统将微博内容按其发布时间降序排列的设定，用户会首先看到其关注的微博账号最近所发布的微博内容。当看到感兴趣的内容时可能会进一步查看与该内容相关的图片、链接等，进而发表评论或进行转发。在微博平台中，我们可以直接观测到用户的转发行为，而用户具体的转发历史记录如表 3-9 所示，其中用户名以字母代替。

表 3-9　用户的微博转发记录示例

用户名	转发时间	发布者	发布时间	内容
A	8：05	头条新闻	7：29	广电总局：电视不能播的网络也不行
B	10：00	网易新闻	9：22	数据称女司机擅长“急刹车”
C	7：52	环球时报	7：30	互相尊重，多讲规矩，才有人情
D	12：11	小米手机	12：01	特惠 200！#小米手机 4c#现货购
E	13：03	天猫	11：27	发红包啦！快转发微博
F	14：38	唯品会	12：30	春天到了，要多吃水果哦

实际上，表 3-9 中的微博转发记录描述了构成用户转发行为的要素，即时间、内容和内容的发布者等，我们将这些要素定义为用户进行转发时所感受到的情境信息。一般而言，情境信息描述了用户在一定场景中所处的各种状态，并且用户的行为受到情境信息的影响（Abowd et al.，1999）。在这里，我们将用户在微博中进行转发的情境信息归纳为以下三个要素。

（1）什么时间（when）？用户转发微博的时间反映了其本身的微博使用时间规律，即在何时登录微博，什么时间的活跃度较高。由于微博平台总会向用户推送最近发布的微博内容，用户登录的时间决定了用户当前会看到的微博内容。我们将该因素定义为影响转发行为的时间情境（temporal context）。

（2）谁的微博（who）？一般而言，不同的用户在社会化媒体中具有不同的社会影响力，社会化媒体中的社交关系决定了用户对于不同作者发出的微博内容的态度（Jiang et al.，2012）。特别对于企业官方微博来说，用户对企业相关的品牌权威性具有不同的认知，因此对其发布的内容具有不同的信任程度。由此可见，用户对于相关内容的转发与分享的决定会受到来自发布者本身的社会化因素的影响，为此我们将微博内容的发布者定义为影响转发行为的社会情境（social context）。

（3）什么内容（what）？普通微博内容受到字数限制（140 字），一般具有较为单一的话题。用户对不同话题具有不同的态度，而当微博内容的话题与用户本身的话题兴趣相匹配时，用户容易发生转发行为。因此，微博的话题也是影响用户转发的一种情境要素，我们将其定义为话题情境（topic context）。

上述几种情境要素信息彼此相关，协同影响了用户在社会化媒体中的转发行为。其中，不同的时间情境决定了用户所处的场景、位置和使用习惯及能浏览到的微博内容，进而影响了用户对不同发布者和话题内容的偏好。不同的内容发布者在不同的话题内容上具有不同的权威性，因而用户在不同话题上对其信任程度也不相同，并影响其对该微博内容的态度和行为。总体而言，用户的转发行为是几种情境要素相互作用的结果，而当微博的发布时间及其内容与用户的时间情境要素相匹配时，更容易引起用户的关注。

基于从转发记录中提炼的有关用户转发行为的情境要素，我们希望从用户的历史转发记录中发现其转发行为中具有共性的“时间、发布者及内容”的情境要素特征。例如，从表 3-9 中可以发现，用户 A、B、C 在普通工作日的早上，常转发来自一些权威媒体的官方微博，如网易新闻、环球时报等发布的各类新闻消息。于是，这类用户的使用情境要素可以形式化为以下的三元组模式：

⟨时间情境：工作日早上。社会情境：媒体官方微博。话题情境：新闻⟩

而此三元组情境模式对应具体的微博使用场景可能为用户在去上班的路上通过手机客户端浏览新闻消息。

类似地，用户 D、E、F 的转发记录也表现出一定的相似性，并且可以表示为以下形式的情境三元组：

⟨时间情境：工作日中午。社会情境：电商企业官方微博。话题情境：折扣⟩

因此，我们将几种情境要素协同作用下的用户转发模式定义为⟨时间，发布者，内容⟩的三元组模式，并将其称为 3W（when，who，what）模式。通过发掘用户的转发行为模式，可以帮助企业了解其潜在客户群体的兴趣特征、活跃度、偏好的时间情境等，从而才能有针对性地进行企业社会化营销策略的优化。例如，电子商务企业若发现了某类用户喜欢在工作日中午浏览各种折扣微博的行为模式，就可以有针对性地在中午发布包含商品折扣信息的微博，提高用户转发的概率，扩大社会化营销的效果。

综上所述，我们将本节研究的问题定义如下：给定微博中用户的历史转发记录T，其中每条转发行为可以被表示为$\left(u,t_{\mathrm{r}}^{d},f_{d},\boldsymbol{w}_{d},t_{\mathrm{f}}^{d}\right)$，指用户$u$在$t_{\mathrm{r}}^{d}$时刻转发了由$f_{d}$于$t_{\mathrm{f}}^{d}$时刻发布的微博内容$\boldsymbol{w}_{d}$。我们对用户转发历史记录进行建模，发现基于情境要素的用户转发行为模式，即 3W 模式。在用户共同转发行为模式的基础上，推断用户在不同时间段对微博内容的发布者及内容的偏好，以此帮助企业与微博平台制定社会化营销策略，探究社会化媒体中不同时间段中的话题流行度，指导平台设计营销微博内容的个性化推荐算法，并帮助企业发现可能转发其发布的微博内容的潜在目标用户。本节涉及的数学符号定义如表 3-10 所示。

表 3-10　本节数学符号定义

符号	描述
$U=\{u\}, D=\{d\}$	用户集合，微博集合
V	微博内容语料集
T	微博转发记录集合
$R(u)$	用户 u 转发的微博集合，且 $R(u)\in D$
f_d	微博 d 的发布者
$t_{\mathrm{f}}^{d}, t_{\mathrm{r}}^{d}$	微博 d 的发布时间，微博 d 的转发时间
$w_d=\{w\}$	微博 d 的文本内容
c	共有转发情境（common retweeting context）隐变量
z	微博内容的话题隐变量
C, Z	共有转发情境数目，微博内容的话题数目

2. 基于共有情境的用户内容转发模型

用户在社会化媒体中的转发行为存在一些共性，这类共性可以被提炼为由三元组形式所表示的情境要素。相似的转发情境要素对应一类相似的转发行为，进而代表一种特定转发行为模式。为了发掘转发行为中潜在的共同模式，最直接的做法是对与转发行为相关的情境要素进行聚类分析，即根据相应情境特征的相似性将转发记录归入特定的类别中。但是由表 3-9 可知，用户转发记录并不是结构化的数据，具体到时间、内容的发布者及微博文本内容等情境要素，其数据形式也各不相同。特别是微博中的文本内容可以视作由一系列词汇组成的集合，而其中隐含了各种不同的语义信息。因此，聚类分析难以直接有效提取具有共性的用户行为模式。

此外，在用户的转发行为中，各情境要素之间是彼此关联、互相影响的，但是由于各种情境要素的取值空间极为稀疏，亦难以用关联规则直接挖掘各情境要素之间的潜在关联特征。

根据上述的研究问题定义，本节试图从观测到的转发情境要素中提取其隐含的类别与行为模式信息。在机器学习中，概率模型（probabilistic model）提供了一种对观测数据进行描述的方式，并且将观测数据中的隐含知识挖掘转化为对相关变量概率分布的学习和计算。而概率图模型（probabilistic graphical model, PGM）则是一种利用图结构系统性地刻画变量之间的依赖关系的概率模型，以概率采样的方式生成数据。在概率图模型中，用观测结点（observed node）描述可观测数据，用隐含结点（latent node）描述隐含的、潜在的知识，各条边则表示可观测数据与隐含知识之间的相关及依赖关系，并以概率生成过程进行描述。在构建模型的基础上，进而通过推断和学习的方式来获取隐含知识。

基于概率图模型的一般建模方式，在本节中我们引入了共有转发情境作为模型中的隐变量。该隐变量刻画了在可观测的情境信息之中蕴含的潜在类别信息，反映一类用户在社会化媒体中转发行为中所共有的情境要素特征。具体而言，每一条用户的转发记录都包含了时间、发布者及内容等情境要素。共有转发情境 c 可被视作关于特定时间、发布者及内容的混合（mixture），因而该变量连接了用户转发行为中各个具体的情境要素，并且可以分别表示为不同的共有转发情境下的概率分布。利用概率图模型，构建起隐变量与可观测变量之间的关系，以概率采样的方式生成每一条转发记录中的各个具体的情境要素。

用户在微博使用的过程中具有不同的场景和使用习惯，因而对于不同情境要素具有个性化的偏好，但是相似的用户可能具有类似的偏好。因此，我们用多项分布 $p(c|u)$ 来刻画用户对于各种共有转发情境的偏好。具体而言，针对用户 u 的每一条转发记录，从该多项分布中生成一种特定的共有转发情境，即 $p(c|u)$ 。由于共有转发情境 c 实质上是关于时间、发布者及内容的混合，因而从隐变量 c 中分别产生以下几种具体的情境要素。

时间情境：用户转发的情境信息包含了微博的发布时间与转发时间两个时间值，而用户本身的行为与其转发时间更为相关。因此，在对时间情境建模时，我们只考虑微博的转发时间情境，并将连续的时间划分为离散的时间段。这里假设用户的转发行为在以星期及小时的时间粒度上变化，因而将一天连续的时间划分为 24 个时间段，同时区分工作日（周一至周五）与周末（周六和周日），共 48 个时间段。于是，微博的转发时间段 t_{r}^{d} 从共有转发情境 c 关于时间的多项分布中产生，即 $t_{\mathrm{r}}^{d} \sim p(t|c)$ 。

社会情境：共有转发情境以多项分布的概率生成微博的发布者 $f_d \sim p(f|c)$ ，因此以相似的模式被转发的发布者可能被聚类到相同的转发情境中。

话题情境：对于转发话题的描述，我们将微博内容视作词汇集合的文档，并采用经典的话题模型的建模方式对文档中的词汇进行建模。借鉴一般话题模型中对文本采取词袋模型进行处理的思路（Hofmann，1999；Blei et al.，2003），假设微博文本内容中的词汇是无序且相互独立的。在模型中引入隐变量 z 来代表文档的话题，进而从共有转发情境中生成话题 z，并从 z 中生成文档中的每个词 w。利用这样的建模方式，在相似情境中被转发的微博所包含的词汇可能会被汇聚到类似的话题中。

此外，模型假设在给定共有转发情境时，各条转发元组中具体情境信息——时间、发布者和内容均是条件独立的。综上所述，每个用户 u 在转发微博 $d \in R(u)$ 时的情境信息元组 $\left(u, t_{\mathrm{r}}^{d}, f_d, \boldsymbol{w}_d, t_{\mathrm{f}}^{d}\right)$ 按如下的方式生成，其中的概率分布均为多项分布，我们将该模型命名为基于共有转发情境的用户转发模型（user retweeting model，URM）。URM 所对应的概率图如图 3-8 所示，其中黑色圆圈代表了可观测变量，空心圆圈代表的是隐变量。具体的概率生成过程如下。

（1）生成该微博的共有转发情境 $c_d \sim p(c|u)$。

（2）生成微博发布者 $f_d \sim p(f|c)$。

（3）生成微博的转发时间段 $t_{\mathrm{r}}^{d} \sim p(t|c)$。

（4）对该微博文本内容中的每一个词 $d \in \boldsymbol{w}_d$，①生成其话题 $z \sim p(z|c)$；②生成一个词 $w \sim p(w|z)$。

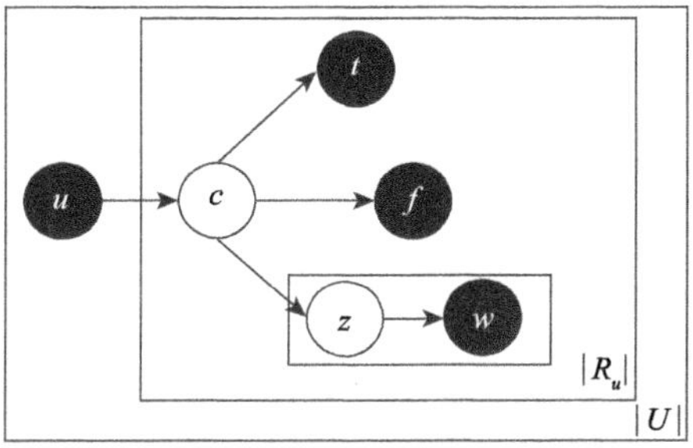

图 3-8　URM 概率图

3. 社会化媒体中的用户转发模式

对于概率模型的参数估计，一般的方法是对其似然度函数 $L(\theta|\boldsymbol{X})$ 进行极大似然估计，其中 θ 代表模型的参数，$\boldsymbol{X}$ 代表可观测变量。然而本章提出的 URM 中引入了两个隐变量，因此模型的似然度函数为 $L(\theta|\boldsymbol{X},\boldsymbol{Z})$，$\boldsymbol{Z}$ 代表所有隐变量。最大期望算法（expectation-maximization algorithm，EM 算法）是一种估计隐变量的常见算法，其基本思想是将参数估计的过程分为 E-step（expectation）和 M-step（maximization）两步，并且在两步中迭代执行直至收敛。

E-step：根据可观测数据及当前估计的参数 θ^{old} 推断隐变量的期望，即计算 $p(\boldsymbol{Z}|\boldsymbol{X},\theta^{\mathrm{old}})$。

M-step：基于隐变量的估计和已观测的变量对参数进行极大似然估计，即 $\theta^{\mathrm{new}} = \mathrm{argmax}_{\theta} Q(\theta|\theta^{\mathrm{old}})$，其中，$Q(\theta|\theta^{\mathrm{old}})$ 为关于隐变量 $\boldsymbol{Z}$ 的期望：

$$Q(\theta|\theta^{\mathrm{old}}) = E_{\boldsymbol{Z}|\boldsymbol{X},\theta^{\mathrm{old}}} L(\theta|\boldsymbol{X},\boldsymbol{Z}) \tag{3-2}$$

因此，我们利用 EM 算法来推断模型中的参数，首先在给定可观测数据，即用户的微博转发历史及各条微博的信息集合的情形下，URM 的对数似然度（log likelihood）可以按下式进行计算：

$$\begin{aligned}\mathrm{LL}(\varphi;U,T,D) &= \log p(U,T,D|\varphi) \\ &= \sum_u \sum_{d \in R(u)} \log \sum_c p(u)\, p(c|u)\, p(t_{\mathrm{r}}^{d}, f_d, \boldsymbol{w}_d|c)\end{aligned} \tag{3-3}$$

对于转发微博的信息元组中的$\left\langle t_{\mathrm{r}}^{d}, f_{d}, \boldsymbol{w}_{d}\right\rangle$，在给定共有转发情境$c$时条件独立，因此有

$$p\left(t_{\mathrm{r}}^{d}, f_{d}, \boldsymbol{w}_{d} | c\right)=p\left(t_{\mathrm{r}}^{d} | c\right) p\left(f_{d} | c\right) p\left(\boldsymbol{w}_{d} \mid c\right) \quad (3\text{-}4)$$

其中，$p\left(\boldsymbol{w}_{d} \mid c\right)$为给定一种特定的共有转发情境生成微博文本$\boldsymbol{w}_{d}$的概率。由于URM 采用了词袋模型，文本被看成无序的词汇集合，每个词汇的产生均是基于独立同分布的假设，这与概率生成模型的假设是一致的，因此该概率可表示为

$$p\left(\boldsymbol{w}_{d} | c\right)=\prod_{w \in \boldsymbol{w}_{d}} p(w \mid c)^{n(w, d)} \quad (3\text{-}5)$$

其中，$n(w,d)$为w在d中出现的频次。同时，话题z以$p(w \mid z)$生成各个词汇$w \in \boldsymbol{w}_{d}$，而话题z的产生则是来源于特定的共有转发情境c，即$p(z \mid c)$。因此$p(w \mid c)$的计算如下：

$$p(w | c)=\sum_{z} p(w \mid z) p(z \mid c) \quad (3\text{-}6)$$

由式（3-6）可知，该模型的参数包括了用户的转发情境分布$p(u \mid c)$、各转发情境上的时间分布$p(t \mid c)$、各转发情境上的微博发布者分布$p(f \mid c)$、各转发情境上的话题分布$p(z \mid c)$，以及各话题上的词汇分布$p(w \mid z)$。我们用φ来代表全部参数，其中每个参数均代表一个对应的多项分布。

其中，在 E-step 中，我们需要推断隐变量概率分布。URM 中包含两个隐变量，因此需要推断给定可观测变量下的隐变量的联合概率分布$p\left(z, c \mid u, t_{\mathrm{r}}^{d}, f_{d}, \boldsymbol{w}_{d}\right)$。由概率图结构可知，在给定共有转发情境时，$z$与$t_{\mathrm{r}}^{d}$和$f_{d}$条件独立，因此该联合概率分布可以表示为

$$\begin{aligned} p\left(z, c | u, t_{\mathrm{r}}^{d}, f_{d}, \boldsymbol{w}_{d}\right) &= p\left(z | u, t_{\mathrm{r}}^{d}, f_{d}, \boldsymbol{w}_{d}, c\right) p\left(c | u, t, f, \boldsymbol{w}_{d}\right) \\ &= p\left(z | \boldsymbol{w}_{d}, c\right) p\left(c | u, t_{\mathrm{r}}^{d}, f_{d}, \boldsymbol{w}_{d}\right) \end{aligned} \quad (3\text{-}7)$$

根据贝叶斯法则，可以分别计算$p\left(z, c | u, t_{\mathrm{r}}^{d}, f_{d}, \boldsymbol{w}_{d}\right)$和$p\left(z | \boldsymbol{w}_{d}, c\right)$：

$$\begin{aligned} p\left(z, c | u, t_{\mathrm{r}}^{d}, f_{d}, \boldsymbol{w}_{d}\right) &= \frac{p(c | u) p\left(f_{d} | c\right) p\left(t_{\mathrm{r}}^{d} | c\right) p\left(\boldsymbol{w}_{d} | c\right)}{\sum_{c'} p\left(c' | u\right) p\left(f_{d} | c'\right) p\left(t_{\mathrm{r}}^{d} | c'\right) p\left(\boldsymbol{w}_{d} | c'\right)} \\ p(z | w, c) &= \frac{p(z | c) p(w \mid z)}{\sum_{z'} p\left(z' | c\right) p\left(w \mid z'\right)} \end{aligned} \quad (3\text{-}8)$$

由此，基于对隐变量分布的估计，可以得到对数似然度函数关于隐变量的期望$Q\left(\varphi \mid \varphi^{(t)}\right)$：

$$
\begin{aligned}
Q\left(\varphi|\varphi^{(t)}\right) &= E_{z,c|U,T,D,\varphi^{(t)}}\mathrm{LL}\left(\varphi;U,T,D\right) \\
&= \sum_u \sum_{d\in R(u)} \log \sum_c \Big\{ p\left(c \mid t_{\mathrm{r}}^d, f_d, \boldsymbol{w}_d\right)\Big[\log p\left(c|u\right) + \log p\left(t_{\mathrm{r}}^d|c\right) \\
&\quad + \log p\left(f_d \mid c\right) + \sum_w \sum_z n\left(w,d\right) p\left(z \mid w,c\right)\left(\log p\left(w|z\right) + \log p\left(z \mid c\right)\right)\Big]\Big\}
\end{aligned} \tag{3-9}
$$

在 M-step 中，我们寻找使对数似然期望 $Q\left(\varphi|\varphi^{(t)}\right)$ 最大化的参数 $\varphi^{(t+1)}$。具体地，对于 $p\left(c|u\right)$，从 $Q\left(\varphi|\varphi^{(t)}\right)$ 中提取与该参数有关的函数项：

$$
Q\left(\varphi|\varphi^{(t)}\right)\Big|_{p(c|u)} = \sum_{d\in R(u)} p\left(c|t_{\mathrm{r}}^d, f_d, \boldsymbol{w}_d\right)\log p\left(c|u\right) \tag{3-10}
$$

$p\left(c|u\right)$ 是一个多项分布，因此其满足约束条件 $\sum_{c'} p\left(c'|u\right) = 1$。于是我们引入拉格朗日乘子 λ，得到如下的优化目标：

$$
\max_{p(c|u)} Q\left(\varphi|\varphi^{(t)}\right)\Big|_{p(c|u)} + \lambda\left(\sum_{c'} p\left(c'|u\right) - 1\right) \tag{3-11}
$$

为对式（3-11）最大化，针对 $p\left(c|u\right)$ 求偏导，并令其等于 0，可得

$$
\frac{\partial Q\left(\varphi|\varphi^{(t)}\right)}{\partial p\left(c|u\right)^{(t)}} = \frac{\sum_{d\in R(u)} p\left(c|u, t_{\mathrm{r}}^d, f_d, \boldsymbol{w}_d\right)}{p\left(c|u\right)^{(t)}} + \lambda = 0 \tag{3-12}
$$

联立相应的约束条件，可求解得到使 $Q\left(\varphi|\varphi^{(t)}\right)$ 最大化的参数 $p\left(c|u\right)$，而该参数即为通过 M-step 更新后的参数 $p\left(c|u\right)^{(t+1)}$：

$$
p\left(c|u\right)^{(t+1)} = \frac{\sum_{d\in R(u)} p\left(c \mid u, t_{\mathrm{r}}^d, f_d, \boldsymbol{w}_d\right)}{\sum_{d\in R(u)} \sum_{c'} p\left(c' \mid u, t_{\mathrm{r}}^d, f_d, \boldsymbol{w}_d\right)} \tag{3-13}
$$

类似地，我们可以对其他参数进行求解，得到以下的参数更新公式：

$$
\begin{aligned}
p\left(f|u\right)^{(t+1)} &= \frac{\sum_u \sum_{\{d|d\in R(u)\&f_d=f\}} p\left(c \mid u, t_{\mathrm{r}}^d, f_d, \boldsymbol{w}_d\right)}{\sum_{f'} \sum_u \sum_{\{d|d\in R(u)\&f_d=f'\}} p\left(c \mid u, t_{\mathrm{r}}^d, f', \boldsymbol{w}_d\right)} \\
p\left(t|u\right)^{(t+1)} &= \frac{\sum_u \sum_{\{d|d\in R(u)\&t_{\mathrm{r}}^d=t\}} p\left(c \mid u, t_{\mathrm{r}}^d, f_d, \boldsymbol{w}_d\right)}{\sum_{t'} \sum_u \sum_{\{d|d\in R(u)\&t_{\mathrm{r}}^d=t'\}} p\left(c \mid u, t', f_d, \boldsymbol{w}_d\right)} \\
p\left(z|c\right)^{(t+1)} &= \frac{\sum_u \sum_{d\in R(u)} \sum_w n\left(w,d\right) p\left(c \mid u, t_{\mathrm{r}}^d, f_d, \boldsymbol{w}_d\right) p\left(z \mid w,c\right)}{\sum_{z'} \sum_u \sum_{d\in R(u)} \sum_w n\left(w,d\right) p\left(c \mid u, t_{\mathrm{r}}^d, f_d, \boldsymbol{w}_d\right) p\left(z' \mid w,c\right)} \\
p\left(w|z\right)^{(t+1)} &= \frac{\sum_u \sum_{d\in R(u)} \sum_w n\left(w,d\right) p\left(c \mid u, t_{\mathrm{r}}^d, f_d, \boldsymbol{w}_d\right) p\left(z \mid w,c\right)}{\sum_{w'} \sum_u \sum_{d\in R(u)} \sum_w n\left(w',d\right) p\left(c \mid u, t_{\mathrm{r}}^d, f_d, \boldsymbol{w}_d\right) p\left(z \mid w',c\right)}
\end{aligned} \tag{3-14}
$$

通过在 E-step 与 M-step 之间的轮换迭代，直至模型对数似然度收敛时，可以

得到对模型参数的推断。具体的 EM 迭代过程如算法 1 所示。

算法 1 URM 参数估计的 EM 算法

Input：U,T，retweeting tuples $\{\langle t_{\mathrm{r}}^{d}, f_d, \boldsymbol{w}_d \rangle \mid d \in D\}$，
number of common contexts C，number of topics K
Initialize $p(c|u)$，$p(t|c)$，$p(f|c)$，$p(z|c)$，$p(w|z)$
$t \leftarrow 0$
converged $\leftarrow$ False，$\mathrm{LL}^{t} \leftarrow \infty$，threshold=$10\times^{-6}$
while $\neg$converged do
  Let $\varphi^{(t+1)} = 0$
  for each retweet d of user u in R do
    Compute $p(c \mid u, t_{\mathrm{r}}^{d}, f_d, \boldsymbol{w}_d)$
    Update $p(c|u)^{(t+1)}, p(f|c)^{(t+1)}, p(t|c)^{(t+1)}$
    for each word w in $\boldsymbol{w}_d$ do
      Compute $p(z \mid w, c)$
      Update $p(c|z)^{(t+1)}, p(w|z)^{(t+1)}$
    end for
  end for
  normalize φ
  Compute new log likelihood LL^{t}
  if $\left(\mathrm{LL}^{(t+1)} - \mathrm{LL}^{(t)}\right) / \mathrm{LL}^{(t)} <$ threshold then
    converged $\leftarrow$ True
  end if
  $t \leftarrow t+1$
end while

3.4.3 社会化营销推荐方法与实验

1. 实验数据

为验证模型的预测能力，本节采用了一个取样自新浪微博的公开数据集（Zhang et al.，2013）。如前所述，新浪微博是一个典型的社会化媒体平台，也是目前中国最流行的微博平台之一，同时是目前中国各行业、各类型企业建立官方微博的主流平台。该原始数据集包含了 3 000 000 条微博及 23 755 810 次转发，由于本节针对的是用户的转发行为模式及社会化媒体中的内容转发与传播，在本实

验中，我们以转发量及用户的转发活跃程度为指标对原始数据集进行了采样，一方面随机选取转发量较大（被转发次数大于 10）的微博，而另一方面则选取转发频率高（转发频次大于 5）的用户构建数据集。经过采样，数据集的基本统计数据特征如表3-11 所示。

表 3-11 微博数据集的统计特征

描述	数值
用户数/人	10 046
微博数/条	21 272
转发次数/次	89 578
用户平均转发次数/次	8.92

2. 基于时间的话题流行度分析

如前所述，用户转发行为受到各种情境要素的影响。其中典型的就是用户的微博使用行为具有一定的周期性特征，并且不同的话题具有不同的周期性特征。从企业及社会化媒体平台的社会化营销角度来说，分析不同话题在特定时间的流行度，有助于企业官方微博在合适的时间发布具有吸引力的话题内容。

通过构建基于共有转发情境的 URM，我们可以发现用户在进行微博转发时所共有的情境特征。根据模型推断估计的参数，可以进一步分析不同时间段内的各话题的流行度，即估计不同时间段的话题分布 $p(z\mid t)$ 。通过贝叶斯法则，可以得到 $p(z|t)\propto p(z,t)=\sum_c p(z,t,c)$ 。此外，模型假设时间情境与话题情境在给定共有转发情境 c 时条件独立。因此， $p(z|t)$ 可以按如下方式计算：

$$p(z|t)=\frac{\sum_c\sum_u p(z|c)\,p(t|c)\,p(c|u)\,p(u)}{\sum_{z'}\sum_c\sum_u p(z'|c)\,p(t|c)\,p(c|u)\,p(u)} \tag{3-15}$$

在本实验中，设定 $C=50$ 及 $Z=20$ 来训练模型并且估计不同时间段的话题概率分布。图 3-9 分别展示了工作日与周末的 24 个时间段内的话题分布情况，其中颜色的深浅代表了 $p(z|t)$ 值的大小。我们认为，概率值 $p(z|t)$ 较大的话题 z 为时段 t 内的流行话题。因此，我们首先观察不同时间段内流行的话题，根据时间段及相关话题的相似性，将其大致划分为“上午，中午/下午，晚间，午夜”等几个时间段。

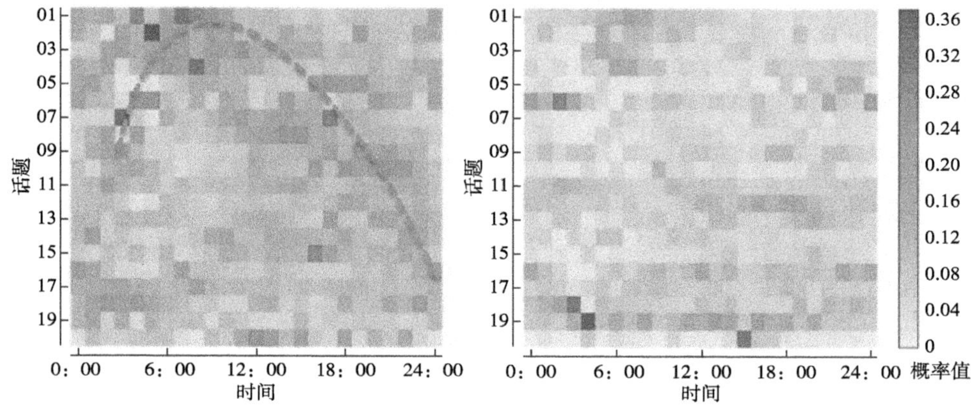

（a）工作日话题分布　　（b）周末话题分布

图 3-9　不同时间的话题分布热度图

由图 3-9 可知，工作日的话题分布具有显著的时间特征。图中用虚线标示了在不同时段中各话题分布的大致趋势。可以发现，话题的流行度随时间转移，而紧邻的时间段往往具有相似的流行话题。此外，在话题模型中，各个话题被视作语料集合中词汇的概率分布，即 $p(w|z)$，并且各话题的语义信息可以由对应的概率值最高的数个词汇进行描述和概括。类似地，我们还将话题 z 中概率值 $p(w|z)$ 最大的 10 个词汇列于表 3-12 中。

表 3-12　工作日不同时间段的话题及代表性词汇

时间段	话题	代表性词汇
上午话题 5：00~11：00	02	诺贝尔、莫言、文学、用户、人人、医院、游客、快讯、道路、组织
	03	mx、手机、魅族、梦想、android、系统、处理器、微博、智能、ipad
	04	互联网、数据、经济、银行、摄影、机器、媒体、ATM、移动、社会化
下午话题 13：00~17：00	05	京东、价格、苏宁、商城、家电、国美、客户、情报员、杂志、线下
	07	活动、积分、信用卡、模式、乐视、广场、图片、品牌、兑换、商务
	08	旅行、旅游、美食、电池、国内、厦门、西藏、攻略、环球、自助
晚间话题 19：00~22：00	10	陈奕迅、经典、歌曲、rolling、adele、深情、声音、钢琴、演唱会、版本
	11	音乐、现场、super、junior、mv、少女、东方神起、solo、专辑、歌谣
	12	预告片、德普、宗师、导演、艺术家、详情、海报、影片、成员、古天乐

续表

时间段	话题	代表性词汇
午夜话题 23：00~3：00	16	星座、天蝎座、天秤座、狮子座、巨蟹座、金牛座、水瓶座、冠军、亚军、摩羯座
	17	迅雷、VIP、回车、电脑、密码、智慧、晚上、知识、睡眠、饭后
	18	早餐、女孩子、西瓜、测试、精神病、调查、心理、结石、饮料、人间

如表 3-9 所示，在早上 5：00~8：00 时段，话题 02 对应的概率值较大。该话题主要是关于社会新闻和热点事件的词汇。这实际上与我们对用户在早上的微博使用场景的直观判断相符。用户在正常工作日的该时间段，可能处于在上班通勤的场景中，会阅读并转发一些新闻及社会事件。我们同时注意到，关于科技（话题 03）和商业（话题 04）的话题在工作时间（8：00~11：00）会引起更多的关注。

同时，我们发现大量用户的兴趣点在中午和下午发生转移，例如，关于电商网站（话题 05）和营销广告（话题 07），以及旅游类（话题 08）的话题更吸引用户。在晚间时段（19：00~22：00），流行的话题转变为娱乐相关的内容，如音乐（话题 10 和话题 11）、电影（话题 12）等。而在午夜时段（23：00~3：00），微博中转发频率较高的话题则变为了星座（话题 16）、生活知识（话题 17 和话题 18）等。

此外，我们发现，周末的话题分布相比工作日而言没有显著的时态模式。我们推测，用户在周末往往没有固定的作息规律，因此使用社交网络的场景及转发的情境也可能更加随机，从而导致缺乏显著的话题时态模式。

通过对用户内容转发模型进行参数估计，综合分析发现，URM 能够较好地捕捉到在普通工作日中被转发的话题的时间动态性。因此，对企业账号来说，可以利用该模型对不同时间段的话题热度进行分析，并以此来发布相应的微博内容及营销信息以吸引更多的关注。

3. 基于情境的微博内容推荐

在社会化媒体平台中，用户时时刻刻都在接收不同形式的海量信息，容易陷入信息过载的困境。用户偏好时效性较强的内容，因而微博内容的生命周期极短。从社会化媒体平台本身来说，如何让相关企业的营销内容在平台中脱颖而出并受到用户的青睐进而引起转发，对媒体平台的广告营收有重要的意义。因此，这就需要根据用户转发行为模式，向用户推荐与其偏好的转发情境相契合的微博内容。

之前已经有许多研究考虑了如何个性化地向用户推荐微博内容（Chen et al., 2012；Pan et al., 2013），然而这些研究往往没有在推荐中协同考虑多种情境因素，特别是不同因素之间的交互影响。由上述分析可知，用户对微博的转发行为同时受到时间、发布者及微博本身内容因素的影响，以及这些因素之间互相的影响。因此，基于URM，我们设计了一套考虑了时间的微博内容推荐算法。具体而言，估计用户u在时间t对某一条由f_d发布的微博d的喜好程度，即$p(\boldsymbol{w}_d, f_d \mid u,t)$。

$$p\left(\boldsymbol{w}_d, f_d|u,t\right)=\frac{\sum_c p\left(u\right)p\left(c|u\right)p\left(t|c\right)p(f_d|c)p(\boldsymbol{w}_d \mid c)}{\sum_{d'}\sum_c p\left(u\right)p\left(c|u\right)p\left(t|c\right)p(f_{d'}|c)p(\boldsymbol{w}_{d'} \mid c)} \tag{3-16}$$

我们认为，用户在t时刻可能转发的内容d也来源于其在该时间段内所浏览过的微博内容集合S_t，即$d \in S_t$。因此，我们可以依据$p\left(\boldsymbol{w}_d, f_d|u,t\right)$的值对$S_t$中的微博内容进行排序，并向用户推荐值最大的$K$条微博。然而，我们一般不能直接从数据中得到$S_t$，为此有研究者引入了用户的在线会话（online session）的概念，以模拟用户在t时刻登录微博后，在该会话中所能看到的微博内容。

为模拟在线会话，我们假定用户u在发生转发的时刻是在线且活跃的。一般而言，用户登录微博后看到的是其关注的发布者在该时间段附近发布的且按时间逆序排列的微博内容。因而选取用户发生转发的时间t_{r}作为截点，并认为u会浏览在t_{r}附近某一个时间段$\left[t_{\mathrm{r}}-\delta_t, t_{\mathrm{r}}+\delta_t\right]$其关注的微博账号所发表的内容。

在本实验中，我们选取$\delta_t = 15\mathrm{min}$，并且保留微博数目超过15条的在线会话。我们对测试样本中的各转发元组按照在线会话的定义生成候选微博集合，并且利用估计得到的模型参数对在线会话中的微博内容进行排序。为比较推荐质量，我们选取以下方法作为基准比较方法。

（1）被转发次数。被转发次数反映了微博的流行度，用户可能倾向转发在当前比较热门的话题。因此，我们抽取了在用户转发时间t_{r}之前的被转发次数，按逆序对在线会话中的微博进行排序。

（2）基于内容的推荐（content-based recommendation，CBR）。CBR算法是一种向用户推荐与其过去的购买记录相似商品的算法。在基于内容的微博推荐中，该方法为向用户推荐与过去转发过的内容相似的微博。为度量用户转发历史与在线会话中微博内容的相似性，首先利用隐狄利克雷分配（latent Dirichlet allocation，LDA）模型对微博内容进行建模（Blei et al.，2003），将每条微博d都表示为一个关于各话题的概率分布$p(z \mid d)$，继而利用式（3-17）计算用户的转发历史与候选微博d的相似性得分：

$$D\left(u,d\right)=\sum_{d\in R(u)} D_{\mathrm{KL}}\left(d' \| d\right) \tag{3-17}$$

其中，D_{KL}为d的话题分布与用户之前转发过的微博d'之间的KL距离（Kullback-Leibler divergence），该距离可按下式计算：

$$D_{\mathrm{KL}}(d' \| d)=\sum_k p\left(k|d'\right)\log\frac{p\left(k|d'\right)}{p\left(k|d\right)} \tag{3-18}$$

（3）考虑时间因素的内容推荐（temporal-based LDA，TPL）。作为 CBR 算法的一个扩展，该方法将时间信息加入内容之间相似性的计算中（Liang et al., 2012）。其基本思想认为，用户在相同时间内倾向转发相似的内容。因而给定时间 t，用户 u 在 t 时刻的转发历史与候选微博 d 的相似性得分计算如下：

$$D(u_t,d)=\frac{\sum_{d'\in R^t(u)}D_{\mathrm{KL}}(d'\|d)}{\left|R^t(u)\right|} \tag{3-19}$$

其中，$R^t(u)$ 为 u 在 t 时刻转发过的微博集合。我们在这里只计算 d 与 $d'\in R^t(u)$ 的平均 KL 距离作为相似性得分。

（4）RankSVM（ranking support vector machine，排序支持向量机）。该方法是一种基于排序学习（learning to rank）的算法，我们可以提取候选微博的多种特征并进行排序，向用户推荐排序高的微博。我们采用了 Pan 等（2013）提出的微博文本、发布者及用户社交关系等特征进行排序学习。具体来说，采用了 CBR 中的 D_{KL} 作为文本特征，同时抽取了其他的如网址数量、标签数目、“@”标记数目和被转发数等传播特征。为实现 RankSVM 模型的训练，我们将训练集中每一个在线会话中真实转发的样本作为正样本，其余作为负样本进行训练得到排序模型后，对测试集中在线会话中的微博进行排序。

（5）简化的用户转发模型（simplified URM，sURM）。我们将本节中提出的 URM 去掉时间情境要素，即仅对社会情境与话题情境进行建模。这与 Ye 等（2012）的研究中的模型类似，即利用社交关系和文本内容进行微博推荐。通过与 sURM 进行比较，我们还可以间接地对时间情境要素对于用户转发产生的影响进行验证。

我们用中间平均准确率（mean average precision，MAP）来衡量基于时间情境的推荐方法的质量。该指标是一种信息搜索质量评价的指标，也常被用作评价推荐算法的重要指标（Chen et al.，2012；Pan et al.，2013；Adomavicius and Tuzhilin，2005）。该指标一方面反映了推荐列表与测试样本匹配的准确性，即推荐的项目是否被用户接受；另一方面反映了推荐列表中的排序质量。用户对位于推荐列表较高排序的项目会更加重视，因此对一个精准的推荐列表来说，出现在实际测试样本中的项目在推荐列表中应该有较高的排序，而此推荐列表对应的 MAP 值也更大。

根据 MAP 的定义及本实验的设定，推荐 K 条微博的 MAP 为 $\mathrm{MAP}@K$，并按如下方式计算：

$$\mathrm{MAP}@K=\frac{\sum_{s\in L}\mathrm{AP}_s@K}{|L|} \tag{3-20}$$

其中，L 为测试样本中的在线会话集合；$\sum_{s\in L}\mathrm{AP}_s@K$ 为对用户 u 的某一在线会话 s 前 K 条推荐微博的平均准确率（average precision，AP）。而对于平均准确率 $\mathrm{AP}_s@K$ 的定义如下：

$$\mathrm{AP}_s@K=\frac{\sum_{r=1}^{K}\mathrm{Pre}(r)\delta(r)}{|L_s|} \tag{3-21}$$

其中，$\mathrm{Pre}(r)$为在排序列表中截取到排序r的集合的推荐准确率，即在前r个推荐列表中与实际测试样本中的项目匹配率；$\delta(r)$为一个代表测试样本中在线会话s中的用户u是否转发了排序r的微博的示性函数，即如果u转发了r，$\delta(r)=1$，否则为0；$|L_s|$为u在该在线会话s中实际发生的转发数目。

我们将与模型相关的隐变量数目分别设定为$C=80$，$Z=20$进行模型训练，进而在测试样本中对推荐效果进行分析，与其他基准方法进行比较。将推荐数目分别设定1至10，比较各推荐方法产生的推荐列表的MAP。

各推荐的方法比较结果如图3-10所示，可以发现，仅考虑被转发次数（RTimes）的推荐列表表现最差，而其他几种用来进行对比的基准方法的推荐质量表现类似。总体而言，通过URM得到的推荐结果在不同的推荐数目下，都明显优于其他基准方法。其中，MAP@5比次优的CBR算法提升了41.86%。此外，我们还注意到sURM的推荐结果显著差于URM，这表明时间情境要素对于微博的推荐效果有一定的提高作用，同时间接印证了用户的转发行为与时间情境要素相关，并且几种情境要素相互影响、协同作用。

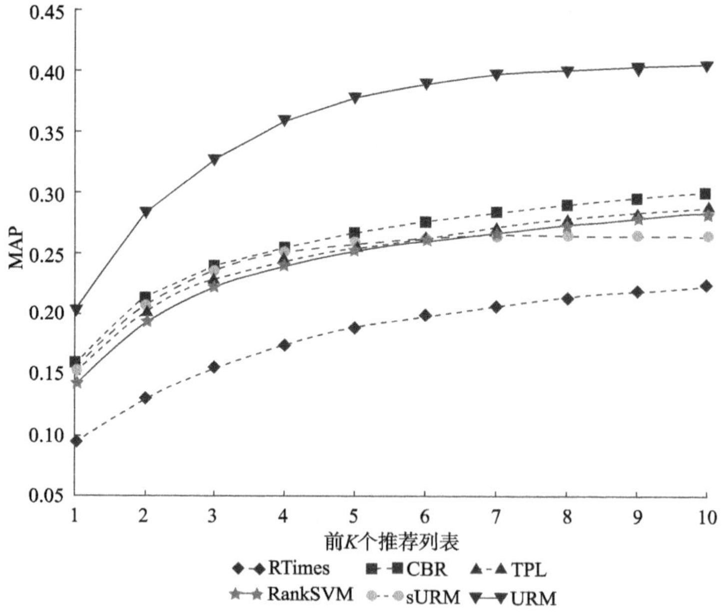

图3-10 不同推荐方法下的MAP@K

4. 应用示例与管理启示

在本部分我们通过一个官方微博的应用示例来说明企业如何利用基于共有情境的 URM，来更合理地安排和规划不同话题内容的发布。我们选取了一个企业的官方微博账号——新浪科技，其微博内容主要关注科技领域的新闻动态。利用 URM 训练得到的参数，可以计算微博内容在整体上的话题分布 $p(z|f)$，可以发现新浪科技所发布的微博内容在话题 03（移动技术）、话题 04（互联网）和话题 05（电子商务）上的概率值较大。

接下来可以验证该微博的几个主要的话题被转发的时间分布，我们将其称为各话题的时间流行度。具体来说，即估计发布者 f 在话题 z 上的时间分布 $p(t|z,f)$，并根据贝叶斯法则计算如下：

$$p(t|z,f)=\frac{\sum_c\sum_u p(z|c)\,p(t|c)\,p(c|u)\,p(u)}{\sum_{t'}\sum_c\sum_u p(z|c)\,p(t|c)\,p(c|u)\,p(u)} \tag{3-22}$$

图 3-11 展示了新浪科技这个微博账号在特定的话题上被转发的时间分布，我们发现在列出的三个话题上有各自不同的分布曲线，并且代表该话题最流行时段的曲线峰值也不尽相同。如对该微博账号而言，关于移动技术的话题主要在 9：00~12：00 被转发次数较多，而电子商务相关内容的转发则集中于 16：00~18：00。

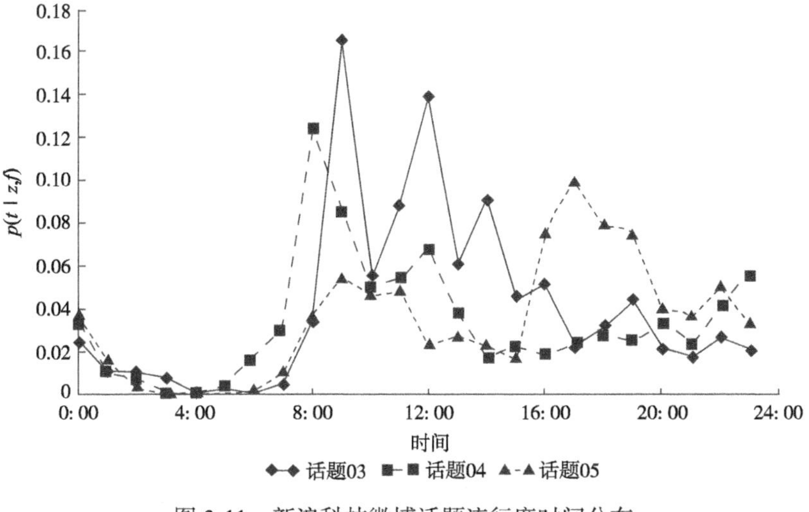

图 3-11　新浪科技微博话题流行度时间分布

表 3-13 列出了新浪科技这个微博账号在不同时间段内发布的与苹果公司相关的业态和新闻内容，随之还有每条微博被转发的次数。通过计算相关微博内容的话题分布 $p(z|w_d)$，我们发现这些内容主要集中于话题 03 与话题 04，即移动技术与互联网相关话题。对应于图 3-11 中话题 03 与话题 04 的曲线，其峰值出现在工作日的上午时段。因此，我们可以预测这类关于苹果公司新闻的微博内容在

上午时段会得到更多的关注。表 3-13 所列数据也基本印证了我们的预测，如微博 001、004、005 和 006 都是关于苹果新产品的消息，很明显上午发布的微博 001、004 被转发次数高于中午发布的微博 005 和午夜发布的微博 006。

表 3-13　新浪科技官方微博发布的苹果公司相关新闻微博示例

微博编号	微博内容	发布时间	转发数/次
001	据苹果公司前高管透露，苹果将于今年底发布大屏电视	2011-06-22　6：08：24	2 422
002	苹果发布会的邀请信包含了一些隐藏的信息	2011-09-28　7：42：25	11 547
003	苹果可能会在下一代的 iOS 产品中抛弃谷歌地图	2012-05-11　23：33：53	483
004	iPhone 5 即将发布。http://t.cn/zWg4oYG	2012-09-05　8：08：54	1 966
005	有消息称全新的 iPad Mini 正在生产。http://t.cn/zlJ224R	2012-10-03　12：15：06	1 317
006	顾客疯狂抢购 iPad Mini，导致供货紧张。http://t.cn/zl3QsTY	2012-10-27　0：47：07	264
007	据 CNET 报道，苹果已经向注册的开发者发布了 iOS 6.1 Beta 2	2012-11-14　4：17：18	80

通过本节提出的基于共有转发情境的 URM，同时结合在实际数据集上的实验结果及以上的应用示例，我们可以得到一些关于企业社会化营销过程中的管理启示。首先，通过对用户的微博转发记录进行观测与建模，我们发现用户在社会化媒体中的使用行为受到各种情境要素的影响，并形成了特定情境下的转发行为模式。因此，在企业社会化营销过程中，应该洞察用户的各类行为模式及对不同情境要素的偏好，设计与用户转发情境相契合的社会化营销微博，从而吸引更多用户的关注和转发。其次，用户在社会化媒体中所面对的时间、话题及发布者等各种情境要素互相影响，因而企业的社会化营销应该综合考虑各种要素的协同作用，通过分析自身在不同时间段内的话题流行度，制定营销微博的发布策略，并且定位潜在的目标用户群体，对其进行更精准的营销广告投放。另外，从社会化媒体平台角度，发现用户基于情境的个性化行为模式有助于进行人物画像，发掘用户的个性化需求，向用户推荐各类营销类微博内容。

参考文献

陈洋. 2013. 社会化电子商务用户推荐对消费者购买意愿的影响研究. 北京：北京邮电大学.
黄盼盼. 2016. 在线评论不一致对混合情绪和消费者购买意愿旳影响研究. 大连：东北财经大学.
李晓丹. 2018. 微博营销对产品销量的作用机理研究. 西安：西安理工大学.

沈鹏熠. 2011. 商店形象、顾客情绪与购物价值——理论模型及实证检验. 北京理工大学学报（社会科学版），13（4）：18-24.

岳海龙. 2005. 中国城市消费者冲动购买行为的实证研究. 武汉：武汉大学.

Abowd G D，Dey A K，Brown P J，et al. 1999. Towards a better understanding of context and context-awareness. The 1st International Symposium on Handheld and Ubiquitous Computing.

Adomavicius G，Tuzhilin A. 2005. Toward the next generation of recommender systems：a survey of the state-of-the-art and possible extensions. IEEE Transactions on Knowledge and Data Engineering，17（6）：734-749.

Bagozzi R P，Wong N，Yi Y. 1999. The role of culture and gender in the relationship between positive and negative affect. Cognition and Emotion，13（6）：641-672.

Blei D M，Ng A Y，Jordan M I. 2003. Latent dirichlet allocation. Journal of machine Learning Research，3（4/5）：993-1022.

Chen K L，Chen T Q，Zheng G Q，et al. 2012. Collaborative personalized tweet recommendation. The 35th International ACM SIGIR Conference on Research and Development in Information Retrieval.

Dabeer O，Mehendale P，Karnik A，et al. 2011. Timing tweets to increase effectiveness of information campaigns. The Fifth International AAAI Conference on Weblogs and Social Media.

Faber R J，Christenson G A. 1996. In the mood to buy：differences in the mood states experienced by compulsive buyers and other consumers. Psychology and Marketing，13（8）：803-819.

Go A，Bhayani R，Huang L. 2009. Twitter sentiment classification using distant supervision. CS224N Project Report，Stanford.

Hofmann T. 1999. Probabilistic latent semantic analysis. The Fifteenth Conference on Uncertainty in Artificial Intelligence.

Jiang M，Cui P，Liu R，et al. 2012. Social contextual recommendation. The 21st ACM International Conference on Information and Knowledge Management.

Liang H Z，Xu Y，Tjondronegoro D，et al. 2012. Time-aware topic recommendation based on micro-blogs. The 21st ACM International Conference on Information and Knowledge Management.

Pan Y，Cong F，Chen K et al. 2013. Diffusion-aware personalized social update recommendation. Proceedings of the 7th ACM conference on Recommender systems.

Pavlou P A，Gefen D. 2004. Building effective online marketplaces with institution-based trust. Information Systems Research，15（1）：37-59.

Peng H K，Zhu J，Piao D，et al. 2011. Retweet modeling using conditional random fields. The 2011 IEEE 11th International Conference on Data Mining Workshops.

Suh B，Hong L，Pirolli P，et al. 2010. Want to be retweeted? Large scale analytics on factors impacting retweet in twitter network. The 2010 IEEE Second International Conference on Social Computing.

Ye M，Liu X J，Lee W C. 2012. Exploring social influence for recommendation：a generative model approach. The 35th International ACM SIGIR Conference on Research and Development in Information Retrieval.

Yuki M，Maddux W W，Masuda T. 2007. Are the windows to the soul the same in the East and West? Cultural differences in using the eyes and mouth as cues to recognize emotions in Japan and the United States. Journal of Experimental Social Psychology，43（2）：303-311.

Zhang J，Liu B，Tang J，et al. 2013. Social influence locality for modeling retweeting behaviors. The Twenty-Third International Joint Conference on Artificial Intelligence.

Zuo Y，Zhao J C，Xu K. 2016. Word network topic model：a simple but general solution for short and imbalanced texts. Knowledge and Information Systems，48（2）：379-398.

第 4 章　大数据环境下服务系统中的顾客行为建模

杨柳
清华大学经济管理学院

4.1　概　　述

服务产品与实物产品相比最大的区别是服务产品很难被标准化，具有很强的体验性和随机性，因此其质量难以测度。比如，同一时间不同顾客、不同时间同一顾客接受的服务质量都有可能不一样。在传统渠道下顾客难以获得关于服务产品的全面信息，只能依赖于自己的亲身经历及少量的口碑。因此，传统的服务管理研究将每位顾客对服务的体验孤立看待。然而，随着互联网尤其是社会化媒体的飞速发展，顾客从各种渠道获得服务的体验信息越来越快捷、方便。比如，加拿大安大略省卫生部在政府的网站上公布急诊室、手术室和影像诊断所需等待时间的分布。现代信息系统及移动互联网的发展，使顾客甚至可以实时获得服务台的等待时间信息，比如，大型游乐园迪士尼乐园可以让顾客在手机端观察到各个队列的信息，甚至可以“虚拟排队”；医院可以实时向患者推送所需要的等待时间等。面对这些大量的信息和数据，顾客基于这些信息在是否加入列队问题上如何决策、如何在多个服务企业间做选择等成为值得研究的重要问题。

在服务系统中，企业一般将价格和等待时间作为战略变量和竞争工具。其中，等待时间经常作为最重要的变量衡量一个服务系统的质量。价格一般比较固定，在服务速率固定的情况下，市场的供求关系就会在等待时间上显现出来：市场需求大，等待时间就长；市场需求小，等待时间就短。在许多服务中，等待时间成为顾客更为关注的要素，甚至超过对价格的关注，如医疗服务。面对多变和随机的等待时间，顾客将做出怎样的行为上的反应，企业该如何考虑顾客的行为反应从而做出战略回应是本章将要讨论的问题。具体地，我们分两节分别讨论顾客的参考效应和损失厌恶行为、顾客对服务信息的学习行为。

4.2　服务系统中顾客的参考效应与损失厌恶行为研究

本节讨论服务系统中顾客的参考效应与损失厌恶行为建模，基于两篇期刊论文展开：Yang 等（2014）和 Yang 等（2018）。

基于前景理论（Kahneman and Tversky，1979），一般来说，个人会将最终结果和某个参考基准做比较，比较的结果影响人的满意度或者效用，这称为参考效应；更进一步地，超过参考基准的收益与低于参考基准的损失对人的满意度的影响是不一样的，同样数量的损失比起同样数量的收益对人的满意度的影响更大，这称为损失厌恶。

现有文献对参考效应和损失厌恶行为在运营管理中的应用已有许多研究，聚焦在针对价格的参考效应中的定价问题。这里列举两例：Popescu 和 Wu（2007）研究了当需求取决于参考价格时的动态定价问题，他们发现当存在参考效应时，一个公司的最优定价随着时间的推移单调上升或者单调下降。Nasiry 和 Popescu（2011）同样研究了存在参考效应时的动态定价问题，不同的是顾客的参考点是历史最低价格或者是最近的价格，他们发现在一定区间的确定性定价策略是最优的。

这些文献研究的是传统实物型商品，故而顾客只是对于一个单一的价格要素存在参考效应，并且这些参考价格都是一个单一的价格。然而对服务产品来说，至少存在两个重要的要素：价格与等待时间。当顾客考虑金钱和时间时，他们的心理账户是不一样的。根据 Abdellaoui 和 Kemel（2014）的研究，对于时间和对于金钱的考虑存在三个主要的差别：第一，时间比金钱更不可取代；第二，时间不能被保存和存储，故而要聚集时间是困难的；第三，比起金钱，人们更没有能力对时间进行计算。这些差别意味着人们面对时间和面对价格时的参考效应与损失厌恶行为有可能是不一样的。例如，Abdellaoui 和 Kemel（2014）在实验室测试中发现人们对于时间和价格的参考效应都存在，但他们面对时间和价格的损失厌恶程度是不一样的。

人们如何形成参考基准是一个很复杂的问题，并且经常要区分具体情况。历史上有许多学者对此做过大量研究。在这些研究中，参考基准形成或是针对产品价格，或是针对服务质量，我们可以从中获得关于参考时间如何形成的重要启示。现有两种主要的观点：参考基准是时间性质的；参考基准是情境性质的。举个例子，假设一位顾客要购买麦片，如果参考价格是时间性质的，那么该顾客对于某种麦片（如西麦）的参考价格就由以前购买的价格决定，可以是以前购买价格的加权平均；如果以前没有买过，或是忘记了以前的价格，那么参考价格可以是对于未来价格的预期。如果参考价格是情境性质的，那么顾客对于麦片的参考价格就由购买时货架上各种麦片品牌（如西麦、桂格等）的价格共同决定。

在本节，我们研究不同的服务系统场景中人们对于时间和价格的参考效应与损失厌恶，并分为两小节（4.2.1 节和 4.2.2 节）进行阐述。由于是针对不同的服务系统场景，4.2.1 节和 4.2.2 节中顾客的参考基准设定是不一样的。

4.2.1 节基于 Yang 等（2014）的研究，我们假设参加服务前顾客就可以获得多个竞争企业的等待时间信息。当市场中存在多个企业竞争时，虽然单个顾客无法通过自己的亲身体验获得所有企业的服务信息，但是由于互联网与社会化媒体的存在，顾客可以轻易地通过其他顾客的信息传播获得企业的服务信息。因而这些企业的等待时间都会影响顾客的参考基准，也就是说顾客的参考基准是情境性质的。当我们简化为考虑两个竞争企业时，根据 Cadotte 等（1987）的研究，我们考虑两种参考基准：第一，顾客的参考基准为两个企业中较短的等待时间，这被称为“最短时间参考基准”；第二，顾客的参考基准为两个企业等待时间的平均，这被称为“平均时间参考基准”。

4.2.2 节基于 Yang 等（2018）的研究，顾客在决定是否购买服务时，需要根据历史数据对企业的服务质量做预测。社会化互联网的存在使顾客可以通过其他顾客的信息传播获得这些历史信息。于是我们假定顾客在决定购买服务前就对该服务的等待时间和价格有了充分的认识，基于此建立顾客对等待时间和价格的理性预期模型，假设顾客会自然地将这种理性预期作为自己的参考基准，并将实际的等待时间和价格与参考基准做比较。在该小节中，顾客的参考基准是时间性质的。

下面我们分别展开详细讨论。

4.2.1 顾客的参考基准来自多个竞争企业的服务信息

本小节基于 Yang 等（2014）的研究，研究提供同一种服务产品的两家企业的竞争，假定它们的服务价格不变，因而顾客的需求完全取决于它们设置的等待时间。这种情形在许多服务业中都很常见。Blinder 等（1998）给出了许多实证依据。比如，在他们的研究中，一半数量的企业一年中改变价格的次数不大于一次。在他们研究的所有行业中，服务业是改变价格最慢的行业。为了简化分析，我们将每个企业用一个 M/M/1 排队系统进行建模。假设企业 i 承诺一个期望等待时间

w_i。换言之，给定一个顾客到达速度λ_i，企业 i 会提供一个相应的服务速度μ_i以满足其承诺的等待时间 $w_i = 1/\left(\mu_i - \lambda_i\right)$。故而企业提供的服务速度为 $\mu_i = \lambda_i + 1/w_i$。我们用$-i$表示另一家与企业 i 竞争的企业。

根据 Cadotte 等（1987）的研究，情境性质的参考基准机制分为两种情况：顾客把表现最好的品牌当作参考基准;顾客把相似品牌的平均表现作为参考基准。基于此，我们分两种情况研究该问题。

1. 最短时间参考基准

在最短时间参考基准下，顾客的等待时间参考基准为两家企业较短的等待时间 $r = \min\left(w_i, w_{-i}\right)$。

定义 $s\left(t,r\right)$为顾客等待时间为t时的满意度。根据 Anderson 和 Sullivan（1993）的研究，顾客对服务的满意度既取决于直接的服务质量，又与服务质量和参考基准的差距相关。在我们所设的情境下，服务质量可以用顾客所经历的等待时间t来衡量。因此，我们假定顾客满意度可以被建模成$s\left(t,r\right) = f_1\left(t\right) + f_2\left(r-t\right)$，其中，$f_1$为等待时间的直接影响，$f_2$为参考基准带来的间接影响。为了简化分析，我们假设 f_1和 f_2为分段线性函数

$$s\left(t,r\right) = -\alpha t + \begin{cases} \beta_r\left(r-t\right), & t<r \\ \beta_r\beta_l\left(r-t\right), & t \geqslant r \end{cases}$$

其中，α和β_r分别为直接影响f_1和间接影响f_2中的顾客时间敏感度；β_l（假设$\beta_l > 1$）为顾客损失厌恶的程度。在我们所设的情境下，损失厌恶表示顾客对超过参考基准的等待时间更敏感。

我们用S_i表示对企业 i 的总体满意度，它是$s_i\left(t,r\right)$对于等待时间 t 的期望。在 M/M/1 排队系统中，等待时间t服从一个速度参数为$1/w_i$的指数分布。所以我们得到

$$S_i\left(w_i,r\right) = E_t\left[s_i\left(t,r\right)\right] = -\alpha w_i + \beta_r\left[\left(r-w_i\right) - \mathrm{e}^{-r/w_i}\left(\beta_l - 1\right)w_i\right]$$

与 Allon 和 Federgruen（2007）的研究相似，我们假定企业 i 的顾客到达速度同时受两个企业的顾客对服务的满意度的影响：

$$\lambda_i = a_0 + aS_i\left(w_i,r\right) - bS_{-i}\left(w_{-i},r\right)$$

所以企业 i 的顾客到达速度随着自己的顾客满意度的上升而升高，随着企业$-i$的顾客满意度的上升而下降。a和b分别表示自己的顾客满意度和对方的顾客满意度对需求的影响程度。我们假设$a > b > 0$，所以企业自己的顾客满意度对需求的影响程度更大。

下面讨论企业的成本与收益。企业 i 对每单位服务速度有一个经营能力成本 c_i。为了简便分析，假定两家企业有一样的服务价格，设定为 p。当两家企业的

服务价格不一样时所有结果仍然成立。同时，设定参数 $\rho_i = \left(p - c_i\right) / c_i$，表示企业 i 的利润率。因为顾客的参考基准是两家企业的平均等待时间的最小值，所以顾客到达速度 λ_i 也是两家企业的平均等待时间的函数。接下来，可以定义企业 i 的利润为

$$P_i\left(w_i, w_{-i}\right) = c_i\left(\rho_i\lambda_i\left(w_i, w_{-i}\right) - \frac{1}{w_i}\right)$$

所以，企业 i 的目标就是选取合适的平均等待时间 w_i 以最大化它的利润函数 $P_i\left(\cdot, w_{-i}\right)$。命题 4-1 给出了利润函数 P_i 的一些性质，对它的分析有助于下一步分析两个企业间的博弈。

命题 4-1 企业 i 的利润函数 P_i 具有以下两个结构性质。

（1）P_i 是平均等待时间 w_i 的近似凹函数。

（2）当 $w_i > w_{-i}$ 时，P_i 是上超模函数；当 $w_i < w_{-i}$ 时，P_i 是下超模函数。

对命题 4-1 第二部分的解释为，当 $w_i > w_{-i}$ 时，增加 w_{-i} 使顾客的参考基准增加，也就使顾客的期望降低，顾客更容易被满足。这使得企业 i 想要增加它的平均等待时间 w_i，导致 P_i 具有上超模函数的特性。另外，当 $w_i < w_{-i}$ 时，增加 w_{-i} 使得企业 $-i$ 更没有吸引力，导致企业 i 的需求上升。这使企业 i 更能够负担加快服务速度以减少它的平均等待时间 w_i，导致 P_i 具有下超模函数的特性。

接下来我们讨论两个企业间的博弈。给定对方的决策，每个企业选择最优的平均等待时间以最大化利润。因为顾客到达速度和企业利润函数都是两个企业的决策的函数，所以这是两个企业间的博弈。下面我们描述该博弈的纳什均衡。

首先研究针对企业 $-i$ 的平均等待时间 w_{-i}，企业 i 的最佳反应曲线。根据命题4-1，P_i 是平均等待时间 w_i 的近似凹函数，所以只需求解一阶条件（first order condition，FOC）就可以获得企业 i 的最佳反应曲线。但是由于 $r = \min\left(w_i, w_{-i}\right)$，企业 i 的顾客到达速度 λ_i 在 $w_i = w_{-i}$ 时不可导。然而，我们可以定义在 $w_i = w_{-i}$ 时，λ_i 对于 w_i 的左导数和右导数为

$$\underline{\delta} = -\left.\frac{\partial\lambda_i}{\partial w_i}\right|_{w_i \uparrow w_{-i}} = a\alpha + b\beta_r + \left(a + b\right)\mathrm{e}^{-1}\beta_r\left(\beta_l - 1\right)$$

$$\overline{\delta} = -\left.\frac{\partial\lambda_i}{\partial w_i}\right|_{w_i \downarrow w_{-i}} = a\left[\alpha + \beta_r + 2\mathrm{e}^{-1}\beta_r\left(\beta_l - 1\right)\right]$$

偏导数 $\underline{\delta}$ 和 $\overline{\delta}$ 分别表示当平均等待时间 w_i 从下面和上面接近竞争者的决策 w_{-i} 时，w_i 对于到达速度 λ_i 的影响。我们发现，当 $\beta_r > 0$ 时 $\underline{\delta} < \overline{\delta}$，也就是说，从设定一个较短的等待时间所获得的需求的边际增加量要大于从设定一个较长的等待时间所得到的需求的边际减少量。基于这两个量，企业 i 的最佳反应函数由命题 4-2 给出。

命题 4-2　企业 i 的最佳反应函数 $w_i^*\left(w_{-i}\right)$ 是在下列三个区间上的分段函数。

（1）当 $w_{-i}\in\left[0,\underline{w}_{-i}\right)$ 时，$w_i^*\left(w_{-i}\right)>w_{-i}$ 并且随着 w_{-i} 的增加而增加。

（2）当 $w_{-i}\in\left[\underline{w}_{-i},\overline{w}_{-i}\right]$ 时，$w_i^*\left(w_{-i}\right)=w_{-i}$。

（3）当 $w_{-i}\in\left(\overline{w}_{-i},\infty\right)$ 时，$w_i^*\left(w_{-i}\right)<w_{-i}$ 且随着 w_{-i} 的增加而减少，并且 w_i^* 趋近于一个极限 L_i（$L_i>0$）。

在第一种情况中，竞争者设定的等待时间非常短，使得企业 i 要设置一个更短的等待时间具有太高的成本，所以企业 i 设置一个更长的等待时间。另外，w_i^* 随着 w_{-i} 的增加而增加是因为利润函数 P_i 在这种情况下是上超模函数。

在第二种情况中，当竞争者的等待时间处于恰当的中间位置时，企业 i 在最大化利润时会设置一个相同的等待时间。

在第三种情况中，竞争者的等待时间非常长，企业 i 设置一个更短的等待时间所增加的边际成本要比获得的边际收益小，故而企业 i 会设置一个更短的等待时间。另外，w_i^* 随着 w_{-i} 的增加而减少是因为利润函数 P_i 在这种情况下是下超模函数。

下面我们分析该博弈的纳什均衡。

定理 4-1　该博弈的纳什均衡可分为以下三种情况。

（1）当 $\underline{w}_i>\overline{w}_{-i}$ 时，存在一个唯一的纳什均衡 $\left(w_i^*,w_{-i}^*\right)$，并且 $w_i^*<w_{-i}^*$。

（2）当 $\underline{w}_i\leqslant\overline{w}_{-i}$ 且 $\underline{w}_{-i}\leqslant\overline{w}_i$ 时，所有在以下区间的策略集 $\left(w_i^*,w_{-i}^*\right)$ 都构成一个纳什均衡：

$$w_i^*=w_{-i}^*\in\left[\max\left(\underline{w}_i,\underline{w}_{-i}\right),\min\left(\overline{w}_i,\overline{w}_{-i}\right)\right]$$

而且，$w_i^*=w_{-i}^*=\min\left(\overline{w}_i,\overline{w}_{-i}\right)$ 是帕累托纳什均衡。

（3）当 $\overline{w}_i<\underline{w}_{-i}$ 时，存在一个唯一的纳什均衡 $\left(w_i^*,w_{-i}^*\right)$，并且 $w_i^*>w_{-i}^*$。

注意在第二种情况中存在多个均衡，并且等待时间最长的那个均衡是帕累托最优。在这种情况下，两个企业想设置相同的等待时间，这样他们都能够设定参考基准。而且设置一个更长的等待时间使得每个企业都能够降低运营成本，所以两个企业都更喜欢那个最长的等待时间。

定理 4-1 给我们一个很重要的启示，就是当参数处于一定区间时，两个企业在均衡时选择同样的等待时间。这里我们详细讨论这种黏性效应。更普遍地，我们希望研究参考效应和损失厌恶行为对均衡的影响。为了达到这个目的，我们先考虑不存在参考效应时的均衡，也就是 $\beta_r=0$ 时。在这种情况下，需求函数是线性的，它成为 Allon 和 Federgruen（2007）描述的一种特殊情况。所以每个企业的最佳反应与其他企业的等待时间选择无关。命题 4-3 描述了这种情况下的均衡。

命题 4-3 当 $\beta_r = 0$ 时，博弈退化，企业的最佳策略为

$$w_i^0 = \left(\rho_i \alpha a\right)^{-1/2}, w_{-i}^0 = \left(\rho_{-i} \alpha a\right)^{-1/2}$$

根据命题 4-3，一般来说，两个企业会选择不同的等待时间，除非它们的边际利润是相等的，也就是 $\rho_i = \rho_{-i}$。为了突出模型参数对均衡等待时间的影响，我们重新整理定理 4-1 的结果并用推论 4-1 来概括。

推论 4-1 均衡策略的结构可以被两个临界值 $\underline{R}(\beta_r, \beta_l)$ 和 $\overline{R}(\beta_r, \beta_l)$ 所界定的三个区间描述。

（1）如果 $\rho_{-i} / \rho_i < \underline{R}(\beta_r, \beta_l)$，那么 $w_i^* < w_{-i}^*$。

（2）如果 $\underline{R}(\beta_r, \beta_l) \leqslant \rho_{-i} / \rho_i \leqslant \overline{R}(\beta_r, \beta_l)$，那么 $w_i^* = w_{-i}^*$。

（3）如果 $\rho_{-i} / \rho_i > \overline{R}(\beta_r, \beta_l)$，那么 $w_i^* > w_{-i}^*$。

其中，$\underline{R} = \underline{\delta} / \overline{\delta} < 1 < \overline{R} = \overline{\delta} / \underline{\delta}$。

推论 4-1 强调了只要边际利润的比值在一定区间时，两个企业会在均衡时设置相同的等待时间，我们称这种现象为黏性效应。我们称区间 $\left[\underline{R}, \overline{R}\right]$ 为黏性区间，因为当边际利润比值落入这个区间时，两个企业的均衡等待时间是相同的。命题4-4 描述了参考效应参数 β_r 和损失厌恶参数 β_l 对黏性区间的影响。

命题 4-4 $\underline{R}(\beta_r, \beta_l)$ 和 $\overline{R}(\beta_r, \beta_l)$ 具有以下三种结构性质。

（1）当 $\beta_r = 0$ 时，$\underline{R} = \overline{R}$；当 $\beta_r > 0$ 时，$\underline{R} < 1 < \overline{R}$。

（2）固定 β_l，$\underline{R}$ 随着 β_r 的增加单调递减；而 $\overline{R}$ 随着 β_r 的增加单调递增。

（3）固定 β_r，①如果 $\beta_r < \alpha$，$\underline{R}$ 随着 β_l 的增加单调递减，而 $\overline{R}$ 随着 β_l 的增加单调递增；②如果 $\beta_r = \alpha$，$\underline{R} = (a+b)/(2a)$，不随 β_l 的变化而变化；③如果 $\beta_r > \alpha$，$\underline{R}$ 随着 β_l 的增加单调递增，而 $\overline{R}$ 随着 β_l 的增加单调递减。

命题 4-4 表明黏性区间随着 β_r 的增大而扩张，但随着 β_l 的增大可以扩张、不变或者收缩，这取决于参考效应参数 β_r 与直接影响参数 α 的比较。当固定 β_l，β_r 增大时，每个企业都更想影响参考基准。因为一个企业的等待时间比另一个企业的等待时间长，它就不可能影响参考基准，所以两个企业会设置相同的等待时间，因而黏性区间会扩张。

到目前为止，我们研究了参考效应如何影响两个企业等待时间的排序。接下来我们分析参考效应参数 β_r 和损失厌恶参数 β_l 如何影响帕累托均衡等待时间 $w_i^*(\beta_r, \beta_l)$ 和 $w_{-i}^*(\beta_r, \beta_l)$。

命题 4-5 帕累托均衡等待时间 $w_i^*(\beta_r, \beta_l)$ 和 $w_{-i}^*(\beta_r, \beta_l)$ 是 β_r 和 β_l 的非增函数。

命题 4-5 表明当存在参考效应时，两个均衡等待时间都变短了。参考效应和损失厌恶行为使顾客对等待时间更敏感，因而加剧了两个企业间的竞争，这直接导致企业设置更短的等待时间。

2. 平均时间参考基准

本部分研究平均时间参考基准：$r=\gamma w_i+(1-\gamma)w_{-i}$，其中$\gamma\in(0,1)$。与最短时间参考基准不同，在这种情况下，需求函数$\lambda_i$对于$w_i$在$w_i=w_{-i}$时可导。所以，我们先定义当$w_i=w_{-i}$时，$\lambda_i(\lambda_{-i})$对于$w_i(w_{-i})$的导数为

$$\hat{\delta}_i=-\left.\frac{\partial\lambda_i}{\partial w_i}\right|_{w_i=w_{-i}}=a(\alpha-\beta_r)+\left[a(2-\gamma)+b\gamma\right]\beta_r\left[1+\mathrm{e}^{-1}(\beta_l-1)\right]$$

$$\hat{\delta}_{-i}=-\left.\frac{\partial\lambda_{-i}}{\partial w_{-i}}\right|_{w_{-i}=w_i}=a(\alpha-\beta_r)+\left[a(1+\gamma)+b(1-\gamma)\right]\beta_r\left[1+\mathrm{e}^{-1}(\beta_l-1)\right]$$

定理 4-2 假设$\sqrt{b/a}<\gamma/(1-\gamma)<\sqrt{a/b}$，那么存在一个纯策略纳什均衡$\left(w_i^*,w_{-i}^*\right)$。而且，①如果$\hat{w}_i>\hat{w}_{-i}$，那么$w_i^*<w_{-i}^*$；②如果$\hat{w}_i<\hat{w}_{-i}$，那么$w_i^*>w_{-i}^*$；③如果$\hat{w}_i=\hat{w}_{-i}$，那么$w_i^*=w_{-i}^*$。其中$\hat{w}_{-i}=\left(\rho_i\hat{\delta}_i\right)^{-1/2}$。

定理 4-2 中的均衡结构与定理 4-1 不同。在定理 4-1 中，当模型参数位于一定区间时，两个企业会设置相同的等待时间。但是在定理 4-2 中，两个企业的等待时间很少相同。这是因为在平均时间参考基准下，两个企业的等待时间决策都会影响参考基准；而在最短时间参考基准下，参考基准不受更长的那个等待时间影响。

接下来我们研究参考效应对均衡的影响。为了达到这个目的，我们先重新整理定理 4-2 的结果并用推论 4-2 来概括。

推论 4-2 均衡策略的结构可以被临界值$\hat{R}(\beta_r,\beta_l)$所界定的三种情况描述。

（1）如果$\rho_{-i}/\rho_i<\hat{R}(\beta_r,\beta_l)$，那么$w_i^*<w_{-i}^*$。

（2）如果$\rho_{-i}/\rho_i=\hat{R}(\beta_r,\beta_l)$，那么$w_i^*=w_{-i}^*$。

（3）如果$\rho_{-i}/\rho_i>\hat{R}(\beta_r,\beta_l)$，那么$w_i^*>w_{-i}^*$。

其中，$\hat{R}=\hat{\delta}_i/\hat{\delta}_{-i}$。

与命题 4-4 相似，我们可以进一步地研究临界值$\hat{R}(\beta_r,\beta_l)$会随着参考效应参数β_r和损失厌恶参数β_l如何变化。

命题 4-6 不失一般性地，我们假定$\gamma>1/2$。

（1）当$\beta_r=0$时，$\hat{R}=1$；当$\beta_r>0$时，$\hat{R}<1$。

（2）固定β_l，$\hat{R}$随着β_r的增加单调递减。

（3）固定 β_r，①如果 $\beta_r < \alpha$，那么 $\hat{R}$ 随着 β_l 的增加单调递减；②如果 $\beta_r = \alpha$，$\hat{R} = \left[a(2-\gamma)+b\gamma\right] / \left[a(1+\gamma)+b(1-\gamma)\right]$，且不随 β_l 变化；③如果 $\beta_r > \alpha$，那么 $\hat{R}$ 随着 β_l 的增加单调递增。

总的结构与最短时间参考基准的情况很相似。特别地，临界值 $\hat{R}$ 随着参考效应的增强而升高；随着损失厌恶参数 β_l 的增大可以升高、不变或者降低，这取决于参考效应参数 β_r 与直接影响参数 α 的比较。

上述分析也揭示了可能的反转效应：当不存在参考效应时，一个企业会提供更短的等待时间，所以它是市场领导者；当存在参考效应时，这个企业可能会提供更长的等待时间，也就是说，它成了市场追随者。接下来我们提出这种反转效应存在的充分必要条件，是由推论 4-2 和命题 4-6 直接推导出的。

命题 4-7　不失一般性地，我们假定 $\gamma > 1/2$。存在参数值 β_r 和 β_l 使得反转效应存在的充分必要条件是

$$\frac{a(1-\gamma)+b\gamma}{a\gamma+b(1-\gamma)} < \frac{\rho_{-i}}{\rho_i} < 1$$

根据命题 4-7，反转效应只有当边际利润的比值在一定区间时才存在。

在本小节中，我们研究了情境性质的参考基准（当顾客的参考基准由多个竞争企业的服务信息来界定）如何影响顾客行为和公司竞争。我们构建的模型的一个关键要素是参考基准是内生的，意思是企业可以通过设置等待时间直接影响需求，也可以通过间接操控参考基准来吸引需求。通过理论建模，我们有几个重要发现：第一，参考基准的出现使得均衡等待时间变短；第二，取决于参考基准是最短时间方式还是平均时间方式，会出现黏性效应或反转效应；第三，我们将参考效应和损失厌恶对均衡的影响分开，发现损失厌恶参数 β_l 的影响随着参考效应参数 β_r 的大小而改变。

4.2.2　顾客的参考基准来自企业的海量历史服务信息

本小节基于 Yang 等（2018）的研究，假定顾客在决定购买服务前就通过海量历史服务信息对该服务的等待时间和价格有了充分的认识，基于此建立顾客对等待时间和价格的理性预期模型。在这里，参考基准是时间性质的。我们考虑市场上只有一个企业的垄断情况。假设顾客根据泊松过程到达系统，其速率为 λ，我们将其标准化为 1；服务队列不可观察，因此顾客决定在到达时加入或拒绝排队是基于系统的长期统计指标；服务时间独立且同分布，满足速率为 μ 的指数分布。

本小节将首先讨论损失厌恶型顾客的参考依赖效用，然后考虑顾客均衡排队策略，最后，研究利润和福利最大化的价格。

1. 参考依赖效用

决定加入服务的顾客获得的服务奖励为 R，但必须支付价格 P 并且承受等待成本。假设顾客的等待成本与他的停留时间成正比，他的停留时间指他在队列中等待的时间和他的服务时间之和。我们将停留时间称为等待时间。假设顾客的预期等待成本为 θw，其中，w 是预期等待时间，θ 是单位时间等待成本参数。因此，该顾客的内在效用是 $R-P-\theta w$。如果不加入队列将导致内在效用为 0。

顾客的总体预期效用是其内在效用和增益-损失效用的总和，后者表示顾客通过将实际结果与参考基准进行比较而得出的额外效用。我们假设服务奖励 R 和价格 P 是确定的，因此损失厌恶顾客在系统中面临的正是等待时间的不确定性而不是价格的不确定性。此外，顾客总是同时收到或同时收不到服务奖励和价格，这取决于他是否加入队列，我们可以将服务奖励和价格合并为一个属性 $R-P$，称为净货币奖励。在我们的设定中，顾客的内在效用包括两个属性——净货币奖励（$R-P$）和等待时间，这两者处于不同的心理层面（Abdellaoui and Kemel，2014）。我们假设顾客对这两者分别形成参考基准。

基于 Kőszegi 和 Rabin（2006）的研究，我们假设顾客对净货币奖励和等待时间的参考基准完全内生化为他对这两个属性结果的理性预期，这种预期与实际结果一致。yelp.com 等网站及 Facebook 等社交媒体平台的普及使得这一假设非常合理。除了自己过去的经验之外，顾客还可以在加入服务之前轻松从线上获得其他顾客在服务系统等待时间的体验。因此，我们假设顾客知道服务商的等待时间分布，或者等效地知道其他顾客的加入概率（表示为 δ）。

考虑一个特定顾客，他计划以概率 δ_p 加入系统，并期望获得 $R-P$ 的净货币奖励并经历 W 的随机等待时间。鉴于所有其他顾客以概率 δ 加入系统，该顾客预期经历的随机等待时间 W 是指数随机变量，其均值为 $w=1/(u-\delta)$［即 $W\sim\exp(u-\delta)$］。该顾客计划以 $1-\delta_p$ 概率不加入系统，然后获得 0 净货币奖励并经历 0 等待时间。这些净货币奖励和等待时间结果预期即被视为他的参考基准。因此，净货币奖励的参考点表示为 $\hat{V}$，是一个随机变量，定义如下：

$$\hat{V}=\begin{cases}R-P, & \text{概率为}\delta_p\\ 0, & \text{概率为}1-\delta_p\end{cases}$$

等待时间的参考点也是一个随机变量，表示为 $\hat{W}$，由以下表达式定义：

$$\hat{W}=\begin{cases}W, & \text{概率为}\delta_p\\ 0, & \text{概率为}1-\delta_p\end{cases}$$

设 $F(t)$ 为 W 的累积分布函数（cumulative distribution function，CDF）。$\hat{W}$ 的累积分布函数可以写成：

$$G_{\hat{W}}(r)=(1-\delta_p)+\delta_p F(r),\ \ r>0 \tag{4-1}$$

其中，r 为随机变量。

基于净货币奖励和等待时间的参考基准，可以得出顾客的增益-损失效用，再加上内在效用一起可以进一步确定他的最佳选择。

顾客加入的总体预期效用表达式如下：

$$\begin{aligned}U(\text{加入})=&\left[R-P-\theta E(W)\right]_{\text{内在效用}}\\&+E\left[\left(R-P-\hat{V}\right)^{+}+\alpha\left(R-P-\hat{V}\right)^{-}\right]_{\text{针对净货币奖励的增益-损失效用}}\\&-\theta E\left[\beta\left(W-\hat{W}\right)^{+}+\left(W-\hat{W}\right)^{-}\right]_{\text{针对等待时间的增益-损失效用}}\end{aligned}$$

其中，$x^{+}=\max\{0,\ x\}$；$x^{-}=\min\{0,\ x\}$。参数 α（$\alpha\geqslant 1$）和 β（$\beta\geqslant 1$）分别测量与净货币奖励和等待时间相关的顾客损失厌恶程度。当它们大于 1 时，顾客是损失厌恶的，比起一个同等幅度的增益他们更关心损失。实证研究（Abdellaoui and Kemel，2014；Tereyağoğlu et al.，2018）表明，顾客对净货币奖励和等待时间有不同程度的损失厌恶。因此，我们使用不同的损失厌恶参数。设 t 为实际等待时间，因此 t 的分布与顾客在加入队列时计划经历的等待时间的分布相同，即 $F(t)=F(r)$。将式（4-1）代入总体预期效用表达式得到以下结果：

$$\begin{aligned}U(\text{加入})=&R-P-\theta w+\left(1-\delta_p\right)\left(R-P\right)\\&+\theta\int_0^{\infty}\left[\beta\left(1-\delta_p\right)(-t)+\beta\delta_p\int_0^{t}(r-t)\mathrm{d}F(r)+\delta_p\int_t^{\infty}(r-t)\mathrm{d}F(r)\right]\mathrm{d}F(t)\\&=\left(2-\delta_p\right)\left[R-P-\theta w\frac{1+\beta}{2}\right]\end{aligned} \tag{4-2}$$

总体预期效用表达式仅包含参数 β，不包含参数 α，因为顾客在加入服务时只会因等待而遭受损失。

虽然顾客不加入队列时获得的内在效用为 0，但他的总体预期效用为

$$U(\text{不加入})=E\left[\alpha\left(0-\hat{V}\right)^{-}\right]_{\substack{\text{失去净货币奖励}\\\text{带来的损失}}}-\theta E\left[\left(0-\hat{W}\right)^{-}\right]_{\substack{\text{避免等待}\\\text{带来的收益}}}$$

其中，第一项为由失去净货币奖励而导致的损失 $R-P$，再乘以参数 α；第二项为避免等待产生的增益，因此不用乘参数 β。通过使用式（4-1），不加入队列的效用是

$$U(\text{不加入})=-\delta_p\left[\alpha\left(R-P\right)-\theta w\right] \tag{4-3}$$

与传统研究形成鲜明对比的是，不加入的效用可能是一个非零值，因为不加入会给顾客带来复杂的感受，如失去服务价值所带来的损失和避免等待带来的收益。

2. 顾客均衡

顾客通过比较其加入服务的整体预期效用与不加入服务的效用，来做出加入或不加入的决定。将 δ_o 表示为最佳加入概率，如果 U（加入）比 U（不加入）大，则 $\delta_o = 1$；而如果 U（加入）比 U（不加入）小，则 $\delta_o = 0$。当 U（加入）等于 U（不加入）时，δ_o 可以是 0 和 1 之间的任何值。为了得出顾客均衡，我们考虑这两项效用的差：

$$U(\text{加入}) - U(\text{不加入}) = (2 - \delta_p + \delta_p\alpha)(R - P) - \theta w\left[1 + \beta - \delta_p(\beta - 1)/2\right] \quad (4\text{-}4)$$

其中，$w = 1/(u - \delta)$（因为速率 $\lambda = 1$）。

在不考虑参考效应的经典排队论中，顾客均衡要求一个特定顾客的加入行为是对其他顾客加入策略的最佳反应。与排队策略文献中的情况一样，我们只考虑顾客采用相同加入策略的对称均衡（Hassin and Haviv，2003）。所以在我们的情况中，要求 $\delta_o = \delta$。此外，在考虑参考效应后顾客均衡的概念还有另一层要求，也就是说，顾客的参考点 $\hat{V}$ 和 $\hat{W}$ 必须与顾客的最优策略 δ_o 产生的净货币奖励和等待时间结果一致。换句话说，顾客的加入计划与其实现的最佳选择应该一致，即 $\delta_p = \delta_o$，这被 Kőszegi 和 Rabin（2006）定义为个人均衡。总之，在我们的情况中，顾客均衡要求 $\delta_p = \delta = \delta_o$。因此，在下面的均衡分析中，我们保持符号 δ 并除去另外两个符号。式（4-4）中的效用差异变为

$$U(\text{加入}) - U(\text{不加入}) := g(\delta) = (2 - \delta + \delta\alpha)(R - P) - \theta w\left[1 + \beta - \delta(\beta - 1)/2\right] \quad (4\text{-}5)$$

这里的均衡存在三种情况。如果 $g(0) \leqslant 0$，则“全部不加入”是纯策略均衡。如果 $g(1) \geqslant 0$，则“全部加入”是纯策略均衡。如果顾客采用混合策略（即 $0 < \delta < 1$），那么要得到均衡加入概率必须求解方程 $g(\delta) = 0$。注意，在这种情况下，我们有 $U(\text{加入}) = U(\text{不加入}) < 0$。当顾客在两个属性方面处于损失中性（即 $\alpha = \beta = 1$）时，方程 $g(\delta) = 0$ 被简化为 $R - P - \theta w = 0$（传统情况下不考虑参考效应的均衡方程）（Hassin and Haviv，2003）。这表明损失中性时顾客的行为与没有参考效应时顾客的行为相同，在这种情况下，存在唯一的均衡。然而，一般而言，均衡的唯一性不再成立。

为了找到一般情况下的均衡解，我们首先提供函数 $g(\delta)$ 的以下性质。

引理 4-1　如果 $\mu < 2(\beta + 1)/(\beta - 1)$，则函数 $g(\delta)$ 是 δ 的凹函数。在其他情况下，$g(\delta)$ 随着 δ 的增加单调递增。

引理 4-1 表明函数 $g(\delta)$ 最多有两个解，意味着整个策略中最多有三个均衡点。在不考虑损失厌恶行为的经典的 M/M/1 模型中，随着越来越多的顾客打算加入队列，系统变得更加拥挤，这降低了一个特定顾客的加入倾向。这种规避人群的行为确保了顾客排队博弈中至多存在一个均衡（Hassin and Haviv，2003）。为

什么我们这里有多个均衡？原因在于以理性预期为基准的参考效应和顾客损失厌恶行为。也就是说，偏离顾客的原始计划可能会导致顾客损失（Kőszegi and Rabin，2006）。在这里，顾客将其计划的结果视为参考基准。如果顾客计划加入该服务，但最后没有加入，他会感到服务价值的损失，他对这种损失的厌恶会导致他加入服务，即使预期等待时间很长。但是如果顾客计划不加入服务，那么加入该服务会使他在等待成本方面感受到损失，而他对这种损失的厌恶将导致他不加入。实际上，在存在损失厌恶行为（即 $\alpha,\beta>1$）的情况下，加入和不加入之间的效用差异随顾客的计划加入概率 δ_p 的增加而增加，如式（4-4）所示。这意味着当顾客的计划加入概率增加时，顾客的实际加入激励变得更强。在具有基于理性期望的顾客损失厌恶行为的其他情况中也发现了多重均衡的存在（Kőszegi and Rabin，2006；Heidhues and Kőszegi，2008；Karle and Peitz，2014；Baron et al.，2015）。

当存在三个均衡时，其中加入概率最大和最小的均衡是局部稳定的。在这两个均衡之间，我们选择产生更大预期效用的那个，称为首选个人均衡（preferred personal equilibrium，PPE）（Kőszegi and Rabin，2006）。在三个均衡中，最小加入概率带来的效用为零，而中等加入概率和最大加入概率都产生负效用。因此，最小加入概率是 PPE。

尽管可能存在多重均衡，但整个策略中存在唯一的 PPE，如命题 4-8 所述。首先定义

$$\bar{\mu}=\frac{\alpha+1}{\alpha-2/(\beta+1)}$$

$$\underline{P}=R-\theta\frac{\beta+3}{2(\alpha+1)(\mu-1)}$$

$$\bar{P}=R-\theta\frac{\beta+1}{2\mu}$$

命题 4-8 当企业垄断时，排队博弈存在唯一的 PPE。具体而言，PPE 表示为 δ^{PPE}，有以下几种情况。

（1）当服务能力非常小时，即 $\mu\leqslant 1$，则①如果 $P<\bar{P}$，PPE 是由 $g(\delta)=0$ 的唯一正解定义的混合策略均衡；②如果 $P>\bar{P}$，"全部不加入"是 PPE（即 $\delta^{\text{PPE}}=0$）。

（2）当服务能力适中时，即 $1<\mu<\bar{\mu}$，则①如果 $P\leqslant\underline{P}$，"全部加入"是 PPE（即 $\delta^{\text{PPE}}=1$）；②如果 $\underline{P}<P<\bar{P}$，PPE 是由 $g(\delta)=0$ 的唯一正解定义的混合策略均衡；③如果 $P>\bar{P}$，"全部不加入"是 PPE（即 $\delta^{\text{PPE}}=0$）。

（3）当服务容量充足时，$\mu\geqslant\bar{\mu}$，则①如果 $P\leqslant\bar{P}$，"全部加入"是 PPE（即 $\delta^{\text{PPE}}=1$）；②如果 $P>\bar{P}$，"全部不加入"是 PPE（即 $\delta^{\text{PPE}}=0$）。

备注：在 $\alpha=1$ 和 $\beta=1$ 的极限情况下，价格的两个阈值分别是 $\underline{P}=R-$

$\theta\left(1/(\mu-1)\right)$ 和 $\underline{P}=R-\theta(1/\mu)$，服务能力的阈值是 $\bar{\mu}=+\infty$。对于这种损失中性的情况，命题 4-8 中的第三种情况消失，第一种情况和第二种情况定义了顾客均衡，与文献中的结果一致（Hassin and Haviv，2003）。第三种情况特别有趣，因为它表明当服务能力大于等于 $\bar{\mu}$ 时，损失厌恶顾客的购买行为类似于传统商品市场的购买行为。也就是说，存在关于价格 P 的阈值，小于等于该阈值，每个人都购买；但高于此阈值则没有人购买。这是因为，当服务能力充足时，对净货币奖励的损失厌恶的影响比起对等待时间的损失厌恶的影响更处于支配地位。

当 PPE 是混合策略均衡［即 $\delta^{\mathrm{PPE}}\in(0,1)$］时，加入概率 δ^{PPE} 随价格升高而降低。为了看出这一点，请注意函数 $g(\delta)$ 对于服务价格 P 的导数是负的。因此，随着 P 增加，函数 $g(\delta)$ 减小并且其较大的根变小。这表明 δ^{PPE} 较小，因为它实际上是等式 $g(\delta)=0$ 的较大根，从命题 4-8 的证明中可以看出来。类似地，随着 α（或 β）增加，函数 $g(\delta)$ 增加（或减小），导致更大（或更小）的 δ^{PPE}。

3. 利润和福利最大化

在本部分中，基于顾客的排队决策，我们来进一步研究最优定价问题。当顾客排队博弈中存在多个均衡时，我们会考虑 PPE。在下文中，我们首先考虑决策者是利润最大化的服务高的情况，然后考虑决策者是社会福利最大化的社会规划者的情况。

服务商选择价格以最大化其预期利润 Π，如下式所示：

$$\max_{p}\Pi=\delta^{\mathrm{PPE}}P$$

根据命题 4-8，当 $\bar{P}\leqslant 0$ 时，均衡加入策略是 $\delta^{\mathrm{PPE}}=0$。因此，我们假设 $\bar{P}>0$ 以避免服务商收到零需求的情况。该条件可以改写为 $R>\theta(\beta+1)/(2\mu)$。注意顾客的损失厌恶（$\beta>1$）实际上降低了服务商的盈利能力。

如命题 4-8 所示，当 $\mu\geqslant\bar{\mu}$ 时，利润最大化价格从左侧逼近 $\bar{P}$ 并且相应的均衡加入概率 $\delta^{*}=1$。因此，我们关注 $\mu<\bar{\mu}$ 的情况。由命题 4-8 可知，对于每个价格 P，都存在唯一的正的 δ^{PPE}。我们首先研究 $\mu<\bar{\mu}$ 和 $P<\bar{P}$ 时的利润函数的结构性质，特别是当涉及混合策略均衡时，对应于命题 4-8 的第一种情况中的第一项和第二种情况中的第二项。因为混合策略均衡加入概率是 $g(\delta)=0$ 的解，我们可以将利润函数中的 P 用 δ 的函数代替：

$$P=R-\theta A(\delta)w$$

其中，

$$A(\delta)=\frac{\beta+1-\delta(\beta-1)/2}{(\alpha-1)\delta+2}$$

其表示在存在参考效应时等待时间的边际成本。然后我们可以将 δ 而不是 P 视为决策变量。

引理 4-2 当$\mu<\bar{\mu}$和$P<\bar{P}$时，利润函数Π是δ的凹函数。

根据引理 4-2，一阶条件足以导出最优价格和相应的均衡加入概率。均衡加入概率由以下一阶条件确定：

$$\frac{\mathrm{d}\Pi}{\mathrm{d}\delta}=R-\theta w^2\mu\left[A(\delta)+\delta\left(1-\frac{\delta}{\mu}\right)\frac{\mathrm{d}A(\delta)}{\mathrm{d}\delta}\right]=0 \tag{4-6}$$

请注意，当顾客为损失中性时，式（4-6）在不考虑参考效应的情况下变为传统的一阶条件，也就是$R-\theta w^2\mu=0$。我们接下来研究顾客的损失厌恶对最优价格和均衡加入概率的影响。

命题 4-9 在垄断环境中，最优价格P^*和相应的均衡加入概率δ^*随α的增加而增加，随β的增加而减小。

回想一下，δ^{PPE}随P的增加而减小。因此，人们可能认为损失厌恶参数α或β对最优价格P^*的影响与对δ^*的影响完全相反。然而，命题 4-9 表明情况并非如此。当顾客对等待时间更加损失厌恶（即β增加）时，他们不太可能加入该服务。因此，为了获得更多利润，服务商必须降低其价格以吸引更多的顾客。当顾客对净货币奖励更加损失厌恶（即α增加）时，他们更有可能加入该服务以避免失去净货币奖励。所以服务商会收取更高的价格。

现在我们将最优价格P^*和相应的均衡加入概率δ^*与传统情况下不考虑顾客损失厌恶的均衡加入概率δ^{trad}进行比较。请注意，在传统设置中，如果市场需求与服务能力μ相比足够大，则均衡加入概率δ^{trad}是以下等式的解：

$$\mathrm{d}\Pi^{\mathrm{trad}}/\mathrm{d}\delta=R-\theta w^2\mu=0$$

命题 4-10 令$\hat{\delta}=\sup\{\delta\text{：}A(\delta)+\delta(1-\delta/\mu),\mathrm{d}A(\delta)/\mathrm{d}\delta\geqslant 1\}$。$\delta^*$和$\delta^{\mathrm{trad}}$之间的比较结果取决于$\delta^{\mathrm{trad}}$是大于还是小于$\hat{\delta}$。

（1）如果$\delta^{\mathrm{trad}}\leqslant\hat{\delta}$，则$\delta^*\leqslant\delta^{\mathrm{trad}}$。

（2）如果$\delta^{\mathrm{trad}}>\hat{\delta}$，则$\delta^*>\delta^{\mathrm{trad}}$。

其中，阈值$\hat{\delta}$随α的增加而减小，但随β的增加而增大。

如果传统情况下的均衡加入概率高（$\delta^{\mathrm{trad}}>\hat{\delta}$），那么与等待时间的边际成本相比，净货币奖励相对较高。损失厌恶行为导致更高的加入概率，其心态是“考虑到其他人正在经历漫长的等待，更长时间的等待让我感觉不是那么难以忍受”。这种参考效应减轻了顾客的损失感，这有助于他们在拥挤的环境中忍受更长的等待时间，如机场过境系统。但是，如果传统情况下的均衡加入概率较低（$\delta^{\mathrm{trad}}\leqslant\hat{\delta}$），则等待时间的边际成本与净货币奖励相比相对较高。由于顾客试图避免等待时间的损失，损失厌恶行为导致更低的加入概率。因此，顾客的损失厌恶行为使队列长度极化，使短队列更短，而长队列更长。在实践中已广泛观察到极化的队列长度（Bikhchandani et al.，1992）。管理者应该意识到这种极化效应，否则会导致对顾客耐心程度的误解。例如，对于想要估计顾客对等待时间的灵敏度参数 θ 的管理者，忽略极化效应可导致低估高流量系统的参数和高估低流量系统的参数。

我们现在考虑社会福利最大化问题，该问题最大化所有顾客（包括不加入顾客）的总效用及服务商的利润。请注意，顾客的增益-损失效用包含在福利函数中。社会规划者做出定价决策，以最大限度地提高社会福利（SW），公式如下：

$$\max_p \mathrm{SW} = \delta(2-\delta)\left(R - P - \theta w \frac{1+\beta}{2}\right) + (1-\delta)\left[-\alpha\delta(R-P) + \delta\theta w\right] + P\delta$$

社会福利（SW）和服务商的利润（Π）之间的差异表示如下：

$$\mathrm{SW} - \Pi = \frac{w\theta\delta(\delta-2)}{2} \times \frac{\alpha(\beta+1)-2}{(\alpha-1)\delta+2}$$

如果 $\alpha=\beta=1$，意味着顾客是损失中性，则上述差异变为 0，所以利润最大化和社会福利最大化产生相同的定价决策。Edelson 和 Hilderbrand（1975）也发现了类似的结果，他们考虑了只具有内在效用的顾客。然而，如果损失厌恶参数 α 或 β 大于 1，则社会福利总是小于服务商的利润，因为损失厌恶的顾客对损失的重视程度高于收益，并且服务商未能将顾客由损失厌恶导致的超额损失内化。在这种情况下，利润最大化价格与社会福利最大化价格不同。将社会福利最大化的加入概率表示为 δ^s，我们得到以下结果。

命题 4-11　在垄断设定中，如果 $\mu \leqslant 2$ 或 $\mu > 2$ 且 $\alpha < 1/(1-2/\mu)$，则利润最大化的加入概率大于社会福利最大化的加入概率（即 $\delta^* > \delta^s$）。

如上所述，由于顾客损失厌恶，服务商无法内化所有顾客盈余。因此，当顾客不太关心失去净货币奖励（即 α 很小）时，社会规划者比利润最大化的服务商收取更高的价格，这导致更低的加入概率。这样做不仅可以减少加入顾客的由拥堵导致的效用损失，还可以减少不加入顾客的不满情绪。如果命题 4-11 中的两个条件都不成立，则 δ^* 和 δ^s 之间的关系不能通过分析确定。

在本小节中，我们考虑了当顾客存在增益-损失效用时顾客的均衡排队策略及企业的定价策略。其中，增益-损失效用中描述了顾客在净货币奖励和等待时间这两个要素上与其参考基准的距离。我们的结果揭示了三个重要的创新点：第一，当存在参考效应与损失厌恶时，一般会存在多个均衡点，这是与传统没有考虑参考效应的研究的很大不同；第二，我们发现损失厌恶行为会极化队列长度，使长的队列更长、短的队列更短；第三，我们发现利润最大化和社会福利最大化的价格是不一样的。

4.3 服务系统中顾客对服务信息的学习行为研究

本节简要讨论顾客对服务信息的学习行为对于服务系统的影响，基于 Yang 和 Shang（2019）的研究展开。

服务系统中的一个关键问题是研究顾客加入队列的行为。Naor（1969）的文章是第一篇对顾客加入决策进行理论建模的论文，在该文中顾客的加入决策取决于他们到达时不同选择的效用。通常一个顾客加入队列的意愿会随着其他顾客加入队列的意愿增大而减小，这导致存在唯一的顾客加入均衡。这在 Hassin 和 Haviv（2003）的研究中被称作规避人群（avoid the crowd，ATC）的行为。但是在有些情况下，顾客可能存在从众（follow the crowd，FTC）行为。一个顾客加入队列的意愿会随着其他顾客加入队列的意愿增大而增大，这会导致多个加入均衡的存在。

考虑实际生活中的一个典型场景：顾客在加入队列前不知道服务速度。比如，机场安全检查和超市收银台经常有多个队列。这种设置是因为一个太长的队列会引起顾客负面的心理感受（Maister，2005）。因为多个队列的服务台经常具有不同的服务速度，并且顾客在加入队列前不知道服务速度的信息，他们要在缺少信息的情况下做出是否加入的决策。根据经验，当我们观察到多个队列且具有不同的队长时，加入一个更长的队列并不总是个坏主意。因为会有两种可能的原因导致出现一个更长的队列：①这个服务台比较慢；②更多的顾客愿意加入这个队列。这两种原因对于服务台的服务速度的推断会有截然相反的启示。如果第二个原因占优势，那么加入更长的队列可以是一个理性的选择。本节主要讨论当顾客可以从队长来学习服务速度的信息时，从众行为会不会是一个理性决策。

近来研究从众行为的文献为该行为提供了以下三种解释。第一，优先权的设置。Hassin 和 Haviv（1997）揭示了在一个设置了优先权的队列中，当其他顾客更愿意加入高优先权队列时，一个特定的顾客也会更愿意加入。原因是加入高优先权队列不仅可以超过低优先权顾客而更早地接受服务，而且可以防止被将来的高优先权顾客超过。第二，顾客对于服务质量所知的异质性。Veeraraghavan 和 Debo（2011）发现，当有些顾客比其他顾客知道更多有关服务质量的信息时，从众行为会发生，因为不知道信息的顾客会从一个更长的队列推断出它的服务质量更高。第三，未知的服务时间和服务质量间的正相关性。Debo 和 Veeraraghavan（2014）假定服务时间和服务质量都是未知的，并且它们之间存在正相关性。那么当观察到一个更长的队列时，一个理性的顾客会认为该队列的服务质量较高，因而会更愿意加入该队列。

与之前的研究不同，我们聚焦在顾客对未知的服务速度的学习上，这一学习行为也会导致出现从众行为。我们致力于回答以下研究问题：当服务速度未知而顾客会从队列长度对服务速度进行学习时，会不会出现从众行为，在哪些条件下会出现?

我们研究一个单服务台的队列。顾客是同质的，服务的价值对他们来说恒定不变。我们用一个二元随机变量对未知的服务速度建模。顾客不知道真实的服务速度，他们可以通过到达时观察到的队长来学习服务速度，进而做出是否加入队列的决定。我们假定顾客通过贝叶斯更新的方式来学习。顾客对服务速度有一个先验认知，随着他们观察到一个真实的队长，他们会更新他们对服务速度的认知。因为一个顾客的后验认知和他的加入决策与所有其他顾客的加入决策有关，这可以构成博弈。我们接着讨论固定其他顾客的选择时，一个特定顾客的最佳反应函数。我们得到顾客加入博弈的均衡而且发现了从众行为。主要的结果阐述如下。

在单服务台系统中，均衡总是存在，并且在所有的均衡中顾客的加入概率是随着队长单调变化的，所以这些均衡都是阈值型均衡。我们发现了从众行为，出现该行为完全是因为顾客从队长中学习服务速度信息。从众行为导致了在一定的调节下会存在多个均衡。当多个均衡存在时，加入更长队列的均衡比加入更短队列的均衡有可能更占优势，也就是会给顾客带来更高的效用。这种情况会在两种服务速率差别很大的时候发生，这是因为此时观察到长队列的正面的学习效应会超过负面的拥堵效应。

4.3.1　模型

我们考虑一个具有可观测队列长度的单服务台队列。服务时间呈指数分布，服务速率为 μ 。我们假设未知的服务速率服从二项分布：以 γ 的概率为 $\mu=\mu_{\mathrm{H}}$ ，以 $1-\gamma$ 的概率为 $\mu=\mu_{\mathrm{L}}$ ；换言之，顾客对高服务速率的信念为概率 γ 。在服务开始之前随机的服务速率已经实现，但顾客不能观察到。在本小节中，我们考虑系统管理者不向顾客披露服务速率信息的情况。稍后，我们将此情况的结果与公开服务速率信息的更简单的情况进行比较。

顾客到达服从速率为 λ 的稳态泊松过程。顾客到达时会随机观察到一个队列长度 N，然后更新他对于服务速率的信念，再决定是否加入队列。特别地，当且仅当顾客加入队列的效用

$$R-CE\left[W\middle|N\right]$$

为非负时顾客会选择加入队列。其中，R 为顾客从服务中得到的收益；C 为单位时间的等待成本；W 为顾客如果选择加入队列所需要的等待时间。只要顾客选择加入队列，就会等到服务结束才会离开。

我们假设 $R - C / \mu_L > 0$ 。该假设表明当服务台为低速率时，顾客如果看到空的服务台会选择加入。我们做出该假设的目的是排除掉顾客永远不会加入队列的不重要情形。顾客所能够观察到的队长也有一个上限，定义为 $\bar{N} = \frac{R\mu_H}{C}$ 。当顾客知道服务台是高速率时，他会在观察到队长在区间 $\{0,1,\cdots,\bar{N}-1\}$ 时加入队列，而在队长为 $\bar{N}$ 时回避。所以当服务速率未知且在 μ_L 和 μ_H 中变动时，队长不可能超过 $\bar{N}$ 。故而在下文中，我们将只考虑队长不超过 $\bar{N}$ 的情形。

我们接下来描述顾客的信念和策略。根据上文所述，顾客对于服务速率的初始信念用概率 γ 表示。然后一个随机的顾客观察到队长为 n，也就是说，N=n。这个顾客就会更新他对于服务速率的信念，然后对于是否加入队列做出基于信念的理性选择。可能的队长为集合 $\{0,1,\cdots,\bar{N}\}$ 。我们用两个向量 $\Theta = (\theta_0,\theta_1,\cdots,\theta_{\bar{N}})$ 和 $\boldsymbol{p} = (p_0,p_1,\cdots,p_{\bar{N}})$ 分别表示顾客更新后的信念及其加入策略。顾客更新后的信念及其加入策略都会受到其他顾客加入策略的影响,这种情况造成了顾客间的博弈。

接下来,我们先分析一个特定顾客的最佳反应加入行为,从而界定顾客均衡。然后，我们研究是否存在多个均衡，以及理性顾客是否一定会更偏好短的队列。最后，我们研究披露服务速率信息与否对系统性能的影响。

4.3.2 最佳反应加入策略

参考 Hassin 和 Haviv（2003）的研究，我们假设有无穷多的顾客，并且顾客针对其他顾客的策略选择最佳反应加入策略。我们现在分析一个特定顾客的最佳反应加入策略。

我们用 $\boldsymbol{p}^- = (p_0^-,p_1^-,\cdots,p_{\bar{N}}^-)$ 表示其他顾客的加入行为，其中 p_n^-（ $0 \leqslant n \leqslant \bar{N}$ ）表示当顾客到达时看到队长为 n 时，有 p_n^- 比例的顾客加入队列，$1 - p_n^-$ 比例的顾客回避。这里我们不要求其他顾客采用一样的加入策略。

一个特定顾客会根据他观察到的队长和其他顾客的加入策略来对服务速率做理性推断，然后估计他加入队列会获得的效用。我们假设顾客通过贝叶斯法则来更新对于服务速率的信念。所以，一个特定顾客会以如下方式来更新他的效用 θ_n ：

$$\theta_n(\boldsymbol{p}^-) = \frac{\gamma\pi_H(n,\boldsymbol{p}^-)}{\gamma\pi_H(n,\boldsymbol{p}^-) + (1-\gamma)\pi_L(n,\boldsymbol{p}^-)}$$

其中，我们用 $\pi_X(n,\boldsymbol{p}^-)$ 来表示稳态概率分布，也就是当服务速率 $\mu = \mu_X$ ，顾客的加入策略是 $\boldsymbol{p}^-$ 时，系统处于状态 n 的稳态概率。PASTA（Poisson arrivals see time average，泊松到达观测为时间平均）性质决定当一个随机顾客到达时，观察到队长为 n 的概率是 $\pi_X(n,\boldsymbol{p}^-)$ 。

为了分析 $\pi_X\left(n,\boldsymbol{p}^-\right)$，注意到对于特定的 $\mu=\mu_X$ 和其他顾客的加入行为 $\boldsymbol{p}^-$，该排队系统是一个生灭过程。定义 $\rho_X=\lambda/\mu_X$，基于排队论的结果，我们可以得到

$$\pi_X\left(n,\boldsymbol{p}^-\right)=\pi_X\left(0,\boldsymbol{p}^-\right)\prod_{i=0}^{n-1}\frac{\lambda p_i^-}{\mu_X}=\pi_X\left(0,\boldsymbol{p}^-\right)\rho_X^n\prod_{i=1}^{n-1}p_i^-$$

其中，

$$\pi_X\left(0,\boldsymbol{p}^-\right)=\frac{1}{1+\sum_{k=1}^{\bar{N}}\left(\rho_X^k\prod_{i=0}^{k-1}p_i^-\right)}$$

把 $\pi_X\left(n,\boldsymbol{p}^-\right)$ 的表达式代入信念函数 $\theta_n\left(\boldsymbol{p}^-\right)$ 中，顾客就可以得出他加入队列的期望效用：

$$u\left(n,\boldsymbol{p}^-\right)=R-CE\left[W\middle|N=n\right]=R-C(n+1)\left[\theta_n\left(\boldsymbol{p}^-\right)/\mu_{\mathrm{H}}+\left(1-\theta_n\left(\boldsymbol{p}^-\right)\right)/\mu_{\mathrm{L}}\right]$$

基于该期望效用该顾客就可以得出他的最佳反应加入策略。我们用向量 $\tilde{\boldsymbol{p}}\left(\boldsymbol{p}^-\right)=\left(\tilde{p}_0\left(\boldsymbol{p}^-\right),\tilde{p}_1\left(\boldsymbol{p}^-\right),\cdots,\tilde{p}_{\bar{N}}\left(\boldsymbol{p}^-\right)\right)$ 来表示该顾客在所有状态 n 上针对其他顾客的加入策略 $\boldsymbol{p}^-$ 的最佳反应加入策略。特别地，在状态 n，

$$\tilde{p}_n\left(\boldsymbol{p}^-\right)\begin{cases}=1, & u\left(n,\boldsymbol{p}^-\right)>0\\ =0, & u\left(n,\boldsymbol{p}^-\right)<0\\ \in[0,1], & u\left(n,\boldsymbol{p}^-\right)=0\end{cases}$$

然后我们通过分析信念函数 $\theta_n\left(\boldsymbol{p}^-\right)$ 的结构得到最佳反应加入策略是阈值型的。

命题 4-12　对任意给定的其他顾客的加入行为 $\boldsymbol{p}^-$，$\theta_n\left(\boldsymbol{p}^-\right)$ 和 $u\left(n,\boldsymbol{p}^-\right)$ 都随着 n 的增加递减。因此，最佳反应加入策略 $\tilde{\boldsymbol{p}}\left(\boldsymbol{p}^-\right)$ 是阈值型的，也就是说，存在一个正整数 m 和一个概率 $p_m\in[0,1)$ 使得 $\tilde{\boldsymbol{p}}\left(\boldsymbol{p}^-\right)=\{1,1,\cdots,1,p_m,0,0,\cdots,0\}$。

4.3.3　从众行为

若一个顾客加入队列的倾向随着其他顾客加入倾向的提升而提升，则称作从众行为；相反，则称作规避人群的行为。在这里，我们假设其他顾客的加入概率从 $\boldsymbol{p}^-$ 变为 $\boldsymbol{p}^-+\boldsymbol{\Delta}$，其中 $\boldsymbol{\Delta}\geqslant\boldsymbol{0}$，并且至少有一个 n 对应的 $\Delta_n>0$。用 $\Pi_X\left(n,\boldsymbol{p}^-\right)$ 表示当服务速率确定时顾客观察到队列中的人数小于等于 n 的概率，那么，

$$\Pi_X\left(n,\boldsymbol{p}^-\right)=\sum_{i=0}^{n}\pi_X\left(i,\boldsymbol{p}^-\right)$$

可以证明引理 4-3。

引理 4-3（拥挤效应）　对任意 n，$\Pi_X\left(n,\boldsymbol{p}^-+\boldsymbol{\Delta}\right)<\Pi_X\left(n,\boldsymbol{p}^-\right)$。

引理 4-3 表明当服务速率确定时，若其他顾客更倾向加入队列，队列会变得更拥挤，从而导致一个特定顾客观察到更长的队长，从而更倾向不加入队列。这叫作规避人群的行为。

当服务速率信息不可得时，上述的拥挤效应依然存在。但是与服务速率确定情况不同的是，此时，顾客看到状态 n 时的加入行为会受其他顾客的加入策略影响。

命题 4-13（学习效应） 假设服务速率未知，顾客通过观察到达时的队长来对服务速率做理性推断。那么在状态 n 加入队列的等待成本会随着其他顾客加入倾向的增大而减小，也就是说，$\theta_n\left(\boldsymbol{p}^- + \boldsymbol{\Delta}\right) > \theta_n\left(\boldsymbol{p}^-\right)$，而且 $\tilde{p}_n\left(\boldsymbol{p}^- + \boldsymbol{\Delta}\right) > \tilde{p}_n\left(\boldsymbol{p}^-\right)$。

命题 4-13 指出，只有当服务速率未知时才存在学习效应。考虑一个极端情况：$\boldsymbol{p}^- = \boldsymbol{0}$，也就是所有其他顾客都不加入队列。那么一个特定顾客到达时总会看到一个空的队列，所以他更新后的对服务速率的信念还是以 γ 的概率为高速率，以 $1-\gamma$ 的概率为低速率。考虑另一种情形：当队列长度等于或大于 m 时所有其他顾客不加入队列。那么一个顾客观察到的队长可以是 $n = 0,1,\cdots,m-1$。那么如果观察到一个空的队列，一个特定的顾客将会利用贝叶斯规则来更新他对于服务速率的信念，所以他的后验信念是以

$$\frac{\gamma\left(1-\rho_{\mathrm{L}}^{m+1}\right)\left(1-\rho_{\mathrm{H}}\right)}{\gamma\left(1-\rho_{\mathrm{L}}^{m+1}\right)\left(1-\rho_{\mathrm{H}}\right)+\left(1-\gamma\right)\left(1-\rho_{\mathrm{H}}^{m+1}\right)\left(1-\rho_{\mathrm{L}}\right)} > \gamma$$

的概率为高速率，这比他的先验信念要高。所以顾客会从到达时的队长学习到新的信息，来帮助他做出更好的决定。注意到这部分增加的信息是从其他顾客更高的加入倾向获得的。一般来说，当其他顾客更倾向加入队列时，一个特定顾客可以通过观察到达时的队长来获得更多信息。

上述的学习效应使顾客更愿意从众，而拥挤效应则使顾客更倾向规避排队。基于以上的讨论，我们可以进一步地研究这两种效应导致的综合结果。具体地，我们研究一个特定顾客的加入概率是怎样受其他顾客的加入行为影响的。我们发现会存在如下情形：一个特定顾客的加入概率会随着其他顾客加入倾向的增加而增加。也就是说，会存在从众行为。

4.4 小　结

在本章中，我们研究了在服务系统中社会化互联网产生的海量有关服务质量的信息会如何影响顾客加入服务的行为，进而影响服务高的定价及等待时间策略。具体来说，我们研究顾客的两种行为：顾客的参考效应和损失厌恶行为（分别在有多个企业竞争和单个企业垄断的环境下）；顾客对服务速度的学习行为。研究揭

示，这两种顾客行为会对顾客加入服务的决策产生很大影响，进而会对服务高的定价和等待时间策略产生巨大的影响。因而在实际服务运营管理中，管理者应充分考虑顾客在面对海量信息时所可能产生的行为因素，进而更好地管理服务系统。

参考文献

Abdellaoui M，Kemel E. 2014. Eliciting prospect theory when consequences are measured in time units："time is not money". Management Science，60（7）：1844-1859.

Allon G，Federgruen A. 2007. Competition in service industries. Operations Research，55（1）：37-55.

Anderson E W，Sullivan M W. 1993. The antecedents and consequences of customer satisfaction for firms. Marketing Science，12（2）：125-143.

Baron O，Hu M，Najafi-Asadolahi S，et al. 2015. Newsvendor selling to loss averse consumers with stochastic reference points. Manufacturing & Service Operations Management，17（4）：456-469.

Bikhchandani S，Hirshleifer D，Welch I. 1992. A theory of fads，fashion，custom，and cultural change as informational cascades. Journal of Political Economy，100（5）：992-1026.

Blinder A S，Canetti E，Lebow D. 1998. Asking About Prices：A New Approach to Understanding Pricing Stickiness. New York：Russell Sage Foundation.

Cadotte E R，Woodruff R B，Jenkins R L. 1987. Expectations and norms in models of consumer satisfaction. Journal of Marketing Research，24（3）：305-314.

Debo L，Veeraraghavan S. 2014. Equilibrium in queues under unknown service times and service value. Operations Research，62（1）：38-57.

Edelson N M，Hilderbrand D K. 1975. Congestion tolls for Poisson queuing processes. Econometrica，43（1）：81-92.

Hassin R，Haviv M. 1997. Equilibrium threshold strategies：the case of queues with priorities. Operations Research，45（6）：966-973.

Hassin R，Haviv M. 2003. To Queue or Not to Queue：Equilibrium Behavior in Queueing Systems. Boston：Kluwer Academic Publishers.

Heidhues P，Kőszegi B. 2008. Competition and price variation when consumers are loss averse. American Economic Review，98（4）：1245-1268.

Kahneman D，Tversky A. 1979. Prospect theory：an analysis of decision under risk. Econometrica，47（2）：263-292.

Karle H，Peitz M. 2014. Competition under consumer loss-aversion. RAND Journal of Economics，45（1）：1-31.

Kőszegi B，Rabin M. 2006. A model of reference-dependent preferences. Quarterly Journal of Economics，121（4）：1133-1165.

Maister D H. 2005. The psychology of waiting lines. https://davidmaister.com/wp-content/themes/davidmaister/pdf/PsycholgyofWaitingLines751.pdf[2020-10-21].

Naor P. 1969. The regulation of queue size by levying tolls. Econometrica，37：15-24.

Nasiry J，Popescu I. 2011. Dynamic pricing with loss averse consumers and peak-end anchoring. Operations Research，59（6）：1361-1368.

Popescu I，Wu Y Z. 2007. Dynamic pricing strategies with reference effects. Operations Research，55（3）：413-429.

Tereyağoğlu N, Fader P, Veeraraghavan S. 2018. Multi-attribute loss aversion and reference dependence: evidence from the performing arts industry. Management Science, 64(1): 421-436.
Veeraraghavan S K, Debo L G. 2011. Herding in queues with waiting costs: rationality and regret. Manufacturing & Service Operations Management, 13(3): 329-346.
Yang L, de Véricourt F, Sun P. 2014. Time-based competition with benchmark effects. Manufacturing & Service Operations Management, 16(1): 119-132.
Yang L, Guo P F, Wang Y L. 2018. Service pricing with loss averse customers. Operations Research, 66(3): 761-777.
Yang L, Shang W. 2019. Follow the crowd with unknown service rate. Working Paper.

第 5 章　大数据环境下信息设计研究——以竞赛模型为例

邝仲弘，郑捷
清华大学经济管理学院

5.1　概　　述

本章将探索在现实世界中应用日益广泛的竞赛设计问题，应用博弈论的基础知识和信息设计的前沿知识来完成给定外部约束条件下的最优设计，解决竞赛设计者的规则制定问题，提升竞赛的效率和有效性。不合理的竞赛规则既可能导致竞赛参与者的过度竞争，也可能导致竞赛参与者的消极竞争，这些都会导致社会资源的无效分配。机制设计（mechanism design）就是研究在私有信息下各参与者分散决策来达到既定目标的理论，其主要奠基人利奥尼德·赫维茨（Leonid Hurwicz）荣获 2007 年诺贝尔经济学奖。而信息设计（information design）是对机制设计的一种拓展，相比于机制设计更加注重竞赛的信息环境。

大数据环境为信息设计提供了三点便利：其一，竞赛的组织者能够通过海量数据的收集与分析，更准确地获知竞赛参与者的特征，用数学语言来说，就是竞赛的组织者能够更加准确地对不确定信息的先验分布进行刻画；其二，大数据环境为每一个博弈的参与者提供了更多的决策支持依据，让决策过程更加理性化，与博弈模型假设的契合度更高；其三，大数据环境能够使竞赛的组织者具备更好的信息环境操纵能力，能够实现比完全披露或完全隐藏更加复杂的信息披露策略。

本章将现实中存在的竞赛形式抽象成两种传统的竞赛理论（contest theory）框架——Tullock 竞赛（Tullock contest）和全支付拍卖（all-pay auction），以这两种抽象的框架为载体，内容聚焦于竞赛设计者如何采用不同的信息设计工具来完成最优竞赛规则的制定，是竞赛理论和信息设计的交叉领域研究。本章涉及的主要信息设计工具包括类型依赖（type-dependent）策略、单个体贝叶斯劝说（Bayesian persuasion）和多个体贝叶斯劝说。三种工具循序渐进，从易到难，而本章中的三个子问题将分别应用这三种工具进行信息设计的研究。与研究内容相对应，本节分别说明具体研究问题在竞赛理论和信息设计两个子领域的背景。

竞赛理论所研究的是某些参与者为了获得某个单一的奖励，付出不可逆的努力而相互竞争的场景。这里的参与者是抽象定义的，既可以是自然人，也可以是企业法人、主权国家或者研究团队。因为涉及分析多位参与者的行为，所以竞赛理论隶属于博弈论的研究范畴。一场竞赛中除了参与者之外还有竞赛的设计者，或者称为组织者、负责人。一般来说，设计者希望最大化所有参与者的努力之和。本章的研究也都是站在设计者立场的，这也与大数据环境相匹配，因为一般参赛者并不具备信息设计的能力。竞赛设计者的目标是设计出在设定框架下的最优竞赛，使参与者按照指定的规则进行博弈后，给设计者带来最大的收益。

现实中的许多领域都存在竞赛的问题，可以通过经典竞赛框架来解释。在政治领域中，它可以解释竞选活动（election campaign）和游说（lobbying）；在企业中，它可以解释内部晋升和员工薪酬；在企业之间，它可以解释寡头垄断（oligopoly）和研发（research and development，R&D）竞争。在众包（crowd sourcing）模式下，企业外部的各个团体也在进行竞赛。甚至我们日常生活中的升学考试、奖学金评定及各式各样的体育比赛，或者政治博弈中的寻租（rent seeking）与军备竞赛，都属于竞赛理论的研究范畴。

在竞赛中，竞争收益常常只与竞赛成绩的排序有直接关系，而与努力水平的绝对值无关。更高的努力水平可能意味着更高的获胜概率，而非更高的获胜价值。例如，对于当选的美国总统，在竞选中额外的付出并不会增加当选所带来的政治收益；众包竞赛的获胜方获得企业事先设定的定额悬赏；对于一场足球比赛，无论是 1∶0 小胜还是 5∶0 大胜，胜者都只能获得 3 个积分；一般企业常常采用职级决定薪酬而非通过每年的绩效直接决定工资，而职级提升可用作内部晋升竞赛的奖励。Lazear 和 Rosen（1981）便是最先研究基于产出的排序而非产出的绝对值来制定劳动力合同的学者，该研究奠定了竞赛理论的第三个框架——锦标赛（tournament）。本章对锦标赛理论不做进一步探讨。

竞赛最重要的属性是识别力（discrimination），即竞赛的结果是否具有不确定性，换言之，如果某个参与者在所有参与者中投入（effort）最多或表现（outcome）最好，他是否会确定性地获得竞赛的胜利。如果回答是肯定的，那么就属于完全识别类竞赛（perfectly discriminating contest），这是一种理想假设，摈除了一切不可能性。如果回答是否定的，那么就属于不完全识别类竞赛（imperfectly discriminating contest），即便某个参与者投入最多或表现最好，其获胜概率也可能小于 1。可据此将竞赛分为两大类。竞赛理论的文献中隶属于完全识别类竞赛的研究范式是全支付拍卖（all-pay auction），隶属于不完全识别类竞赛的研究范式是 Tullock 竞赛和锦标赛。在定义识别性时，某个参与者的表现是该参与者投入的确定性函数，不同参与者的函数形式可能不同。Tullock 竞赛范式所采取的方法是使用具体的获胜函数（success function）将所有参与者的表现组合映射到获胜概率的单纯形之上。而锦标赛范式则是直接在每个人的真实表现上添加扰动项，取二者之和进行排序，然后分配奖励。本章研究将聚焦于 Tullock 竞赛和全支付拍卖两个研究范式。

寡头垄断模型由来已久，描述的是一个市场中存在有限个提供同质商品竞争者的模型。典型的模型包括 Cournot 模型、Bertrand 模型、Hotelling 模型、Salop 模型等。我国很多产业都呈现出寡头竞争的模式，例如，运营商领域的中国移动通信集团有限公司、中国联合网络通信集团有限公司和中国电信集团有限公司，石油化工领域的中国石油天然气集团有限公司和中国石油化工集团有限公司，商业银行领域的中国工商银行、中国农业银行、中国银行、中国建设银行四大行，21 世纪初的门户网站：搜狐、新浪和网易等。这些企业的竞争相对稳定，时至今日它们依然数十年如一日般进行着漫长的鏖战。但是近年来，我国诸多双边市场中的企业竞争却很难用这些经典的寡头垄断模型来解释。很多领域内的寡头竞争演变成烧钱大战，这种消耗战的结果是一方完全胜出而其他竞争者完全退出市场。此时参与者的目标就从长期利益最大化转变为取胜甚至是存活。

美团网与大众点评网合并：大众点评网于 2003 年 4 月成立于上海，是一家本地生活信息服务平台。美团网于 2010 年 3 月成立于北京，是一家团购网站。两家企业在生活服务 O2O 领域是竞争关系。根据 2015 年上半年易观智库的统计，美团网占 51.95%的市场份额，大众点评网占 29.5%的市场份额，合计超过八成，是市场的两大领导者。2015 年 10 月 8 日，美团网正式与大众点评网合并。

滴滴出行（原滴滴打车，简称滴滴）合并快的打车（简称快的）和优步中国：滴滴和快的两家打车软件都于 2012 年推出。滴滴背靠腾讯，2014 年 1 月接入微信支付；快的背靠阿里巴巴，2013 年 8 月接入支付宝。2014 年上半年，滴滴与快的为争夺出租车市场发动的“烧钱大战”中，双方共补贴超过 24 亿元资金。2014 年下半年，双方将竞争从出租车扩展到专车领域，但受到各地监管部门的管理，禁止私家车接入平台参与“专车”经营。2015 年 2 月 14 日，滴滴正式合并快的。易观国际的报告显示，2016 年第一季度，合并后的滴滴专车以 85.6%的比例占据中国专车服务活跃用户覆盖率的第一位，远高于行业其他竞争者，并于 2016 年 8 月 1 日合并优步中国。

上面两个例子展示出了寡头垄断竞争的新模式。在这两个例子中，特别是滴滴和快的的例子中，政府是竞争双方之外隐形的竞赛设计者。政府制定竞争的规则，影响全体参赛者的行动。在滴滴和快的的案例中，政府监管部门对于出行工具的管控实际上会对出行行业产生天翻地覆的影响。上面两个例子都是资本的竞争，能够很好地说明现阶段寡头竞争的两大特点：非生即死，企业的长期目标由稳定盈利转变为时刻求生，竞争失败的企业难以存活；政府管控，政府作为行业规则的制定者，对竞争有着强力的管控。

而对于技术竞争，政府显然有着不同的考虑。最近人工智能领域的两大应用场景——人脸识别和智能驾驶，目前也处于寡头竞争阶段。但我国政府的目标是明确的，并非利润最大化，而是希望尽可能推动人脸识别和智能驾驶两大行业的技术发展，希望能够激励独角兽企业投入更多的资源研发技术。因为目前人工智能市场尚在开发之中，短期之内可能不会看到激烈的寡头竞争，但技术竞争也可以用竞赛理论来描述，技术获胜方最终将制定行业的规则。面临寡头垄断的市场，政府究竟应当采用何种措施——特别是何种信息披露机制——来激励各家企业加大技术投入？本章就将围绕这个问题展开探讨。诚然，寡头垄断只是竞赛的一个应用场景，希望本章的研究也能够对其他场景中的竞赛有指导意义。

在大数据环境之下，我们更加需要引入信息设计。在前面，我们提到了大数据环境为信息设计提供了三点便利，这些便利使最广义的信息设计也逐渐具备了可行性。同样，随着大数据时代的到来及隐私保护的越发重要，信息设计也存在着必要性。信息设计的核心特点就是，在得到信息之后，竞赛的组织者不能任意行动，必须按照其事先承诺的规则完成信息披露，数学上等价于一个随机映射（由分布函数刻画）族，组织者必须如实按照函数的输出选择策略，通过计算机系统的封装操作，可以杜绝信息泄露的风险。信息真实性的验证可以由竞赛组织者通过搜集公开披露的信息完成，大数据环境为此提供了便利。

我们在日常生活中无时无刻不在产生着数据，在每一次行动和每一次消费中，我们的生物特征都被广泛地使用，而基于这些信息进行商务分析有可能会带来潜在的信息泄露风险，甚至存在网络犯罪的隐患。信息设计的主流工具都具有一个特点，通过信息设计后，任何一方（包括竞赛的组织者）都无法事先精准地判断出其他参与者的准确信息，更何况竞赛组织者根本不需要收集全部信息。即便是在竞赛组织者获得更多信息时，由于信息设计的约束，它已经不能够更改已有的策略了，从而也避免了竞赛参与者通过组织者的行为推断出更多的信息。我们以众包竞赛为例，传统的信息披露策略中，众包平台可以选择将收集到的信息进行披露，众包平台在决策时可以任意使用竞赛参与者上传的信息，众包结束之后这些信息就有了泄露的风险。而信息设计有着完全不同的逻辑，它等价于众包平台为每个竞赛的参与者设计一套评测系统，众包平台无须存储任何信息，只需将每个参赛者的评测得分披露，这样所有的原始数据都得到了保护，在竞赛结束后也不会有泄露风险。

5.2　Tullock 竞赛中时序机制和信息披露机制的联合设计

竞赛理论是博弈论在现实生活中的一个重要应用，那些对于博弈论的分类也适用于竞赛理论。在经典博弈论框架中，博弈可以根据时序（即参与者的行动时序）和信息（即信息是否完全）分为四类。正如 5.1 节所说，我们是站在设计者的角度来设计最优的竞赛，那么设计者所拥有的最强有力的工具就是操纵时序与信息。除操纵时序和信息这种思路外，另一种可行的思路是引入转移支付（transfer payment），但这样就迈入了机制设计的领域。按照 Bergemann 和 Morris（2019）的定义，设计者只能通过改变博弈的信息结构而非参与者的效用函数来影响参与者的决策。而根据 Doval 和 Ely（2016）的说法，信息设计是可以包含时序机制的，而且并不与 Bergemann 和 Morris 定义的后半部分冲突。也就是说，在信息设计中，我们可以适当地考虑时序机制的因素，但目前学术界对于信息设计中的时序机制研究还相对较少。在本项研究中，我们作为本领域的先行者同时关注竞赛的时序机制和信息披露机制。

在前面滴滴和美团的例子中，甚至是实际生活中绝大多数情况下，参与者的行动往往是序贯进行的。如果参与者无法观测到对方的行动并拟出对策，序贯行动的竞赛可以被当作静态竞赛来研究。但如果在序贯行动的过程中，先行参与者采取的行动能够被观测到，就会对后续参与者的行为产生影响，这就变成了动态竞赛。早在 1934 年，Stackelberg 就在 Cournot 产量竞赛模型中形成了动态博弈的雏形。美国总统选举制度复杂，过程漫长，耗费巨大，但这些开销均是不可逆开销，一旦败选，意味着之前所有的努力付诸东流，在下一次竞选中又要筹集更大数目的资金以维持团队的运营。总统选举中的时序机制体现在先后通过的两党竞选纲领。从 1948 年起的全部美国总统大选中，总是在野党先召开纲领大会，而执政党后召开纲领大会（这样可以有针对性地进行反击），无论在职总统是否谋求连任。例如，2016 年 7 月 19 日在野党共和党先宣布竞选纲领，而 7 月 25 日民主党才通过竞选纲领。虽然美国在这方面并无相关的任何规定，但为何双方总会就纲领大会的召开时序形成默契呢？在法庭诉讼中，法官会要求原告和被告依次进行陈述，而非采取双方同时向大法官提供报告的方式进行。经过法庭调查、质证和法庭辩论等诸多环节，法庭会给出最终的判决，原告和被告之中的一方胜诉，与之相对的另一方败诉。为何不采取双方同时向法庭提交证据链的模式呢？本节就是在同时考虑时序机制和信息披露机制的情况下探讨最优的激励参与者的方式。

相比于时序机制问题的研究，信息披露机制的研究更加丰富，也呈现出比较清晰的进化脉络。而本章的 5.3 节和 5.4 节将更加聚焦于对信息披露机制的研究。

竞赛的时序机制是竞赛规则的重要组成部分。以非两两对抗的体育运动为例，跑步、游泳、自行车、赛艇等大项采用竞速模式，所有运动员从同一起跑线出发，以通过终点的先后顺序排列名次，是典型的静态博弈。而在射击中，虽然运动员并不同时开枪，但任何运动员都不能在自己行动前获得对手的行动结果，也可以视为静态博弈。与之相对的动态博弈则出现在采用计分制的田赛、跳水、马术、体操、花样游泳、蹦床等大项，所有运动员依次上场，后上场的运动员能够观测到先上场运动员的表现。体育比赛中的时序机制通常有历史沿革因素和场地条件因素，但并非没有改变的余地。同样是短途竞速，速度滑冰运动员就是先后出场，而短道速滑则是所有运动员同场较量。即便运动员先后出场，像射击比赛一样统一公布成绩——成为静态博弈——也显然可行。除了同时引入时序机制和信息披露机制外，我们允许使用类型依赖策略。在类型依赖策略下的时序机制也可能会带来信息的额外披露。

Hurley 和 Shogren（1998a，1998b）比较了不同信息结构下 Tullock 竞赛的分配效率。分配效率的定义为双方参赛者获胜价值不同时，获胜价值较高的参赛者的获胜概率。Wu 和 Zheng（2017）则研究了在 Tullock 竞赛中参与者主动披露信息的激励问题。而目前大部分的研究还是站在竞赛设计者的角度对总努力程度（total effort）进行比较。Wärneryd（2003）的研究比较了完全信息、单边不完全信息和双边不完全信息三种设定。Wasser（2013）的研究比较了完全信息、参赛者知道自己的成本和参赛者不知道自己的成本三种设定。在传统研究 Tullock 竞赛信息披露的文献中，竞赛的组织者或设计者经常面临着非此即彼的选择，要么完全披露，要么完全隐藏，我们将二者称为退化策略（degenerated strategy）。如果选择完全披露，那么所有信息都在竞赛开始前成为公共信息；如果选择完全隐藏，那么参与者将按照先验分布进行一场不完全信息的竞赛。但是，在实际生活中的竞赛设计者往往可以选择介于二者之间的部分披露策略。此时我们最关心的是，允许部分披露信息是否会严格优于退化策略？如果严格优于退化策略，在什么情况下严格优于？背后的逻辑是什么？

最近有关部分披露的研究主要以 Serena（2017）和 Lu 等（2018）所提出的类型依赖信息披露为代表，用以分析双边不完全信息竞赛。他们研究的是匿名披露机制，匿名指的是不在类型组合中对参与者的编号进行区分，且披露是对称的，也就是说必须同时向双方披露信息（或者隐藏信息）。Serena（2017）研究的背景是 Tullock 竞赛，而 Lu 等（2018）研究的背景是全支付拍卖。假设两位参与者分别有高类型（获胜价值为 v_H）和低类型（获胜价值为 v_L），那么可能的类型组合为(v_H, v_H)，(v_H, v_L)，(v_L, v_L)。所以匿名披露机制下，设计者需要在三种不同类型组合下事先决定披露（D）或者隐藏（C）。合并等价的策略，可以得到四种不同的策略，分别写作(C,C,C)，(C,C,D)，(D,C,C)，(D,D,D)。例如，策略(D,D,D)中的第一个 D 指的是如果类型组合为(v_H, v_H)则选择披露，第二个 D 指的是如果类型组合为(v_H, v_L)则选择披露，第三个 D 指的是如果类型组合为(v_L, v_L)则选择披露，这就等价于完全披露。同样，策略(C,C,C)就等价于完全隐藏。而策略(D,C,C)下，如果双方都是高类型，那么进行完全信息竞赛。如果信息没有被披露，且参与者为高类型的话，那么该参与者可以准确推断出对方一定为低类型；参与者为低类型的话，则其对于对方的信念等于先验分布。策略(C,C,D)下，如果双方都是低类型，那么进行完全信息竞赛。如果信息没有被披露，且参与者为低类型的话，那么该参与者可以准确推断出对方一定为高类型；参与者为高类型的话，则其对于对方的信念等于先验分布。在 Tullock 竞赛的环境下，Serena（2017）的研究表明(D,C,C)是最优的策略。类型依赖信息披露中的一个重要事实是，类型依赖信息披露机制下参与者有可能根据理性推断获得更多的信息。

现在我们来介绍本节所考虑的竞赛模型的基本设定。两个风险中性的参与者参加一场单一奖励的 Tullock 竞赛，分别用 i=1,2 来表示。奖励对于参与者 i 的价值 $v_i \in \{v_H, v_L\}$（分别称为高类型和低类型）是各自的私有信息。奖励对参与者 i 的价值是独立的，两种取值的概率相等。方便起见，我们假设 $\delta = \frac{v_H}{v_L} \in (1, +\infty)$。竞赛的设计者可以通过选择时序机制和信息披露机制来最大化两位参与者的努力程度之和，即 $\Pi = x_1 + x_2$，其中 x_1 和 x_2 分别代表两个参与者的努力程度。这个总努力程度也可以被看成竞赛设计者的收益。两位参与者按照设计者所选择的时序机制和信息披露机制来进行 Tullock 竞赛。因为承诺的难验证性和求解的困难性，我们在本节中不讨论随机策略。

5.2.1　可选策略

我们用 T 来代表时序策略。设计者可以按照如下两种模式选择时序策略。

当时序机制是类型独立（type-independent）时，设计者有两种候选的时序策略：$T(v_1, v_2) = \text{Seq}$，$\forall v_1, v_2 \in \{v_H, v_L\}$ 或者 $T(v_1, v_2) = \text{S}$，$\forall v_1, v_2 \in \{v_H, v_L\}$。其中，Seq 为动态竞赛设定；S 为静态竞赛设定。也就是说，当类型组合不同时，不能采取不同的时序策略。我们可以用 $T = \text{S}$ 或者 $T = \text{Seq}$ 来代表类似策略。

当时序机制是类型依赖时，设计者对每一种类型组合最多有三种候选的时序策略：$T(v_H, v_L), T(v_L, v_H) \in \{\text{S}, \text{H}, \text{L}\}$，$T(v_H, v_H) \in \{\text{S}, \text{H}\}$，$T(v_L, v_L) \in \{\text{S}, \text{L}\}$。其中，H 为动态竞赛设定并且高类型先行动；L 为动态竞赛设定并且低类型先行动；S 为静态竞赛设定。也就是说，当类型组合不同时，可以采取不同的时序策略。我们可以用 $T = (\text{S}, \text{H}, \text{S})$ 或者 $T = (\text{H}, \text{H}, \text{S})$ 等来代表类似策略。

我们用 P 来代表对称信息披露机制。对称这个词表示设计者必须同时向双方披露信息（或者隐藏信息），也就是说，设计者不能仅向一方参与者披露信息，也不能使用贝叶斯劝说等更复杂的信息设计工具。设计者可以按照如下两种模式选择披露机制。

当披露机制是类型独立时，设计者有两种候选的披露机制：$P(v_1,v_2)=\mathrm{D}$，$\forall v_1,v_2\in\{v_\mathrm{H},v_\mathrm{L}\}$ 或者 $P(v_1,v_2)=\mathrm{C}$，$\forall v_1,v_2\in\{v_\mathrm{H},v_\mathrm{L}\}$。其中，D 为完全披露信息；C 代表完全隐藏信息。也就是说，当类型组合不同时，不能采取不同的披露策略。我们可以用 $P=\mathrm{C}$ 或者 $P=\mathrm{D}$ 来代表类似策略。

当披露机制是类型依赖时,设计者对每一种类型组合有两种候选的披露策略：$P(v_1,v_2)=\{\mathrm{C},\mathrm{D}\}$。也就是说，当类型组合不同时，可以采取不同的披露策略。在静态竞赛中，对于三种不同的类型组合即($v_\mathrm{H},v_\mathrm{H}$)、($v_\mathrm{H},v_\mathrm{L}$)或($v_\mathrm{L},v_\mathrm{H}$)、($v_\mathrm{L},v_\mathrm{L}$)，分别有 2 种策略可以选择，所以总共有 8 种策略。在动态竞赛中，对于四种不同的类型组合即($v_\mathrm{H},v_\mathrm{H}$)、($v_\mathrm{H},v_\mathrm{L}$)、($v_\mathrm{L},v_\mathrm{H}$)、($v_\mathrm{L},v_\mathrm{L}$)，分别有 2 种策略可以选择，所以总共有 16 种策略。基于类型依赖的披露机制还可以设计出更复杂的机制。

5.2.2 主要结论

（1）考虑类型独立的时序机制和类型独立的披露机制时，最优的策略为

$$\delta\in(1,\tilde{\delta}_1)\text{时}\ T=\mathrm{Seq},P=\mathrm{C}$$

$$\delta\in[\tilde{\delta}_1,+\infty)\text{时}\ T=\mathrm{S},P=\mathrm{C}\text{或}\mathrm{D}$$

其中，$\tilde{\delta}_1\approx 4.09$。

（2）考虑类型独立的时序机制和类型依赖的披露机制时，最优的策略为

$$\delta\in(1,\tilde{\delta}_2)\text{时}\ T=\mathrm{Seq},P=\mathrm{C}$$

$$\delta\in[\tilde{\delta}_2,+\infty)\text{时}\ T=\mathrm{S},P=(\mathrm{D},\mathrm{C},\mathrm{C})$$

其中，$\tilde{\delta}_2\approx 3.59$。我们可以注意到，尽管 $T=\mathrm{Seq},P=(\mathrm{D},\mathrm{D},\mathrm{C},\mathrm{C})$ 在分析动态竞赛时不是劣势策略，但如果考虑了静态竞赛设定，它依然是劣势策略。如果引入了类型依赖的时序机制，$T=\mathrm{Seq},P=\mathrm{C}$ 也会成为劣势策略。

（3）考虑类型依赖的时序机制和类型独立的披露机制时，最优的策略为

$$\delta\in(1,4]\text{时}\ T=(\mathrm{H},\mathrm{H},\mathrm{S}),P=\mathrm{C}$$

$$\delta\in(4,\tilde{\delta}_3)\text{时}\ T=(\mathrm{S},\mathrm{H},\mathrm{S}),P=\mathrm{D}$$

$$\delta\in[\tilde{\delta}_3,+\infty)\text{时}\ T=(\mathrm{H},\mathrm{S},\mathrm{S}),P=\mathrm{C}$$

其中，$\tilde{\delta}_3\approx 5.39$。值得特别注意的是，①因为等价策略较多，这里我们只列出最具启发的策略。例如，$T=(\mathrm{S},\mathrm{H},\mathrm{S}),P=\mathrm{D}$ 和 $T=(\mathrm{S},\mathrm{H},\mathrm{S}),P=\mathrm{C}$ 实际上是等价的，因为后者中双方都可以从时序推测出信息，也就是说，类型信息是可以通过时序机制来披露的，所以选择前者作为这一类的代表。②$T=(\mathrm{H},\mathrm{S},\mathrm{S}),P=\mathrm{C}$ 策略等价

于 $T=\mathrm{S}, P=(\mathrm{D},\mathrm{C},\mathrm{C})$ 策略。

（4）考虑类型依赖的时序机制和类型依赖的披露机制时，下面给出了一种最优的策略：

$$\delta \in (1,4] \text{时} T=(\mathrm{H},\mathrm{H},\mathrm{S}), P=\mathrm{C}$$

$$\delta \in (4,\tilde{\delta}_3) \text{时} T=(\mathrm{S},\mathrm{H},\mathrm{S}), P=\mathrm{D}$$

$$\delta \in [\tilde{\delta}_3,+\infty) \text{时} T=(\mathrm{H},\mathrm{S},\mathrm{S}), P=\mathrm{C}$$

其中，$\tilde{\delta}_3 \approx 5.39$。

反直觉的是，考虑类型依赖的时序机制和类型依赖的披露机制时的最优策略与考虑类型依赖的时序机制和类型独立的披露机制时的最优策略是完全一样的。但是放宽时序机制却总能为设计者带来收益的可能，无论披露机制是类型独立的还是类型依赖的。也就是说，放宽信息披露机制的效果弱于放宽时序机制的效果。当类型分布较分散时（$\delta \in [\tilde{\delta}_3,+\infty)$），最优的策略为 $T=\mathrm{S}, P=(\mathrm{D},\mathrm{C},\mathrm{C})$ 或者 $T=(\mathrm{H},\mathrm{S},\mathrm{S}), P=\mathrm{C}$。这表明 Serena（2017）的研究在某种程度上是具有局限性的，Serena 证明在静态 Tullock 竞赛环境下（D,C,C）策略总是最优策略，而我们的研究表明，如果考虑引入类型依赖的时序机制，Serena 的结论只在类型分布较分散时成立。当类型分布适中时（$\delta \in (4,\tilde{\delta}_3)$），最优的策略为 $T=(\mathrm{S},\mathrm{H},\mathrm{S}), P=\mathrm{D}$。这个最优策略利用了 Morgan（2003）得出的结论，即双方获胜价值不同时应当序贯进行，并让获胜价值高的参与者先行动。当类型分布较集中时（$\delta \in (1,4]$），最优的策略为 $T=(\mathrm{H},\mathrm{H},\mathrm{S}), P=\mathrm{C}$。相比于 $T=(\mathrm{H},\mathrm{H},\mathrm{S}), P=\mathrm{D}$ 策略[等价于 $\delta \in (4,\tilde{\delta}_3)$ 时的最优策略 $T=(\mathrm{S},\mathrm{H},\mathrm{S}), P=\mathrm{D}$]，设计者可以使具有 v_{H} 获胜价值的先行动方，对后行动方保持信息的不确定，利用这个不确定性为自己谋得更高的收益。

截至目前，我们分析了双人双类型 Tullock 竞赛中时序机制和对称信息披露机制的最优联合设计。我们很自然地想知道，如果允许设计者进行非对称信息披露，参与者是否会为了竞争而付出更多的努力呢？非对称信息披露机制指的是仅仅向一位参与者透露类型信息，而对另一位参与者进行隐瞒。延续上一节的分类方式，我们按照时序策略首先将候选策略分为 12 类：(S,S,S)、(S,S,L)、(S,H,S)、(S,H,L)、(S,L,S)、(S,L,L)、(H,S,S)、(H,S,L)、(H,H,S)、(H,H,L)、(H,L,S)、(H,L,L)。但我们发现其中只有(S,S,S)、(S,S,L)、(H,S,S)三种策略下非对称信息披露才能产生额外的策略，令披露策略 X 为向（随机）一位具有 v_{H} 获胜价值的参与者披露信息，令披露策略 Y 为向（随机）一位具有 v_{L} 获胜价值的参与者披露信息。表 5-1 总结了时序策略为 S 时可能的非对称信息披露策略，引入非对称信息披露会带来五种新策略，但这五种新策略都不能提升设计者的收益。

表 5-1 时序策略为 S 时可能的非对称信息披露策略

类型组合	时序机制	披露机制
(v_H, v_H)	S	C，D，X
(v_H, v_L)或(v_L, v_H)	S	C，D，X，Y
(v_L, v_L)	S	C，D，Y

在本节中，我们已经完整地刻画了双人双类型 Tullock 竞赛中时序机制和对称信息披露机制的最优联合设计。我们总共考虑了以下四种不同的设定情形：类型独立的时序机制和类型独立的信息披露机制、类型独立的时序机制和类型依赖的信息披露机制、类型依赖的时序机制和类型独立的信息披露机制、类型依赖的时序机制和类型依赖的信息披露机制。然后，将这个模型拓展到允许非对称信息披露机制。我们的研究囊括了 Morgan（2003）进行的关于最优时序机制的结论与 Zhang 和 Zhou（2016）、Wu 和 Zheng（2017）及 Serena（2017）关于最优信息披露机制的结论。我们对四种不同设定下的最优策略进行对比，希望能够分析引入类别依赖策略是如何提升设计者的收益的，具体结果见表 5-2。其中 $\tilde{\delta}_1 \approx 4.09$，$\tilde{\delta}_2 \approx 3.59$，$\tilde{\delta}_3 \approx 5.39$。

表 5-2 四种不同设定下的最优策略的对比

δ 的取值	类型独立的时序机制和类型独立的披露机制	类型独立的时序机制和类型依赖的披露机制	类型依赖的时序机制和类型独立的披露机制	类型依赖的时序机制和类型依赖的披露机制
$\delta \in (1, \tilde{\delta}_2)$	$T = \text{Seq}, P = \text{C}$	$T = \text{Seq}, P = \text{C}$	$T = (\text{H,H,S}), P = \text{C}$	$T = (\text{H,H,S}), P = \text{C}$
$\delta \in [\tilde{\delta}_2, 4]$	$T = \text{Seq}, P = \text{C}$	$T = \text{S}, P = (\text{D,C,C})$	$T = (\text{H,H,S}), P = \text{C}$	$T = (\text{H,H,S}), P = \text{C}$
$\delta \in (4, \tilde{\delta}_1)$	$T = \text{Seq}, P = \text{C}$	$T = \text{S}, P = (\text{D,C,C})$	$T = (\text{S,H,S}), P = \text{D}$	$T = (\text{S,H,S}), P = \text{D}$
$\delta \in [\tilde{\delta}_1, \tilde{\delta}_3)$	$T = \text{S}, P = \text{C}$或D	$T = \text{S}, P = (\text{D,C,C})$	$T = (\text{S,H,S}), P = \text{D}$	$T = (\text{S,H,S}), P = \text{D}$
$\delta \in [\tilde{\delta}_3, +\infty)$	$T = \text{S}, P = \text{C}$或D	$T = \text{S}, P = (\text{D,C,C})$	$T = (\text{H,S,S}), P = \text{C}$	$T = (\text{H,S,S}), P = \text{C}$

我们发现了一些基本的事实。①相比于类型依赖的时序机制和类型独立的披露机制时的最优策略，无论 δ 取何值，类型依赖的时序机制和类型依赖的披露机制时的最优策略都给设计者带来完全相同的收益（对于所有的 δ）。②相比于类型独立的时序机制和类型依赖的披露机制时的最优策略，类型依赖的时序机制和类型依赖的披露机制时的最优策略可以给设计者带来更高的收益（对于部分的 δ）。③相比于类型独立的时序机制和类型独立的披露机制时的最优策略，类型依赖的时序机制和类型依赖的披露机制时的最优策略可以给设计者带来更高的收益（对于所有的 δ）。在研究过程中，我们还发现了两类具有启发意义的策略：$T = (\text{S,H,S}), P = \text{D}$ 和 $T = (\text{H,H,S}), P = \text{C}$。当类型分布较集中时，设计者应该对两位 v_L 的参与者披露对方的类型信息，并保持先行动的 v_H 的参与者对于后行动者信息的不确定性，利用这个不确定性来谋利。当类型分布适中时，设计者应该利用完全信息下，动态 Tullock 相

对于静态 Tullock 的优势来谋利。当类型分布较分散时，与类型分布较集中时不同，设计者应该对两位 v_H 的参与者披露对方的类型信息，让他们进行激烈的竞争。

5.3　Tullock 竞赛和全支付拍卖的贝叶斯劝说

从社会实践的角度来看，政府和企业对于制定游戏规则显得缺乏想象力。直到 2016 年 7 月，《国务院办公厅关于深化改革推进出租汽车行业健康发展的指导意见》和《网络预约出租汽车经营服务管理暂行办法》才出台。而此时，距离滴滴和快的两家企业成立已经过去四年，而距滴滴合并快的也已经过去约一年半了。竞赛中信息披露的研究对现实的解释性虽然很强，但指导意义相对较弱。对于现实中的任何一场竞赛，改变规则的成本都是难以估量的。而有些信息披露机制和时序机制甚至要从根本上考虑，因为人们对于有利信息的探索可能会损害竞赛设计者的利益甚至是分配效率。尽管如此，某些关于信息披露的性质依然可以直接指导实践。特别地，对于出租车和网约车的竞赛或者执政党与在野党的政治选举，一个重要的特点就是在位者（incumbent）的信息对于进入者（entrant）而言比较容易获取，而反之信息却较难获取，存在着信息不对称。本节中，我们用单边不完全信息刻画信息不对称，在此假设下对信息披露问题进行较为综合的整理，讨论四种不同的设定，得出较为稳健的结论。

传统经济学在信息上较为关注退化策略，即完全披露和完全隐藏，但事实上，竞赛组织者常常可以选择介于两个极端中间的部分披露策略。在 5.2 节中所提到的类型依赖信息披露机制是部分披露的一个特例，而贝叶斯劝说是对部分披露的一种更一般的刻画。Zhang 和 Zhou（2016）对于竞赛贝叶斯劝说的研究提出了一个悲观的结论，即对于简单的二元分布静态 Tullock 竞赛，贝叶斯劝说相比于退化策略并不能给设计者带来收益上的提升。但过强的假设实际上为进一步的研究提供了机会。Zhang 和 Zhou 的研究基于二元、静态、Tullock 竞赛、内部解这四大假设，而我们希望分析更加一般化的问题，特别是去除内部解的约束后综合考虑静态、动态、Tullock 竞赛、全支付拍卖四种子情况，希望能够得到更加具有一般性的结论。对于全支付拍卖，我们可以适当放宽二元假设，这样可以更加清晰地理解二元假设对于这份研究的意义。

Kamenica 和 Gentzkow（2011）是最先开始研究通过贝叶斯劝说来披露信息的学者。他们假设存在一个信息的发送方（sender）和一个信息的接收方（receiver），而自然的状态是不确定且未知的。发送方可以事先承诺一个与状态相关联的信号。接收方根据状态的不同会收到一个随机的信号输出，并对状态分布的后验进行更新，然后进行行动。贝叶斯劝说的一个重要假设就是信号一旦输出，发送方便再也无法隐藏或者扭曲已披露的信息。在竞赛中，这个假设显得十分合理，这也使得竞赛成为贝叶斯劝说的一个自然应用场景。一种理解是，在有些场景下，承诺是具有法律效力的。例如，在政治选举和游说中，政府的承诺是由法律背书的。另一种理解是，竞赛的设计者往往需要重复地举办竞赛，维持声誉（reputation）的考虑也会迫使设计者遵循其已做出的承诺。Perez-Richet（2014）的研究中，发送方先知道类型，再选择信息机制。

Kamenica 和 Gentzkow（2011）工作的新颖性在于将求最优信号的过程进行转换，求定义在后验分布上的期望收益函数的凹闭包（concave closure）。这对于二元分布而言具有决定性意义，因为凹闭包具有非常明确的图像意义。但对于二元分布以外的其他分布，信息设计问题由于技术上的困难往往难以求解。在 5.4 节中我们将考虑存在两个自由度的分布，并对基于该分布的信息设计进行刻画。

贝叶斯劝说理论近几年成为理论经济学界的热门课题。对于 Kamenica 和 Gentzkow（2011）提出的单发送者和单接收者的原始模型，自然而然存在两个拓展方向，多发送者（multi-sender）和多接收者（multi-receiver）。Gentzkow 和 Kamenica（2017a，2017b）对发送方的数量进行扩展，允许多个发送方同时释放信号。Gentzkow 和 Kamenica 的研究给出了更多信息被披露的充分条件。而 Li 和 Norman（2018）的研究验证了 Gentzkow 和 Kamenica 的结论不仅是充分的，还是必要的。Li 和 Norman（2018）还论证了序贯劝说时行动顺序会影响最终结论。

有关多接收者的文献基本都聚焦于投票，比如，法庭中需要共同做出决策的陪审员，一般假设从现行策略和备选策略中选择（Wang，2018；Chan et al.，2019）。Alonso 和 Câmara（2016b）研究了政客如何通过公共信号影响投票者的最终决策。Alonso 和 Câmara（2016a）在异质先验情形下刻画了可由实验达到的后验分布组合，并给出发送者从贝叶斯劝说获益的充要条件。Laclau 和 Renou（2016）得到了相同的结论，即公共劝说限制了发送者对信息接收者信念的影响，如果要特定影响某个人，那么就无法影响其他人的信念。而 Shimoji（2016）对异质先验的研究基于可理性化的（rationalizable）概念。Bardhi 和 Guo（2018）的研究则同时要求所有选民一致通过才选择备选策略。

5.3.1　模型设定

本节中我们沿用文献中对于二元先验分布的假设，使用贝叶斯劝说的工具对四种设定的竞赛求出最优信号和对应的后验分布。本节的研究可以根据研究范式的不同细分为四种不同的研究情景：①静态 Tullock 竞赛；②动态 Tullock 竞赛；③静态全支付拍卖；④动态全支付拍卖。其中，Zhang 和 Zhou（2016）在研究情景①中给出了内部解的最优信号刻画。

我们延续 Zhang 和 Zhou（2016）的设定。现有两个风险中性的参与者，即参与者 A 和参与者 B，参加一场单一奖励的竞赛（有四种不同形式）。参与者 A 的获胜价值 v_A 是共同知识，而参与者 B 的获胜价值 v_B 是私有知识，而竞赛的设计者和参与者 A 共享一个公共的先验分布。使用数学的术语来描述，v_B 是定义在 Ω 上的分布，Ω 包含 $N\left(N \geqslant 2\right)$ 种取值：$v_1 < \cdots < v_N$。令 $\Delta^{N-1}=\left\{p \in R^N : p_i \geqslant 0, \sum_{i=1}^{N} p_i = 1\right\}$ 代表定义在 R^N 上标准的（N–1）维单纯形，令 $\text{int}(\Delta^{N-1})$ 代表 Δ^{N-1} 的内部。Δ^{N-1} 中的每一个点 p 实际上都代表了定义在 $\{v_1, v_2, \cdots, v_N\}$ 上的一个概率分布。而 $\text{int}(\Delta^{N-1})$ 中的每一个点所对应的概率分布都可能取到 Ω 中所有可能的值。定义 v_B 的先验分布 $p^0 = (p_1^0, p_2^0, \cdots, p_N^0)$。显然，我们应当假设 $p^0 \in \text{int}(\Delta^{N-1})$。在后面的研究中，我们假设 v_B 只有两种取值，即 v_H 和 v_L，且 $v_H > v_L$。我们在 Tullock 竞赛和全支付拍卖中，都将只研究二元分布，原因在于：①即便简单如二元分布，贝叶斯劝说在很多情形下也严格优于退化策略，这足以给我们启示；②多元分布下均衡的完全刻画没有显式解，其难度在于需要过多的分类讨论，从而丧失经济学意义和管理学启示。

这个博弈包含以下五个步骤。

（1）设计者选择并承诺信号 π。

（2）按照先验分布从 Ω 中选择参与者 B 的获胜价值 v_i。

（3）设计者按照承诺的信号 π，根据 $\pi(s \mid v_i)$ 随机生成输出 $s \in S$。

（4）两位参与者同时观测到信号 s，并对 v_B 的后验分布进行更新，得到分布 p_s。

（5）两位参与者展开竞赛。

五个步骤之中，只有步骤（1）和步骤（5）涉及决策，其余三个步骤都具有一定的随机性，是设计者和两位参与者不能控制的。我们将步骤（1）称为贝叶斯劝说阶段，将步骤（5）称为后验竞赛阶段，这种命名方式翻译自 Zhang 和 Zhou（2016）的术语。后验竞赛是一个单边不完全信息的竞赛，但是双方的信念可以是任意的。在贝叶斯劝说阶段，设计者希望能够选择最优的信号 π 来最大化期望总努力程度。

5.3.2　主要结论

（1）静态 Tullock 竞赛。Zhang 和 Zhou（2016）很大的一个贡献在于证明如果参与者 B 的获胜价值满足二元分布，那么贝叶斯劝说并不能比退化策略给设计者带来更高的收益。这个结论是在原研究关注内部解的前提下得到的，而我们证明，即便考虑了均衡解是边界解的可能性，这个命题依然成立，从而进一步强化了 Zhang 和 Zhou 工作的推论。我们可能会因为二元分布静态 Tullock 竞赛中这个关于信息设计的负面结论感到沮丧。但实际上，如果允许多元分布，我们可以找到贝叶斯劝说严格优于退化策略的算例。更令人兴奋的是，在动态 Tullock 竞赛、静态全支付拍卖和动态全支付拍卖三种设定下，即便参与者 B 的类型简单如二元分布，我们依然可以找到贝叶斯劝说有利的算例。在下面的研究中，我们用 p 来代表高类型的分布概率。

（2）动态 Tullock 竞赛。动态 Tullock 竞赛中最优的贝叶斯劝说如表 5-3 所示，当且仅当 $v_A > 2v_H$，$p \in \left(0, \frac{2v_H}{v_A}\right)$ 时，贝叶斯劝说提升了设计者的收益。也就是说，当参与者 A 非常强势（获胜价值高于 2 倍的 v_H），且参与者 B 的高类型概率较低时，贝叶斯劝说是有效的。

表 5-3　动态 Tullock 竞赛中最优的贝叶斯劝说

v_A 的范围	p	最优贝叶斯劝说
$v_A \leqslant 2\sqrt{v_H v_L}$	[0,1]	完全隐藏
$v_A \in (2\sqrt{v_H v_L}, 2v_H]$	[0,1]	完全披露
$v_A > 2v_H$	$\{0\} \cup \left[\frac{2v_H}{v_A}, 1\right]$	完全隐藏
	$\left(0, \frac{2v_H}{v_A}\right)$	贝叶斯劝说，生成的后验分布为 $p_l = 0$，$p_h = \frac{2v_H}{v_A}$

注：P_l 为收到“低”信号时的后验分布，P_h 为收到“高”信号时的后验分布

图 5-1 更加直观地描述了竞赛设计者的最优策略，当参与者 A 的参赛价值较低时，竞赛的组织者不应当进行任何程度的信息披露；当参与者 A 的参赛价值适中时，竞赛的组织者应当进行完全信息披露；当参与者 A 的参赛价值极高且高类型概率较低时，竞赛组织者将会采用部分信息披露，相比于完全披露，当组织者向参与者 A 释放“高”信号的时候，参与者 A 将不能够准确地推断出对方的类型。也就是说，竞赛组织者提供模糊的信息反而能够比精确的信息得到更高的收益。

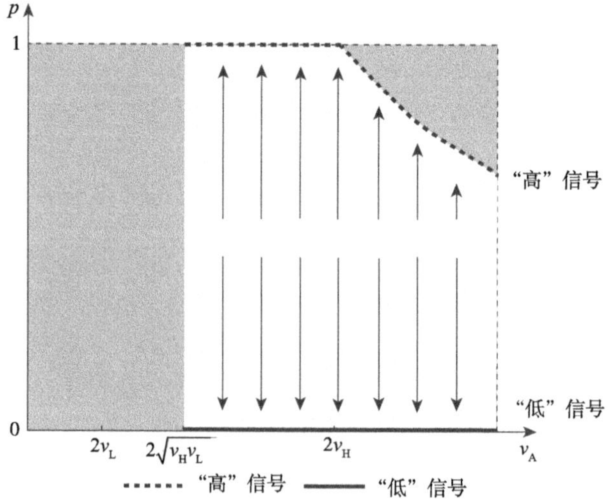

图 5-1　动态 Tullock 竞赛设计者的最优策略

（3）静态全支付拍卖。静态全支付拍卖中最优的贝叶斯劝说如表 5-4 所示，当 $v_A > v_L$ 时，贝叶斯劝说可能比退化策略给设计者带来更高的收益。相比于二元分布静态 Tullock 竞赛的悲观结论，全支付拍卖的结果是乐观的。下面我们根据 v_A 的不同取值范围分别进行分析。其中涉及对二元分布全支付拍卖的唯一混合策略均衡刻画可以利用 Szech 等（2011）的研究来进行验证。

表 5-4　静态全支付拍卖中最优的贝叶斯劝说

v_A 的范围	p	最优贝叶斯劝说
$v_A \leqslant v_L$	$[0,1]$	完全披露
$v_A \in (v_L, v_H)$	$\{0\} \cup \{p^*\} \cup \{1\}$	完全隐藏
	$(0, p^*)$	贝叶斯劝说，生成的后验分布为 $p_l = 0$，$p_m = p^*$
	$(p^*, 1)$	贝叶斯劝说，生成的后验分布为 $p_m = p^*$，$p_h = 1$
$v_A \geqslant v_H$	$\{0\} \cup \left[\dfrac{v_H}{v_A}, 1\right]$	完全隐藏
	$\left(0, \dfrac{v_H}{v_A}\right)$	贝叶斯劝说，生成的后验分布为 $p_l = 0$，$p_h = \dfrac{v_H}{v_A}$

注：P_m 为收到“中”信号时的后验分布

表 5-4 中 $p^* = \dfrac{v_H(v_A - v_L)}{v_A(v_H - v_L)}$。图 5-2 描述了竞赛设计者的最优策略，当参与者 A 的参赛价值较低时，竞赛的组织者应当进行完全的信息披露；当参与者 A 的参赛价值适中时，竞赛的组织者还会引入一种新的“中”信号，接收到这种信号时，两个参与者的实力旗鼓相当；当参与者 A 的参赛价值较高且高类型概率较低时，竞赛组织者将会采用部分信息披露，类似于动态 Tullock 竞赛的结果。

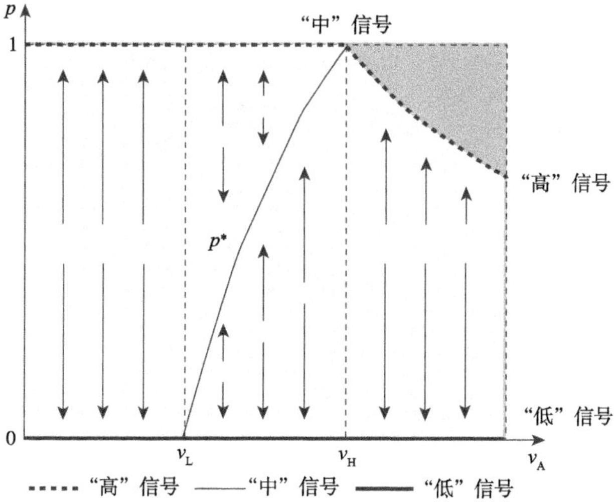

图 5-2　静态全支付拍卖中竞赛设计者的最优策略

（4）动态全支付拍卖。动态全支付拍卖中最优的贝叶斯劝说如表 5-5 所示，当 $v_A > v_L$ 时，贝叶斯劝说可能比退化策略给设计者带来更高的收益。虽然贝叶斯劝说开始起作用的阈值 v_L 和静态全支付拍卖一样，但最优的贝叶斯劝说结构是截然不同的。

表 5-5 动态全支付拍卖中最优的贝叶斯劝说

v_A 的范围	p	最优贝叶斯劝说
$v_A \leqslant v_L$	$[0,1]$	完全披露
$v_A \in (v_L, v_H)$	$\left[0, 1-\dfrac{v_L}{v_A}\right] \cup \{1\}$	完全隐藏
	$\left(1-\dfrac{v_L}{v_A}, 1\right)$	贝叶斯劝说，生成的后验分布为 $p_l = 1-\dfrac{v_L}{v_A}$，$p_h = 1$
$v_A \geqslant v_H$	$\{0\} \cup \left[\dfrac{v_H - v_L}{v_A}, 1\right]$	完全隐藏
	$\left(0, \dfrac{v_H - v_L}{v_A}\right)$	贝叶斯劝说，生成的后验分布为 $p_l = 0$，$p_h = \dfrac{v_H - v_L}{v_A}$

图 5-3 描述了竞赛设计者的最优策略，当参与者 A 的参赛价值较低时，竞赛的组织者应当进行完全的信息披露；当参与者 A 的参赛价值适中时，部分信息披露可能是最优的，此时“低”信号是不精确的；当参与者 A 的参赛价值较高时，部分信息披露可能是最优的，此时“高”信号是不精确的，这类似于动态 Tullock 竞赛和静态全支付拍卖的结果。

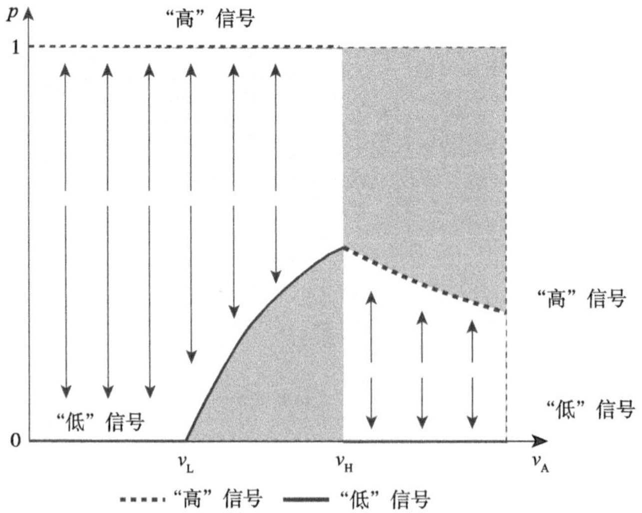

图 5-3 动态全支付拍卖中竞赛设计者的最优策略

基于目前的四种设定，总共有五种条件下贝叶斯劝说是严格优于退化策略的。

（1）动态 Tullock 竞赛框架，参与者 A 强势，参与者 B 为高类型的概率低。

（2）静态全支付拍卖框架，参与者 A 中等，参与者 B 可以取几乎所有分布。

（3）静态全支付拍卖框架，参与者 A 强势，参与者 B 为高类型的概率低。

（4）动态全支付拍卖框架，参与者 A 中等，参与者 B 为高类型的概率高。

（5）动态全支付拍卖框架，参与者 A 强势，参与者 B 为高类型的概率低。

我们可以将这五种情况分成三个不同的类型，每个类型的背后都有深层的经济学和心理学启示。

（1）威胁。在动态 Tullock 竞赛的设定下，当参与者 A 强势，且低类型的参与者 B 所占的比重小于一定阈值时出现这个现象。此时参与者 A 会选择付出 v_H 的努力来打败两种类型的对手，就像对手全都是高类型时所做的那样。我们称这种行为为威胁，因为参与者 A 运用自己的强势迫使两个类型的参与者 B 全部退出竞赛。我们注意到，只要 $P(v_B = v_L)$ 小于某一阈值，参与者 A 的策略都是一样的。这是非常直观的，考虑一个产品竞争的例子。对于市场上的已有强势方，尽管它对于新进入市场的弱势方的信息不确定，但为了保证能够垄断市场，它也会将对方全部当作高类型的对手来对待，因为此时懈怠所造成的损失（概率乘获胜价值）远大于需要额外付出的努力。而竞赛的设计者可以利用参与者 A 的这种威胁行为来谋利。在 $P(v_B = v_L)$ 大于阈值时，相比于完全披露信息，可以将一定比例的低类型的参与者 B 混入高类型之中。此时，参与者 A 的策略依然保持在 v_H 的水平，但参与者 A 付出 v_H 的概率却增大了，在其他参与者 B 的策略保持不变的前提下，设计者的期望收益会提升。

（2）侥幸。当参与者 A 中等，且高类型的参与者 B 所占的比重小于一定阈值时出现这个现象。此时参与者 A 会选择付出 v_L 的努力来确定性地击败低类型的参与者 B，就像对手全都是低类型时所做的那样。我们称这种行为为侥幸，因为参与者 A 会完全无视这一小部分高类型的参与者 B 而专注于击败低类型的参与者 B。我们注意到，只要 $P(v_B = v_H)$ 小于某一阈值，参与者 A 的策略都是一样的。这是非常直观的，考虑一个技术竞争的例子。一门技术主导者在开始进行研发的时候，是不会为了对手有极低概率出现重大突破而大幅增加自己的研发开支与对手打消耗战的，这种额外的付出所增大的营收（概率乘获胜价值）远小于需要额外付出的努力。而竞赛的设计者可以利用参与者 A 的这种侥幸行为来谋利。在 $P(v_B = v_H)$ 大于阈值时，相比于完全披露信息，将一定比例的高类型参与者 B 混入低类型之中。此时参与者 A 的策略依然保持在 v_L 的水平，但参与者 A 付出 v_L 的概率却增大了，同样，这也会激励高类型的参与者 B 有更高的概率付出努力，所以设计者的期望收益会提升。

（3）和谐。当参与者 A 中等（静态全支付拍卖下 $v_L < v_A < v_H$）时，设计者的期望总收益和参与者 B 的期望努力程度都在 v_B 的调和均值等于 v_A 时取得最大

值。这个最优的概率 p^* 为参赛双方提供了一个和谐的竞赛环境，能够同时激励双方付出努力。其背后的启示耐人寻味，参赛者面对过多的强者或者过多的弱者时都会降低自己的努力程度。在员工激励问题中，销售经理希望能够通过年终奖的方式尽可能地激励销售专员，但他绝不应该在一个团队内招募销售能力差距过大的员工。为了实现更好的激励，可以采取的手段就是根据员工的能力（一般是随机变量）分成不同的小组进行比赛。同样的情况如果发生在学校中，对应的解决办法就是分班教学。

在本节中，我们希望研究贝叶斯劝说这种新兴的信息设计模式如何给竞赛的设计者带来更高的收益，我们已经完整地刻画了单边不完全信息竞赛中的最优贝叶斯劝说，总共考虑了如下四种不同的设定情形：静态 Tullock 竞赛、动态 Tullock 竞赛、静态全支付拍卖和动态全支付拍卖。在我们构造的四个模型之中，都存在一个获胜价值为公共知识（common knowledge）的参与者 A 和另一个获胜价值为私有信息的参与者 B。在两种全支付拍卖的设定中，我们研究了参与者 B 的获胜价值为多元分布的情况，并分析了均衡的存在性和唯一性。但在全部四种设定下，我们更聚焦于参与者 B 的获胜价值为二元分布的情况。这种二元分布假设是对竞赛的一种合理近似，在使求解方便的同时也给我们提供了充足的启示。因为即便是简单如二元分布，相比于退化策略，贝叶斯劝说也能提升设计者的期望收益。那么对于更复杂的分布，贝叶斯劝说也应当是有效的，而对均衡的完整刻画却反而成为“绊脚石”。在四个模型中，除了 Zhang 和 Zhou（2016）率先提出的静态 Tullock 竞赛中贝叶斯劝说相比于退化策略没有优势，其余由我们提出的模型都可以找到贝叶斯劝说有效的算例。

在 Kamenica 和 Gentzkow（2011）关于贝叶斯劝说的经典文章中，第一个问题便是什么时候发送者能从劝说中获利。在我们的框架下同样需要回答这个问题。我们阐释了三种设定下贝叶斯劝说确实要比退化策略更为有效，即便是在二元分布的假设下。在动态 Tullock 竞赛中，当 v_A 远大于 v_H 时（$v_A > 2v_H$），设计者可以在输出“高”信号的时候混杂一些低类型的参与者 B，使参与者 A 在观测到“高”信号时依然愿意付出 v_H，以达到混淆参与者 A 的效果。在全支付拍卖中，当 $v_A > v_L$ 时，贝叶斯劝说就开始发挥作用，其阈值远低于 Tullock 竞赛下的阈值，这是因为全支付拍卖的分配规则更加极端，而通过贝叶斯劝说可以回避一些低效的情况，进而提升收益。竞赛的设计者可以利用参与者 A 的威胁和侥幸行为，以及最优混合的和谐性质来提升收益。

本节所传递的最重要信息，就是不精确的信息披露可能带来比精确的信息披露更好的结果。这相当于竞赛组织者对存在不确定性的一方进行一个测试，并将测试结果披露给其他参赛者，这个测试结果不完全精确地评估了对方的实力。正如我们在 5.1 节中提到的，这种测试能够避免数据的收集和存储。

5.4　静态全支付拍卖的信息设计

从理论研究的角度看，竞赛理论从 20 世纪 80 年代起就开始成为经济学领域的一个宠儿。劳动经济学领域研究员工激励的锦标赛模型，公共经济学领域研究寻租问题的 Tullock 竞赛模型，还有拍卖理论领域中的全支付拍卖都在那个时候兴起。竞赛中的信息披露是竞赛理论后续的主要研究方向。这一延伸非常自然，因为竞赛的本质是博弈，而博弈最基本的分类是根据信息和时序而进行的。而关于信息的研究又比关于时序的研究更多，原因在于对信息进行调控的成本要远低于对时序进行调控的成本。然而现有的研究大多止于退化策略，即只对完全隐藏和完全披露进行比较。2011 年以后，信息设计这个全新的领域出现了，为我们提供了全新的工具，这些工具绝大部分还停留在理论空想阶段，已有文献中的算例也都是经过构造的简单博弈。而使用贝叶斯劝说和贝叶斯相关均衡（Bayes correlated equilibrium）解决实际模型的研究只出现在投票（Alonso and Câmara，2016 b）、拍卖（Bergemann et al.，2017）和竞赛（Zhang and Zhou，2016）之中。在信息设计的实际应用过程中，需要做好解释力与解析解的权衡：构建贴近现实的复杂模型会提升解析解的求解难度，构造易于求解的模型会降低模型的解释力。本节将考虑双边不完全信息的设定。我们对于二人公共劝说的全支付拍卖给出了最优信号的存在性和解析形式或有效数值算法。

竞争的形式是多样的，特别是对于信息结构而言，单边的不完全信息是一个比较特殊的假设，学界尚且有解决单边不完全信息的研究。但对于如何在双边不完全信息下对双方进行联合劝说，如何通过非独立分布来最优化设计者收益，学界目前仍缺乏相关的研究。而双边不完全信息最简单的情况是公共劝说，公共劝说要求设计者释放出的所有信息都是公共知识。在先验分布是公共知识的前提下，各方在公共劝说下所得到的后验分布也是公共知识。这就要求能够对于任意的后验分布求出均衡下设计者的收益，再进行凹化。我们希望通过凹化的最终结果给竞赛设计者一些启示。另外，在信息设计的框架下引入保留价格是一个全新的问题。信息设计最开始被提出时，就被看作与机制设计相对应的概念，但如果能够合二为一，同时使用，我们便可以关注这种结合能否带来更高的收益。而这也是已有文献中未曾涉及的领域。

5.4.1　模型设定

两个风险中性的决策者面对一场不完全信息的全支付拍卖，为了获得唯一的奖励，参与者同时选择付出不可逆的努力。每位参与者 i 的获胜价值 v_i 都是从一个有限集 $\Omega_i = \Omega$ 中抽取。所有人的状态集是相同的，都包含两个元素，即 v_L 和 v_H ，且 $v_L < v_H$ 。参与者 i 可以从 $R^+ = [0, +\infty)$ 中选择付出的努力程度 x_i 。我们令 $x = (x_1, x_2) \geqslant (0,0)$ 代表两个参与者所构成的策略组合。相比于已有的关于信息设计的研究，本章不局限于有限设定而拓展到了无穷策略集上。付出最大努力的选手获得奖励。如果出现多位选手付出相同的最高努力，我们以相同的概率将奖励发放给这些参与者。

竞赛的时间线和 5.2 节与 5.3 节的设定非常类似，具体如下。

（1）设计者选择并承诺信号 π 。

（2）按照先验分布从 $\Omega \times \Omega$ 中选择获胜价值组合 (v_1, v_2) 。

（3）设计者按照承诺的信号 π ，根据 $\pi(s \mid v_1, v_2)$ 随机生成输出 $s \in S$ 。

（4）s 同时被两位参与者观察到。

（5）竞赛开始，所有参与者同时选择他们的努力程度。

5.4.2　主要结论

根据 Liu 和 Chen（2016）的总结，给定联合分布，可根据均衡解的形式从左下到右上将定义域切割成 3 个区域，在区域 1 中双方的联合分布负相关，在区域 2 中双方的联合分布相关性低，在区域 3 中双方的联合分布正相关，如图 5-4 所示。

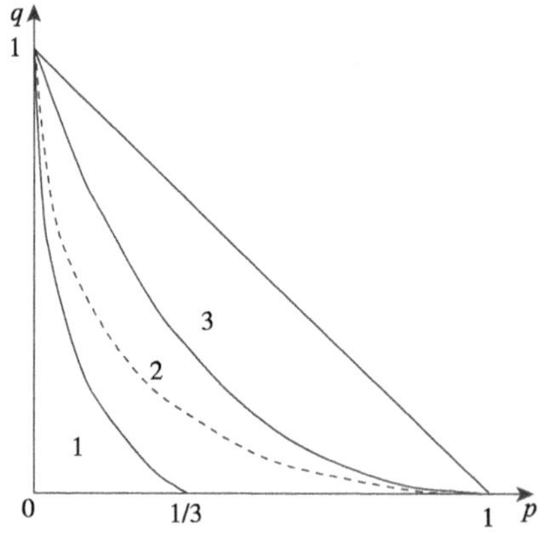

图 5-4　定义域划分

虚线表示参与者双方分布独立

利用区域 2 和区域 3 边界的脊现象，我们可按照先验分布所在的位置分成区域3 和区域 1 或区域 2 两部分。直观来看，因为脊现象的存在，区域 2 和区域 3 边界的点应该被包含在后验分布之中，但最优的后验分布组合 τ 应当包含至少两个后验分布，我们很难直观想象 τ 的具体形式是什么样子的。最终的结论是，τ 只需要包含两个后验分布，其中的一个位于区域 2 和区域 3 的边界上，另一个位于 q 轴（当先验分布位于区域 1 或区域 2 时）或者斜边（当先验分布位于区域 3 时）上。

对于位于区域 3 的先验分布 (p_0,q_0)，我们可以在平面直角坐标系中过此点画一条平行于 p 轴的直线，分别交脊（区域 2 和区域 3 边界）和斜边（$p+q=1$）于两点。由这两点作为后验分布的组合 τ 是严格优于先验分布所带来的收益的。因为在这条平行线上，先验分布下的收益处处小于以两个端点作为后验分布收益的线性组合。再通过论证这种信息设计方式所带来的收益函数已经是凹函数（事实上是线性函数）来证明这种水平展开的最优性。

对于位于区域 1 或区域 2 的先验分布 (p_0,q_0)，我们可以在平面直角坐标系中过此点画一条平行于 p 轴的直线，分别交脊（区域 2 和区域 3 边界）和 q 轴于两点，并证明这种水平展开优于完全隐藏。这就意味着，只有脊和 q 轴上面的点可能出现在最优的后验分布组合 τ 之中。然后，我们利用 q 轴上收益函数的凹性和区域 3 的凸性来证明最优后验分布在脊和 q 轴上分别至多选取一个点。最重要的是，我们可以利用拟凹性证明最优线性展开存在且唯一，并提供了一种线性搜索的方法来找到最优的后验分布组合 τ。

5.5　小　　结

有关如何揭示信息以影响博弈结果的研究已经广泛存在，但研究往往假设组织者只能采取“非黑即白”的退化策略。Kamenica 和 Gentzkow（2011）首先探究了如何通过贝叶斯劝说来披露信息，他们考察了单个信号发送者和单个信号接收者的情形。起初，有一种所有人都不知道的自然状态。发送者预先提交有关自然状态的信号。接收者在观察到信号实现并更新其关于状态的信念之后采取行动。贝叶斯劝说的一个重要假设是当信号实现后，发送者不能再扭曲或隐藏信息。这个关键假设在竞赛中自然成立。因此，对竞赛进行信息设计研究是信息设计的一个自然的应用。例如，在政治领域的选举和游说等问题上，作为竞赛组织者的政府，其承诺是具有法律效力的。此外，比赛组织者通常需要多次举行相同的比赛，声誉可以迫使组织者信守承诺。本章是对竞赛中信息设计的一次综合分析，从竞赛框架、竞赛设定再到信息设计工具都涵盖着诸多内容，能够做到在可解性的前提下将模型做到最一般化。本章考虑了允许改变时序的 Tullock 竞赛、静态 Tullock 竞赛、动态 Tullock 竞赛、静态全支付拍卖和动态全支付拍卖，信息披露模式允许类型依赖策略（含单边披露）和贝叶斯劝说（单边不完全信息和双边不完全信息），私有信息分布既考虑了二元分布也考虑了多元分布。而每个参与者的获胜价值也都是可以任意选取的，将全部边界解囊括其中。

在不同的分布下参赛者有不同的行为模式，而其中一些可以被竞赛组织者所利用。考虑市场的在位者，其对新晋者的信息不确定，但因为市场利益丰厚，为保证能够垄断市场，在位者会希望将新进者全部当作最强的可能类型来应对，因为懈怠所造成的损失远大于保证获胜需要额外付出的努力。而做市商就可以利用在位者的这种行为，尽可能多地将较弱的类型混入最强类型之中。考虑技术研发的问题，先行动方不会因为对手有极低概率出现重大突破就通过大幅度增加开支来确保研发成功，因为额外付出所增加的营收远小于需额外进行的投入。而激励研发的政府可以将强研发者混入弱研发者中，以规避先行动方的怯懦行为。考虑一个销售团队，旗鼓相当的对手才能够互相激发最大的生产力，所以销售经理也会尽可能使竞赛尽可能水平相当，这和分层和分班教学的逻辑是一致的。我们将上面三种行为模式分别称为威胁、侥幸及和谐，竞赛设计者利用这三种模式设计后验分布，以激励参赛者。将抽象的数学模型中的结论用直观化的语言来描述，给管理者以启示。

本章的研究也可以根据两个维度来进行划分:竞赛范式维度和信息设计维度。从信息设计维度来看，本章研究的三个部分呈递进关系，主要体现在三部分中我们允许使用越来越强的信息设计工具：第一部分，我们只允许使用类型依赖披露策略；第二部分，我们允许使用单边的贝叶斯劝说；第三部分，我们允许使用双边的贝叶斯劝说。在研究中我们假设信息设计和机制设计一样，不存在任何成本。但在实际生活中，信息设计并不仅是成本的问题，更多的是现实可行性的问题，也就是在博弈论中所说的实施（implementation）问题。例如，最优拍卖最初是从机制设计的角度进行研究的，而这个拍卖可以通过带保留价格的第二价格密封拍卖来实现。从可实施性来看，我们的三个部分的研究却是递退的。为了补偿可实施性，如类型依赖披露策略的低级工具将在更具一般化的竞赛范式中研究，而如双边贝叶斯劝说的高级工具将在简单的竞赛范式中研究，这样由于竞赛范式的实现难易不同，高级信息设计工具也不再遥不可及。

信息设计与大数据环境契合度高，不仅体现在本章所探讨的竞赛领域，还对很多商务管理问题有着潜在的影响。例如，在电子商务中，消费者的支付意愿是消费者的私有信息，商品的质量（或其他特性）是商家的私有信息，平台可以采用信息设计的方式尽可能为消费者提供准确的信号并通过制定歧视性的价格提升平台的利润。尽管消费者和商家都没有激励披露任何信息，但信息设计能够帮我们找到一种模糊的披露策略，在保护隐私的前提下完成收益的提升。

参考文献

Amann E，Leininger W. 1995. Expected revenue of all-pay and first-price sealed-bid auctions with affiliated signals. Journal of Economics，61（3）：273-279.

Amann E，Leininger W. 1996. Asymmetric all-pay auctions with incomplete information：the two-player case. Games & Economic Behavior，14（1）：1-18.

Alonso R，Câmara O. 2016a. Bayesian persuasion with heterogeneous priors. Journal of Economic Theory，165：672-706.

Alonso R，Câmara O. 2016b. Persuading voters. American Economic Review，106（11）：3590-3605.

Bardhi A，Guo Y N. 2018. Modes of persuasion toward unanimous consent. Theoretical Economics，13（3）：1111-1149.

Baye M R，Kovenock D，de Vries C G. 1993. Rigging the lobbying process：an application of the all-pay auction. American Economic Review，83（1）：289-294.

Bergemann D，Brooks B，Morris S. 2017. First-price auctions with general information structures：implications for bidding and revenue. Econometrica，85（1）：107-143.

Bergemann D，Morris S. 2016a. Bayes correlated equilibrium and the comparison of information structures in games. Theoretical Economics，11（2）：487-522.

Bergemann D，Morris S. 2016b. Information design，Bayesian persuasion and Bayes correlated equilibrium. American Economic Review，106：586-591.

Bergemann D，Morris S. 2019. Information design：a unified perspective. Journal of Economic Literature，57（1）：44-95.

Buchanan J M，Tollison R D，Tullock G. 1980. Toward a Theory of the Rent-seeking Society. College Station：Texas A & M University Press.

Chan J，Gupta S，Li F，et al. 2019. Pivotal persuasion. Journal of Economic Theory，180：178-202.

Corchón L C. 2007. The theory of contests：a survey. Review of Economic Design，11（2）：69-100.

Doval L，Ely J. 2016. Sequential information design. Working Paper.

Ely J C. 2017. Beeps. American Economic Review，107（1）：31-53.

Gentzkow M，Kamenica E. 2017a. Bayesian persuasion with multiple senders and rich signal spaces. Games & Economic Behavior，104：411-429.

Gentzkow M，Kamenica E. 2017b. Competition in persuasion. Review of Economic Studies，84：300-322.

Hillman A L，Riley J G. 1989. Politically contestable rents and transfers. Economics & Politics，1（1）：17-39.

Hurley T M，Shogren J F. 1998a. Asymmetric information contests. European Journal of Political Economy，14（4）：645-665.

Hurley T M，Shogren J F. 1998b. Effort levels in a Cournot Nash contest with asymmetric information. Journal of Public Economics，69（2）：195-210.

Kamenica E，Gentzkow M. 2011. Bayesian persuasion. American Economic Review，101（6）：2590-2615.

Konrad K A. 2009. Strategy and Dynamics in Contests. Oxford：Oxford University Press.

Laclau M，Renou L. 2016. Public persuasion. Pse Working Papers.

Lazear E P, Rosen S. 1981. Rank-order tournaments as optimum labor contracts. Journal of Political Economy, 89（5）: 841-864.

Li F, Norman P. 2018. On Bayesian persuasion with multiple senders. Economics Letters, 170: 66-70.

Liu Z Y, Chen B. 2016. A symmetric two-player all-pay contest with correlated information. Economics Letters, 145: 6-10.

Lockard A A, Tullock G. 2001. Efficient Rent-Seeking: Chronicle of an Intellectual Quagmire. Boston: Springer.

Lu J F, Ma H K, Wang Z. 2018. Ranking disclosure policies in all-pay auctions. Economic Inquiry, 56（3）: 1464-1485.

Mathevet L, Perego J, Taneva I. 2020. On information design in games. Journal of Political Economy, 128（4）: 1370-1404.

Morgan J. 2003. Sequential contests. Public Choice, 116（1/2）: 1-18.

Perez-Richet E. 2014. Interim Bayesian persuasion: first steps. American Economic Review, 104: 469-474.

Serena M. 2017. Harnessing beliefs to stimulate efforts. Working Paper.

Shimoji M. 2016. Rationalizable persuasion. Discussion Papers.

Siegel R. 2009. All-pay contests. Econometrica, 77（1）: 71-92.

Siegel R. 2014. Asymmetric all-pay auctions with interdependent valuations. Journal of Economic Theory, 153: 684-702.

Szech N, Bos O, Konrad K A, et al. 2011. Asymmetric all-pay auctions with two types. University of Bonn.

Wang Y. 2018. Bayesian persuasion with multiple receivers. Working Paper.

Wärneryd K. 2003. Information in conflicts. Journal of Economic Theory, 110（1）: 121-136.

Wasser C. 2013. Incomplete information in rent-seeking contests. Economic Theory, 53（1）: 239-268.

Wu Z N, Zheng J. 2017. Information sharing in private value lottery contest. Economics Letters, 157: 36-40.

Zhang J, Zhou J J. 2016. Information disclosure in contests: a Bayesian persuasion approach. The Economic Journal, 126（597）: 2197-2217.

第 6 章　大数据环境下企业进入市场时机优化与电商广告竞争分析

刘登攀
清华大学经济管理学院

6.1　概　　述

近年来，大数据的应用越来越广泛，催生了大数据即服务及大数据营销等一批大数据环境下的新型的商业模式。大数据即服务企业主要为其他公司解决数据方面的问题并提供基于云的大数据服务。采用大数据营销的企业基于多平台的海量数据，运用大数据技术，以提高互联网广告投放效率。大数据应用给企业效率带来了大幅度的提升，吸引了越来越多的企业采用这些新型的基于大数据的商业模式，也不可避免地使这些企业之间的竞争越来越激烈。因此，研究新型的基于大数据的商业模式下的企业在激烈的竞争中如何采取最优策略这一问题就显得尤其重要。本章的研究聚焦大数据即服务及大数据营销这两种新型的基于大数据的商业模式，围绕着大数据环境下的企业进入市场策略和大数据环境下的广告竞争而展开。具体来讲，本章研究了大数据即服务商进入市场时面对在位企业的竞争应如何选择最优的进入时机与定价的问题，以及电商企业在大数据营销竞争中应如何选择最优策略的问题。

在关于大数据环境下广告竞争的研究方面，我们首先关注了电商广告大数据营销竞争中的组织结构与协调的问题。2008~2018 年网上购物规模有不可小觑的增长。Internet Retailer 调查显示，2018 年全球电子商务市场规模实现 18%的飞速增长，全球消费者网上购物规模约达 2.86 万亿美元（Schroeder，2019），其中美国消费者网上消费 517.36 万亿美元（Ali，2019）。中国作为电子商务大国，网上购物规模也表现不俗。前瞻产业研究院统计数据显示，2018 年中国网上零售额为 90 065 亿元，年增幅达到 23.9%，助力了全球网上购物市场的持续增长。随着电子商务规模的扩大，电子零售企业之间的竞争预计将更加激烈（Mullaney and Hof，2004），导致电子零售企业为了吸引顾客而进行铺天盖地的广告宣传。然而，除非被吸引来的客户都能够得到充分的服务，否则过度的流量反而会造成网站卡顿的状况，带来糟糕的消费者体验，从而导致客户流失。随着购物选择越来越多元化和宽带的加速，消费者对网站延迟的容忍度越来越低。在电子零售企业中，电商的营销部门需要选择合适的广告投入力度以吸引流量，而其 IT 部门则需要选择合适的系统容量以给顾客提供满意的服务。若 IT 部门与营销部门之间缺乏协作，往往会导致网站响应缓慢，从而带来损失。更糟糕的是，营销部门和 IT 部门之间的沟通不畅可能导致严重的网站崩溃。曾经报道过一个由于 IT 部门和营销部门之间缺乏协作而营销失败的案例。一家零售商在没有事先通知 IT 部门的情况下发起了一系列在线促销活动。不出意外的是，促销活动带来的流量达到前所未有的水平，该公司的网站崩溃，许多购物者愤怒离开。对于电子零售商来说，停工的成本可能极大。不幸的是，营销部门和 IT 部门之间缺乏沟通的情况是很常见的。Rackspace 2015 年进行的一项研究表明，在接受调查的 IT 领导者中，42%的人认为市场营销的员工不了解 IT 部门的细节，35%的人认为营销部门甚至在不咨询 IT 部门的情况下就会实施自己的计划（Ivey，2016）。关于广告竞争，学界已有非常丰富的研究。例如，Deal（1979）和 Erickson（1985）研究了两家公司之间的广告竞争。但是，鲜有研究考虑营销竞争中（尤其是在大数据的背景下）的组织结构与协调的问题。本章的研究旨在填补这一空白。本章考虑了在双寡头大数据营销竞争中的两个线上零售公司。每个公司的 IT 部门和营销部门之间可以是协作架构（集中），也可以是联邦治理架构（分散）。根据 King（1983）的观点，采用协作模型的好处之一就是公司可以自行决定如何最好地配置算力来满足自身需求。尽管公司治理提高了 IT 标准和带来了规模经济，但将 IT 决策权交给最终用户可以显著提高 IT 对单个业务部门的效力（Brown and Grant，2005）。现在许多公司采用了联邦治理架构，其中，业务部门拥有管理 IT 应用程序及其使用的权限，IT 部门拥有管理 IT 基础设施的权限（Sambamurthy and Zmud，2000）。此方法也可以被认为是一种促进最终用户部门和 IT 部门之间协作的 IT 治理结构。学者为联邦治理架构提出了多种协作机制（如服务水平协议）（Zmud，1988）。在现有的研究中，一个共识是应该鼓励 IT 部门和其他业务部门之间的协作。这与 6.2.1 小节的单一公司（或垄断情况）分析中的分析结果一致，在这种情况下，协作可以促进利润最大化（假设协作成本为零）。在竞争环境中，关于 IT 治理的文献相对较少。Tavakolian（1989）对 52 家大型企业进行了调查研究，发现企业的 IT 结构依赖于其竞争策略。具体来说，如果企业的竞争策略更为保守，那么它更有可能采取不协作的 IT 治理结构；如果企业更具创业精神，更能承担风险，那么它更有可能拥有协作一致的 IT 治理结构。无独有偶，根据 Das 等（1991）的研究，相较于采取保守型竞争策略的公司，采取激进型竞争策略的公司更有可能协作，且竞争越激烈，公司就越有可能去协作，即市场结构可以影响组织结构。这一结果与我们的分析结果一致，即在有竞争的时候，公司会选择内部协作策略。然而，我们进一步研究了公司在竞争的某些境况下，不协作也许会带来更好的效果的情况。这改变了长期以来认为集中的组织架构总是最优的这一传统观点，对处于激烈的大数据营销竞争环境中的电商如何选择最优的组织架构有着重要的指导意义。

在关于大数据营销竞争的研究方面，我们还关注了大数据营销竞争中的运营与战略分析的问题。这项研究中的重点是电子零售公司，它们严重地依赖在线广告来吸引流量。在线广告采用多种定价模式。当采用 CPM（cost per mille，每千次展示费用）时，公司会根据其广告向潜在买家展示的次数收取费用。这种定价模式在报纸和电视等传统媒体中被广泛使用，因此在网络广告的早期这种定价模式就获得了普及。与传统媒体广告相比，在线广告的主要优势在于广告业绩的可衡量性和可说明性。由于在线广告的这些独特特征，基于绩效的定价模型在在线广告中越来越受欢迎。在线广告采用 CPC（cost per click，每次点击收费）及其他基于绩效的定价模式的趋势越来越明显（Hoffman and Novak，2000）。在此研究中，我们关注 CPC 定价，在这种定价方式下，给定每次点击的价格，广告商根据用户点击数量收费。具体来讲，我们考虑了新兴的基于点击的在线广告定价模型为公司提供的两种可能的用以管理广告活动的决策方式：基于流量的决策方式和基于支出的决策方式。我们考虑一个双头垄断市场中的两家电子零售公司竞争客户流量，使得需求生成和需求履行决策处于均衡状态的场景。在这项研究中，我们感兴趣的是这些决策过程中的选择，即基于流量或基于支出的决策过程中的选择，是怎样影响最终均衡结果的。更具体地，我们的研究围绕以下问题：①运营（需求实现）是如何影响互联网广告竞争的？②决策过程的选择（基于支出和基于流量）是如何影响互联网广告竞争的？③管理者如何战略性地看待关于决策过程的选择？④竞争模式（基于支出或基于流量）如何影响生产者福利（两家公司的利润和）和消费者福利（服务的流量的福利总和）？为了解决这些问题，我们使用博弈论框架来研究两个电子零售公司之间的竞争，每个公司都需要共同做出广告（基于支出或基于流量）决策和 IT 能力决策，以实现利润最大化。研究结果表明，包含运营因素的考虑会降低公司之间的竞争水平，对两家公司来说都更好。关于决策过程，我们发现基于流量的竞争为两家公司带来的利润高于基于支出的竞争所产生的利润。但是，当决策过程本身成为一种选择时，均衡状态下两家公司都会选择基于支出的决策方式。据我们所知，到目前为止还没有关于在线广告客户在 CPC 定价模型中出现的决策流程选择（即基于支出和基于流量的）如何影响在线广告客户之间竞争的研究。目前的工作旨在填补文献中的这一空白。

在关于大数据环境下企业进入市场时机与定价优化的研究中，我们以软件即服务（software as a service，SaaS）企业为例，分析大数据即服务市场中，为了与原有企业竞争并取得一席之地，新企业如何选择进入市场的时机及其产品定价的问题。近年来，大数据的应用越来越广泛，催生了大数据即服务等一批大数据环境下的新型商业模式。大数据即服务企业主要为其他公司解决数据方面的问题并提供基于云的大数据服务，其商业运作模式与商业模式 SaaS 极其相似，而关于 SaaS 企业的研究已比较成熟，因此我们在这项研究中以 SaaS 企业为例进行分析。SaaS 是一种基于云的传统本地部署软件交付模式的替代方案，已经在全球范围内有较为广泛的应用（Columbus，2012）。由于与传统本地部署软件相比，其具有低成本和易部署等特点，SaaS 正受到越来越多的关注。SaaS 产品的普及已经成为大势所趋（Hamerman，2014）。经过快速的扩张，主要 SaaS 软件类别市场的竞争格局已经明晰。对于正寻求从扩张的 SaaS 市场分得一杯羹却错失成为所在市场领头者机会的供应商而言，它们正面临着严峻的市场挑战。例如，当新供应商进入市场时，客户关系管理型（customer relationship management，CRM）SaaS 供应商面临着愈发严重的下调定价压力（Forth，2017）。Software Equity Group（2015）的一份报告显示，已上市 SaaS 公司的利润率中位数水平大幅下降，从 2010 年 9.6% 的峰值降至 2014 年−9.8%的水平，远低于 2014 年本地部署软件供应商 17%的利润率。对于现有的 SaaS 供应商而言，日益加剧的市场竞争、定价下调压力及缩减的利润率都难以避免地影响了盈利水平，并随之显著降低了市场上的存活率。因此，新供应商在进入市场时进行准确的自我定位至关重要。为此，此研究的主要目标是为试图进入现有 SaaS 市场的供应商提供最优的进入策略。有关产品质量与发布时间之间的权衡的早期解析与实证研究的主要关注点在垄断市场（Bayus，1997）。之后，逐渐有一些研究开始关注双寡头市场环境下的决策问题（Kopel and Löffler，2008）。现有研究主要关注计算机、复印机和汽车等一般产品类别，并未考察过软件产品的特点（如低边际生产成本和网络效应）和 SaaS 产品的其他特有属性（如订购定价）。相比之下，此研究与 SaaS 产品或应用服务提供商（application service provider，ASP）等类似产品的文献更为相关。早期的研究侧重于推导 SaaS 供应商或 ASP 在垄断情形下的定价和版权授权策略（Cheng and Koehler，2003）。这些研究表明，提供非永久性软件产品能够帮助供应商提高产品供应的灵活性，有助于改善盈利能力。聚焦 SaaS 供应商之间直接竞争的现有研究较少，而本章研究将填补这一空白。本章研究表明，新企业关于进入市场时机的最优策略的选择在很大程度上取决于其产品质量与原有企业产品质量的差距。如果差距很大，应考虑立即进入市场；反之，则应考虑推迟进入。长期以来，大数据即服务市场中的新企业一直都采用“盲目跟进”的市场进入策略，而该研究表明市场进入时机及产品定价的最优选择都是有章可循的，这对新企业如何争取在大数据即服务市场中立足有着重要的启示意义。

6.2 大数据环境下电商广告竞争中的组织结构与协调

6.2.1 模型构建

我们首先考虑一家垄断的电子零售公司，它由两个部门联合运作。营销部门负责将流量（或访客）吸引到公司网站，而 IT 部门负责管理网站，允许访客浏览和下订单。为了更好地理解电子零售公司的营销部门和 IT 部门之间的协作需求，我们假设一个消费者访问一个电子商务网站，可能会有实际购买行为，也可能不购物就离开。在后一种情况下，客户浏览但因产品不合适等决定不购买，或者也可能会因为网页响应慢而从网站上退出来。我们的研究关注的是后一种原因，即由于网站性能不佳而产生损失。为了避免此类损失，电子零售商应提高 IT 容量，或不要吸引太多的流量进来，转移一些资源去提高网站的响应效率。这一切就需要决定广告力度的部门（即营销部门）和决定 IT 容量的部门（即 IT 部门）之间的协作。当然，如果这两个决策是统一由总部做出的，总部就会自然地将二者统筹起来。在这种情况下，我们的问题就是一个对流量和 IT 容量的共同优化问题。分析中使用的主要参数和决策变量见表 6-1。

表 6-1 主要参数和决策变量

参数	描述
a	广告成本系数
b	竞争强度
k	营销部门对 IT 服务质量的估计
α	每单位得到服务的流量（访客）给营销部门带来的奖励
β	每单位流失的流量（访客）给 IT 部门带来的惩罚
γ	IT 容量成本系数
λ	流量水平（营销部门的决策变量）
μ	IT 容量水平（IT 部门的决策变量）

1. “中心化”结构

我们从一个“中心化”的公司出发，考虑其所做的决策。我们的决策目标是实现整体利润的最大化。维持以 λ 的速率涌入的流量所需的广告支出（单位：美元/单位时间）是凸性的，a是广告成本系数。

公司网站的访客必须得到有效的服务，否则他们没有进行任何能带来利润的操作（如注册、购买等）就会离开。我们用函数$L(\lambda,\mu)$表示由于服务不足（或延迟）而损失的流量率，即客户请求流失率；则$1-L(\lambda,\mu)$可以定义为IT服务质量（IT service quality）或流量服务率（served traffic rate）。在以客户为主导的行业中，服务质量是影响客户满意度和留存度的关键要素。

为了更好地刻画客户请求流失率，本节采用一个共享队列处理器，客户以λ的泊松分布访问此处理器，此处理器根据自身状态来决定是否服务客户。客户每个请求的服务时间都遵循某一分布，并且假定服务器在任何时间点都有两种状态，即忙碌（不可服务）或不忙（可以服务）。当客户到达但服务器繁忙时，客户就会因得不到服务而流失。否则，服务器就能服务客户。根据这些条件，可以看出客户请求流失率是（Tan and Mookerjee，2005）

$$L(\lambda,\mu)=\frac{\lambda}{\lambda+\mu}$$

客户请求流失率有以下性质。

当IT容量是0（$L(\lambda,\mu)=1$），则所有的请求都无法响应，即被丢失。

当IT容量趋向无限（$L(\lambda,\mu)=0$），则没有请求会被丢失。

对于IT容量来说，客户请求流失率在IT容量上呈下降趋势和凸形，在流量上呈上升趋势和凹形，这意味着IT容量回报边际递减，拥堵效应则递增。

IT容量（即处理器容量）的成本是$\gamma\mu$，μ是IT容量水平，γ是IT容量成本系数，$\gamma\in(0,1)$，即$\gamma\mu$是将IT容量维持在μ水平的成本。根据之前的研究（Tan and Mookerjee，2005），本节假设扩大IT容量的成本是线性的，据此假设γ是一个常数。

将每个已完成的请求所产生的收入标准化为1。则公司的利润是

$$\max_{\lambda,\mu}\left\{(1-L(\lambda,\mu))\lambda-\frac{1}{2}a\lambda^2-\gamma\mu\right\}$$

于是我们可得最佳流量水平：

$$\lambda^*=a^{-1}(1-\sqrt{\gamma})^2 \tag{6-1}$$

于是可得最佳IT容量：

$$\mu^*=a^{-1}\gamma^{-\frac{1}{2}}(1-\sqrt{\gamma})^3$$

2. “去中心化”结构

接下来考虑一家垄断公司，公司内部由不同的部门负责流量生成（营销部门）和流量处理（IT部门）。营销部门和IT部门独立做出决策。通过逆向推导，从IT部门的决策开始，可以更容易地概念化分散决策的过程。IT部门是一个成本中心，

对由市场营销部门决定吸引的流量水平做出响应。为了确保 IT 部门在做出能力决策时考虑到流量损失的问题，该公司对每个损失的客户征收罚款β。因此，IT 部门的总成本可以表示为$C^{\text{IT}} = \beta\lambda L(\lambda,\mu)+\gamma\mu$。其中，上标“IT”代表 IT 部门；$\lambda$为流量水平；$\mu$为 IT 容量水平；$\gamma$为 IT 容量成本系数，$\gamma\in(0,1)$；$L(\lambda,\mu)$为客户请求流失率。基于以上分析，为了最小化成本，在观测到流量水平λ后，IT 部门会将 IT 容量设为$\mu=\gamma^{-\frac{1}{2}}\left(\sqrt{\beta}-\sqrt{\gamma}\right)\lambda$。

将 IT 容量水平μ代入客户请求流失率$L(\lambda,\mu)$中，可以得到$L(\lambda,\mu)=\dfrac{\sqrt{\gamma}}{\sqrt{\beta}}$，则 IT 服务质量$1-L(\lambda,\mu)$是$1-\dfrac{\sqrt{\gamma}}{\sqrt{\beta}}$。

为了构建营销部门的方程，我们假设营销部门能够完全知道 IT 服务质量，即$1-\dfrac{\sqrt{\gamma}}{\sqrt{\beta}}$。为了激励营销部门，针对每一单位成功得到服务的流量，公司奖励给营销部门的费率是α，$\alpha\in[0,1]$。换言之，对于营销部门来说，α为每单位流量得到服务后营销部门的所得。所以营销部门需要决策出一个局部最优的流量水平，从而最大化其利润：$\pi^{\text{M}}=\alpha\left(1-\dfrac{\sqrt{\gamma}}{\sqrt{\beta}}\right)\lambda-\dfrac{1}{2}a\lambda^2$，其中，上标“M”代表营销部门。

在“去中心化”结构中，使用α表示每单位得到服务的流量（访客）给营销部门带来的奖励，并用β表示每单位流失的流量（访客）给 IT 部门带来的惩罚。引理 6-1 展示了如何实现激励一致性。

引理 6-1　当$\alpha=1-\sqrt{\gamma}$且$\beta=1$的时候，营销部门和 IT 部门达到激励一致。

引理 6-1 中，α和β的值保证了两个部门的独立决策将会使公司的总体利润目标最大化。在接下来的内容中，我们都认为$\alpha=1-\sqrt{\gamma}$且$\beta=1$，从而保证激励一致性。应该注意的是，这些奖励和惩罚的选择并不是唯一的，只是用来保证激励一致性的两个简单的选择。由于有了这些奖惩机制，IT 服务质量由$1-\dfrac{\sqrt{\gamma}}{\sqrt{\beta}}$下降到$1-\sqrt{\gamma}$。在解决了激励问题之后，对于本节的其余部分，我们将重点放在各种激励“不一致”（misalignment）上——这种不一致性可能是部门之间缺乏协作造成的。

3. 协作

在已进行的分析中，我们假设营销部门了解 IT 部门真正的服务质量（$1-\sqrt{\gamma}$），即营销部门掌握了 IT 部门的完整信息。但是，有充分的证据显示营销部门与 IT 部门之间的信息交流其实并不畅通（Ivey，2016）。接下来我们放松这一假设，

“去中心化”的营销部门对 IT 部门的真实服务质量有着不完善的信息，从而将协作问题引入本部分的研究中。

具体来说，我们假设一个“去中心化”的公司，其营销部门并不知道损失函数 $L(\lambda,\mu)$ 和参数值 μ。由于营销部门的回报取决于所服务的流量，这个部门必须估计 IT 服务质量。我们用 k 表示营销部门对 IT 服务质量的估计，$k\in[0,1]$。营销人员根据他们过去在流量转换率上的经验进行估计。但是这种方法的问题是，IT 参数变化很快（例如，自上一次活动以来可能有服务器升级，或者可用于市场营销的服务器容量与上一次活动中可用的容量不同）。因此，过去的转换率可能与现在的转换率非常不同（更低或更高都有可能）。当营销部门和 IT 部门的合作并不完美时（Ivey，2016），就是“去中心化”的情况。通常在“去中心化”的场景下，营销部门低估（$k<1-\sqrt{\gamma}$）或者高估（$k>1-\sqrt{\gamma}$）了真正的 IT 服务质量。应该注意的是，公司根据观察到的 IT 服务质量来奖励营销部门，这就促使营销部门尽可能准确地估计 IT 服务质量。也就是说，奖励结构不受营销部门任何机会主义（或一厢情愿）的估计的影响。

基于不完善的信息（即缺乏协作），营销部门面对的问题可以表示为 $\max_{\lambda}\pi^{\mathrm{M}}=\alpha k\lambda-\frac{1}{2}a\lambda^{2}$①。

所以，营销部门的最优选择是

$$\lambda^{\mathrm{M}}=\alpha ka^{-1} \tag{6-2}$$

IT 部门将对营销部门引入的流量做出反应，选择合适的 IT 容量（μ）去最小化成本 $\lambda^{\mathrm{M}}L\left(\lambda^{\mathrm{M}},\mu\right)+\gamma\mu$。接下来我们在“中心化”和“去中心化”两种情况下对比公司的利润。

推论 6-1 相比于“中心化”结构，“去中心化”结构所带来的利润流失为 $\left(\left(1-\sqrt{\gamma}\right)^{2}-\left(1-\sqrt{\gamma}\right)k\right)^{2}/(2a)$。

显而易见，对于垄断企业来说，“中心化”决策总是更好。由于 IT 服务质量的真实值为 $1-\sqrt{\gamma}$，当营销部门估计 IT 服务质量为 $k=1-\sqrt{\gamma}$ 时，这两个结构产生的利润相同。另外，对于此估计值的任何偏离都会导致利润损失。

6.2.2 在广告竞争下的组织架构

在本小节中，我们将设定两个有广告竞争的公司，我们研究的是两个公司内部营销部门和 IT 部门的协作。广告竞争不仅影响着企业的利润，而且影响着企业

---

① 营销部门只知道 α 的数值，而不知道计算的公式。

的组织结构。我们设定一个寡头市场，市场中两个竞争的公司的广告成本系数、IT 容量成本系数分别是(a_1,γ_1)和(a_2,γ_2)。用 A_i 表示公司 i 的广告费用（i=1,2）。在没有竞争的情况下，由 A_i 产生的流量可以表示为

$$\lambda_i = \sqrt{2/a_i}\sqrt{A_i} \tag{6-3}$$

我们提出一个双寡头流量模型，一个公司吸引的流量取决于公司自己和其竞争对手的广告花费。在双寡头的情况下，我们用 b（b>0）来表示竞争的强度。如果 $b\to 0$，这两个公司就不会竞争，每个公司的流量都趋向于垄断情况下的水平。为了保证双寡头，双方公司流量均不为 0。因此，我们要求 $\lambda_i > 0, \forall i$。这一限制条件就确保每个公司都需要做足够的广告以获得流量。公司 i 吸引的流量是

$$\lambda_i = \sqrt{2/a_i}\sqrt{A_i} + \sqrt{2}b\left(\sqrt{\frac{A_i}{a_i}} - \sqrt{\frac{A_j}{a_j}}\right),\quad \{i,j\}=\{1,2\} \tag{6-4}$$

其中，$\lambda_i > 0$。从式（6-4）中我们可以得到用流量水平来表示的公司 i 的广告费：

$$A_i = \frac{a_i}{2(1+2b)^2}\left((1+b)\lambda_i + b\lambda_j\right)^2,\quad \{i,j\}=\{1,2\} \tag{6-5}$$

从式（6-5）中我们很容易得出的结论是，公司的花费不仅取决于其想吸引的流量水平，也取决于其竞争对手想达到的流量水平。我们之前已经研究了“中心化”和“去中心化”结构下的竞争。在此我们将假设两个公司（“中心化”的和“去中心化”的）采用对称的决策结构，接着在这些结构下确定广告流量和 IT 容量。在这样的背景下，我们将分析两个公司如何在均衡中决定其结构。

1.“中心化”结构下的竞争

假设公司采用“中心化”的广告流量与 IT 容量决策（即营销部门与 IT 部门之间会有合作沟通），则对于公司 i，我们可以得到利润方程：$\Pi_i = \lambda_i - A_i - L_i(\lambda_i,\mu_i)\lambda_i - \gamma_i\mu_i$。其中，损失的部分由 $L_i(\lambda_i,\mu_i) = \lambda_i/(\lambda_i+\mu_i)$ 表示。公司 i 的目标是在 λ_j 确定的情况下，选择合适的 (λ_i,μ_i) 来最大化公司利润，其中，$\{i,j\}=\{1,2\}$。

引理 6-2　两个公司的均衡利润如下：

$$\Pi^*_{i,\text{c,c}} = \frac{\left(1-\sqrt{\gamma_i}\right)^2(1+2b)}{2}\left(\frac{\left(1-\sqrt{\gamma_i}\right)^2\left(1+2b+2b^2\right)}{a_i(1+b)^2} - \frac{2b\left(1-\sqrt{\gamma_j}\right)^2}{a_j(1+b)}\right),\quad \{i,j\}=\{1,2\}$$

其中，$\Pi^*_{i,\text{c,c}}$ 的下标“c”代表“中心化”。

一个公司的均衡利润取决于两个公司的广告成本系数和 IT 容量成本系数及竞争强度。在两个公司都是“中心化”结构的情况下，我们可以推导引理 6-2 的均衡解。在这样的结构下，广告竞争影响了每个公司的流量和 IT 容量的均衡水平，

即基于每个公司的利润方程，在给定公司 j 的流量时，我们可以决定公司 i 的最优流量决策。两个公司之间的博弈最终会带来均衡，决定两个公司的流量水平。最终，基于均衡流量水平，IT 容量就相应地决定了。

2. “去中心化”结构下的竞争

当两个公司采取“去中心化”结构时，营销部门都是独立做出决策。如前文所述，我们假设对于每一单位得到服务的流量，公司 i 的营销部门都得到 α_i（$\alpha_i = 1-\sqrt{\gamma_i}$）的奖励；对于每一单位没有得到服务的流量，公司 i 的 IT 部门都受到一单位的惩罚。用 k_i 表示公司营销部门对 IT 服务质量的估计，营销部门的目标函数可表示为 $\pi_i^{\mathrm{M}} = \alpha_i k_i \lambda_i - A_i$。营销部门的目标是在 λ_j 给定的情况下，选择合适的 λ_i 水平使其目标函数最大化（即利润）。相应地，IT 部门选择合适的 IT 容量使其成本最小化：$C_i^{\mathrm{IT}} = \lambda_i L_i(\lambda_i, \mu_i) + \gamma_i \mu_i = \dfrac{\lambda_i^2}{\mu_i + \lambda_i} + \gamma_i \mu_i$。

引理 6-3 在“去中心化”的结构下，两个公司的均衡利润是

$$\Pi_{i,\mathrm{d,d}}^* = \frac{(1+2b)\left(1-\sqrt{\gamma_i}\right)^2}{2}\left(\frac{2k_i(1+b)^2\left(1-\sqrt{\gamma_i}\right) - k_i^2(1+2b)}{a_i(1+b)^2} - \frac{2bk_j\left(1-\sqrt{\gamma_i}\right)}{a_j(1+b)}\right),$$

$$\{i,j\} = \{1,2\}$$

其中，$\Pi_{i,\mathrm{d,d}}^*$ 中的下标“d”代表“去中心化”。

这些公式表明，即使在“去中心化”结构中，企业的均衡利润也取决于两个公司的 IT 容量成本系数和广告成本系数及竞争强度。然而，均衡利润的表达式是不同的。在两个公司均为“中心化”结构的情况下，我们利用这两个公司的总利润函数来求得流量的均衡水平。在“去中心化”的情况下，在两个公司的博弈中，只通过营销部门的目标函数来确定流量的均衡水平。然后，通过考虑 IT 部门对这些流量水平的反应来计算平衡利润表达式。接下来，我们对比公司在两种结构下的利润大小。我们通过数值分析发现，当 IT 服务质量被错估时，“去中心化”带来的总利润可能更高。我们不禁要问：在事先没有确定组织结构的时候，两个公司在均衡中做出各自选择时，这样的结果也成立吗？此外，在“去中心化”均衡时，能否实现两个公司利润总和的最大化，即社会最优？接下来便讨论这些问题。

3. 均衡组织结构

到目前为止，我们得到的均衡解都是建立在每个公司的组织结构都是给定的情况下。接下来，我们考虑公司组织结构没有事先给定的情况。我们假定两个公司之间的博弈顺序如下。

（1）针对“中心化”（以 c 表示）和“去中心化”（以 d 表示）结构，两个公

司同时做出选择。

（2）对每家公司来说，在同时进行广告博弈中，如果选择了“中心化”结构，则由整个公司来决定要吸引的客户流量水平（基于公司的利润方程）；如果选择了“去中心化”结构，则由营销部门来决定流量水平（基于营销部门的目标方程）。

（3）各公司的 IT 部门根据第（2）步中选择的流量水平来确定自己的容量水平。

按照逆向归纳法的惯例，此求解过程是逆向的。我们首先在四种可能的场景［即(c,c)，(c,d)，(d,c)，(d,d)］下去计算两个公司的均衡利润。接下来，我们得到这四个场景之间的平衡。令

$$\zeta = 1 + \frac{2b^2}{1+2b}$$

式中很容易得出 $\zeta \geqslant 1$。均衡时的结构取决于两个阈值，我们称之为上结构阈值（upper structure threshold）和下结构阈值（lower structure threshold）。对于公司 i，$\zeta\left(1-\sqrt{\gamma_i}\right)$ 是其上结构阈值，$1-\sqrt{\gamma_i}$ 是其下结构阈值。很容易推出这个公司的 IT 服务质量为 $1-\sqrt{\gamma_i}$。为了方便起见，我们假设公司 i 的营销部门在 $k_i > \zeta\left(1-\sqrt{\gamma_i}\right)$ 的时候会显著高估 IT 服务质量，在 $1-\sqrt{\gamma_i} < k_i \leqslant \zeta\left(1-\sqrt{\gamma_i}\right)$ 的时候只会适度高估 IT 服务质量，当 $k_i < 1-\sqrt{\gamma_i}$ 的时候，则会低估 IT 服务质量。需要注意的是，一个公司的结构阈值并不取决于其他公司的 IT 容量成本系数。

命题 6-1　在有竞争的双寡头市场上，如果营销部门适度高估了 IT 服务质量，则公司就会在均衡的时候采取“去中心化”结构；否则就会采取“中心化”结构。具体来说，公司在 $1-\sqrt{\gamma_i} < k_i \leqslant \zeta\left(1-\sqrt{\gamma_i}\right)$ 的情况下会采取“去中心化”结构，否则就会采取“中心化”结构。

很明显，均衡结构只取决于公司的营销部门对 IT 服务质量的估计。在双寡头垄断中，对于给定的 k_i 值，公司 i 自主地做出“中心化”或“去中心化”策略。只有当两个营销部门都适度高估了其各自的 IT 服务质量时，才会出现(d,d)的均衡。当两个营销部门低估或显著高估其各自的 IT 服务质量时，就会出现(c,c)的平衡。当只有一个营销部门适度高估其 IT 服务质量时，就会出现不对称均衡即(c,d)或(d,c)。

当营销部门显著高估了 IT 服务质量的时候，公司在均衡状态下更加偏好“中心化”结构。此公司如果选择“去中心化”结构就会因为过度广告营销导致 IT 部门无法处理引来的流量而受损。因此，公司就有更大的动机来协调营销部门与 IT 部门。

当 IT 服务质量被适度高估的时候，命题 6-1 的第一个发现就出现了。在这样的情况下，企业的均衡选择是采用“去中心化”结构。这一选择反映了两种力量之间的权衡折中。首先，通过“去中心化”，公司有能力做更多的广告，从而进入竞争激烈的市场。然并非所有引入的流量都能得到充分的服务——这也给公司带来了负面的影响。而“中心化”则可以避免过度广告的问题。在营销部门适度高估 IT 服务质量的情况下，公司更加偏好“去中心化”结构。此外，当公司的营销部门低估了 IT 服务质量的时候，会选择做少一些广告——这样就会在激烈的市场竞争中受挫。所以在低估的情况下不可能出现“去中心化”均衡，公司总会选择“中心化”均衡。总的来说，当营销部门低估或者极大地高估了 IT 服务质量时，公司就会倾向选择“中心化”结构。在这些情况下，“中心化”防止公司过度广告。命题 6-1 的第二个发现就是，竞争对公司的利润和内部组织结构影响不大。具体来说，竞争可以导致“去中心化”均衡，即两个公司内部部门均无合作的时候达到的均衡。与之相反的是，垄断的公司总是会倾向内部组织合作。

通过进一步的研究，我们发现了“中心化”结构瓦解的现象，并将其条件总结在推论 6-2 中。

推论 6-2 如果公司的营销部门显著高估了 IT 服务质量，在以下条件下，公司的均衡结构就会从“中心化”结构转移到“去中心化”结构。

（1）竞争强度加大。

（2）广告成本变高。

（3）IT 容量的成本更低。

从推论 6-2 中我们可以看出，竞争强度的增加会破坏均衡中的“中心化”结构。当营销部门高估了 IT 服务质量（即 $k_i > 1-\sqrt{\gamma_i}$ ）时，“去中心化”结构可以使公司比“中心化”结构情况下更大力度地做广告。也就是说，“中心化”结构限制了公司的广告水平。假设公司初始情况是 $k_i > \zeta\left(1-\sqrt{\gamma_i}\right)$，$\zeta \geqslant 1$，$i = 1,2$（即两个公司在均衡的时候选择“中心化”结构）。当竞争强度增大的时候，因为 $\frac{\partial \zeta}{\partial b} > 0$，当 b 增大到一定的程度时，两个公司都会满足 $1-\sqrt{\gamma_i} < k_i \leqslant \zeta\left(1-\sqrt{\gamma_i}\right)$，即“中心化”总是会给“去中心化”让位。由于竞争强度变大，广告带来的边缘利润增大了。于是公司有了更多的动力去大力做广告，也就意味着放弃“中心化”。于是均衡就从(c,c)状态偏离，“中心化”的均衡就被打破了。这个结论与我们在垄断的情况下得到的“‘中心化’决策总是更好”的结论完全相反。

我们也可以从推论 6-2 中得出的是，投入更多的广告成本也会导致“中心化”均衡被打破。正如前文所述，“中心化”可防止公司过度广告——在 IT 容量不足的时候是有益的。然而，当公司的广告成本上升，过度广告的程度就会下降，“中心化”带来的益处也因此下降。有趣的是，这两家公司的广告成本以同样的方式影响着两家公司的上结构阈值。因此，即使一家公司的广告成本不变，其均衡结构也可能受到另一家公司广告成本变化的影响。IT 容量的成本的变化也会影响组织结构。随着 IT 服务成本的降低，如果 IT 服务质量被过度高估，均衡可能从“中心化”结构转向“去中心化”结构；如果 IT 服务质量被适度高估，均衡可能从“去中心化”结构转向“中心化”结构。

6.2.3　缺乏协作的益处

一般认为，协作（尤其是在无成本的情况下）是一件好事。在本小节中，我们从社会最优性的角度考察均衡结果。我们知道，均衡的时候企业可以采用“中心化”结构或“去中心化”结构，这取决于其营销部门如何评估 IT 服务质量。在此我们设定一个对称的环境，在这个环境中，两家公司的广告成本和 IT 容量成本系数及营销部门对 IT 服务质量的估计都是相同的。在这样的设定下可以很容易地得出，在命题 6-1 中的不对称结构组合（(c,d)和(d,c)）不可能达到均衡。因此，对称设置中唯一可能达到的纳什均衡是(c,c)和(d,d)。在结构对称的设定下，均衡结果的性质（“中心化”或“去中心化”）可以从 IT 服务质量的估计参数 k 的角度来阐述。该参数的空间可分为四个区域：显著高估、适度高估、适度低估和显著低估。这四个区域对均衡时公司的结构有重要的影响。

1. 显著高估

引理 6-4　当两个营销部门都显著高估 IT 服务质量时，二者的最终均衡状态是唯一的，且有帕累托优势。

当 $k>\zeta\left(1-\sqrt{\gamma}\right)$ 时，两个公司最终会走向(c,c)的均衡状态。如果我们对这个状态进行进一步的探讨，就可以得到引理 6-4 的结论。当两个营销部门都显著高估 IT 服务质量时，“中心化”的均衡是有帕累托优势的，并且每个公司都偏好这种均衡。这也意味着“中心化”的均衡是社会最优的（即两个公司作为一个整体，其利润达到最大）。在这种情况下，“中心化”均衡对所有人都是有益的，因为市场对 IT 服务质量的高估会导致“去中心化”结构下公司的过度广告。因此，在存在竞争的情况下，公司最好采取两部门协作的政策，从而实现均衡。

2. 适度高估

本小节研究的一个重要发现是，当 $1-\sqrt{\gamma}<k\leqslant\zeta\left(1-\sqrt{\gamma}\right)$ 时，两个公司最终会达到(d,d) 状态的均衡。对此均衡进行进一步剖析，可以得到引理 6-5。

引理 6-5　当两个公司的营销部门都适度高估了 IT 服务质量，那么如果采取“去中心化”策略就会陷入囚徒困境（prisoner’s dilemma，PD）均衡。如果采取

“中心化”策略，则会有帕累托优势，且达到社会最优。

根据引理 6-5，当$1-\sqrt{\gamma}<k\leqslant\zeta\left(1-\sqrt{\gamma}\right)$，即营销部门适度高估 IT 服务质量的时候，为了达到均衡，两个公司都会采取“去中心化”策略，但是两个公司也陷入了囚徒困境。如果它们都选择“中心化”策略，则会积累帕累托优势，总体效益会达到社会最优，但是就偏离了均衡状态。在一个“去中心化”的结构下，因为营销部门高估了 IT 服务质量，其就会过度广告，从而使利益受损。而此时采取“中心化”策略就能解决这个问题，但很遗憾，这就不再是一个均衡的决策了。基于以上分析，对于任何程度的高估（无论是显著的还是适度的），我们都有如下的推论。

推论 6-3 如果两个公司的营销部门都高估了 IT 服务质量，那么采取“中心化”策略可达到社会最优。

在有竞争的情况下，公司都倾向选择过度广告，在营销部门高估 IT 服务质量的时候尤甚。而且由于采取的是“去中心化”策略，公司的管理层都意识不到这个问题。此时采取“中心化”策略可解决此问题。

3. 适度低估

本小节研究的另一个重要发现出人意料——当两个公司的营销部门都适度低估了 IT 服务质量时，“中心化”结构可能带来囚徒困境，见命题 6-2。

命题 6-2 当两个公司的营销部门都适度低估了 IT 服务质量，即$\left(1-\sqrt{\gamma}\right)/\left(1+2b\sqrt{a}\right)<k<1-\sqrt{\gamma}$的时候，公司在很大程度上会陷入囚徒困境博弈中。此时两个公司都应该采取“中心化”的策略。

(c,c)相比于(d,d)是有帕累托优势的，且是社会最优的结果，“无知是福”这种有悖经济学直觉的现象出现了。相比于“中心化”情况，在“去中心化”的结构下，适度低估 IT 服务质量能让公司降低广告水平，从而带来社会最优的结果。因此，这种情况就是我们所谓的无知（即低估）是福。然而在均衡状态下，企业都会选择“中心化”结构，所以并没有出现上述的“社会最优”的结果。这样的情况类似于传统的囚徒困境博弈：在均衡中，两个囚犯都会选择背叛另一个——尽管他们如果都选择保持沉默（非平衡结果），则结果会达到最佳。正如我们所知，在一个囚徒困境博弈中，其最明显的特征就是达到均衡却不一定能达到最优。

类似地，当营销部门适度低估 IT 服务质量时，企业就会参与到一场囚徒困境博弈中。在这里，非均衡的决策(d,d)比均衡决策(c,c)更好。因此，在这种情况下，传统的“协作有益”论就鼓舞着公司向囚徒困境移动，即存在竞争时，企业往往会过度广告。然而，当企业采取“去中心化”决策且营销部门低估了 IT 服务质量时，过度广告的趋势就会得到抑制，这样每个公司的利润就会增高。那么自然地，我们便会问：如果适度低估的情况可以达到最优，那么显著低估的情况可以类推吗？

4. 显著低估

引理 6-6 当两个营销部门都显著低估了 IT 服务质量，即 $k \leqslant \left(1-\sqrt{\gamma}\right)/\left(1+2b\sqrt{a}\right)$ 的时候，就会有唯一的"中心化"均衡，且达到社会最优。

引理 6-6 表示，营销部门的严重低估让公司重新享受到了"中心化"的益处。在严重低估 IT 服务质量的情况下，如果采取"去中心化"的策略，则两家公司在广告决策上趋于保守。所以，此时只有"中心化"结构才有助于企业达到社会最优。

我们在表 6-2 中总结了以上的分析结果。可以从表 6-2 中看出，在结构对称的设定下，不对称结构(c,d)和(d,c)永远达不到社会最优。存在竞争时，"去中心化"结构会达到社会最优。

表 6-2 对称决策下的纳什均衡和社会最优

服务质量估计（k）	纳什均衡	社会最优
显著低估	(c,c)	(c,c)
适度低估	(c,c)	(d,d)
适度高估	(d,d)	(c,c)
显著高估	(c,c)	(c,c)

当两个公司的营销部门都适度低估了 IT 服务质量（即 k 较小）时，公司最终会采取"中心化"的策略，然而此时的均衡是一个囚徒困境，且社会最优决策(d,d)相比于此决策是帕累托最优的；当两个公司的营销部门都高估（即 k 较大或极大）或显著低估（即 k 极低）IT 服务质量的时候，社会最优组合是(c,c)。当两个公司适度高估（即 k 较大）了 IT 服务质量，公司就会陷入囚徒困境(d,d)。正如之前所论述的，(c,c)或(d,d)可达到社会最优或者囚徒困境——取决于模型中参数的值。另外，在适度低估和适度高估的情况下，纳什均衡的结果与社会最优的决策并不相匹配。一个可行的解释是：相比于对 IT 服务质量一无所知的情况，适度低估的时候公司会采取"中心化"策略，从而相对激进地做广告。而从社会最优的角度来看，公司如果降低广告的力度反而会更有利。在适度高估的时候则反之：此时，社会最优的选择是"中心化"，而均衡的结果是"去中心化"。另外，在显著高估或显著低估的情况下，纳什均衡的结果与社会最优的决策是相匹配的。如果是显著高估或显著低估，公司会更倾向选择"中心化"策略。在这样的情况下，通过"中心化"策略，公司可以修正其错误的估计，从而避免了太保守或太激进的广告策略带来的损失。从社会的角度来看，当错误估计的程度很大时，"中心化"是

最好的决策，即纳什均衡与社会最优的结果一致。

6.3 大数据环境下电商广告竞争中的运营与战略分析

6.3.1 模型构建

考虑一家电商需要制定广告和 IT 容量决策以实现利润最大化。在传统的广告环境中，公司在做出广告决策时通常不考虑其运营单位（如 IT 部门）的能力。相反，在互联网时代，由于在线广告的即时性和可观察性，考虑广告决策的运营影响对电商来说是有必要的。大多数公司雇用代理商（如 Google 或 Facebook）来实施它们的在线广告计划。我们假设公司在 CPC 定价模式下运营，公司根据广告展示产生的点击次数（即消费者流量）付费。假定该公司知道每次单击费用，公司可以使用基于支出或基于流量的两个决策流程中的一个来管理广告活动。两个过程之间的区别在于所使用步骤的顺序。在基于支出的决策流程中，公司先设置其广告预算，在广告中生成的流量由支出预算的金额和每次点击费用决定。相反，在基于流量的决策流程中，公司先设置其想要在活动中生成的目标流量，广告中的支出预算由目标流量的值和每次点击费用决定。正如我们稍后将看到的，决策过程的顺序（基于支出与基于流量）仅在竞争环境中相关。在这里，企业是否竞争支出或者是否竞争流量是非常重要的。

我们将分析划分为垄断和双寡头案例。在每种情况下，我们的分析都围绕运营和战略考虑如何影响广告结果。此外，我们还对这些运营和战略因素如何相互作用感兴趣。表 6-3 总结了我们分析中使用的主要符号。

表 6-3 分析中使用的主要符号

参数	描述
b	竞争强度
θ	广告费用参数
γ	IT 容量成本系数
λ	流量水平
A	广告支出
μ	IT 容量水平

我们首先考虑一个存在垄断的电子零售公司的案例。流量水平 λ（每单位时间的点击次数）关于广告支出 A（单位：美元/单位时间）是凹函数，即 $\lambda=\sqrt{A/\theta}$，其中，θ 为广告费用参数。支出收益递减反映了广告空间的竞争性。例如，如果

流量率需要更高，则必须以竞争方式（如在广告拍卖中）赢得更多有限的广告空间，这意味着公司需要对该空间进行更高的出价，从而增加单次点击费用。

由于网站服务不足，一些到达的流量可能会丢失而不会给公司带来任何收入。我们用 $L(\lambda,\mu)$ 来表示由于服务不足而损失的流量率，因此 $1-L(\lambda,\mu)$ 可以被解释为接受服务的流量率。根据先前的研究（Liu et al.，2018），我们使用以下函数形式来表示损失部分：$L(\lambda,\mu)=\dfrac{\lambda}{\mu+\lambda}$。其中，$\lambda$ 为按照泊松过程到达的客户的到达率，即流量水平；μ 为公司的 IT 容量水平。我们将 IT 容量成本表示为 $\gamma\mu$，其中 γ 是 IT 容量成本系数，$\gamma\in(0,1)$。我们将每个已完成交易产生的收入标准化为 1。在基于支出的决策流程中，公司通过选择最佳的广告支出和 IT 容量水平来最大化其利润。因此，我们可以通过解决下式得到公司的利润：

$$\max_{A,\mu} \Pi_{\mathrm{S}}=(1-L(\lambda,\mu))\lambda(A)-A-\gamma\mu$$

其中，下标“S”代表基于支出的决策流程。上述目标函数中的第一项是公司从服务的流量中获得的收入；第二项代表公司的广告支出；第三项表示 IT 容量成本。在基于流量的决策流程中，公司通过选择最佳的消费者流量和 IT 容量水平来最大化其利润。因此，我们可以通过解决下式来获得公司的利润：

$$\max_{\lambda,\mu} \Pi_{\mathrm{T}}=(1-L(\lambda,\mu))\lambda-\theta\lambda^2-\gamma\mu$$

其中，下标“T”代表基于流量的决策流程。通过基于支出的竞争和基于流量的竞争之间的比较得到引理 6-7。

引理 6-7　以下属性适用于垄断公司。

（1）基于支出和基于流量的决策流程可以为公司带来相同的最优利润。

（2）最优流量率和广告支出随 IT 容量成本系数 γ 递减。

上述结果强调了运营考虑因素在互联网广告决策中的重要性。也就是说，IT 容量成本系数（γ）的增加降低了广告结果，如支出水平和产生的流量。类似地，可以表明，运营决策（IT 容量的选择）受广告费用参数（θ）的影响：随着广告支出的增加，最佳 IT 容量水平降低。广告费用参数和 IT 容量成本系数也相互作用，例如，当广告成本较低时，IT 容量成本系数（γ）对广告结果 (λ^*,A^*) 的影响更大。最后，我们注意到基于支出和基于流量的决策过程的最优结果 (λ^*,μ^*,Π^*) 是相同的，这意味着决策过程在垄断中无关紧要。这里出现了几个有趣的问题：在双寡头垄断中，IT 容量成本是否会在更大程度上降低广告支出？此外，在双寡头的背景下，决策过程是否会影响广告支出和利润？在采用不同的决策流程时，IT 容量成本是否仍会对广告支出产生相同的影响？在下面的双寡头垄断案例中，我们将探讨这些问题及其他一些问题。

我们假设一个双寡头市场结构，其中公司 1 具有广告费用参数和 IT 容量成本系数(θ_1,γ_1)，公司 2 具有(θ_2,γ_2)，两个公司进行竞争。我们用 A_i 表示公司i的广告费用，$i=1,2$。根据先前的研究（Liu et al.，2018），我们得出了公司i吸引的流量为

$$\lambda_i\left(A_i,A_j\right)=\sqrt{A_i/\theta_i}+b\left(\sqrt{A_i/\theta_i}-\sqrt{A_j/\theta_j}\right),\ \{i,j\}=\{1,2\} \tag{6-6}$$

其中，b（$b>0$）为双寡头竞争的强度。因此，公司的流量不仅受其自身广告支出的影响，还受其竞争对手的影响。在这里，我们约束 $\lambda_i>0,\forall i$ 以确保双寡头垄断。

从式（6-6）中，我们得出公司i的广告支出为

$$A_i=\frac{\theta_i}{(1+2b)^2}\left((1+b)\lambda_i+b\lambda_j\right)^2,\ \{i,j\}=\{1,2\} \tag{6-7}$$

接下来，我们研究基于支出的竞争，其中两家公司都使用基于支出的广告，广告支出 A_i 为决策变量。然后对基于流量的竞争进行分析，其中两家公司都采用基于流量的广告方式，流量 λ_i 为决策变量。

1. 基于支出的竞争

假设每个公司联合同时做出广告和 IT 容量决策，我们对公司 i 有以下目标函数。

$$\Pi_i=\left(1-L_i\left(\lambda_i\left(A_i\right),\mu_i\right)\right)\lambda_i\left(A_i\right)-A_i-\gamma_i\mu_i \tag{6-8}$$

其中，$L_i\left(\lambda_i\left(A_i\right),\mu_i\right)=\lambda_i\left(A_i\right)/\left(\mu_i+\lambda_i\left(A_i\right)\right)$。对于给定的 A_j，$\{i,j\}=\{1,2\}$，公司i通过选择合适的(A_i,μ_i)来最大化其利润。基于分析，有以下引理。

引理 6-8 在基于支出的竞争中，每个公司的均衡利润是

$$\Pi_{i,\mathrm{s,s}}^{*}=\frac{(1+b)^2\left(1-\sqrt{\gamma_i}\right)^4}{4\theta_i}-\frac{b(1+b)\left(1-\sqrt{\gamma_i}\right)^2\left(1-\sqrt{\gamma_j}\right)^2}{2\theta_j},\ \{i,j\}=\{1,2\}$$

其中，下标“S”代表基于支出的竞争。

如引理 6-8 所示，企业处于均衡状态的利润不仅取决于两家公司的成本参数，还取决于双寡头竞争的强度。为了获得引理 6-8 中的结果，我们使用每个公司的利润函数来找到最佳 IT 容量水平并在利润函数中替换该表达式。然后我们解决一个同时行动博弈，以获得两家公司在均衡时的广告支出水平。

为了方便分析，我们考虑对称公司 $\theta_1=\theta_2=\theta$，$\gamma_1=\gamma_2=\gamma$。经过进一步的分析得到下面的推论结果。

推论 6-4 在基于支出的竞争中，以下属性适用于两家公司。

（1）IT 容量成本系数（γ）和广告费用参数（θ）对广告支出、流量和利润产生负面影响。

（2）竞争强度（b）对广告支出和流量产生积极影响，但对利润产生负面影响。

（3）竞争强度对广告支出、流量和利润的影响因 IT 容量成本系数（γ）而降低。

上述推论表明，在基于支出的竞争中，广告结果（支出和流量）和利润随着 IT 容量成本的增加而下降。这个发现类似于我们在垄断中的发现。更激烈的竞争导致更多的广告支出和流量，但利润减少。因此，竞争对企业是有害的。但是，运营考虑因素会影响竞争。也就是说，较高的 IT 容量成本会降低竞争强度对广告结果（支出和流量）和利润的影响。

2. 流量竞争

在本部分中，我们将研究基于流量的竞争，两家公司在产生的流量的基础上进行竞争。在这种情况下，对于给定的 λ_j，$\{i,j\}=\{1,2\}$，公司 i 通过联合同时选择 (λ_i,μ_i) 来最大化其利润。基于分析，可得引理 6-9。

引理 6-9　在流量竞争中，每家公司的均衡利润是

$$\varPi_{i,\mathrm{T},\mathrm{T}}^{*}=\frac{\left(1-\sqrt{\gamma_i}\right)^2(1+2b)}{2}\left(\frac{\left(1-\sqrt{\gamma_i}\right)^2\left(1+2b+2b^2\right)}{2\theta_i(1+b)^2}-\frac{b\left(1-\sqrt{\gamma_j}\right)^2}{\theta_j(1+b)}\right),\quad \{i,j\}=\{1,2\}$$

其中，下标“T”代表基于流量的竞争。

如引理 6-9 所示，企业处于均衡状态的利润不仅取决于两家公司的成本参数，还取决于双寡头竞争的强度。为了获得引理 6-9 中的结果，我们使用每个公司的利润函数来找到最佳 IT 容量水平，并将此表达式代入后得到利润函数。然后我们解决了同时进行的博弈过程问题，得出两个公司在均衡时的目标流量水平。与基于支出的竞争一样，为了分析的易处理，我们研究对称设置，令 $\theta_1=\theta_2=\theta$，$\gamma_1=\gamma_2=\gamma$。进一步的分析表明，推论 6-4 也适用于基于流量的竞争。然而，这两种竞争模式从根本上是不同的。我们接下来讨论这些差异。

3. 基于支出的竞争和基于流量的竞争的比较

为方便分析，我们关注对称设置，令 $\theta_1=\theta_2=\theta$，$\gamma_1=\gamma_2=\gamma$。我们可以发现 $\lambda_{\mathrm{T}}^{*}<\lambda_{\mathrm{S}}^{*}$。同样地，我们可以得到 $A_{\mathrm{T}}^{*}<A_{\mathrm{S}}^{*}$。也就是说，企业在基于流量的竞争中花费更少，获得的流量更少。因此，基于流量的竞争比基于支出的竞争更为温和。关于两种竞争比较的结果，我们有如下总结。

命题 6-3　在互联网广告中，①与基于支出的竞争相比，基于流量的竞争更温和：企业在广告上的花费更少，流量也更少。②与基于流量的竞争相比，在基于支出的竞争中，运营考虑因素对广告结果影响更大，但对利润影响较小。

有两个因素可以缓解广告竞争。一个因素来自对 IT 因素的考虑，是可操作的。

IT 容量成本越高，支出和流量就越少。另一个因素来自竞争类型，参与基于流量的竞争的公司竞争不是很激烈，参与基于支出的竞争的公司产生更多流量。为什么基于流量的竞争不那么激烈？对模型进行更仔细的研究后发现，基于支出的竞争和基于流量的竞争之间的差异来自每种竞争所固有的侵略程度的差异。基于流量的竞争本质上不那么激进。在基于流量的竞争中，公司决定流量。给定一家公司的流量，另一家公司选择其最佳流量。但是，一家公司无法直接控制另一家公司的流量。相反，一家公司的流量选择会影响另一家公司为产生所需流量而产生的广告费用。相比之下，在基于支出的竞争中，每个公司的决策变量是广告支出水平。如式（6-6）所示，对于公司的给定支出水平，另一家公司可以通过增加其广告支出直接减少对方公司的流量。当一家公司在广告上花费更多（或增加其流量）时，另一家公司的利润会减少。我们可以证明，基于支出的竞争中，公司行为引起的“降低利润”效应要高于基于流量的竞争中的效应。因此，基于支出的竞争比基于流量的竞争更激烈。虽然基于支出的竞争更加激烈，但 IT 容量成本对两种竞争模式的中间影响是显而易见的。我们发现，运营考虑因素在基于支出的竞争中发挥着更大的作用。我们接下来比较两种竞争模式下的均衡利润和广告支出，主要结论总结如下。

命题 6-4 公司在基于流量的竞争中获得更高的利润。但是，运营考虑因素减少了基于流量的竞争和基于支出的竞争之间的利润（及流量）差异。

上述结果表明，相比于基于支出的竞争，企业参加基于流量的竞争，双方都可以变得更好。一个问题自然而然地出现了：当一家公司坚持基于流量的广告时，它的竞争对手是否可以战略性地采用基于支出的广告？这个讨论也带来了一个问题：当双方都可以自主决策决策流程的时候，竞争的均衡模式是什么？在 6.3.2 小节中我们将研究这个问题。

6.3.2 决策过程选择下的竞争

在本小节中，我们将研究企业在进入广告竞争之前可以自由选择决策流程（基于支出或基于流量）的情景。我们首先考虑一个场景，一家公司坚持基于流量的广告决策流程，可以被另一家公司通过选择基于支出的广告决策流程利用。然后，我们研究了两家公司在均衡竞争模式下竞争的情况。

1. 对基于流量的决策的最佳响应

考虑一种情况，即双寡头中的一家公司总是使用基于流量的决策流程。它的竞争对手应如何相应地选择使用的决策流程类型？在不失一般性的情况下，我们假设公司 1 坚持使用基于流量的广告，而公司 2 则面临使用基于支出还是基于流量的决策流程的战略决策。我们的分析结果总结在命题 6-5 中。

命题 6-5 当一家公司坚持基于流量的广告时，其竞争对手总是有动力从基于流量的广告转向基于支出的广告，从而使该公司的利润变低。

上述讨论意味着当两家公司都选择基于流量的广告时，不会有稳定的均衡。这是因为两家公司都有动力转向更激烈的基于支出的广告。如果“不那么好胜”的公司坚持基于流量的广告，那么该公司将被另一个选择转向基于支出的广告的“更好胜的”公司利用。

2. 纳什均衡分析

到目前为止，给定每个公司采用的决策流程的类型，我们已经得出均衡解。此外，我们已经证明，当竞争中双寡头公司采取的决策流程一定时，公司参与基于流量的竞争会变得更好。接下来，我们研究每个公司在均衡时选择决策流程类型的情况。我们分别用T和S表示基于流量的决策流程与基于支出的决策流程。博弈顺序如下。

（1）这两家公司同时选择决策流程T或S。

（2）如果公司选择了决策流程T，那么它需要同时决定博弈中的消费者流量和IT容量；否则，该公司同时决定博弈中的广告支出和IT容量。

我们用逆推归纳解决了上述博弈。具体而言，我们在每种情景下找到公司的均衡利润后，确定四种可能情景即（T,T）、（T,S）、（S,T）、（S,S）之间的均衡。为了分析的易处理性，我们研究对称设置，令 $\theta_1=\theta_2=\theta$，$\gamma_1=\gamma_2=\gamma$ 。在对称设置下，我们的分析表明，企业只能在均衡时选择基于支出的广告，尽管双方都选择基于流量的广告可以使它们都变得更好。我们在命题6-6中总结了上述结果。

命题 6-6　唯一的均衡是基于支出的竞争，这是一个囚徒困境，基于支出的竞争模式下公司的总利润低于基于流量的竞争模式下的总利润。

进一步分析表明，随着竞争变得更加激烈，生产者福利损失增加。IT容量成本在遏制企业竞争的有害影响方面发挥着有利作用。IT容量成本的直接作用是降低生产者福利损失，IT容量成本的间接作用是减少了公司间的有害竞争。此外，虽然基于支出的竞争是均衡选择并提供更高的消费者福利，但这是以生产者福利为代价的。随着竞争变得更加激烈，消费者福利收益也会增加。然而，消费者福利的增加受到IT容量成本增加的阻碍。此外，IT容量成本直接抑制了消费者的福利收益。

6.4　大数据环境下企业进入市场时机与定价优化

6.4.1　模型构建

假设有两个SaaS产品供应商（供应商甲和供应商乙），分别提供垂直差异化产品A和产品B。更一般地，假设供应商甲为市场现有供应商，供应商乙为新进入者。

依照 SaaS 产品市场中的惯例，两家供应商都采用以订购为基础的定价策略（即向消费者收取单位时间固定的订购费用）（Fishburn and Odlyzko，1999）。0 时刻是产品 B 超出最小特征和质量的时刻，是产品 B 可以发布的最早时间，供应商甲已在时间 τ_{A}（$\tau_{\mathrm{A}}<0$）发布了产品（图 6-1）。值得注意的是，供应商甲在发布产品时已经制定了（针对垄断阶段的）定价策略和产品质量策略。本节假设该种策略一旦制定，在整个垄断阶段将保持不变。因为一旦供应商发布产品并发展了较大的客户基础，那么现有供应商相比新进入者的灵活性大大降低，可能会由于技术和组织结构限制而无法迅速和频繁地改变计划（Hannan and Freeman，1984）。

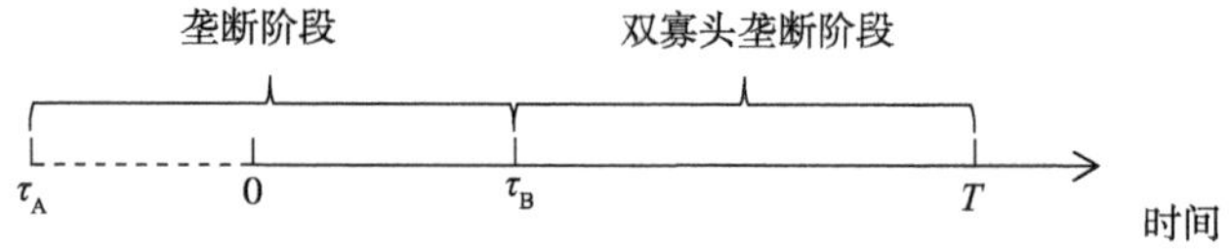

图 6-1　需求窗口的两阶段

本节研究的主要目的是确定新供应商市场进入的最优策略，因此在后续分析中主要关注有限需求窗口 $[0,T]$。假设在 0 时刻，供应商乙确定了市场进入时刻 τ_{B}，$\tau_{\mathrm{B}}\geqslant 0$。在 τ_{B} 时刻，产品 B 发布，两个供应商开始通过确定各自产品订购价格 $p_{\mathrm{A}}^{\mathrm{D}}$ 和 $p_{\mathrm{B}}^{\mathrm{D}}$ 进行竞争，上标“D”代表双寡头市场。

此外，本节假设供应商乙在 0 时刻之前产生的研发成本是沉没成本，因此供应商乙将基于有限需求窗口 $[0,T]$ 的净利润做出决策（Cohen et al.，1996）。然而，产品 B 在 0 时刻的质量 q_{B0} 低于产品 A 在 0 时刻的质量 q_{A0}（$q_{\mathrm{B0}}<q_{\mathrm{A0}}$），故两种产品的初始质量差异为 $\Delta q_0=q_{\mathrm{A0}}-q_{\mathrm{B0}}$。供应商乙还可以选择产品发布时间 $\tau_{\mathrm{B}}>0$，即在 0 时刻之后继续开发其产品。参照现有研究（Cohen et al.，1996），本节假设在 τ_{B} 时刻发布的产品 B 质量 $q_{\mathrm{B}}(\tau_{\mathrm{B}})$ 关于 τ_{B} 线性增加，如式（6-9）所示。

$$q_{\mathrm{B}}(\tau_{\mathrm{B}})=q_{\mathrm{B0}}+\lambda_1\tau_{\mathrm{B}}\ q_{\mathrm{B}}(\tau_{\mathrm{B}})=q_{\mathrm{B0}}+\lambda_1\tau_{\mathrm{B}} \tag{6-9}$$

其中，λ_1（$\lambda_1>0$）为产品开发阶段中产品 B 的质量改进率。

需要注意的是，在实际中 SaaS 供应商在产品发布后仍可以继续提高产品质量。相比于永久授权，持续提高产品质量是 SaaS 产品的重要优势之一（Choudhary，2007）。然而为了最大化用户的最终体验质量，SaaS 供应商往往会在产品核心功能完成且质量达到一定标准后再发布产品。在产品发布后，对于质量改进的重点通常转移至后期维护与更新迭代。因此，本节假设两个供应商在产品发布后的质量改进率大致相同①。在产品 B 发布后，市场上 A、B 两种产品的质量表达式如下：

① 如果这一假设被放松，本小节的主要结果仍然维持不变。

$$\begin{cases} q_{\mathrm{A}}(\tau)=q_{\mathrm{A}0}+\lambda_2\tau, & \tau\in[0,D] \\ q_{\mathrm{B}}(\tau)=q_{\mathrm{B}0}+\lambda_1\tau_{\mathrm{B}}+\lambda_2(\tau-\tau_{\mathrm{B}}), & \tau\in[\tau_{\mathrm{B}},D] \end{cases} \tag{6-10}$$

其中，λ_2（$\lambda_2>0$）为两个供应商在产品发布后的质量改进率，且$\lambda_2<\lambda_1$。

参考现有研究（Calantone and Di Benedetto，2000），本节认为产品B的研发成本和维护成本都是关于时间的线性函数。产品发布前供应商乙的研发成本（单位时间）用k_1表示，产品发布后产品维护与更新迭代的单位时间成本用k_2表示。其中，产品研发成本高于产品维护成本（即$k_1>k_2$）。给定固定的需求窗口，产品发布每推迟一单位时间，产品研发成本增加k_1，产品维护成本降低k_2，两者的差异被定义为边际研发成本（单位时间），用k表示（$k=k_1-k_2$），因此，产品开发成本和产品维护成本之和为

$$k_1\tau_{\mathrm{B}}+k_2\left(D-\tau_{\mathrm{B}}\right)=\left(k+k_2\right)\tau_{\mathrm{B}}+k_2\left(D-\tau_{\mathrm{B}}\right)=k\tau_{\mathrm{B}}+k_2D$$

其中，k_2D为一个常数，因此其不影响产品发布策略，在后续分析中只考虑边际研发成本。

从需求端来看，消费者从SaaS产品中获取的净效用取决于其对产品的估值和网络效应。本节定义消费者类型θ来刻画消费者对给定SaaS产品的估值差异。参照现有研究（Cheng and Liu，2012），我们认为θ在$[\theta_0,1]$上均匀分布，且将潜在市场规模标准化处理为$\left(1-\theta_0\right)$，其中，θ_0为具有最小支付意愿的消费者类型，是非负值。此外，本节将不考虑两家供应商同时服务高端市场（$\theta\geqslant 0.5$）而完全忽略低端市场的情况，故$\theta_0\in\left[0,0.5\right)$。

本节还考虑了网络效应的存在，即产品价值随使用规模扩大而增加的现象。同现有大多数文献一样，本节通常假设网络效应产生的收益关于使用规模线性增加（Jing，2007）。产品A在垄断阶段的市场规模为$Q_{\mathrm{A}}^{\mathrm{M}}$，而产品A与产品B在双寡头阶段的市场规模分别为$Q_{\mathrm{A}}^{\mathrm{D}}$和$Q_{\mathrm{B}}^{\mathrm{D}}$。所以在双寡头阶段，类型$\theta$的消费者从产品$i$（$i\in\{\mathrm{A},\mathrm{B}\}$）中获取的单位时间净效用如式（6-11）所示。

$$U\left(\theta,q_i\left(\tau\right)\right)=\theta q_i\left(\tau\right)-p_i^{\mathrm{D}}+\alpha Q_i^{\mathrm{D}}+\beta_jQ_j^{\mathrm{D}},\ i,j\in\{\mathrm{A},\mathrm{B}\},\ i\neq j \tag{6-11}$$

其中，$\alpha\geqslant 0$，为网络效应的强度，衡量了市场中每增加一个额外消费者所带来的消费者支付意愿的增加。$\beta_j\in\left[0,\alpha\right]$，为跨产品网络效应强度（产品$j$对产品$i$），即产品$j$每增加一单位消费者所带来的产品$i$消费者支付意愿的增加。本节假设$\beta_{\mathrm{A}}$和$\beta_{\mathrm{B}}$的值不一定相同，这是因为，一方面，占据较低市场份额的供应商（如新进入者）会刻意使其产品与较大市场份额的供应商产品相兼容，以此利用后者更大的网络效应；另一方面，市场份额较高的供应商并不总是希望自身产品与市场份额较低的供应商产品相兼容。为此，其会努力维持高水平的不兼容性，防止客户资源被侵蚀。例如，Apache OpenOffice等软件产品通常可传输处理已占据市场支配地位的Microsoft Office创建的文件。但相反地，Microsoft Office往往不能

兼容处理由 Apache OpenOffice 创建的文件。

为了变量命名的方便，产品 j 对产品 i 的不兼容程度由 $\gamma_j = \alpha - \beta_j$ 表示，衡量了产品 i 消费者利用产品 j 产生跨产品网络效应的难度。因此，两个可替代产品之间的不兼容水平由 β_j 表示，$j \in \{A, B\}$。当 $\beta_A = \beta_B = \alpha$（$\beta_A = \beta_B = 0$）时，$\gamma_A = \gamma_B = 0$（$\gamma_A = \gamma_B = \alpha$），表示两个产品完全兼容（完全不兼容）；当 $0 < \{\beta_A, \beta_B\} < \alpha$ 时，$0 < \{\gamma_A, \gamma_B\} < \alpha$，表示这两种产品部分兼容（或部分不兼容）。在接下来的三个部分中，本节将首先确定最优价格，然后分别检验完全兼容和部分兼容情景。表 6-4 总结了模型中所使用的关键变量及含义。

表 6-4 主要参数和决策变量

变量	含义
D	需求窗口
θ	消费者类型，刻画消费者对给定 SaaS 产品的异质估值
θ_0	具有最小支付意愿的消费者类型
τ_B	产品 B 的发布时间
λ_1	产品 B 在发布前的质量改进率
λ_2	产品 A 及产品 B 在发布后的质量改进率
λ	产品发布前后质量改进率的差异
k	供应商乙的边际研发成本（单位时间），$k = k_1 - k_2$
$q_A(\tau)$，$q_B(\tau)$	产品 A、产品 B 在 τ 时刻的质量
q_{A0}，q_{B0}	产品 A、产品 B 在 0 时刻的初始质量，$q_{B0} < q_{A0}$
Δq_0	产品 A、产品 B 在 0 时刻的初始质量差异，$\Delta q_0 = q_{A0} - q_{B0}$
p_A^D，p_B^D	产品 A、产品 B 在双寡头阶段的订购价格
Q_A^M	产品 A 在垄断阶段的市场规模
Q_A^D，Q_B^D	产品 A、产品 B 在双寡头阶段的市场规模
π_A^D，π_B^D	产品 A、产品 B 在双寡头阶段的利润率
Π_A，Π_B	产品 A、产品 B 在需求窗口$[0,D]$的总利润
α	同一产品内的网络效应强度
β_j	跨产品网络效应强度（产品 j 对产品 i）
γ_j	产品间不兼容程度（产品 j 对产品 i），$\gamma_j = \alpha - \beta_j$
τ_E	新供应商产品质量达到现有供应商产品质量水平的时间间隔

本节采用博弈论的研究框架推导两家供应商的最优定价和质量决策，两家供应商及其消费者的博弈顺序如下。

（1）供应商乙为市场新进入者，确定市场进入时间。

（2）给定供应商乙的市场进入时间，供应商甲和供应商乙分别确定各自在双寡头阶段的产品订购价格。

（3）给定供应商的决定，消费者根据净效用最大化订购产品。

依照通常的逆向归纳法思路，本节首先确定两个供应商的最优订购价格，然后确定市场新进入者的最优产品发布时间。

6.4.2　最优价格和利润率

本节假设供应商乙的市场进入时机给定，同时其研发成本是沉没成本。基于这样的场景，双寡头垄断阶段最大化每个供应商的利润等价于最大化利润率（单位时间利润）。本节将分别考虑两种场景——$q_{\mathrm{A}}(\tau_{\mathrm{B}})<q_{\mathrm{B}}(\tau_{\mathrm{B}})$ 与 $q_{\mathrm{A}}(\tau_{\mathrm{B}})>q_{\mathrm{B}}(\tau_{B})$。由于两种场景下的市场均衡解关于两种产品的质量是对称的，为避免重复，本节假设产品 B 发布后具有较高的产品质量时为产品 H，否则为产品 L。因此，若 $q_{\mathrm{A}}(\tau_{\mathrm{B}})>q_{\mathrm{B}}(\tau_{\mathrm{B}})$，则 H=A，L=B；否则，H=B，L=A。价格、需求和利润率的表达也进行相应修改。

为了研究的方便性，参照现有研究（Dutta et al.，1995），本节设定具有最小支付意愿的消费者类型为 θ_0，该类型的消费者在双寡头阶段将购买产品 A 或者产品 B①。$\hat{\theta}^{\mathrm{D}}$ 表示对产品 H 和产品 L 消费意愿无差别的消费者类型。由式（6-11）可得

$$\hat{\theta}^{\mathrm{D}}q_H(\tau_{\mathrm{B}})-p_H^{\mathrm{D}}+\alpha Q_H^{\mathrm{D}}+\beta_L Q_L^{\mathrm{D}}=\hat{\theta}^{\mathrm{D}}q_L(\tau_{\mathrm{B}})-p_L^{\mathrm{D}}+\alpha Q_L^{\mathrm{D}}+\beta_H Q_H^{\mathrm{D}} \quad (6\text{-}12)$$

其中，$Q_H^{\mathrm{D}}=1-\hat{\theta}^{\mathrm{D}}$，为产品 H 的市场规模；$Q_L^{\mathrm{D}}=\hat{\theta}^{\mathrm{D}}-\theta_0$，为产品 L 的市场规模。由式（6-12）可得

$$\hat{\theta}^{\mathrm{D}}=\frac{p_H^{\mathrm{D}}-p_L^{\mathrm{D}}-\theta_0\gamma_L-\gamma_H}{q_H(\tau_{\mathrm{B}})-q_L(\tau_{\mathrm{B}})-\gamma_H-\gamma_L} \quad (6\text{-}13)$$

其中，$\gamma_j=\alpha-\beta_j$，为产品 j 对产品 i 的不兼容程度，衡量了产品 i 消费者利用产品 j 产生跨产品网络效应的难度，$i,j\in\{H,L\}$，$i\neq j$。当 γ_j 越高时，产品 i 的消费者从产品 j 网络效应中获取的净效用越低。

本节采用一般假设，即向额外一单位客户提供信息产品的边际成本为零，因此最大化每个供应商的利润率等价于最大化其订购价格和市场份额的乘积，如式（6-14）所示。

① 全市场覆盖的假设未考虑一个实际意义不太重要但理论上可能的解决方案。

$$\begin{cases}\max\limits_{p_L^{\mathrm{D}}} \pi_L = p_L^{\mathrm{D}}\left(\hat{\theta}^{\mathrm{D}} - \theta_0\right) \\ \max\limits_{p_H^{\mathrm{D}}} \pi_H = p_H^{\mathrm{D}}\left(1 - \hat{\theta}^{\mathrm{D}}\right)\end{cases}$$

$$\text{s.t. } \theta_0 \leqslant \hat{\theta}^{\mathrm{D}} \leqslant 1 \qquad (6\text{-}14)$$

$$p_L^{\mathrm{D}} \geqslant 0,\ p_H^{\mathrm{D}} \geqslant 0$$

在实现预期均衡下（Katz and Shapiro，1985），两供应商的均衡价格、需求和利润率的表达式见 Feng 等（2018）的研究。基于均衡解分析所得到的新颖发现如下。

命题 6-7 当产品间的质量差异确定时，两产品在双寡头垄断阶段的均衡价格和利润率保持不变；否则，其会随着产品间的质量差异扩大而增加。

基于产品发布后两种产品质量改进率相等的假设，双寡头阶段的产品质量差距将保持不变。因此，尽管消费者能从质量改进中获得最大收益，但只要产品 B 发布时刻两种产品的质量差异是外生的，供应商就不会改变自身的认购价格，使得双寡头阶段的市场份额和利润率维持不变。

通过检验均衡解的条件，发现当两种产品的质量差距落在一定区间内，即满足 $\left(q_H\left(\tau_{\mathrm{B}}\right)-q_L\left(\tau_{\mathrm{B}}\right)\right)\in\left[0,\dfrac{1-\theta_0}{1-2\theta_0}\left(\gamma_L+2\gamma_H\right)\right]$ 时，产品 L 的供应商的均衡价格和利润率变为 0。因此，本节将这个区间称为产品 L 的供应商的“零利润区间”。若供应商乙已经确定目标市场为低端市场，其在确定最优产品发布时间时，应该避免落入这个区间。当 $\gamma_L=\gamma_H=0$ 时（即两产品完全兼容时），上述质量差距对应的零利润区间将缩小为 0（$q_H\left(\tau_{\mathrm{B}}\right)=q_L\left(\tau_{\mathrm{B}}\right)$）。这表明对于新进入市场的供应商而言，发布与已有产品质量相同的产品是无利可图的。

结合目前已得出的两家供应商最优认购价格，接下来本节将继续推导新供应商在完全兼容和部分兼容情景下的最优产品发布时间。

6.4.3 完全兼容的 SaaS 产品

为了在市场中迅速占据一席之地，新供应商通常别无选择，只能尽可能使产品与现有市场中的产品相兼容。因此，本节将关注产品 B 与产品 A 完全兼容的情景（$\beta_{\mathrm{A}}=\beta_{\mathrm{B}}=\alpha$）。在这种情况下，两种产品的消费者形成了一个共同的网络，对产品 A 和产品 B 产生无差异的共同网络效应。之前，我们在给定产品 B 的发布时间下得到了最优产品价格和利润率。接下来，本节将要推导出产品 B 的最优发布时间。产品发布时间是供应商乙的一项重要战略决策，因为它决定了产品发布时的质量水平，并继而反方向影响供应商的均衡价格、市场份额和利润率。此外，产品发布时间还决定了供应商乙在有限需求窗口中的剩余服务提供时间。与

6.4.2 小节中最大化利润率的目标不同，供应商此时的目标是最大化整个需求窗口的总利润或者总收入，用 Π_{B} 表示，即利润率（ $\pi_{\mathrm{B}}^{\mathrm{D}*}$ ）和服务提供期限（ $D-\tau_{\mathrm{B}}$ ）的乘积减去边际开发成本的差额。我们可以推断，供应商乙的利润率函数形式取决于其产品质量是否低于产品 A 的质量，或者说产品 B 是否在质量达到现有供应商产品质量水平的时刻（ $\tau_{\mathrm{E}}=\dfrac{\Delta q_0}{\lambda}$ ）前发布。

基于上述讨论和均衡解，在产品完全兼容的场景之下，可通过最大化供应商乙关于 τ_{B} 的总利润确定产品 B 的最优发布时间：

$$\max_{\tau_{\mathrm{B}}} \Pi_{\mathrm{B}}(\tau_{\mathrm{B}})=\begin{cases} r[q_{\mathrm{A}}(\tau_{\mathrm{B}})-q_{\mathrm{B}}(\tau_{\mathrm{B}})](D-\tau_{\mathrm{B}})-k\tau_{\mathrm{B}}, & \tau_{\mathrm{B}}\leqslant\tau_{\mathrm{E}} \\ s[q_{\mathrm{B}}(\tau_{\mathrm{B}})-q_{\mathrm{A}}(\tau_{\mathrm{B}})](D-\tau_{\mathrm{B}})-k\tau_{\mathrm{B}}, & \tau_{\mathrm{B}}>\tau_{\mathrm{E}} \end{cases} \tag{6-15}$$

其中， $r=\left(\dfrac{1-2\theta_0}{3}\right)^2$ ； $s=\left(\dfrac{2-\theta_0}{3}\right)^2$ 。

如上述所示，供应商乙在 τ_{E} 时刻前后分别具有不同的目标函数，因此需要分别检验这两个区间①。本节在以下命题中总结了最优解的判断条件。

命题 6-8　当两个供应商的产品完全兼容时，如果初始产品质量差距高于某一阈值（ $\Delta q_0>\Delta\overline{q}_0$ ），那么供应商乙发布产品的最优时间是 0 时刻（ $\tau_{\mathrm{B}}^*=0$ ）。否则当 $\Delta q_0\leqslant\Delta\overline{q}_0$ 时，供应商乙发布产品的最优时间是 $\tau_{\mathrm{B}}^*=\tau_{\mathrm{d}}$ ， $\tau_{\mathrm{d}}=\dfrac{D}{2}+\dfrac{\Delta q_0}{2\lambda}-\dfrac{9k}{2\lambda\left(2-\theta_0\right)^2}$ ，此时产品 B 的质量高于产品 A 的质量。

推论 6-5 由命题 6-8 推导得到。

推论 6-5　在局部最优解 $\tau_{\mathrm{B}}^*=0$ 处，产品 B 的质量和价格都低于产品 A，而在另一个局部最优解 $\tau_{\mathrm{B}}^*=\tau_{\mathrm{d}}$ 处，产品 B 的质量和价格都高于产品 A。

命题 6-8 和推论 6-5 总结了此节研究中最有趣的发现之一。在实践中，Revolution Analytics 和 Highrise 等一些 SaaS 供应商采用了低质量且低价策略，而 SuccessFactors 等其他供应商采用了高质量且高价策略。命题 6-8 表明，新供应商的最优策略选择主要取决于自身产品质量与市场上现有供应商产品质量之间的初始差距。当初始质量差距相对较大时（产品 B 在 0 时刻的初始质量低于产品 A），新供应商在 0 时刻发布产品是最优的决策。相反，当初始质量差距相对较小时，供应商乙应该选择继续进行产品研发，较晚发布产品。这个结果恰恰与直觉相反，因为人们往往认为当新供应商的初始产品质量较低时，应该选择继续研发来提高产品质量而非立即发布。

---

① 此研究主要关注的是产品 B 在需求窗口内（ $\tau_{\mathrm{E}}<D$ ）质量达到现有产品 A 质量水平的场景。相比之下，$\tau_{\mathrm{E}}\geqslant D$ 是相对不常见的情景。

对上述这种违反直觉的结果解释如下。一方面，如果初始质量差距相对较大，新供应商需要花费较长时间才能赶上现有供应商的产品质量。所以新供应商应该一开始就确定服务对象为低端市场，即即时发布策略。因为不同于传统的永久授权，认购授权中供应商仅能通过延长服务时间来获取更多的收入。另一方面，如果初始质量差距相对较小，新供应商最好选择推迟产品发布，继续提高产品质量，即延迟发布策略。与即时发布策略相比，只要延迟发布策略是最优的，就可以让新供应商在进入市场时的产品质量超越竞争对手，最终在更短时间内获得更多利润。推论 6-6 也由命题 6-8 推导而来。

推论 6-6 当 $\Delta q_0 \leqslant \Delta \overline{q}_0$ 时，供应商乙的均衡利润随 Δq_0 的增加而减少；而当 $\Delta q_0 > \Delta \overline{q}_0$ 时，随 Δq_0 的增加而增加。

上述推论表明，当即时发布策略最优时，新供应商最好具有较低的初始质量。这一结论与直觉是相反的，因为人们会认为较高的初始质量会给新供应商带来更高的利润。该结论的一种可能解释如下：当即时发布是最优策略时，新进入者在产品发布时刻的产品质量低于现有供应商产品质量。因此，新进入者产品与现有供应商产品的区分度更大，从而避免了价格竞争。

本节的研究还分析了更为一般的场景，即供应商乙使自身产品与产品 A 部分兼容。在这种情况下，一种产品的消费者还可以从另一种产品的消费者网络中受益，但跨产品网络效应的强度小于产品内网络效应（$\{\beta_A, \beta_B\} < \alpha$）。比如，虽然 Google Docs 和 Microsoft Office 的产品各不相同，但 Google Docs 允许用户使用 Microsoft Office 兼容模式打开并编辑 Microsoft Office 文档。所以，Google Docs 和 Microsoft Office 部分共享彼此的网络，被视为部分兼容的产品。

6.5 小　　结

随着大数据时代的到来，企业面临的一个重要问题是如何在加剧的竞争中采取最优的策略。我们关注了在双寡头广告竞争中的两个线上零售公司的电商广告竞争中的组织结构与协调的问题。电商的营销部门需要选择合适的广告投入力度以吸引流量，而其 IT 部门则需要选择合适的系统容量以向顾客提供满意的服务。这两个部门之间的组织架构可以是集中的，也可以是分散的。本章研究的一个重要发现是公司内部的组织结构、协作与否等决策是如何受到外部竞争的影响的。我们发现，当外部竞争的压力作用于公司时，公司的内部部门（即营销部门和 IT 部门）可能需要调整它们的组织结构（即两部门之间是否相互协作）。在垄断市场下，选择相互协作总能带来最优的结果，但在有竞争的情况下，协作不一定总是带来最优的结果。而且在均衡的情况下，公司的组织决策也不总是对称的。除此之外，我们发现一个甚至多个公司会选择内部部门不协作（即“去中心化”）的组织结构。另一个重要的发现是，停止协作也可能给每个公司带来更多的利润，从而带来社会最优，而“中心化”的均衡决策也许会使公司陷入囚徒困境。类似地，当公司的营销部门适度高估 IT 服务质量的时候，“去中心化”的均衡决策可能导致囚徒困境。营销部门对 IT 服务质量的估计可以影响公司的决策，即到底选择“中心化”还是“去中心化”的组织结构。在低估或显著高估的情况下，公司更趋向于选择“中心化”结构，因为“中心化”结构会促进部门间的合作，从而可防止过度广告或者广告不足的情况出现。而且我们发现，竞争越激烈，公司就越不可能选择“中心化”，从而转向“去中心化”，在这种情况下，适度低估会带来社会最优的结果。除此之外，公司间的竞争可以降低营销部门估计错误带来的影响——公司反而会因祸得福。在实际情况中，本章的研究对公司在面对竞争的时候做出正确的 IT 监管策略有指导意义。比如，如果两个公司的营销部门对 IT 部门的能力都适度低估，则公司最好不要鼓励内部部门的协作。如果营销部门对 IT 部门的能力适度高估，则公司应当鼓励两部门协作。

此外，大数据背景下的互联网上的广告竞争已经出现了新的挑战，这些挑战与传统媒体（如广播、电视等）中遇到的挑战根本不同。这些挑战具有运营性和战略性。运营性挑战源于用户对互联网广告的潜在响应的即时性和可追溯性。这个特点将公司的广告决策（涉及需求生成）与运营决策（特别是确保需求履行的 IT 能力决策）变得密切相关。我们的分析表明，纳入运营考虑因素可以缓和竞争，并增加从事广告竞争的公司（生产者福利）的总利润。战略性挑战涉及用于管理广告活动的决策流程的选择。决策流程有两种可能性。在基于支出的流程中，公司首先决定其广告支出水平，并根据此级别确定其产生的流量。在基于流量的流程中，公司首先决定它想要产生的流量水平，并且基于该水平确定支出量。上述决策流程是互联网广告中新产生的，因为它可以支付流量（通过点击广告产生），而不是广告曝光（或展示次数）。在传统媒体广告中，公司决定支出水平，但不能将这些支出与其广告产生的消费者兴趣联系起来。双寡头广告竞争可以是基于支出的，也可以是基于流量的。当它们参加基于流量的竞争时，公司会更好（就所赚取的利润总和而言）。基于支出的竞争更具侵略性：每家公司在广告上花费更多，产生更多流量，但收益更少，因此生产者福利较低。这一发现表明企业应该参与基于流量的竞争。然而不幸的是，基于流量的竞争不是均衡的结果。相反，如果一家公司单方面决定坚持基于流量的广告，其竞争对手会利用基于支出的广告来获得竞争优势。基于支出的竞争虽然对公司不利，但从客户的角度来看更好：当公司参与此类竞争时会有更多的客户。运营考虑因素已成为互联网广告活动的重要组成部分。这些考虑因素在基于支出的竞争中尤为重要，而竞争是一种均衡结果。从历史上看，广告竞争始终以支出为基础，但在做出广告决策时，通常不会将运营决策考虑在内。包含运营考虑因素会削弱竞争，即随着 IT 容量成本的增加，公司的广告宣传更少。此外，运营考虑因素减少了基于流量的竞争和基于支出的竞争之间的差异。运营考虑因素也具有间接影响：IT 容量成本可以缓和竞争强度对广告结果（支出和流量）的影响。在基于支出的竞争中，间接影响更大。在实践中，面临竞争的公司可以将我们研究中的发现用作制定决策流程的指南。例如，如果竞争对手公司总是使用基于流量的广告，我们对该公司的建议将是采用基于支出的广告。然而，从生产者福利的角度来看，如果企业认为竞争对手不会采用基于支出的广告，那么它应该尝试选择基于流量的广告。也就是说，我们建议公司参与基于流量的竞争，而不是基于支出的竞争。一个稳定的采用基于流量竞争模式的双寡头市场将要求公司使用一些公司间机制进行合作。

在关于大数据环境下企业进入市场时机与定价优化的研究中，我们以 SaaS 企业为例，分析了大数据即服务市场中，为了与原有企业竞争并取得一席之地，新企业如何选择进入市场的时机及其产品的定价的问题。SaaS 是一种新的软件授权与交付模型，其凭借着方便且经济、高效的特点，一度被认为是传统本地部署模型的替代方案，正逐渐受到业界和学术界的广泛关注。SaaS 市场的高速扩张吸引了大批软件供应商，导致了 SaaS 供应商之间的激烈竞争，从而不利于新供应商进入市场。为在竞争激烈的市场中生存和发展，新 SaaS 供应商需要战略性地布局市场进入策略。但遗憾的是，目前关于 SaaS 的文献几乎没有涉及这方面。同时，SaaS 市场中新进入者和现有供应商之间的竞争问题同样尚未被研究过。因此，本章此项研究旨在补充文献中的这一空白。具体而言，本章研究采用博弈理论框架，在SaaS新供应商进入市场并与提供可替代SaaS产品的现有供应商竞争的情景下，对新进入者产品质量、定价和市场进入时机等战略决策进行研究。主要发现如下：首先，新供应商的最优市场进入时机取决于竞争产品之间的初始质量差距。具体而言，如果新产品质量接近现有产品质量，延迟发布策略（即推迟发布新产品以改进产品质量优于市场现有产品）对供应商而言是最优策略；否则，即时发布策略（即立即发布产品）是最优策略。同时，我们发现即时发布和延迟发布将分别导致低质量且低价策略和高质量且高价策略。其次，如果两产品部分兼容，当新进入者采用即时发布策略时，更高水平的不兼容性（在任一方向上）将降低利润。因此，过高的不兼容水平下，即时发布策略不再是最优策略。当新进入者采用延迟发布策略时，利润将随着其自身产品对现有产品的不兼容程度的增加而增加，但可能会随着现有产品对其自身产品的不兼容程度的增加而下降。最后，本章研究发现即使纳入消费者转换成本等因素，本章研究的主要发现仍然有效。本章研究对 SaaS 供应商具有重要的现实意义。本章研究所得到的最优市场进入时机和定价的解析表达可以作为 SaaS 供应商制定战略性市场决策的指导方针，尤其是在新进入者正在尝试进入已有供应商存在的市场的情形下。比如，本章提出的即时发布策略和延迟发布策略可以帮助新进入者确定最优的市场进入时机。值得注意的是，无论选择哪种产品发布策略，新进入者都需要确保其产品与市场现有产品在质量上的差距足够大。此外，本章关于产品间不兼容水平对均衡结果的影响分析可以为 SaaS 产品新供应商在决定其产品与现有产品兼容程度时提供相应的指导。

参 考 文 献

Ali F. 2019. 2019 ecommerce in review: online marketplaces. https://www.digitalcommerce360.com/2019/12/23/2019-ecommerce-in-review-online-marketplaces/[2020-10-26].

Bayus B L. 1997. Speed-to-market and new product performance trade-offs. Journal of Product Innovation Management，14（6）：485-497.

Brown A E，Grant G G. 2005. Framing the frameworks：a review of IT governance research. Communications of the Association for Information Systems，15：696-712.

Calantone R J，Di Benedetto C A. 2000. Performance and time to market：accelerating cycle time with overlapping stages. IEEE Transactions on Engineering Management，47（2）：232-244.

Chen P Y，Wu S Y. 2013. The impact and implications of on-demand services on market structure. Information Systems Research，24（3）：750-767.

Cheng H K，Koehler G J. 2003. Optimal pricing policies of web-enabled application services. Decision Support Systems，35（3）：259-272.

Cheng H K，Liu Y P. 2012. Optimal software free trial strategy：the impact of network externalities and consumer uncertainty. Information Systems Research，23（2）：488-504.

Choudhary V. 2007. Comparison of software quality under perpetual licensing and software as a service. Journal of Management Information Systems，24（2）：141-165.

Cohen M A，Eliasberg J，Ho T H. 1996. New product development：the performance and time-to-market tradeoff. Management Science，42（2）：173-186.

Columbus L. 2012. SaaS adoption accelerates，goes global in the enterprise. http://www.forbes.com/sites/louiscolumbus/2012/10/31/saas-adoption-accelerates-goes-global-in-the-enterprise/[2019-10-02].

Das S R，Zahra S A，Warkentin M E. 1991. Integrating the content and process of strategic MIS planning with competitive strategy. Decision Sciences，22（5）：953-984.

Deal K R. 1979. Optimizing advertising expenditures in a dynamic duopoly. Operations Research，27（4）：682-692.

Dutta P K，Lach S，Rustichini A. 1995. Better late than early：vertical differentiation in the adoption of a new technology. Journal of Economics & Management Strategy，4（4）：563-589.

Erickson G M. 1985. A model of advertising competition. Journal of Marketing Research，22（3）：297-304.

Feng H Y，Jiang Z R，Liu D P. 2018. Quality，pricing，and release time：optimal market entry strategy for new software-as-a-service vendors. Management Information Systems Quarterly，42（1）：333-353.

Fishburn P C，Odlyzko A M. 1999. Competitive pricing of information goods：subscription pricing versus pay-per-use. Economic Theory，13（2）：447-470.

Forth S. 2017. Is Your SaaS business being commoditized? Here are your options. https://openviewpartners.com/blog/is-your-saas-business-being-commoditized/#.X5eDVYgzY2x [2020-10-27].

Hamerman P D. 2014. Application adoption trends: the rise of SaaS. https://www.forrester.com/report/Application+Adoption+Trends+The+Rise+Of+SaaS/-/E-RES116071[2020-10-20].

Hannan M T, Freeman J. 1984. Structural inertia and organizational change. American Sociological Review, 49（2）: 149-164.

Hoffman D L, Novak T P. 2000. How to acquire customers on the web. Harvard Business Review, 78（3）: 179-188.

Ivey J. 2016. It vs marketing leaders: bridging the CMO-CIO divide. https://blog.rackspace.com/it-vs-marketing-bridging-cmo-cio-divide/_[2019-10-02].

Jing B. 2007. Network externalities and market segmentation in a monopoly. Economics Letters, 95（1）: 7-13.

Katz M L, Shapiro C. 1985. Network externalities, competition, and compatibility. The American Economic Review, 75（3）: 424-440.

King J L. 1983. Centralized versus decentralized computing: organizational considerations and management options. ACM Computing Surveys, 15（4）: 319-349.

Kopel M, Löffler C. 2008. Commitment, first-mover-, and second-mover advantage. Journal of Economics, 94（2）: 143-166.

Kwang K. 2012. Competition keeps saas profits artificially low. http://www.zdnet.com/article/competition-keeps-saas-profits-artificially-low/[2019-10-02].

Liu D P, Tan Y, Mookerjee V. 2018. When ignorance can be bliss: organizational structure and coordination in electronic retailing. Information Systems Research, 29（1）: 70-83.

Malone T W, Crowston K G. 1991. Toward an interdisciplinary theory of coordination. Technical Report, MIT Center for Coordination Science.

Mullaney T, Hof R. 2004. E-tailing finally hits its stride. Business Week, 3913: 36-37.

Noh Y H, Moschini G. 2006. Vertical product differentiation, entry-deterrence strategies, and entry qualities. Review of Industrial Organization, 29（3）: 227-252.

Prasad A, Sethi S P. 2004. Competitive advertising under uncertainty: a stochastic differential game approach. Journal of Optimization Theory and Applications, 123（1）: 163-185.

Sambamurthy V, Zmud R W. 2000. Research commentary: the organizing logic for an enterprise's IT activities in the digital era-a prognosis of practice and a call for research. Information Systems Research, 11（2）: 105-114.

Schroeder B. 2019. If ecommerce retail revenue is only 10% of all global retail, better understand these key strategies to take advantage of online sales. https://www.forbes.com/sites/bernhardschroeder/2019/10/16/if-ecommerce-retail-revenue-is-only-10-of-all-global-retail-better-understand-these-key-strategies-to-take-advantage-of-online-sales/#7f4561e2ba2a[2020-10-26].

Software Equity Group. 2015. Software industry financial report. http://softwareequity.com/Reports/Software_Industry_ Financial_Report_2Q15.pdf [2019-10-02].

Tan Y, Mookerjee V S. 2005. Allocating spending between advertising and information technology in electronic retailing. Management Science, 51: 1236-1249.

Tavakolian H. 1989. Linking the information technology structure with organizational competitive strategy: a survey. MIS Quarterly, 13（3）: 309-317.

Zmud R W. 1988. Building Relationships Throughout the Corporate Entity. Washington D C: ICIT Press.

第7章 线上线下价格策略的优化：理论与实证分析

戴悦[1]，张喆[1]，陈宇新[2]
[1]复旦大学管理学院，[2]上海纽约大学商学部

7.1 概　　述

在面临线上线下多渠道时，美国百货企业往往会保证跨渠道商品价格的一致性。它们会为了营销设计一些专供某个渠道的商品，但同时会避免同一商品在不同渠道价格不同的情况出现。这是苹果公司广为大众熟知的价格策略。同时，亚马逊公司的线下书店的价格也和线上一致。然而，是否保证跨渠道商品价格的一致性在我国国内是个有争议的问题。2013 年 6 月，苏宁开始推行线下线上同价，引发业内质疑声不断。在商业实践中，公司应用线上线下不同价策略往往出于各种不同原因，包括线上和线下不同渠道产生的成本不同（如 Walmart.com）、信息的掌握程度不同（Lal and Sarvary，1999；Bhardwaj et al.，2008）、面临的回报率不同（Castellanos，2017）。另外，不同的线上和线下价格给消费者提供了套利或搭便车的机会。ClickIQ 在 2012 年对美国网购者进行的一项调查结果显示，45.9%的受访者表示他们会浏览商店里的商品，然后在网上购买，这被称为展厅现象（Balakrishnan et al.，2014；Zimmerman，2012）。在欧洲，35%和 48%的电子产品与服装、鞋类消费者在线下购买产品之前，会在线上研究产品，这被称为反展厅现象（Google Consumer Barometer，2015；Sevitt and Samuel，2013）。事实上，在多渠道零售的背景下，消费者的浏览和切换活动可能比展厅现象和反展厅现象更加复杂。例如，消费者可以先在线搜索，然后访问实体店，最后通过手机或商店提供的电脑在线购买。本章研究了消费者多重浏览和切换行为的复杂性，即多

展厅现象，并分析了其对企业线上线下同价和不同价决策的影响。

除了多展厅现象之外，本章还研究了线上和线下两个渠道管理的重要方面，这些在以前的研究中大多被忽略。首先，很多研究已经涉及消费者在多渠道环境下对多属性产品的不确定性和信息搜索（Lal and Sarvary，1999；Bhardwaj et al.，2008；Mehra et al.，2018；Jing，2018）。其中，Lal 和 Sarvary （1999）首先提出了数字属性和非数字属性的概念，前者可以通过互联网传达给消费者，后者则需要通过实体店。本章通过考虑消费者对数字属性和非数字属性的评估相关性来延伸这一观点，并说明纳入这种相关性不仅更有现实意义，而且能带来对多渠道定价的新见解。其次，本章的模式允许产品退货，并揭示了在公司线上和线下渠道的最优定价政策中这种模式的战略作用。虽然预计消费者的不确定性可能会影响运营效率，如产品退货，但以前关于产品退货的文献大多集中在均衡退货政策上（Shulman et al.，2009，2011；Bandyopadhyay and Paul，2010），在多展厅行为存在的情况下，很少有人能够提出消费者的不确定性对企业多渠道定价策略的影响，但 Ofek 等（2011）除外，其只关注线上线下同价的情况。Bell 等（2018）凭其经验指出，展厅现象可以提高运营效率，减少产品退货，然而其研究没有考虑价格决策效应。

我们将从理论和实证上比较线上线下同价和不同价两种策略下的顾客行为和零售商绩效。研究的问题包括：即使消费者本质上并不反对不同渠道的差异化价格（如不在乎是否公平），线上线下同价是否对垄断零售商有利？消费者的多展厅行为、产品属性的相关性和产品退货如何共同影响企业的定价策略？

7.2　价格策略的理论研究部分

针对线上线下模式，我们以一个简单的模型作为研究的起点。考虑产品多属性问题，Chen 等（2019）假设产品有两个属性，每个属性都有两个可能的值，分别代表消费者喜欢和消费者不喜欢。其中一个属性的值消费者可以通过访问网站获得，我们称之为数字属性，另一个则涉及体验或是个性化标准，必须要到实体门店才能获得，我们称之为非数字属性。相比浏览网站，到实体门店需要一定的成本，用 c 来表示，其中包括时间、经历和搜索等成本，简称其为搜索成本。消费者可以到实体门店购买产品，但同时面临着因产品属性不满意而白跑一趟的风险。消费者也可以选择在网上购买产品，但是这意味着有买到不喜欢的产品的风险。假设两个属性有一定相关性，顾客可以根据电子属性来对非电子属性进行信息更新。例如，产品是否容易操作是非数字属性，需要顾客去门店经过实际的操作才能知道。但是顾客可以上网看到产品的面板，面板图像是数字属性，顾客可以根据面板是否复杂来估计操作是否简便。这样虽然得不到精确的信息，但是可以得到部分信息。

本节试图回答如下问题：顾客在何种情况会选择何种渠道购买产品？线上线下同价和不同价两种策略如何影响消费者的行为，如何影响苏宁等零售商的绩效？我们比较线上线下同价与不同价两种价格策略，回答如何针对不同的产品属性来选择不同的价格策略的问题，并解释其原因。

7.2.1　线上线下同价策略分析

本小节采用理论分析和实证研究两种方法。我们从理论研究开始，先研究线上线下同价策略。通过决策树和优化等方法，我们得到了顾客的最优行为决策，如图 7-1 所示。ρ 代表顾客的异质性，即有的顾客认为产品的价值高，有的顾客认为产品的价值低。θ 代表顾客对产品的价值评估。p 代表产品的价格。顾客的最优行为决策分为三个区间。区间 1：如果顾客对产品的价值评价很高，同时顾客去线下门店的搜索成本较高，那么这部分顾客会去线上门店购买。区间 2：如果顾客对产品的价值评价很高，到线下门店的搜索成本很低，这部分顾客会去线下门店。区间 3：如果顾客对产品的价值评价比较低且去门店的搜索成本很高，那么顾客将既不去线上门店也不去线下门店。

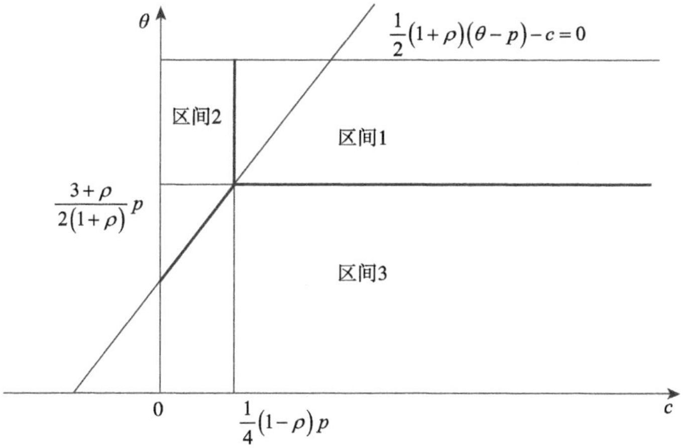

图 7-1　顾客的最优行为决策

根据顾客的最优行为决策我们计算了公司的最优定价，并得到了公司最优利润。图 7-2 和图 7-3 刻画了最优定价和最优利润与搜索成本的关系。如图 7-2 所示，最优定价和搜索成本的关系可以分为三个区间。相应地，图 7-3 所示的最优利润和搜索成本的关系也分为三个区间。在区间 1 中，搜索成本比较低，顾客会去线下门店购买。如图 7-2 所示，区间 1 中最优定价对搜索成本递减。这是因为如果搜索成本增加，顾客会倾向不去线下门店，所以厂家必须要通过降价来吸引顾客。相应地，

图 7-3 所示的最优利润对搜索成本同样呈递减的关系。在区间 2 中，搜索成本相对较大，顾客会从线上门店购买。这里可以看到，图 7-2 中有一个急速下降的断点。这是因为为了将顾客从线下门店吸引到线上门店，公司必须提供一个非常低的线上价格，即图 7-2 所示的向下的断点。这同时造成了与此对应的图 7-3 所示的公司的最优利润最低点。在区间 2 中，最优定价对搜索成本呈现递增的关系，这是因为搜索成本越高，顾客去线下门店购买的意愿就越小，公司就越容易把他们吸引到线上门店，也就意味着公司不用提供那么低的线上价格。相应地，线上价格的提高对应着公司的最优利润的增长。在区间 3 中，搜索成本很大，顾客只会去线上门店购买而不会去线下门店，导致公司的最优价格及最优利润都不再和搜索成本相关。

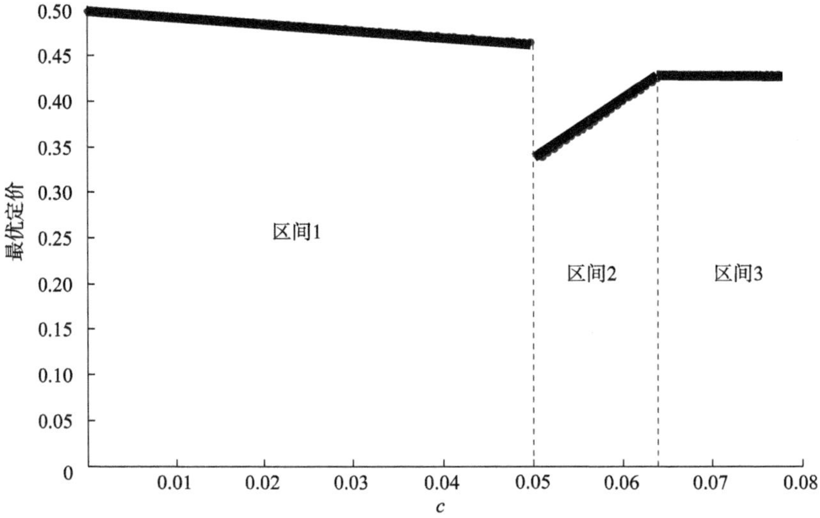

图 7-2　不同搜索成本下的最优定价

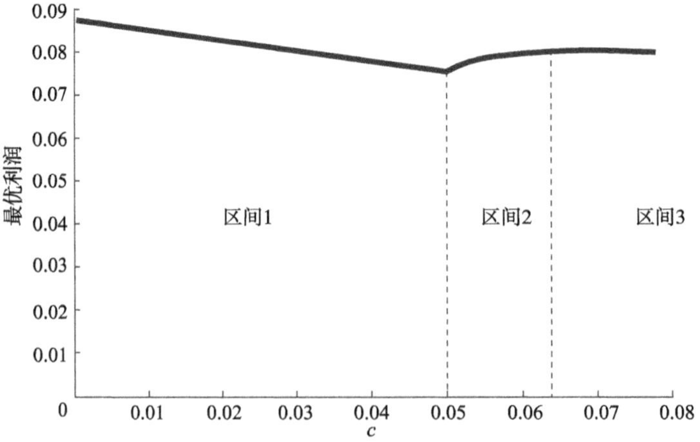

图 7-3　不同搜索成本下的最优利润

本小节还研究了不同搜索成本和相关强度下的最优利润，如图 7-4 所示，数字属性与非数字属性的相关强度用ρ来表示。相关强度越大意味着顾客可以更多地通过线上的数字属性信息来估计线下的非数字属性的信息。顾客对产品的属性信息了解得越多，公司越容易把顾客吸引到线上渠道，公司的利润也可以更大。也就是说，相关强度高可以使公司的最优定价和利润更高。从实际操作层面来看，我们可以说，如果苏宁能够在网上为顾客提供更多的产品信息，将有助于增加苏宁的最优定价和利润。

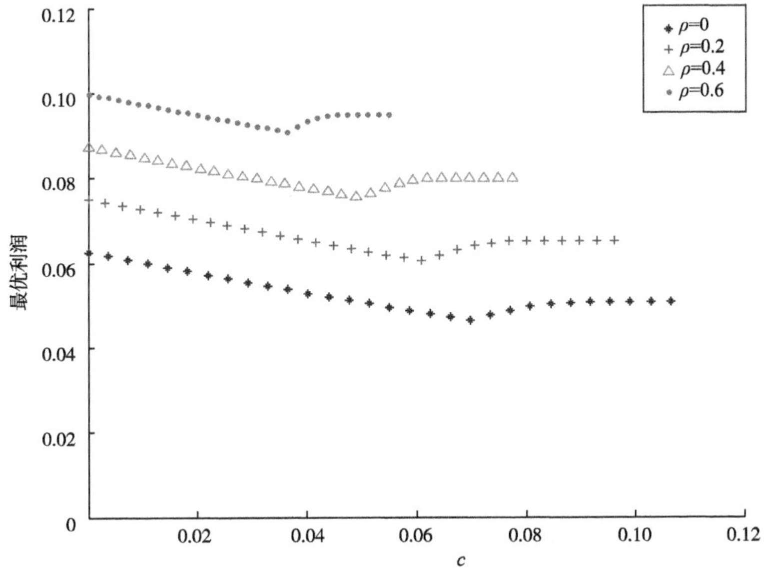

图 7-4 不同搜索成本和相关强度下的最优利润

7.2.2 两种价格策略的比较

通过分析线上线下不同价格情况，我们发现其顾客的行为决策、公司的最优定价和最优利润与同价的情况在性质上相同。这里我们侧重于比较线上线下同价与不同价两种价格策略的不同之处。

图 7-5 比较了线上线下同价与不同价两种价格策略下的最优定价。在图 7-5 中，c_{on}代表顾客去线上购物所用的成本，p^{u}代表线上线下同价策略下公司的价格，p_{on}^{d}和$p_{\text{off}}^{\text{d}}$分别代表线上线下不同价策略下公司的线上和线下价格，p_1^*、p_2^*和$p_{\text{on},3}^*$、$p_{\text{on},4}^*$分别代表在同价和不同价两种策略下公司针对不同情况给出的最优价格，c_{b1}^{u}、c_{b2}^{u}和c_{b1}^{d}、c_{b2}^{d}分别代表在同价和不同价两种策略下公司最优价格的变换节点。其结果显示，线上线下同价策略中的最优定价并不是总处于不同价策略中线上价格和线下价格之间。我们的实证研究将验证这一结果。

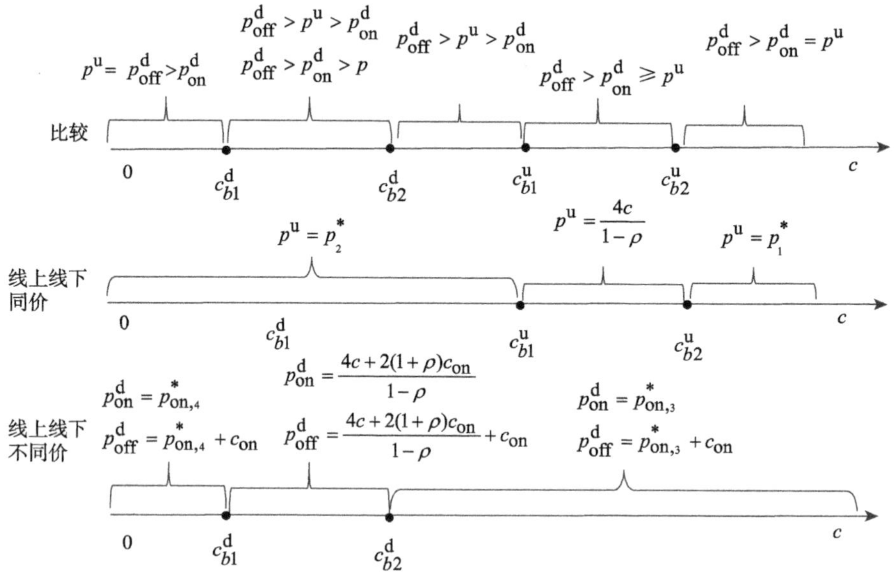

图 7-5　同价与不同价两种价格策略下的最优定价比较

通过比较同价与不同价两种价格策略下的公司的最优利润我们得到图 7-6。在图 7-6 中，π^{u} 和 π^{d} 分别代表线上线下同价和不同价两种策略下公司的利润，π_1^*、π_2^* 和 π_3^*、π_4^* 分别代表在同价和不同价两种策略下公司针对不同情况的最优利润，π_1 和 π_4 分别代表在同价和不同价两种策略下顾客去门店成本 c 居中时公司的利润函数。图 7-6 显示当搜索成本较低的时候，同价策略对公司来说可以优于不同价策略。这是因为在同价策略下，由于打消了顾客对门店价格的顾虑，有更多的顾客愿意付出搜索成本去门店购买。当搜索成本较大的时候，对公司而言，

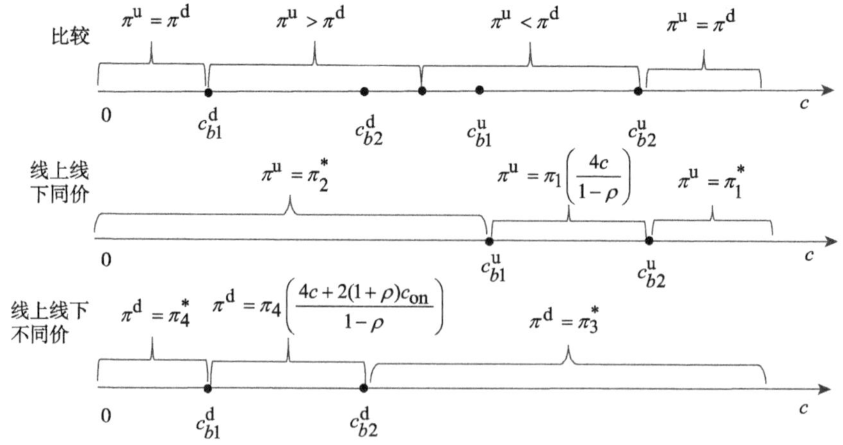

图 7-6　同价与不同价两种价格策略下的最优利润比较

不同价策略优于同价策略，这是因为此时不同价策略所制定的价格更高。当搜索成本足够大的时候，顾客都会去线上购买，没有顾客去线下门店，所以线下价格不再影响公司的利润。因此，同价和不同价两种价格策略会导致同样的公司最优利润。

7.3　价格策略的实证研究部分

7.3.1　研究问题及数据

线上和线下渠道可以给消费者带来不同的效用。线下门店可以为消费者提供实物体验机会，减少产品的感知不确定性，但是伴随着的是非数字化信息的获取成本，即去门店的成本。线上门店可以为消费者提供方便快捷的在线购物过程，但是对产品的不确定性要更高一些。通过对线上线下统一定价策略前后的历史销售数据进行分析，我们希望探索线上线下同价策略对企业利润的影响。

1. 数据抽样

苏宁统一定价策略发生在 2013 年 6 月 8 日。我们收集了两年的数据，从 2012 年 1 月 1 日到 2013 年 12 月 31 日。除了苏宁的销售数据，我们还收集了品牌数据和城市人口、面积等外部年鉴数据。在此基础上，我们进行数据抽样。

（1）SKU（stock keeping unit，库存量单位）抽取：只在线上销售的前 200 个 SKU，只在线下销售的前 200 个 SKU；线上销售排序的前 200 个 SKU，线下销售排序的前 200 个 SKU；线上线下总的销售量的前 200 个 SKU。通过五种方法各取 200 个 SKU，合并到一起，选择不重复的 N 个 SKU（$N\leqslant 1000$）。

（2）门店抽取：根据 SKU 抽取的结果，在五种情况下各抽取 300 家门店，共 1500 家门店，并选择五种情况下重复出现的门店。

我们以周数据为基础进行计算。2012 年和 2013 年共 104 周零三天，记为 105 周。其中，105 周内 70 周以上销售（包括线上线下销售）不为零的数据有 65 625 条，包含 73 个 SKU 和 95 家门店。最终形成 SKU 与门店的匹配数据记录（SKU-STORE 组合）有 625 个。

对于缺失的数据，针对线上价格（onlineprice），如果在所选 105 周内有销售数据，用有销售的周的平均价格补齐；针对线下价格（offlineprice），用 105 周内有销售的周的平均价格补齐。

2. 数据整理

所有数据类型分为以下几种。

（1）线上线下都有销售的 SKU-STORE 组合：105 周内线上线下都有销售的记录为 28 770 条，包含 30 个 SKU 和 87 家门店。SKU-STORE 组合有 274 个。

（2）只在线下销售的 SKU-STORE 组合：105 周内只有线下销售的记录为 36 855 条，包含 62 个 SKU 和 87 家门店。SKU-STORE 组合有 351 个。

（3）只在线上销售 SKU-STORE 组合：105 周内只有线上有销售的记录为 0 条，包含 0 个 SKU 和 0 家门店。SKU-STORE 组合有 0 个。

3. 数据描述

（1）线上线下都有销售的 SKU- STORE 组合数据描述见表 7-1。

表 7-1 线上线下都有销售的 SKU- STORE 组合数据描述

变量	最小值	第一四分位数	中值	平均值	第三四分位数	最大值
$unify_t$	0	0	0	0.289 5	1	1
$onlineprice_{it}$	30	128	511.1	2 046.8	3 888	8 638
$offlineprice_{it}$	30	138	598	2 111	4 000	8 617
$onlistbrand_i$	0	0	1	0.708	1	1
$foreignbrand_i$	0	0	1	0.646	1	1
$averagepurchasetimes_i$	0.045 13	0.090 69	0.217 63	0.421 09	0.572 88	2.943 1
$popularityofonlineshopping_i$	0.107 6	0.228 2	0.261 8	0.298 1	0.360 9	0.576 9
$personalcapitaldisposableincome_i$	21 796	27 539	36 322	33 500	37 511	40 742
$flagstorepopu_i$	1.099	3.305	4.43	4.527	5.43	8.739
$memqty_i$	22 583	49 605	60 419	76 161	81 139	253 619
$flagstorearea_i$	9.217	26.733	41.096	42.198	60.27	72
$onlinesales_{it}$	0	0	0	0.263 3	0	201
$offlinesales_{it}$	0	0	2	3.62	4	314
SKU-STORE	1	69	137.5	137.5	206	274

注：变量描述见表 7-3

（2）只在线下销售的 SKU-STORE 组合数据描述见表 7-2。

表 7-2 只在线下销售的 SKU- STORE 组合数据描述

变量	最小值	第一四分位数	中值	平均值	第三四分位数	最大值
$unify_t$	0	0	0	0.288	1	1
$offlineprice_{it}$	1	39	125	287.6	299	18 168.9
$onlistbrand_i$	0	0	1	0.720 8	1	1
$foreignbrand_i$	0	1	1	0.937 3	1	1
$averagepurchasetimes_i$	0.006 829	0.064 092	0.131 516	0.335 462	0.383 196	3.380 492
$popularityofonlineshopping_i$	0.107 6	0.228 2	0.275	0.291 1	0.322 2	0.576 9
$personalcapitaldisposableincome_i$	21 796	29 399	36 322	34 096	40 188	40 742
$flagstorepopu_i$	1.099	3.458	4.43	4.64	6.246	8.739
$memqty_i$	12 716	48 938	57 321	68 029	71 458	253 619
$flagstorearea_i$	9.217	27.567	45.942	45.056	60.27	72
$offlinesales_{it}$	0	1	2	6.148	6	1 233
SKU-STORE	1	88	176	176	264	351

注：变量描述见表 7-3

7.3.2 变量描述

变量描述见表 7-3。

表 7-3　变量描述

原变量名	描述	新变量名
t1.month_rk	第几月	month
t1.week_rk	第几周	week
max(t1.week_day) as week_day	日期区间	week_date
t1.gds_cd	产品编码	gds_cd
max(t1.cmmdty_type) as cmmdty_type	商品类型	cmmdty_type
max(t1.city_name) as city_name	城市名称	city_name
max(t1.online_price) as online_price	线上价格	onlineprice
max(t1.offline_price) as offline_price	线下价格	offlineprice
max(t1.is_cuxiao_online) as is_cuxiao_online	线上促销	onlinepromotion
max(t1.is_cuxiao_offline) as is_cuxiao_offline	线下促销	offlinepromotion
t1.str_cd	抽样门店 id	store
max(t1.online_sale_cnt) as online_sale_cnt	线上销售量	onlinesales
max(t1.online_sale_amt) as online_sale_amt	线上销售金额	online_sale_amt
max(t1.offline_sale_cnt) as offline_sale_cnt	线下销售量	offlinesales
max(t1.offline_sale_amt) as offline_sale_amt	线下销售金额	offline_sale_amt
max(t1.is_list_brand) as is_list_brand	是否上榜品牌	onlistbrand
max(t1.inorout) as inorout	国际/国内品牌	foreignbrand
max(t1.flg_store_qty) as flg_store_qty	旗舰店数量（城市）	flg_store_qty
max(t1.city_area) as city_area	城市面积（单位：km^2）	city_area
max(t1.city_pers_qty) as city_pers_qty	城市人口（单位：万人）	city_pers_qty
max(t1.city_earn) as city_earn	城市人均可支配收入	personalcapitaldisposablein come
max(t1.gds_grp_cd) as gds_grp_cd	四级商品组	product_group
max(t1.jdxx_flg) as jdxx_flg	家电下乡	subside_rural_policy
max(t1.group_buy_times) as group_buy_times	商品组购买次数	group_buy_times
max(t1.grp_mem_qty) as grp_mem_qty	商品组购买会员数	grp_mem_qty
max(t1.city_mem_qty_online) as city_mem_qty_online	有网上购物的会员	city_mem_qty_online
max(t1.city_mem_qty) as city_mem_qty	会员数	memqty
max(t1.gds_buy_times) as gds_buy_times	商品购买次数	gds_buy_times
max(t1.gds_mem_qty) as gds_mem_qty	商品购买会员数	gds_mem_qty
max(t1.city_cd) as city_cd	城市 id	city_cd

续表

原变量名	描述	新变量名
max(t1.str_mem_qty_2011) as str_mem_qty_2011	2011 年末门店购买会员数	memqty_2011
max(t1.str_mem_qty_2012) as str_mem_qty_2012	2012 年末门店购买会员数	memqty_2012
max(t1.str_mem_qty_2013) as str_mem_qty_2013	2013 年末门店购买会员数	memqty_2013
max(t1.str_gds_mem_qty_2011) as str_gds_mem_qty_2011	2011 年末抽样门店购买抽样商品会员数	mem_qty_buy_2011
max(t1.str_gds_mem_qty_2012) as str_gds_mem_qty_2012	2012 年末抽样门店购买抽样商品会员数	mem_qty_buy_2012
max(t1.str_gds_mem_qty_2013) as str_gds_mem_qty_2013	2013 年末抽样门店购买抽样商品会员数	mem_qty_buy_2013
max(t1.brand_cd) as brand_cd	品牌 id	brand_cd
max(t1.brand_nm) as brand_nm	品牌名称	brand_nm
max(t1.sku_id) as sku_id	产品编码重新编码	SKU
max(t1.year_id) as year_id	年份 id	year_id
max(t1.is_same_price) as is_same_price	2013 年 6 月 8 日前的数据是 0，之后的是 1	unify
max(t2.is_online_sale) as is_online_sale	是否线上销售	is_onsale_online
max(t2.is_offline_sale) as is_offline_sale	是否线下销售	is_onsale_offline
max(t1.avg_price_y) as avg_price_y	四级商品组层面的采购平均价	purchase_price_average
max(t1.lower_amnt) as lower_amnt	采购价	purchase_price
max(t1.sale_price) as sale_price	线上线下平均销售价	sales_price_average_onoff
max(t1.other_grp_price) as other_grp_price	相同三级商品组下的平均价格	instrument_price（replaced）
is_holiday	是否处在大的促销季	promotion_event
other_grp_price_new	相同三级商品组下的平均价格（按周计算）	instrument_price
city_level	城市层级（一线，二线，三线）	city_level
	flg_store_qty / (city_area×1000)	flagstorearea
	flg_store_qty / (city_pers_qty×100)	flagstorepopu
	city_mem_qty_online / city_mem_qty（在线购买流行度）	popularityofonlineshopping
	gds_buy_times / city_mem_qty	averagepurchasetimes
	sku_id-store_j levle 的信息	SKU_STORE
	是否属于北方城市	north_city
	线上销量+线下销量	totalsales
	2012 年 1 月~2013 年 5 月与 2013 年 6 月~2013 年 12 月周平均线上销量变化（百分比）	onlinesalesCP
	2012 年 1 月~2013 年 5 月与 2013 年 6 月~2013 年 12 月周平均线下销量变化（百分比）	offlinesalesCP

续表

原变量名	描述	新变量名
	2012 年 1 月~2013 年 5 月与 2013 年 6 月~2013 年 12 月周平均线上线下总销量变化（百分比）	totalsalesCP
	2012 年 1 月~2013 年 5 月与 2013 年 6 月~2013 年 12 月周平均线上价格变化（百分比）	onlinepriceCP
	2012 年 1 月~2013 年 5 月与 2013 年 6 月~2013 年 12 月周平均线下价格变化（百分比）	offlinepriceCP
	2012 年 6 月~2012 年 12 月与 2013 年 6 月~2013 年 12 月周平均线上销量变化（百分比）	onlinesalesCP12
	2012 年 6 月~2012 年 12 月与 2013 年 6 月~2013 年 12 月周平均线下销量变化（百分比）	offlinesalesCP12
	2012 年 6 月~2012 年 12 月与 2013 年 6 月~2013 年 12 月周平均线上线下总销量变化（百分比）	totalsalesCP12
	2012 年 6 月~2012 年 12 月与 2013 年 6 月~2013 年 12 月周平均线上价格变化（百分比）	onlinepriceCP12
	2012 年 6 月~2012 年 12 月与 2013 年 6 月~2013 年 12 月周平均线下价格变化（百分比）	offlinepriceCP12

7.3.3　模型

计算销量和价格在统一定价前后的变化百分比。

$$\text{salesCP}_i^M = 100\% \cdot \frac{\left(\overline{\text{sales}_{\text{afterU}}^M} - \overline{\text{sales}_{\text{beforeU}}^M}\right)}{\text{sales}_{\text{beforeU}}^M}$$

$$\text{priceCP}_i^M = 100\% \cdot \frac{\left(\overline{\text{price}_{\text{afterU}}^M} - \overline{\text{price}_{\text{beforeU}}^M}\right)}{\text{price}_{\text{beforeU}}^M}$$

$$M \in \{\text{online}，\text{offline}，\text{total}\}$$

其中，salesCP_i^M 为销量在统一定价前后的变化百分比；priceCP_i^M 为价格在统一定价前后的变化百分比；$\text{sales}_{\text{afterU}}^M$ 为在统一定价后的销量；$\text{sales}_{\text{beforeU}}^M$ 为在统一定价前的销量；$\text{price}_{\text{afterU}}^M$ 为在统一定价后的价格；$\text{price}_{\text{beforeU}}^M$ 为在统一定价前的价格。$\text{sales}_{\text{beforeU}}^M$ 和 $\text{price}_{\text{beforeU}}^M$ 有以下两种数据计算方式。

（1）用 2012 年 1 月~2013 年 5 月数据的周平均值计算。

（2）用 2012 年 6 月~2012 年 12 月数据周平均值（得到的变量名后面比前者

多了“12”）计算。

但是二者对应的 $\overline{\text{sales}_{\text{afterU}}^{M}}$ 是用 2013 年 6 月~2013 年 12 月数据的周平均值计算。

7.3.4 计算结果

通过 7.3.3 小节中的模型得到的计算结果描述如表 7-4 和表 7-5 所示。

表 7-4 线上线下都有销售数据结果描述

变量	最小值	第一四分位数	中值	平均值	第三四分位数	最大值
SKU-STORE	1	69.25	137.5	137.5	205.75	274
onlinesalesCP	−61.8227	−2.5891	0.6494	14.8271	10.2586	634.0323
offlinesalesCP	−100	−45.465	−8.447	5.063	33.357	428.418
totalsalesCP	−99.64	−41.273	−6.087	10.6	39.12	436.244
onlinepriceCP	−20.119	−2.768	0	−2.122	0	5.171
offlinepriceCP	−22.435	−18.574	−3.712	−7.906	0	5.817
onlinesalesCP12	−78.014	−3.226	0	11.444	8.262	621.408
offlinesalesCP12	−100	−47.608	−11.148	9.212	39.819	493.023
totalsalesCP12	−99.67	−46.58	−11.4	12.75	42.48	493.02
onlinepriceCP12	−22.276	−2.614	0	−2.361	0	5.829
offlinepriceCP12	−22.46	−17.874	−3.293	−7.605	0	6.551

表 7-5 只在线下有销售数据结果描述

变量	最小值	第一四分位数	中值	平均值	第三四分位数	最大值
SKU-STORE	1	88.5	176	176	263.5	351
offlinesalesCP	−100	−58.877	−30.845	−17.614	−2.238	1578.528
offlinepriceCP	−82.301	−0.9693	0	3.1351	0	1382.13
offlinesalesCP12	−100	−60.5502	−33.3882	−14.9201	0.4744	1340
offlinepriceCP12	−91.1065	−0.4928	0	4.2234	0	1806.217

从表 7-4 和表 7-5 可以看出，相比于仅在线下销售的产品销量和价格变化，线上线下都有销售的产品销量和价格变化的幅度和范围反而有较大的减小，从而说明线上销售对销量和价格的波动具有一定的稳定作用。

1. 线上线下都有销售的情景

线上线下都有销售的情景见图 7-7~图 7-10。

图 7-7~图 7-10 都是采用的 2012 年 1 月~2013 年 5 月与 2013 年 6 月~2013 年

12 月按周平均的变化（百分比）数据。

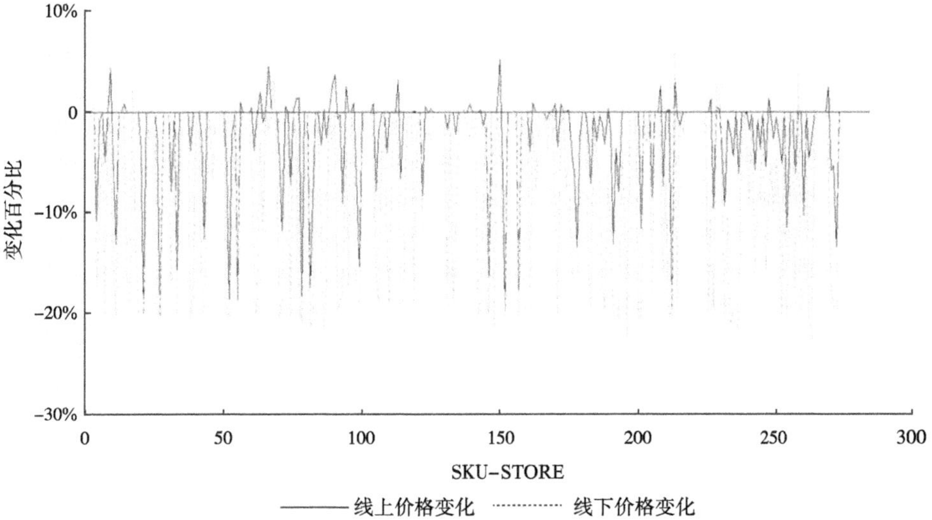

图 7-7　线上线下价格变化

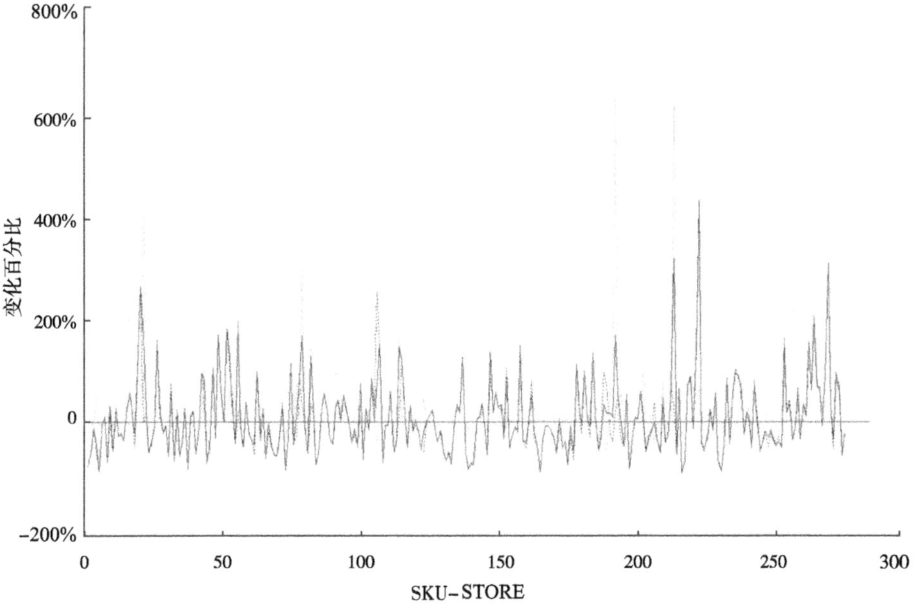

图 7-8　线上、线下和总销量的变化

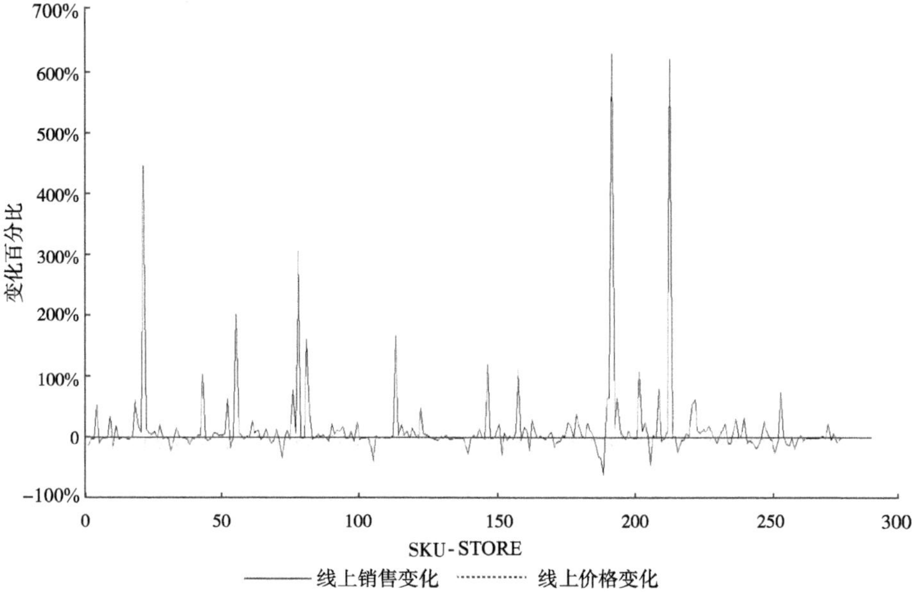

图 7-9 线上销量和线上价格的变化

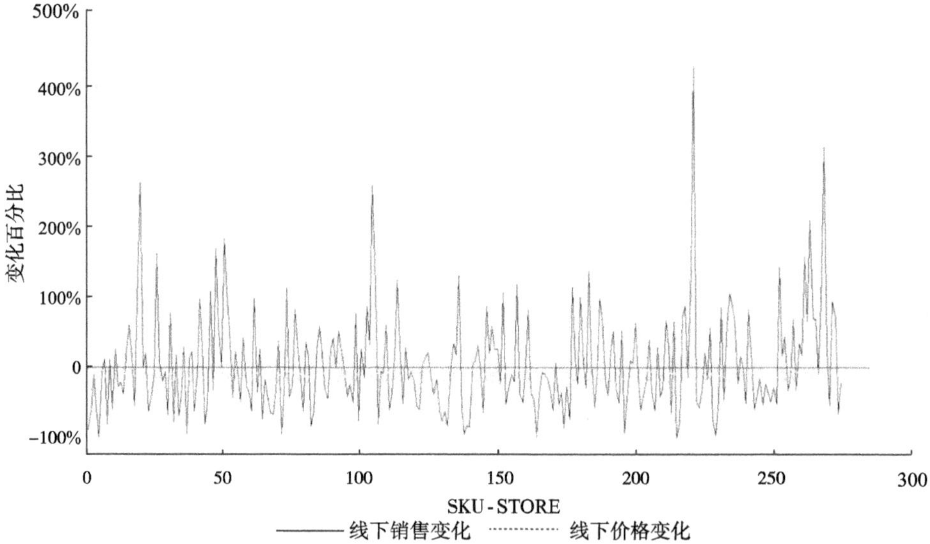

图 7-10 线下销量和线下价格的变化

从图 7-7 中可以看出，在统一定价前后，线上线下价格变化的组合是多样化的，但大部分是线上线下价格都下降的情况。

从图 7-8 中可以看出，统一定价对销量的影响在 SKU-STORE 组合之间的影响并不是完全一致的，甚至有的还会出现很大的差异。

从图 7-9 和图 7-10 中可以看出，大部分情况下，统一定价前后价格与销量都是反方向变化的，但也存在价格与销量同方向变化的情况，也就是说，存在价格下降销量也下降的情况。

2. 仅线下有销售的情景

仅线下有销售的情景见图 7-11。图 7-11 采用的是 2012 年 1 月~2013 年 5 月与 2013 年 6 月~2013 年 12 月按周平均的变化（百分比）数据。

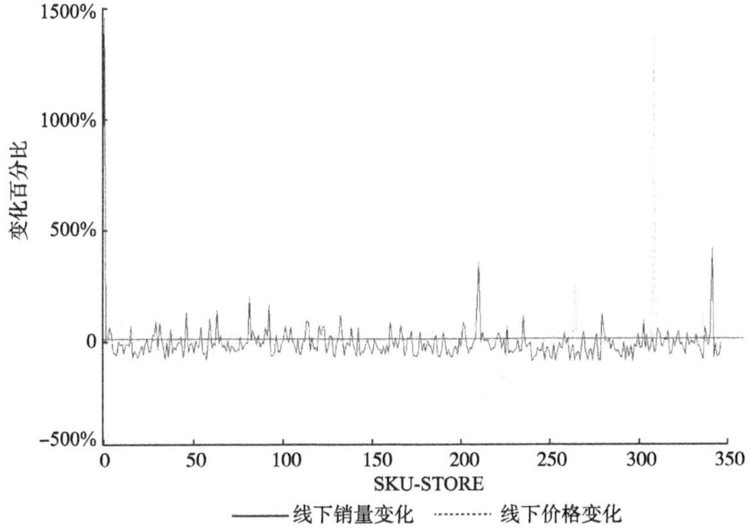

图 7-11　仅线下有销售的情景时线下销量和线下价格的变化

这部分结果是线上线下统一定价对只在线下购买的产品的影响。直觉而言，价格与销量应该为负相关关系。图 7-11 中展示了大部分的 SKU-STORE 组合都是这种负相关关系，但是也有个别的 SKU-STORE 组合显示统一定价前后价格增加，销量也是增加的。这可能是线上线下统一定价带来的价值溢出。

7.3.5　OLS 回归模型

前面通过简单的描述性分析，得到了统一定价对线上线下价格和销量的实际影响情况。本小节我们进一步分析相关变量对销量的影响。

$$
\begin{aligned}
\text{salesCP}_i^M = {} & a + \beta_1 \text{ onlistbrand}_i + \beta_2 \text{ foreignbrand}_i \\
& + \beta_3 \text{ averagepurchasetimes}_i + \beta_4 \text{ popularityofonlineshopping}_i \\
& + \beta_5 \log(\text{personalcapitaldisposableincome}_i) + \beta_6 \log(\text{memqty}_i) \\
& + \beta_7 \text{ flagstorearea}_i + \beta_8 \text{ flagstorepopu}_i + \varepsilon_i
\end{aligned}
$$

其中，$M \in \{\text{online}，\text{offline}，\text{total}\}$；$\beta_1$ 至 β_8 为系数；ε_i 为误差项；$i \in \{1,2,\cdots,N\}$，基于 SKU-STORE 组合。

$$\operatorname{cov}(\varepsilon_{it}, \boldsymbol{X}) = 0\text{；}\ \operatorname{cov}(\varepsilon_{it}, \mu_i) = 0$$

其中，$\boldsymbol{X}$ 为变量矩阵；μ_i 为均值。

7.4 结果分析

7.4.1 线上线下都有销售的情景

这一部分的结果分为线下销售变化、线上销售变化和总销售变化三类模型，每类模型又分别用两套数据进行分析。模型 a 是用 2012 年 6 月~2012 年 12 月与 2013 年 6 月~2013 年 12 月按周平均的变化（百分比）数据，模型 b 是用 2012 年 1 月~2013 年 5 月与 2013 年 6 月~2013 年 12 月按周平均的变化（百分比）数据。

如表 7-6 所示，线下销售变化模型：模型 1a 和模型 1b 中，foreignbrand_i（国际/国内品牌）这一变量都是显著性的负向影响（$p<0.01$）。也就是说，如果一个 SKU 的品牌是国外品牌，那么线上线下同价对它的线下销量是有减少作用的。在模型 1b 中 onlistbrand_i（是否上榜品牌）的系数也是负向显著的（$p<0.1$）。如果说二者都代表消费者对产品的信赖程度的话，那么也就是说，消费者对一个产品的质量越确定，统一定价对该产品在线下的销量越有负向的作用。模型 1a 中 $\log(\text{memqty}_i)$（会员数）的系数具有正向的显著性影响（$p<0.05$）。门店的会员越多，一般情况下，这个门店的规模也越大。而线上线下同价对于这类规模大的线下门店的销量是具有促进作用的。

表 7-6 线下销售变化

变量	模型 1a	模型 1b
截距项	−9.742 （−466.707）	48.825 （−371.633）
onlistbrand_i	−16.298 （−11.150）	−16.529* （−8.879）
foreignbrand_i	−54.561*** （−10.936）	−56.483*** （−8.708）
$\text{averagepurchasetimes}_i$	−13.862 （−13.788）	−4.270 （−10.979）
$\text{popularityofonlineshopping}_i$	−29.671 （−51.595）	1.748 （−41.085）
$\log(\text{personalcapitaldisposableincome}_i)$	−19.494 （−46.368）	−8.752 （−36.922）

续表

变量	模型 1a	模型 1b
log(memqty$_i$)	22.932** （–11.403）	6.464 （–9.080）
flagstorearea$_i$	0.490 （–0.376）	0.358 （–0.300）
flagstorepopu$_i$	1.774 （–4.512）	2.189 （–3.593）
调整后的 R^2	0.105	0.148

注：括号内为标准差

***表示 p<0.01，**表示 p<0.05，*表示 p<0.1

如表 7-7 所示，线上销售变化模型：从模型 2a 和模型 2b 中可以看出，foreignbrand$_i$（国际/国内品牌）和 onlistbrand$_i$（是否上榜品牌）对线上销量的变化有着显著的反向的影响，前者是负向的（p <0.01），而后者是正向的（p <0.01）。之前我们假设，二者都是代表消费者对该产品的不确定性程度，上榜品牌和国外品牌的产品的不确定性程度都要小一些，因而消费者更倾向于在线上购买。模型结果显示，上榜品牌是符合我们预期的，但国外品牌则与预期是相反的。另外，模型 2a 和模型 2b 都显示，当地的 popularityofonlineshopping$_i$（在线购买流行度）越高的地区，线上销量越容易从线上线下统一定价中获益。

表 7-7　线上销售变化

变量	模型 2a	模型 2b
截距项	77.509 （–318.405）	116.615 （–361.439）
onlistbrand$_i$	22.808*** （–7.607）	23.077*** （–8.635）
foreignbrand$_i$	–35.622*** （–7.461）	–41.062*** （–8.469）
averagepurchasetimes$_i$	–11.497 （–9.407）	–12.139 （–10.678）
popularityofonlineshopping$_i$	69.473* （–35.200）	82.076** （–39.958）
log(personalcapitaldisposableincome$_i$)	–11.978 （–31.634）	–21.573 （–35.910）
log(memqty$_i$)	5.453 （–7.779）	11.111 （–8.831）
flagstorearea$_i$	–0.264 （–0.257）	–0.307 （–0.291）
flagstorepopu$_i$	0.036 （–3.078）	0.687 （–3.495）
调整后的 R^2	0.096	0.095

注：括号内为标准差

***表示 p<0.01，**表示 p<0.05，*表示 p<0.1

如表 7-8 所示，线上线下总销售变化模型：从总销量的变化来看，国外品牌的产品销量是从线上线下统一定价中受损的，但会员数多的地区总销量则是可以从线上线下统一定价中受益的。

表 7-8　线上线下总销售变化

变量	模型 3a	模型 3b
截距项	162.826 （-466.156）	218.931 （-379.557）
$onlistbrand_i$	-7.483 （-11.137）	-6.279 （-9.068）
$foreignbrand_i$	-67.557^{***} （-10.923）	-73.684^{***} （-8.894）
$averagepurchasetimes_i$	-20.679 （-13.772）	-11.557 （-11.213）
$popularityofonlineshopping_i$	-10.033 （-51.534）	32.086 （-41.961）
$\log(personalcapitaldisposableincome_i)$	-37.298 （-46.313）	-29.732 （-37.710）
$\log(memqty_i)$	24.421^{*} （-11.389）	11.228 （-9.273）
$flagstorearea_i$	0.408 （-0.376）	0.264 （-0.306）
$flagstorepopu_i$	2.286 （-4.507）	2.780 （-3.670）
调整后的 R^2	0.138	0.208

注：括号内为标准差

***表示 $p<0.01$，*表示 $p<0.1$

7.4.2　仅线下有销售的情景

这一部分的结果只有线下销售变化这一类模型，见表 7-9。模型 4a 用的是 2012 年 6 月~2012 年 12 月与 2013 年 6 月~2013 年 12 月按周平均的变化（百分比）数据，模型 4b 用的是 2012 年 1 月~2013 年 5 月与 2013 年 6 月~2013 年 12 月按周平均的变化（百分比）数据。

表 7-9　仅线下有销售的情景的线下销售变化

变量	模型 4a	模型 4b
截距项	583.783 （507.111）	189.938 （−492.500）
$onlistbrand_i$	12.466 （12.759）	11.903 （−12.391）
$foreignbrand_i$	−87.225*** （22.274）	−97.122*** （−21.632）
$averagepurchasetimes_i$	−5.390 （14.563）	−1.822 （−14.143）
$popularityofonlineshopping_i$	−59.349 （64.949）	−69.638 （−63.077）
$\log(personalcapitaldisposableincome_i)$	−38.423 （48.464）	0.712 （−47.067）
$\log(memqty_i)$	−11.202 （12.638）	−9.980 （−12.274）
$flagstorearea_i$	0.637 （0.397）	0.528 （−0.385）
$flagstorepopu_i$	−3.131 （4.323）	−4.924 （−4.198）
调整后的 R^2	0.038	0.049

注：括号内为标准差

***表示 $p < 0.01$

对于仅在线下有销售的 SKU-STORE 组合，模型 4a 和模型 4b 中都显示（表 7-9），只有 $foreignbrand_i$（国际/国内品牌）对销量的变化有显著的负向影响。

7.4.3　结果分析

总体而言，通过苏宁的实行双线同价战略前后的对比实证研究，我们发现以下两点。

（1）在线上线下同价前后，线上线下价格变化的组合是多样化的，但大部分是线上线下价格都下降的情况。进一步统一定价对销量的影响在 SKU-STORE 组合层面并不是完全一致的，大部分情况下，线上线下同价前后价格与销量都是反方向变化的，但也存在价格与销量同方向变化的情况，也就是说，存在价格下降销量也下降的情况。这些实证发现符合我们理论模型的预期。

（2）就影响因素而言，我们发现，消费者对一个产品的质量越确定，线上线下统一定价对该产品在线下的销量越有负向的作用，消费者更倾向在线上购买；

并且在线上购买越普及，线上销量越容易从统一定价中获益。同时，会员数多的地区总销量是可以从统一定价中受益的。但就销量而言，国外品牌的产品销量是从线上线下统一定价中受损的。

7.5 小　结

苏宁作为中国商业企业的领先者，持续推进科技转型、智慧服务的发展战略，逐步探索出线上线下多渠道融合、全品类经营、开放平台服务的业务形态，通过“店商+电商+零售服务商”的云商模式，实现 O2O 的线上线下融合，以“零售CPU”战略理念引领零售发展新趋势。

苏宁双线同价战略是苏宁 O2O 重构互联网零售模式的核心。线上获取消费者并将其带到线下门店，而线下门店不仅提供服务和购物体验，还成为物流配送点，以此突破传统零售模式的空间、时间、品类等局限，同时兼具线下体验，这与天猫商城、京东商城等现有电商平台形成差异化竞争，形成线上线下一体化的泛零售概念。

在本章中，我们制定了一个分析模式来检验在同时具有线上和线下渠道的情况下零售商的定价策略。我们通过假设消费者对产品属性的相关偏好，超越了现有的数字、非数字属性设置。消费者可能会为了找到合适的产品而出现多展厅现象，并且他们可能会退回不合适的产品。在线上线下同价与不同价策略下，我们得出并比较了企业的价格和利润。其中一个重要的发现是，对于一个垄断零售商来说，线上线下统一价格可能更有利可图，因为消费者在产品估值上存在差异从而导致购物成本存在差异，所以统一价格有利于零售商管理双渠道。此外，即使统一价格低于线上线下价格，线上线下同价也能优于不同价策略。

除了理论分析之外，我们还收集并分析了苏宁实施线上线下同价前后的数据。比较统一价格和双重价格，可以发现数据支持这样一个理论，那就是统一价格可以低于线上和线下的价格。除此以外，同时比较价格和销量，我们发现，消费者对一个产品的质量越确定，线上线下统一定价对该产品在线下的销量越有负向的作用，消费者更倾向于在线上购买；并且在线上购买越普及，线上销量越容易从统一定价中获益。同时，会员数多的地区总销量是可以从线上线下统一定价中受益的。但就销量而言，国外品牌的产品销量是从线上线下统一定价中受损的。

我们的理论和实证结果一致发现，对于一个垄断零售商来说，线上线下统一价格可能更有利可图，即使统一价格可能低于线上价格和线下价格。

鉴于分析模式的可操作性，我们在理论分析中做出了几个简化的假设，以突出关键的见解。第一，我们忽略了一部分消费者，这些消费者可能因为忠实某品牌或便利原因只考虑线上或线下渠道。第二，消费者普遍认为线下购物成本和线上购物成本是类似的，而在不同的研究背景下会考虑这些成本的差异性（Ofek et al.，2011；Mehra et al.，2018）。第三，尽管最佳退货政策在市场营销和运营文献中已有广泛的研究，但我们还没有建立最佳模式。第四，我们决定将本章重点放在垄断设置上，同时会涉及合并竞争。我们期待未来通过放宽这些假设来扩展我们的研究，这可能会带来更多的见解。

理论和实证研究的融合有一定的难度。我们希望未来可以将顾客对产品质量的不确定性在理论模型中更好地刻画，在理论上分析这种不确定性对顾客行为和公司效益的影响，在实证上用更丰富的数据进行分析，使理论和实证研究结合更紧密。

参考文献

Balakrishnan A，Sundaresan S，Zhang B. 2014. Browse-and-switch：retail-online competition under value uncertainty. Production and Operations Management，23（7）：1129-1145.

Bandyopadhyay S，Paul A A. 2010. Equilibrium returns policies in the presence of supplier competition. Marketing Science，29（5）：846-857.

Bell D R，Gallino S，Moreno A. 2018. Offline showrooms in omnichannel retail：demand and operational benefits. Management Science，64（4）：1629-1651.

Bhardwaj P，Chen Y X，Godes D. 2008. Buyer-initiated vs. seller-initiated information revelation. Management Science，54（6）：1104-1114.

Castellanos S. 2017. UPS offers IT solution for e-commerce returns. https://blogs.wsj.com/cio/2017/10/26/ups-offers-it-solution-for-e-commerce-returns[2019-10-26].

Chen Y，Dai Y，Zhang Z. 2019. Managing multi-rooming：why uniform price can be optimal for a monopoly retailer and can be uniformly lower. Shanghai：Fudan University，Working Paper.

Google Consumer Barometer. 2015. The smart shopper. Research & purchase behavior（ROPO）. https://www.consumerbarometer.com/en. Retrieved August 25.

Jing B. 2018. Showrooming and webrooming：information externalities between online and offline sellers. Marketing Science，37（3）：469-483.

Lal R，Sarvary M. 1999. When and how is the Internet likely to decrease price competition? Marketing Science，18（4）：485-503.

Mehra A，Kumar S，Raju J S. 2018. Competitive strategies for brick-and-mortar stores to counter “showrooming”. Management Science，64（7）：3076-3090.

Ofek E，Katona Z，Sarvary M. 2011. “Bricks and clicks”：the impact of product returns on the strategies of multichannel retailers. Marketing Science，30（1）：42-60.

Sevitt D，Samuel A. 2013. How Pinterest puts people in stores. Harvard Business Review，91:26-27.

Shulman J D，Coughlan A T，Savaskan R C. 2009. Optimal restocking fees and information provision in an integrated demand-supply model of product returns. Manufacturing & Service Operations Management，11（4）：577-594.

Shulman J D，Coughlan A T，Savaskan R C. 2011. Managing consumer returns in a competitive environment. Management Science，57（2）：347-362.

Zimmerman A. 2012. Can retailers halt“showrooming”. The Wall Street Journal，259：B1-B8.

第 8 章　大数据环境下的竞争者合作策略

吴肖乐，王德瑞
复旦大学管理学院

8.1　概　　述

18 世纪中叶，工业革命的到来使生产方式从手工劳动向机器大工业转变，生产过程的分工合作极大地提升了生产效率。19 世纪末，现代企业制度形成，科学管理理论和方法逐渐完善，企业开始重视自身核心竞争力的培养。20 世纪 70 年代末，为能以较低风险实现较大范围的资源调配，形成企业优势互补，提高竞争力，供应链中企业间的联盟开始在美国、欧洲、日本等发达国家和地区蓬勃发展。联盟大多形成于某一行业内的企业或是同一产业链中的上下游企业，其目标是应对共同的竞争对手，提升合作各方即利益共同体的市场优势。与此同时，竞争企业间的横向产能共享同样受到关注。与企业联盟不同的是，此类合作并不会改变企业的竞争关系，企业根据自己的产能状况和市场现状，在参与市场竞争的前提下，判断是否可以通过和竞争者进行产能共享来提升自己的收益。

随着大数据时代的到来，企业之间产能共享及结盟的商业合作将更加普遍。大数据的出现使企业内部管理体系的信息整合度及外部产业环境的透明度都有了极大的提升，这为企业间的合作提供了基础。

IBM 提出大数据 4V 特征：数量（volume）、多样性（variety）、速度（velocity）和真实性（veracity）。大数据所承载信息的真实性及处理的快速性，使企业可准确地了解现阶段自身生产能力及销售状况，统筹各方信息，做到对于内外部变化及时反馈，并实现实时性的决策；同时，随着数据统计、存储、分析与挖掘技术的发展，大数据体量巨大、承载信息繁杂的特性得以利用，从产业集群的视角来看，这会使行业环境更加透明，有助于了解行业内相关企业的发展现状及行业整体景气程度，解决联盟及产能共享过程中信息不对称的问题，由此激发大量的企业间合作。

本章主要介绍大数据时代的洪流中，企业间合作将呈现什么样的新的特征，会遇到什么样的问题及如何利用大数据提升合作的成效。根据企业间合作的紧密程度，我们主要关注两种合作方式：一种是竞争企业间的横向产能共享，这是一种竞争与合作同时存在的组织形式，企业间的合作往往只存在于产能（或库存）的交易或兑换，在此竞合关系中，企业间合作的目标依旧是使自身利益最大化，而合作只是提升自身利益的一种手段；另一种是通过并购重组或结成联盟的方式，将原先互为竞争关系的企业紧密结合到一起，原先个体的产能、市场、管理体制等互相融合渗透，结合成一个企业或者是行动一致化的联盟来共同与市场中的其他企业进行竞争，合作的目标是使整个共同体的利益增加，从而实现个体利润的提升。

竞争企业间横向产能共享在多个产业中都有实例。比如，互为竞争关系的航空公司之间通过代码共享（codeshare）来共享航班运力（Wassmer et al.，2010；Chun et al.，2012；Hu et al.，2013），即一个航班由两个或多个航空公司使用，从而一个航班可能是由两个航空公司来进行营销销售，但实际由一个航空公司来运营。例如，一个航空公司有足够的舱位但可能由于自身的营销策略问题没有吸引太多的顾客；而另一个航空公司营销手段更为丰富、有效且在市场中保有较多的忠实顾客，从而吸引了大量的顾客，导致舱位不够。代码共享是解决两家航空公司舱位供应和需求不匹配的一种方案。航空公司间产能共享的另一种方式是通过联运航班（interline flight）来共享不同航段的运力（Hu et al.，2013），即某些旅客的整个行程可能包括多个航段，但航空公司在某个航段里并没有合适的联程航班或者该航段运力不足，则可由其他航空公司来进行该航段的承运，但旅客只需进行一次登机手续及行李托运的办理。类似地，在船运公司之间，此类运力共享也非常普遍。

另外比较典型的是酒店行业内空房资源的交易。超售是酒店降低空房率的一个常用手段，但这也会导致顾客到店后无法入住情况的出现，许多同区域同类型酒店之间会通过签订协议的方式，将无法入住的顾客安排到就近的酒店入住。后续依托于数据化在酒店行业的普及，大数据所承托的信息数量、质量及处理速度有了前所未有的提升，出现了相应的第三方平台（如 https://overbookingapp.com，见图 8-1）供酒店在客满时通过该平台以合适的价格寻找就近的酒店来安顿自己无法提供住宿的顾客，同时，那些空房率较高的酒店也可以借此来提升自己的入住率。

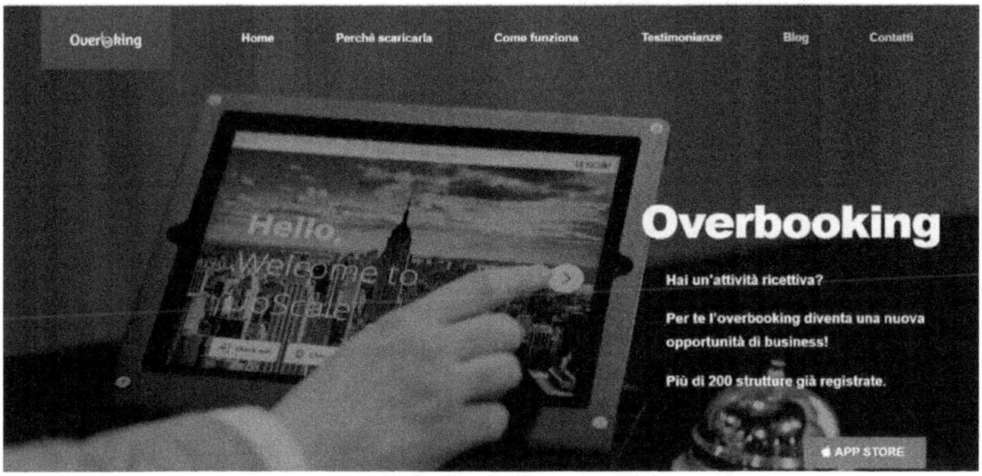

图 8-1　https://overbookingapp.com

除了服务业，竞争企业间的产能共享在制造业也变得更加普遍。比如，马自达株式会社（简称马自达）用它在墨西哥的装配工厂为丰田汽车公司（简称丰田）生产小型车，而这个工厂同时也生产马自达自身的车型 Mazda 2 和 Mazda 3（Reuters，2012；Apostolides，2014）。尽管马自达和丰田共享了这个工厂的产能，它们在汽车市场仍是竞争者。三星集团（简称三星）和索尼在液晶电视市场是激烈的竞争者，然而它们却建立了一个联合体——S-LCD 股份有限公司来共同生产它们都需要的液晶屏（Ihlwan，2006）。

企业间通过联盟形式进行合作的例子同样不胜枚举。全球范围内最大的两家啤酒企业——百威英博和英国南非米勒酿酒公司（简称南非米勒）[图 8-2（a）]，在历经层层垄断嫌疑的审查之后，最终于 2016 年完成了兼并，成为啤酒行业的巨无霸。2018 年 12 月，华特迪士尼公司（简称迪士尼）宣布收购二十一世纪福克斯公司[图 8-2（b）]，世界上最大的两个娱乐公司合并以寻求更大的市场竞争力及更丰厚的回报。除去行业内大企业间的合并，中小企业之间同样存在合并的事例，例如，美国第三大和第四大无线通信运营商——T-Mobile 和 Sprint [图 8-2（c）] 在 2018 年完成了合并，虽合并后的 New T-Mobile 用户总数仍不及行业前两位 Verizon 和 AT&T 公司（American Telephone & Telegraph Company，美国电话电报公司），但此次合并极大地强化了其在市场内的话语权，且为后续 5G 的研发与部署提供了充足的科研基金。

（a）百威英博+南非米勒

（b）迪士尼+二十一世纪福克斯公司

（c）T-mobile+Sprint

图 8-2 企业联盟事例

资料来源：https://www.chicagotribune.com/business/ct-ab-inbev-sabmiller-layoffs-20160826-story.html [2019-06-21]；https://variety.com/2019/biz/news/disney-fox-deal-complete-1203167374/ [2019-06-21]；https://consumerist.com/2014/06/ 05/sprint-reportedly-offers-32-billion-to-buy-t-mobile/ [2020-10-25]

可见，企业间的合作形式多种多样，且每种方式都各有优劣，选择何种合作方式还需相关理论的严格验证，如何确定具体的合作条款同样值得探讨。另外，企业间的合作向来是比较敏感的话题，因为这个行为容易和垄断联系起来（Jorde and Teece，1990）。近年来，中国政府在反垄断方面做了很多卓越且重要的工作。了解竞争者之间合作带来的影响将有利于反垄断工作的进一步展开。

本章将总结 Guo 和 Wu（2018）及 Wang 等（2019）在竞争者合作方面的主要工作、结论和管理启示，并探讨未来的研究方向。

8.2 竞争者横向产能共享

8.2.1 研究议题及框架

竞争者之间产能共享是一种横向合作的形式，对于产能不足且短期内不能大规模投资以提升产能的企业来说，这为它们提供了解决该问题的可能，同时，对于产能过剩的企业来说，产能共享为其开辟了另一个利润来源。那么，这种合作是否一定会降低竞争者之间的竞争程度从而提升各自的利润呢？仔细一想，答案未必如此简单。以航空公司之间的合作为例，如果低价航空公司可以从高价航空公司那得到更多的舱位，则低价航空公司可能有更大的激励降低价格，保持自己低价航空的地位。若是这样，则航空公司的舱位共享可能导致更激烈的竞争，从而使消费者获利。同样，当三星和索尼共享液晶屏生产产能以致产能不再是约束条件时，每个公司可能都有激励降低价格从而获得更大的市场。然而从另外一个角度考虑，有了产能共享，采用高价策略也可能是个不错的选择，因为高价公司可以从产能出借中获利。故而产能共享到底会加剧还是减轻公司之间的竞争，提高还是降低公司的利润并不是一个直观的问题，需要严格的理论论证。

若进行产能共享，另外一个重要的问题是如何确定共享的条款。两家公司可以在进行市场竞争行为之前商定一个固定的产能转移价格，也可以在市场竞争行为之后根据市场的反应商定产能转移价格。当然公司除了商定价格之外，还可以选择在市场竞争之前或之后商定产能转移的数量。若两家公司是对称的，它们对于机制往往有相同的偏好，在该情境下，可以探究哪一种机制对竞争企业更有利。若企业具有不同的规模，即具有不同的产能，可分析具有不同产能的企业对于机制的不同偏好。

Guo 和 Wu（2018）针对以上问题，研究了竞争者产能共享方案，考虑两种产能共享机制：在一个机制中，公司先就产能转移价格进行议价，然后进行零售价博弈，这个机制后续称为事前议价机制；在另一个机制中，两个公司先进行零售价博弈，在双方都宣布了零售价之后，它们商议产能转移价格并进行产能共享，这个机制后续称为事后议价机制。Guo 和 Wu（2018）研究了公司对于这两种议价机制的偏好。

在一个基本模型中，Guo 和 Wu（2018）考虑对称产能情境，即两个公司拥有相同的产能。在拓展模型中，考虑非对称产能情境，即一个公司拥有的产能比另一个公司多。在每一种产能情境下，Guo 和 Wu（2018）均考虑三个博弈：无产能共享时的零售价博弈、采用事前议价机制进行产能共享、采用事后议价机制进行产能共享。首先，在每种博弈均衡下，可以观察公司忠实顾客数量和产能高低如何影响价格竞争和公司利润。其次，通过对比，可以研究产能共享所带来的改变，以及不同议价机制下的产能共享有何不同。最后，将对称产能情境下的均衡结果和非对称产能情境下的均衡结果进行比对，分析产能的不对称性对公司进行产能共享激励的影响。

8.2.2 相关研究

关于竞争企业之间产能共享的理论研究还相当少，相关研究多关注非竞争企业之间的产能（或库存）共享。van Mieghem（1999）考虑分别满足自己市场随机需求的一个制造商和一个承包商，它们首先进行产能投资，在需求实现后两个公司进行产能共享。van Mieghem（1999）考虑了三种合同，发现只有状态依赖合同能够协调产能投资决策。Wu 等（2013，2014）考虑一个制造商和一个承包商，只有制造商能够接触终端市场。在需求实现后，承包商可能与制造商共享一定产能。以上研究均考虑了供应链中非竞争的上下游企业之间产能转让问题，关注不同合同最大化系统利润的能力。

另外一类研究关注零售商之间的（即横向的）库存转移。Anupindi 等（2001）、Granot 和 Sošić（2003）考虑 n 个独立的零售商，它们先用自己的库存满足自己的需求，然后有多余库存的零售商和库存不够的零售商进行库存转移，使大家都获利。他们均假设库存转移价格在需求实现之后确定。相反，Rudi 等（2001）、Hu 等（2007）考虑在需求实现之前确定线性库存转移价格。Huang 和 Sošić（2010）比较了这两种库存转移价格的确定模式，指出当零售商较不对称时，在需求实现之后确定库存转移价格比需求实现之前确定能得到更高的系统利润。其他库存转移的相关研究还包含 Lee 和 Whang（2002）、Slikker 等（2005）等的研究。同样，此类库存转移文献也仅关注非竞争企业之间的资源共享问题，由于企业之间不存在竞争关系，资源共享对每一方都有益而无害。然而 Guo 和 Wu（2018）考虑的公司互为竞争对手，它们之间的产能共享可能导致竞争加剧，这是否反而损害公司的利益?

葛泽慧等（2011）对竞合领域的发展做了全面的概述并研究了竞合的数学模型。目前，学者普遍将同时包含合作博弈和非合作博弈的工作文献归类为竞合文献，如 Gurnani 等（2007）、Anupindi 等（2001）、Granot 和 Sošić（2003）的研究。后两者考虑几个公司先分别独立做库存决策（非合作博弈），在需求实现后再确定库存转移价格（合作博弈）。这样的工作我们认为是“广义”上的竞合，因为这些公司尽管在某一阶段进行非合作博弈，但是它们并没有直接的冲突和竞争。关于直接竞争者之间合作的实证研究包括 Song（2003）、Gnyawali 等（2006）等的研究。然而基于解析模型的研究非常有限，Li 和 Zhang（2015）研究在海运环境下互为竞争关系的货运代理进行运力共享，然而它们的运力共享价格是由每个货运代理单方面确定，而不是通过合作博弈确定。他们用线性需求函数刻画两公司间的价格竞争，故不能分析公司忠实顾客量及每个公司产能多少对于共享结果的影响。另外，运力共享分为事前和事后两种机制，在 Guo 和 Wu（2018）之前还没有文献在竞合领域中对这两种机制进行统筹研究。

为了使分析更为简明清晰又不失启发性，Guo 和 Wu（2018）考虑进行零售价格竞争的两个公司，各自的生产成本假设为 0，每家公司都有自己的忠实顾客，市场上的剩余顾客为价格敏感型顾客，它们总是期望能从最低价的公司购买。Varian（1980）、Narasimhan（1988）得到了同时存在忠实顾客和价格敏感型顾客时的公司价格均衡策略，他们的研究考虑的是无产能约束的情况。为使得产能共享的存在是有价值的，Guo 和 Wu（2018）假设公司的产能有限，每个公司的定价策略依赖于自己和对方的产能，且如果两个公司之间进行产能共享，则定价策略还需将产能共享的影响考虑进去。

8.2.3　产能对称

Guo 和 Wu（2018）首先考虑两家公司（A 和 B）有相同产能的情况，它们在市场上进行价格竞争。因为当两家公司都不存在产能约束时，产能共享将永远不会发生，故考虑两家公司都存在产能约束的对称情境。前面提到价格敏感型顾客对两家公司的产品没有偏好，它们会先从低价的公司购买，只有当低价公司的产品供应不足时它们才会从高价公司购买。所以两个公司都有动机降低价格来吸引价格敏感型的顾客，然而公司又不愿意过于降低价格而在它们的忠实顾客那失去太多利润。

1. 无产能共享

Guo 和 Wu（2018）先考虑无产能共享这一基准模型，由于有价格敏感型顾客的存在，可以论证公司的定价博弈不存在纯策略纳什均衡，而只存在一个混合策略纳什均衡。在这个混合策略纳什均衡下，每个公司的价格上确界为顾客的保留价格 r，下确界相同，假设为 L。根据两家公司定价的大小关系可以导出在不同情境下各公司的销量，从而得到公司的利润表达式，并利用混合策略纳什均衡的性质继而求得公司的均衡利润。

2. 事前议价机制

如图 8-3 所示，事前议价机制中，在第一阶段两家公司首先商定产能转移价格，记为 λ；在第二阶段中，两家公司进行定价博弈。由于两者需进行两次博弈，Guo 和 Wu（2018）通过逆推法求解整个博弈均衡。

当第一阶段的产能转移价格 λ 确定之后，根据产能转移价格与产品定价下确界的关系，在第二阶段需要考虑两种情况：$L \leqslant \lambda$ 和 $L > \lambda$。

如果 $L \leqslant \lambda$，需要注意的是产能共享只有当 λ 小于低价公司的价格时才会发生。从而，当一个公司的定价高于 λ 时，取决于另一个公司的定价策略，需考虑该公司的三种利润情况：该公司为高价者且产能共享不发生、该公司为高价者但

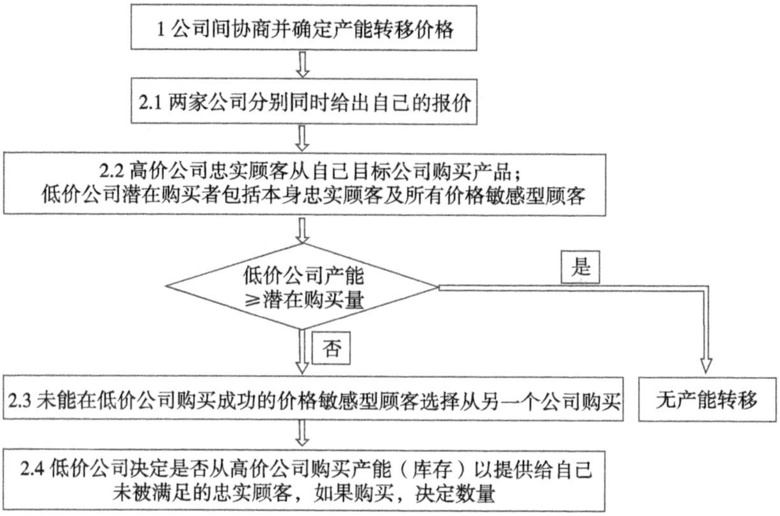

图 8-3 事前议价机制

产能共享发生、该公司为低价者且产能共享发生。三种情况下的利润依据发生概率进行加权并求和可得该公司期望利润。另外，当公司定价低于λ时，产能共享肯定不发生，其利润需考虑为高价者和为低价者时的两种情况。

如果$L>\lambda$，则λ肯定小于低价公司的价格，即产能共享总是发生，从而公司利润需考虑该公司分别为高价者或低价者且产能共享发生时的利润。再次利用混合策略纳什均衡的性质，可以得到公司的定价策略，进而获得公司的利润$\Pi(\lambda)$。

在此基础上考虑第一阶段，此时产能转移价格的纳什议价均衡解为最大化$\Pi(\lambda)$的λ，公司的均衡利润便是最大化的$\Pi(\lambda)$值。

将此均衡解和无产能共享下的均衡解进行比较，可以发现在有产能共享的情况下，价格竞争强度被减弱，从而公司的均衡利润得以提升，这与我们的直觉是相符的。进一步可以发现，如图 8-4 所示，事前议价机制下产能共享带来的利润增长量（即$\Pi_a-\Pi_0$）随着忠实顾客数量的增加先递增后减小，而随着公司产能的增加始终减小。产能共享带来利润提升的主要原因在于公司可以保有原先因产能不足而流失的忠实顾客。然而整个市场的规模是确定的，忠实顾客数量的提升同时意味着价格敏感型顾客的数量会降低，从而顾客未被满足的概率会降低，这两种驱动力相互影响，使忠实顾客数量的增加给产能共享红利带来先提升后降低的影响。公司产能变化带来的影响则更为明晰，随着公司产能的提升，在无产能共享时未被满足的忠实顾客数量必然减少，从而产能共享的红利随之降低。

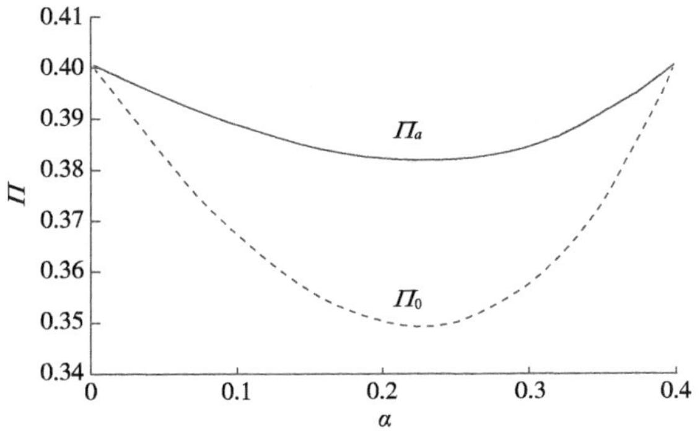

（a）k=0.6

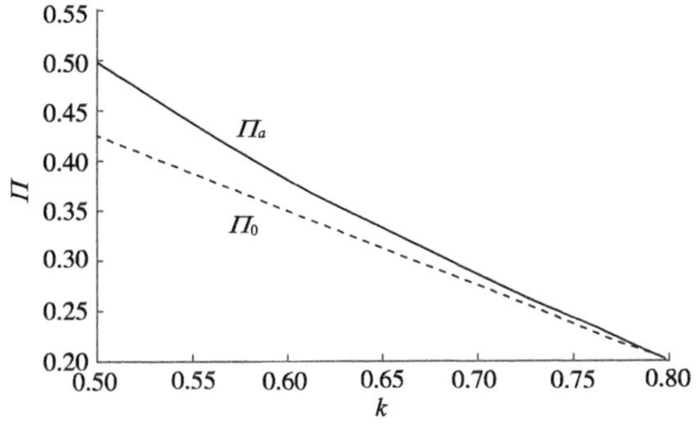

（b）α=0.2

图 8-4　对称产能下事前议价机制带来利润提升量的变化

Π_a、Π_0 分别为事前议价机制产能共享下和无产能共享下的公司均衡利润；α、k 分别为单个公司忠实顾客和产能数量

可见，在现实情境中，当两个规模相似的企业在考虑是否进行产能共享时，它们需考量双方忠实顾客数量及产能状况，如果产能共享的实施费用（如产品转运费、订立合同的费用、产能共享议价环节的费用）较高，那么它们最好在双方忠实顾客数量处于中等水平或产能较低的情况下考虑合作，否则可能会适得其反。

3. 事后议价机制

如图 8-5 所示，事后议价机制中，两家公司在第一阶段进行定价博弈；在第二阶段，两家公司商定产能转移单位价格 λ。求解方式依旧采用逆推法。

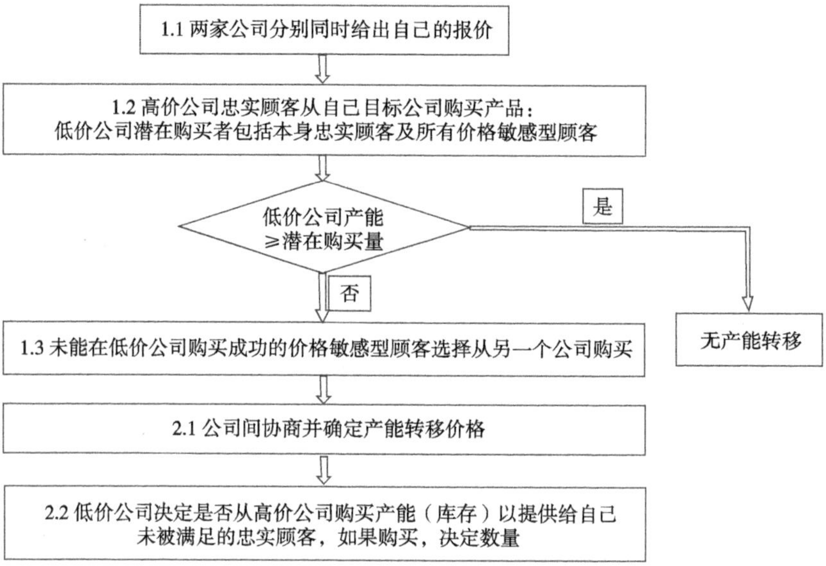

图 8-5　事后议价机制

在第二阶段中，公司已经确定了各自产品定价，需要注意的是，此时如果由高价公司就产能转移价格进行提议，那么它必定会将产能转移价格定为低价公司的产品出售价格，且低价公司会接受此提议；另外，如果由低价公司来提议，则它会将产能转移价格定为 0，由于不考虑生产成本，高价公司也会接受。由此，公司商定的均衡产能转移价格的期望为此时低价公司价格的一半。据此，Guo 和 Wu（2018）得到各公司在第一阶段时的利润表达式，并导出事后议价机制下的均衡产能转移价格及公司的均衡利润。

同样，将此均衡解和无产能共享下的均衡解进行比较，能看到类似于事前议价机制下产能共享带来的变化，即公司均衡利润得以提升，且提升量随忠实顾客数量的增加呈现先增长后降低的趋势，而随着产能的增长一直降低。可见产能共享带来影响的作用方式并不随产能转移价格商定时间点的改变而发生本质的变化。

4. 事前事后议价均衡对比

两种产能共享机制的影响方式类似，但并不意味着两者的影响强度相同。一个重要的问题是事前和事后两种议价机制哪一种可以给公司带来更大的利润，即公司到底何时协商产能转移价格更为合适？

通过对比这两种产能共享机制下公司的均衡利润，可以得到如图 8-6 所示的结果。在竞争程度并不激烈的市场里（即公司的产能不高或者忠实顾客数量较多），事前议价机制能给公司带来更多的利润，而在竞争激烈的市场里（即公司有较高产能但忠实顾客数量不多）有相反的结论。究其原因，发现在这两种机制中产能转移都会发生，这意味着公司在这两种机制下的利润差距主要在于期望产能转移价格的区别。在事前议价机制中，公司可以通过改变产能转移价格来影响后续的价格竞争，而在事后议价机制中并不存在这一现象，导致事前议价机制中市场竞争的激烈程度会更敏感于市场特征参数的变化。从而，当两家公司产能较低或忠实顾客较多时，事前议价机制会使市场竞争有更大程度的缓和，使公司获得更多利润。而当公司产能非常高或者忠实顾客数量较低时，市场竞争相对激烈，事前议价机制会导致公司选择一个非常低的产能转移价格，这样会进一步加剧两家公司在第二阶段定价博弈的激烈程度，影响到公司的利润，因而事后议价机制将是更优选择。

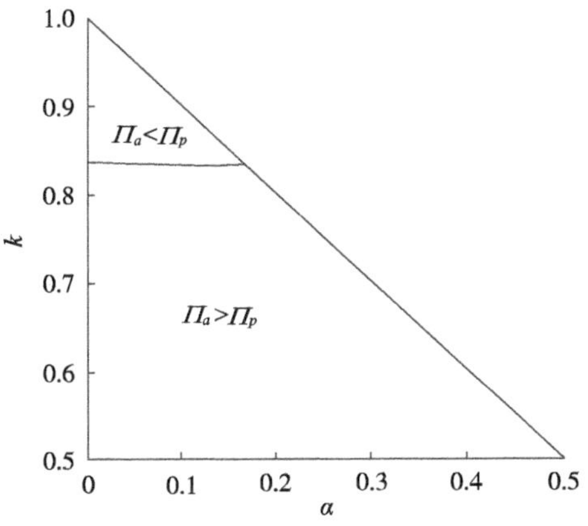

图 8-6　对称产能下事前事后议价机制对比

Π_p 为事后议价机制产能共享下的公司均衡利润

8.2.4　产能非对称

Guo 和 Wu（2018）将问题拓展到产能不对称的情境。假设公司 A 规模较大没有产能约束，公司 B 规模较小有产能约束。如果公司 A 为低价者，它的忠实顾客和所有价格敏感型顾客均从它那成功购买，不再需要产能共享；只有当公司 B 为低价公司时，产能共享才有必要。

在产能不对称情境下，同样考虑三种博弈类型：无产能共享定价博弈、事前议价机制产能共享、事后议价机制产能共享。由于公司产能不对称，它们的定价策略和产能共享的激励也不对称。类似于 Narasimhan（1988）的研究中的非对称情境，可以论证公司的定价博弈依旧只存在一个混合策略纳什均衡，且竞争意愿较低的公司的定价策略将在顾客保留价格 r 上存在质点。

1. 无产能共享

需要注意与产能对称且有限情境下不同的是，如果公司 A 为低价者，它的忠实顾客和所有价格敏感型顾客均可以从它那成功购买，此时公司 B 只能得到它的忠实顾客。混合博弈均衡的性质也有所不同，因为每个公司的定价策略不一样，可能一个公司的价格策略在 r 上有质点，另一个公司在 r 上无质点，需分情况讨论，进而可以得到各公司均衡定价策略及各自的利润。

2. 事前议价机制

在事前议价机制中依旧先考虑第二阶段的价格竞争，分为两种情况：$L \leqslant \lambda$ 和 $L > \lambda$。一方面，若 $L > \lambda$ 成立，说明只要公司 A 的定价比公司 B 高，产能转移必定发生，而当公司 A 为低价者时，由于无产能约束，它可以吸纳市场上所有的价格敏感型顾客，公司 B 只能得到自己的忠实顾客。进一步，还需讨论公司价格策略在 r 上有无质点的不同情况，从而得到在 $L > \lambda$ 条件下的子博弈均衡解。另一方面，若 $L \leqslant \lambda$ 成立，分析过程同样与产能对称情境下类似，不过需要注意非对称性带来的市场分配结构变化及定价策略质点的出现。

有趣的是，结果显示在非对称情境下，当小公司 B 的产能较低或忠实顾客数量较少，且产能转移价格在第一阶段设定过低时，事前议价机制的产能转移可能会损害大公司 A 的利润。具体来看，在无产能转移情况下，当小公司产能严重不足或者忠实顾客太多时，它在满足自身忠实顾客之外没有足够的剩余产能去跟大公司竞争价格敏感型顾客，从而有较低的竞争欲望。因此，大公司并不需要采取激进的定价策略便可获得较多的顾客，从而获得较高的利润。然而，当存在产能共享时，小公司可通过购买产能来弥补自身产能不足，从而小公司会采取更为激进的定价策略，大公司便失去了自身的价格优势。如果加之第一阶段中协商的产能转移价格过低，大公司通过出售产能获得的利润并不能弥补丧失价格优势带来的损失，那么最终会导致大公司利润的下降。但对于小公司来说，它总是可以从产能转移中获利。这是因为在非对称产能下，产能转移只会出现在小公司取低价的情况，而且产能转移只会使产能转出方采取更温和的定价策略，而使产能买入方采取更激进的定价策略，从而小公司只会从产能转移中取得价格优势而不会丧失价格优势，这也就说明了小公司为何只会从中获益。

以上结果表明第一阶段产能转移价格的高低会决定产能转移是否能给公司带来红利，对于产能转移价格为外生或由第三方机构决定的行业，以上结果具有指导意义。对于监管程度高的行业（如电信基础设施建设），产能转移价格往往由政府指导确定，如果产能转移价格设定过低，将导致产能转出方的利润受损，从而可能使公司间的合作走向覆灭。

现在考虑第一阶段，合作双方自主协商产能转移价格。若大公司获得提议产能转移价格的主动权，由于小公司在产能共享中不存在利润受损的情境，它会接受大公司的任何提议，从而大公司只需要考虑自身对 λ 的偏好。若小公司有主动权，虽然小公司只可能作为产能共享中的买入者并希望产能转移价格越低越好，但大公司可能会由于产能转移价格过低导致自身利益受损而选择拒绝产能共享，从而它需在保证大公司会接受自己提议的基础上来最大化自己的利润。也就是说如果产能转移价格是内生的，那么公司在事前议价机制中的均衡利润最终是不会比无产能共享情况下低的。

3. 事后议价机制

在事后议价机制下，公司先定价格策略再就 λ 进行议价。先求解第二阶段的产能转移价格子博弈，在非对称模型中，产能转移只会出现在大公司作为高价者、小公司作为低价者的情况下，此时若大公司拥有议价主动权，它将把产能转移价格定为小公司在第一阶段所取的价格，而当小公司拥有议价主动权时，产能转移价格为 0。

第一阶段的定价子博弈分析过程与产能对称的事后议价机制类似，需要注意的是由非对称性带来的市场分配结构变化及定价策略在 r 上存在质点的情况。

解得均衡后，与无产能共享的均衡进行比较，结果见图 8-7（a），当小公司产能较低或忠实顾客数量较多时，大公司的利润会出现由于产能共享而降低（ $\Pi_{A_0} > \Pi_{A_p}$ ）的情况，在其他情况下，事后议价机制的产能共享会提升大公司利润。此结果与事前议价机制下的结果类似，究其原因，同样是由于小公司没有充足的产能同大公司竞争价格敏感型顾客，则小公司在无产能共享时竞争性较低，但一旦产能共享成为可能，它在价格竞争中会变得激进，显然，这对于大公司来说是不利的。需要注意的是，由于事前议价机制中，大公司可在第一阶段通过控制产能转移价格 λ 来影响后续的定价博弈，在没有第三方机构加以限制的情况下，大公司可保证自己最终均衡利润不受损，而在事后议价机制中，由于公司无法事先商议产能转移价格，会出现拥有充足产能的大公司反而在产能共享中蒙受损失的情况。另外，非对称产能下事后议价机制产能共享对小公司来说影响依旧是正向的。以上结果要求大公司在订立产能共享合同时，需要极为谨慎，特别是在事后议价机制下，如果错误地选择了一个看似弱势的合作对象，可能反而培养了一个棘手的竞争者。

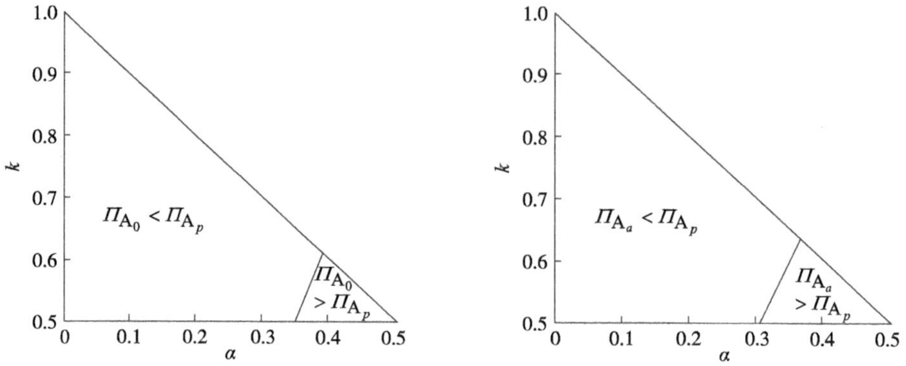

（a）无产能共享与事后议价机制　　（b）事前与事后议价机制

图 8-7　非对称产能下公司均衡利润对比

Π_{A_0}、Π_{A_a}、Π_{A_p} 分别代表非对称产能下，无产能共享、事前议价机制产能共享、事后议价机制产能共享时公司A的均衡利润；α 代表公司忠实顾客数量；k 代表小公司产能数量

4. 事前事后议价均衡对比

同样，可以将事前与事后议价机制中公司的均衡利润进行对比，结果见图 8-7（b）。一方面，与对称模型中结论相似的是，当市场的竞争激烈程度较低时（忠实顾客数量较多或小公司产能较低时），公司 A 的均衡利润在事前议价机制中相较于事后议价机制中要高。同样，这是由于事前议价机制中，在第一阶段商议的产能转移价格会影响第二阶段的定价博弈；而在事后议价机制中，商品价格确定后产能转移价格也便确定了，从而导致事前议价机制中市场竞争的激烈程度会更敏感于市场特征参数的变化。在市场的竞争激烈程度较低时，事前议价机制会给公司 A 带来较高的利润，而随着市场竞争环境升级，事前议价机制的优势渐渐丧失，最终事后议价机制占据优势。

另一方面，相较于对称模型，不对称性会带来某些改变。首先，不对称性会使公司在事前议价机制下对产能转移价格的态度发生转变。在对称模型的事前议价机制下，两公司在第一阶段的博弈中并不清楚谁会在下一阶段成为产能转出方及产能买入方，它们对于产能转移价格有相同的偏好；而在非对称模型中，即便是事前议价，由于两公司产能不对称，成为产能买入方的只可能是小公司，从而它会在第一阶段的博弈中尽力降低产能转移价格，也便影响了公司 A 的均衡利润。在事后议价机制下便不存在这种问题，因为事后议价机制的第二阶段决定产能转移价格，而无论是在对称模型还是非对称模型中，此时都已确定了两公司产品定价，从而也便确定了产能买入方和转出方。

同时，不难发现，在非对称模型中，公司 A 无产能约束，这使得它进行价格竞争的意愿更为强烈，公司 B 的定价策略同样会更为激进，因为一旦它定价较高，公司 A 将得到所有价格敏感型顾客。这个使竞争程度增强的影响在事前议价机制中体现得更为明显，就像前面提到的，事前议价机制对于市场特征的变化反应更为激烈。由此可以得出，相较于对称模型，大公司 A 在非对称模型中对于事前议价机制的偏好程度有所降低。最终呈现的结果便是，在非对称模型中，对应公司 A 偏好事后议价机制的市场特征参数范围更为广泛。

对于小公司 B 来说，相较于事前议价机制，它始终会从事后议价机制的产能共享中获得更多的利润，这同样是由于非对称性带来竞争程度增强的影响在事前议价机制中体现得更为明显。

根据以上讨论，可以总结出在不同的市场环境下，各公司对于产能共享方式的选择偏好，见表 8-1。

表 8-1　公司在不同产能状况下对产能共享方式的偏好

产能状况	市场竞争弱（产能低且忠诚顾客多）	市场竞争强（产能高或忠诚顾客少）
产能对称	$\Pi_a > \Pi_p$	$\Pi_p > \Pi_a$
产能非对称	$\Pi_{A_a} > \Pi_{A_p}$	$\Pi_{A_p} > \Pi_{A_a}$
	$\Pi_{B_p} > \Pi_{B_a}$	

注：Π_{B_a} 和 Π_{B_p} 分别为非对称产能下事前议价机制和事后议价机制产能共享时公司 B 的均衡利润

当产能对称时，产能共享必定能为公司带来利润的提升，如果市场竞争较弱，那么选择事前议价机制会更为有利；如果市场竞争较激烈，那么选择事后议价机制会更为有利。市场产能不对称的公司在考虑产能共享时，小公司会始终偏好于事后议价机制，而大公司需要考量小公司的规模，如果小公司事先产能较低而忠诚顾客较多，那么大公司最好提前签订好产能共享定价合同，当小公司规模较大时，那么事后议价机制更为合适。同时，可以观察到，两个非对称的公司可能对议价机制存在不同偏好的情况，在公司进行产能共享时，如何就议价机制进行博弈值得后续进一步探讨。

8.3　竞争企业联盟

8.3.1　研究议题及框架

与 8.2 节介绍的企业之间横向产能共享不同的是，企业联盟的合作程度更深且范围更广，联盟内成员的目标更为一致。企业之间形成联盟的主要驱动因素包括互补性、风险分担、议价能力提升、规模效应、多边协定带来的外部利益、运营成本的降低。那么这种组织形式是否一定会使参与联盟的企业竞争实力提升从而获得更多利润呢？其他未参与结盟的企业是否一定承受损害呢？一方面，虽然同其他企业结盟可提升产能，但若企业原先拥有的产能已经接近整个市场的消费者总量，那么结盟已无法进一步提升该企业的产能优势。另一方面，结盟会减少市场中企业的数量，且新形成的大企业往往不再重视剩余的小企业，这对于未结盟的企业来说何尝不是优势。因此，不同联盟结构给企业均衡利润带来的影响需要更严格的理论推导。

此外，联盟需要考量合作双方的意愿，企业在什么情况下愿意同其他企业结成联盟？最终的联盟均衡结构是怎样的？以及市场环境的变化将如何影响企业的均衡利润和联盟的均衡结构？对于追求利润最大化的企业而言，不同的联盟结构会带来收益的差异，从而导致企业对各联盟结构表现出不同偏好。对于某一特定的联盟方式，市场特征的变化同样会影响企业对该联盟方式的偏好。况且，在进行联盟决策时，一个企业往往面临多个联盟备选方案，它可以针对合作方的规模而进行选择，抑或保持独立运营而等待市场中其他联盟的形成。其中选择结盟的企业，不仅要重视自身利润的变化，还要注意结盟给合作方带来的影响，确保潜在合作方不会拒绝自己的联盟请求，同时不会被其他企业所吸引。可见，如何统筹考量各方企业的偏好,推导出均衡的联盟结构是一件富有挑战而又精妙的工作。

Wang 等（2019）针对以上问题，考虑有三个企业的竞争市场，这些企业在产能方面存在差异，从而它们之间存在着多种联盟方式。首先，可以观察在每种联盟方式下，企业的忠实顾客数量和产能高低如何影响各方的均衡利润。其次，通过对比不同联盟结构下的结果，探究企业联盟给市场竞争带来的改变。最后，分析各联盟结构成为均衡联盟结果的条件，并在此基础上，进一步探究市场特征（企业产能规模及顾客结构）的变化对均衡的影响。

8.3.2 相关研究

研究竞争企业间的联盟同样涉及企业间的多重博弈，严格的理论分析研究还较少。文献中，大量研究关注非竞争企业之间的联盟结构。Granot 和 Yin（2008）考虑一个制造商对应多个供应商的市场，供应商售卖互补性的物料给该制造商，然后制造商以固定的价格将产品卖出，从而供应商之间可以形成联盟，将原材料打包售卖给下游的制造商。Granot 和 Yin（2008）考虑了两种合同，一种是由制造商来制定批发价格的合同，另一种是由供应商来制定批发价格的合同，并分别给出了两种合同下供应商之间的均衡联盟。Nagarajan 和 Sošić（2009）、Yin（2010）均考虑了一个制造商和 n 个供应商的市场，这些供应商提供互补性的产品，它们之间自愿结盟并给出报价，制造商选择购买并制造最终产品销售到市场。这两篇文章主要探究了供应商的数量及市场需求变化对供应商联盟的影响。以上文献均考虑供应链中供应商提供具有互补性的产品时，市场特征对联盟结构的影响，显然这些供应商之间并不是竞争关系，它们进行结盟的动机主要是通过利用产品间的互补性，将商品打包卖给下游制造商以提升利润。

此外，也有部分理论研究着眼于竞争市场中的企业结盟。Granot 和 Sošić（2005）以企业间电子交易平台市场的快速发展为切入点，探究企业通过电子商务平台进行结盟背后的行为规律。企业间通过 B2B（business-to-business，企业对企业）平台进行合作，可有效提升采购过程的效率，联合的购买力在议价中也更具有优势，同时有助于降低企业的研发及运营成本。现实场景中不乏此类案例，Exostar 是由多家大型航空航天和国防公司共建的全球电子平台，参与者包括英国航空公司、波音公司、洛克希德·马丁公司及美国雷神公司等，企业间通过信息与数据的共享，提升整体供应链效率并降低供应链风险，原先具有竞争关系的企业可通过该平台进行横向合作，以降低运营成本，提升生产力。ChemConnect 是一个包含巴斯夫、陶氏化学公司、杜邦公司、壳牌化学公司等成员的塑料及化学品电子交易平台，它同样通过采集市场信息和行业知识来为企业提供更好的进货渠道，并在相关贸易伙伴间建立起关系网络。

Granot 和 Sošić（2005）考虑在一个竞争市场中，有三个零售商销售具有一定替代性的商品，探究了商品间替代性及零售商之间相容性高低给联盟均衡带来的影响，并给出企业均衡利润随着联盟结构、商品替代性及企业间相容性变动时的变化趋势。商品之间的替代性由系数 θ 体现，替代性系数越高，说明不同零售商售卖的商品越相似，从而它们之间的竞争也越激烈。同时，假设结盟后的零售商或多或少可以降低企业运营支出、节约研发成本，结盟企业会分享双方的供应商资源，从而提升在供应商处的议价能力，以上都可以简化看作联盟可从供应商处得到更优惠的批发价格。而批发价格下降的数量反映出零售商之间的相容程度。企业间相容性是外生的，企业文化更相似、运营方式更契合、管理团队更兼容的企业进行联盟将会获得更大的批发价格折扣，换句话说，企业联盟后所获得的批发价格折扣反映了它们之间的相容性水平。

这三个零售商——A、B 和 C 在市场中通过价格进行竞争。在产品需求方面，作者对 McGuire 和 Staelin（1983）提出的含有产品替代系数的线性需求函数进行拓展，由两方竞争拓展到三方竞争。零售商自身价格的上升会降低自己商品的市场需求，而其他零售商所取价格的上升会提升该零售商的销量，且提升量随着零售商售卖商品间替代性的增强而增加。

初始状态下，三家零售商独立运营，各自从供应商处以商定好的批发价格购入商品，并销售到下游市场中。零售商可自由选择进行结盟，可能的联盟结构有三种——三方独立、两方联盟和三方联盟，分别记为$\{A,B,C\}$、$\{ij,k\}$（$i,j,k\in\{A,B,C\}$，$i\neq j\neq k$）和$\{ABC\}$。

各企业利润为自身销售额收入减去自身进货成本。如前所述，零售商间形成联盟时会改变它们的进货价格,联盟零售商间的相容性便决定了此时的进货价格，据此，可以得到零售商在不同的联盟结构及不同相容性取值下的均衡利润。

Granot 和 Sošić（2005）发现当两零售商所售商品有替代性或有间接替代性（即两商品之间虽无替代性，但同时与另一商品互相替代），则其中一方的利润将随另一方所获得的批发价格的降低而下降。这说明，虽然零售商之间的联盟会给它们带来批发价格的折扣，但联盟中同自己有竞争关系的企业的批发价格降低又会使该企业面临更为恶劣的竞争环境，以致利润受损，且商品替代性越高的零售商之间进行联盟，这一影响越严重。

因此，当商品间替代性不高时，企业间的结盟大多数时候可以提升联盟内企业的利润，且联盟规模越大该提升量越大。而当替代系数较高时，企业间的结盟反而可能降低企业利润，且随着联盟内成员的增加，这一负面效应越严重，此时，只有当企业能从联盟中获得足够大的批发折扣时,它才能从结盟中获得利润提升。

Granot 和 Sošić（2005）主要讨论了在不可支付转移下的联盟博弈，即联盟内企业的利润不可在联盟成员之间转移，从而可通过直接对比不同联盟结构下各零售商的利润来得到联盟的均衡状态。

联盟均衡随着商品间替代性增加的变化趋势可总结如表 8-2 所示。首先，所有商品间的替代关系都较弱时，零售商可同时在三方联盟中获得最高的利润，此时三方联盟是唯一的均衡结构。严格来说，此时该模型已变为非竞争企业之间的结盟，由于竞争关系较弱，企业不必担心联盟对市场竞争的加剧，相容性带来的批发价格折扣将显著提升各方利润。其次，如果只有两个零售商之间的商品具有高的替代性而其他商品之间替代性弱，那么任意竞争关系较弱的两企业联盟可成为均衡。再次，如果有两种商品之间替代性弱，第三种商品与它们都有高的替代性，则销售弱替代性产品的两家零售商进行结盟是唯一的均衡联盟。最后，当所有商品间都有高的替代性，三方联盟将导致过于激烈的市场竞争，从而损害企业利润。相容性最高的两家企业之间结成联盟，可保证企业获得可观批发价格折扣的同时市场竞争程度不至于太过激烈。

表 8-2　不同替代性条件下的联盟均衡

所售商品间的替代性	均衡联盟
$\theta_{AB}=\theta_{AC}=\theta_{BC}=0$	{ABC}
$\theta_{AB}=\theta_{AC}=0$，$\theta_{BC}\to 1$	{AB,C}或{AC,B}
$\theta_{AB}=0$，$\theta_{AC}=\theta_{BC}\to 1$	{AB,C}
$\theta_{AB}=\theta_{AC}=\theta_{BC}\to 1$	{AB,C}、{AC,B}或{BC,A}

注：θ_{ij} 代表零售商 i 和 j 所售商品的替代系数；$\theta_{ij}=0$ 表示零售商 i 和 j 所售卖商品之间需求完全独立，无替代关系；$\theta_{ij}\to 1$ 表示零售商 i 和 j 所售卖商品之间有非常高的替代性

虽然 Granot 和 Sošić（2005）所关注的市场中仅有三家零售商，但结果背后蕴含的深层规律同样具有极强的指导意义。如果企业处于一个竞争环境宽松的市场（企业所售商品的替代性低），那么在法律允许范围内进行大规模的联盟势必会有效提升企业利润。但当企业处于一个竞争性较高的市场（商品间替代性高），则多方联盟往往不是一个好的选择，这是由于企业参与联盟后虽然会从供应商处获得批发价格折扣，但这同样会使联盟中的对手获得更强的竞争力，最终反而会导致自身利润的下降。企业需寻找与自己竞争关系较弱但企业文化相似、运营方式契合、管理团队兼容（即相容性高）的个体进行联盟，既可以降低自己的运营成本获得低的进货价格，同时合作伙伴的成长也不会对自己造成大的威胁。如果市场中不存在此类“合适”的伙伴，那么企业可选择形成一个最小规模的联盟，以控制结盟给自己带来的竞争压力。

上文主要考虑的是竞争市场中，企业间相容性及商品替代性的高低对企业均衡利润的影响，进而改变最终的市场联盟结构。换句话说，此研究更多地关注企业间原本便具有的某些关系属性，这些属性决定了它们的结盟效果。

然而除去企业间固有的关系属性，结盟这一行为本身便具有改变整个市场环境的力量，包括生产能力的重新分配、消费者结构的变化及市场主导力量的转移。现实中，企业在解释自身并购重组或结盟等商业行为时，无不提及对于增强自身竞争力从而获得市场主动权的考量。而企业市场竞争力的高低体现在自身的产能状况及顾客群的体量。将公司产能状况及忠实顾客量作为影响因素进行考量，那么联盟结构将不仅取决于联盟中公司的数量，同时受联盟中公司规模的影响，这也将更接近现实中公司所面临的实际状况。在大数据时代下，公司的产能状况及消费者结构可通过数据挖掘而获得，研究企业如何利用此类信息来提升利润具有现实意义。

Wang 等（2019）探究企业的产能规模及忠实顾客数量对企业均衡利润及均衡联盟结构的影响，兼具理论研究意义与实际应用价值。

8.3.3　联盟均衡条件

Wang 等（2019）考虑有三个公司的竞争市场，这些公司售卖具有完全替代性的商品（或服务），并通过设定零售价格来进行竞争。整个市场的消费者总量是固定的，分为四类，三个公司分别有自己的忠实顾客，数量均为α，对于这三类顾客而言，只要目标公司定的价格低于自己的保留价格 r，他们便会选择购买，否则离开市场；第四类顾客为价格敏感型顾客，并且总期望能以最低的价格买入商品。同时，三家公司拥有不对称的生产能力（或库存），A 是一个大型公司，拥有无约束产能，B 和 C 是两个较小的公司，它们拥有相等的较小产能，数量均为 k，且公司无法在短时间内改变自身产能。

考虑到反垄断机制的存在，Wang 等（2019）不考虑所有公司结成一个联盟并垄断市场的情况，并且因为 B、C 是一样的公司，市场结构可以归结为三种：①三方独立，三个公司都各自保持独立参与市场竞争；②混合联盟，大公司 A 同一个小公司结成联盟；③小型联盟，两个小公司结成联盟。假设市场中公司最初的状态为相互独立，在形成联盟时需要一个任意小的转移费用。

结盟是公司间的自发行为，因而公司在进行结盟与否的决策时，需要考虑结盟后自己均衡利润的高低。在以往的研究中，对于联盟利润有两种分配方式，第一种是前面提到的 Granot 和 Sošić（2005）所考虑的不可转移支付下的联盟博弈，即利润不可在联盟成员间转移，Chade 等（2017）、Cabral 和 Pacheco-de-Almeida（2019）采用了同样的处理方式，但不可转移支付存在适用性范围问题。第二种为可支付转移的联盟博弈，其中较为著名的是通过计算 Shapley 值（Shapley，1953）来确定联盟成员的利润。而 Nagarajan 和 Sošić（2009）的处理方式为假设各联盟成员所获利润是均等的。可见支付转移处理方式多种多样，且处理过程中往往给联盟中利润分配增添了过多约束，难以对结果背后的规律进行解释。

Wang 等（2019）考虑存在支付转移但并不给联盟中公司利润分配增添约束的情况下，给出各种联盟成为均衡的条件。从大公司 A 的角度来看，它有两种选择，即独立于其他两个公司或者同一个小公司结成联盟。而对于某个小公司来说，有三种选择：保持独立、与大公司结盟或与另一个小公司结盟。

首先考虑混合联盟（假设{AB,C}）成为均衡的条件，存在两种破坏该联盟的可能性：①联盟中某个公司退出并保持独立；②某个公司退出并与公司 C 结成联盟。给出以下的条件来排除这两种行为发生的可能性。如果联盟 AB 的总利润高于这两个公司保持独立时利润的加和，则无须给出联盟利润的具体分配方式，便可以说第①种行为不会发生。因为存在无数种分配方式可以使公司 A 和公司 B 的利润在联盟中都得到提升，公司都是理性的，它们会从这些“合理”的分配方式中进行选择，而不会选择破坏联盟去恢复独立。将以上条件记为 Cond1。而排除事件②发生的可能性，可以通过两种方式考虑。一方面，考虑公司 A 和公司 B 对同公司 C 进行联盟的偏好，实际上，对于公司 A 来说，联盟{AB,C}与联盟{A,BC}并没有区别，因而它并不会采取事件②这一行为；因此，只需满足从{AB,C}转为{A,BC}时，公司 B 的利润不会提升便可。另一方面，可考虑公司 C 的偏好，如果公司 C 不能从与公司 B 的结盟中获得多于它在联盟{AB,C}中的利润，那么它会拒绝 B 的结盟请求。将以上条件记为 Cond2。作者证明了 Cond1 与 Cond2 不仅是{AB,C}均衡的充分条件，而且是必要条件。

为使小型联盟{A,BC}成为均衡，需要确保两种破坏该联盟均衡的情况不会发生：①联盟 BC 中某个公司退出并保持独立；②某个公司退出并与公司 A 形成新的联盟。通过上面类似的分析方法，同样可以得到使两种情形不会发生的条件，分别记为 Cond3 和 Cond4，这也是{A,BC}为均衡联盟的充要条件。

显然，当公司均衡利润既不满足 Cond1 和 Cond2，又不满足 Cond3 和 Cond4 时，联盟均衡结构是三方独立。

8.3.4　均衡利润计算

下一步需解决的问题是如何计算公司在各联盟结构下的均衡利润。同样，由于忠实顾客的存在，此博弈只存在混合策略纳什均衡，可依据混合策略纳什均衡的性质进行求解。前面提到大公司 A 是拥有无约束产能的，而两个小公司产能相等，从而可根据小公司产能是否有限而分类讨论。

1. 无产能约束

首先，小公司无产能约束时意味着它们可以满足自己最大的可能性需求，即自身的产能大于当它为低价者时的需求（$k>1-2\alpha$）。此时，可以将三家公司看作产能对称的，因为它们均无产能约束。当其中两家公司形成联盟，该联盟的忠实顾客数量变为单个公司拥有量的两倍，故它在市场中的竞争意愿降低，采取更为保守的竞争策略，保持独立的第三家公司将因此受益，然而联盟内双方企业的利润却并没有得到提升。考虑到结盟需支付转移费用，所有企业都没有动力去结为联盟，即无产能约束情境下，市场均衡结构为三方独立。

2. 存在产能约束

当小公司产能有限时，它们的产能无法满足自身最大的可能性需求（$k<1-2\alpha$），从而对于小公司来说，可能存在限量配给的过程。例如，在三方独立的市场结构中，如果公司 A 定价最高，其次是公司 B，公司 C 的定价最低，则所有的价格敏感型消费者及公司 C 的忠实顾客（共$1-2\alpha$）希望能从公司 C 处购买。由于公司 C 产能有限，公司 C 的部分忠实顾客将无法购买到产品并离开市场，而未购买到产品的价格敏感型消费者会选择到第二低价的公司 B 处购买。此时公司 B 的潜在购买者包括自己的忠实顾客及还未购买到产品的价格敏感型顾客，如果公司 B 产能可以满足它的潜在购买者，那么公司 A 的销售量便只有α，而如果公司 B 产能依旧不足，则会再次发生限量配给。

Wang 等（2019）据此推导了所有市场结构中各方的销量，并通过求解混合策略纳什均衡，得到k与α不同取值下的各方均衡利润，以此根据 Cond1~Cond4 判断出均衡联盟。

Wang 等（2019）发现当公司存在产能约束时，联盟的均衡状态主要由两个驱动力决定，一个是联盟对于整个市场竞争的缓解程度（第一驱动力），另一个是联盟导致公司获得顾客能力的改变（第二驱动力）。一方面，相较于各公司保持独立的状态，小型联盟{A,BC}可减少市场中的公司数量，从而缓解市场竞争强度，而混合联盟{AB,C}在减少公司数量的基础上，同时使公司间的规模差距扩大，因而混合联盟可更有效地缓和市场竞争强度。且在大多数情况下，随着小公司产能 k 的提升，联盟对市场竞争的缓解程度更为明显。另一方面是考虑小公司在不同联盟中获得顾客的能力，可以想到，无论原先的市场结构是小型联盟还是三方独立，当小公司选择退出原有市场结构并与大公司进行联盟后，由于大公司原先便没有产能约束，小公司给联盟所带来的销售增长仅仅是自己忠实顾客的数量 α 。但要知道小公司如果处于小型联盟或是三方独立的市场结构，只要它所设定的价格不是最高的，那么它能得到的顾客数量必定比 α 大，可见混合联盟会导致小公司获得顾客的能力降低。联盟均衡便是由这两种驱动力的强弱关系决定的。

8.3.5 联盟均衡

联盟均衡结构如表 8-3 所示，当公司忠诚顾客数量较低（ $0<\alpha\leqslant 1/4$ ）时，会出现 k 取不同值时对应不同的联盟均衡。前面提到，当小公司的产能有限（ $k<1-2\alpha$ ）时，联盟的均衡主要取决于公司联盟行为带来的两方面影响的高低，当 k 较大时，第一驱动力要明显强于第二驱动力，即混合联盟可在较大程度上弱化市场竞争，各方利润均得到提升，从而混合联盟成为均衡联盟结果。随着 k 的降低，混合联盟这一优势被弱化，第二驱动力的影响最终占据主导，从而混合联盟不再是均衡结果；然而此时，无论在小型联盟还是三方独立的市场结构中，小型的市场参与者（小型联盟中的公司 BC 及三方独立中的公司 B 或 C）都面临自身产能接近忠诚顾客数量的情况，由于产能受限，它们并没有动力压低价格去争取价格敏感型顾客，而是会采取温和的竞价策略，保持高价来主要满足自身的忠诚顾客，这会导致小公司在这两种联盟结构中的利润相同；考虑到转移费用的存在，公司将会选择保持独立。

表 8-3　联盟均衡

<table>
<tr><th colspan="2">产能状况</th><th>$0<\alpha\leqslant 1/4$</th><th>$1/4<\alpha<1/3$</th></tr>
<tr><td rowspan="2">存在产能约束</td><td>$0<k\leqslant\dfrac{\alpha(1-2\alpha)}{1-3\alpha}$</td><td>{A, B, C}</td><td rowspan="3">{A, B, C}</td></tr>
<tr><td>$\dfrac{\alpha(1-2\alpha)}{1-3\alpha}<k<1-2\alpha$</td><td>{AB, C}</td></tr>
<tr><td>无产能约束</td><td>$k\geqslant 1-2\alpha$</td><td>{A, B, C}</td></tr>
</table>

另外，前文提到，当小公司产能无约束（ $k\geqslant 1-2\alpha$ ）时，市场中三个公司将是对称的，限量配给不再存在。公司间的联盟反而使它们在价格竞争中趋于保守，丧失竞争优势，此时，相较于结成联盟，公司会选择保持三方独立。

当公司拥有大量的忠实顾客（$1/4 < \alpha < 1/3$）时，公司间将会始终保持独立。通过分析不难发现，对于公司来说，将关注重点转移到忠实顾客，制定一个较高的销售价格，并将自身忠实顾客作为主要的利润来源不失为一个更好的策略。同时，各公司忠实顾客数量的提升意味着市场中价格敏感型顾客数量的减少，那么，企业将无意于形成联盟以获取价格敏感型顾客。因而随着忠实顾客数量的增加，企业将更加偏好于独立运营。

有趣的是，观察到小型联盟{A,BC}始终无法成为均衡联盟，究其原因，是由于它对市场竞争的缓和程度显然不如混合联盟，导致大多数情况下公司 A 和公司 B 在混合联盟下的总利润较高；而且就算出现公司 A 和公司 B 总利润在{A,BC}中取得最大值的情况，可以发现此时公司 C 的利润并不能随着联盟 BC 的形成而获得提升，也就是说公司 C 会拒绝公司 B 的联盟请求。

以上结论为企业在面临联盟决策时提供了指导，当忠实顾客数量较少且小公司的产能处于较为中等的水平时，市场主导公司与小公司的联盟会是一个有效且稳定的联盟结构，其他情形下各自保持独立不失为一个好的选择。

8.4　小　　结

随着大数据技术的发展及应用推广，公司对市场特征的把握做到日益精准化，包括对自身产能状况的准确衡量、对市场中顾客偏好的把握及对竞争对手情况的了解，这些都为公司进行精细化产能管理提供了基础。其中一个重要的应用便是竞争公司间的产能共享。Guo 和 Wu（2018）分别分析了在产能对称和产能不对称情况下，采取不同的产能共享策略时公司的均衡策略及均衡利润，揭示竞争者进行产能共享背后的规律。通过对比公司在不同策略下的均衡利润，以及对公司利润和产能共享利益（产能共享利润和无产能共享利润之差）的敏感性分析，为公司提供了在是否与竞争者进行产能共享及如何共享等方面的指导性意见。

另外，竞争公司间的联盟同样离不开产能管理的精细化运作。Wang 等（2019）研究了公司在非对称产能情况下的联盟结构，发现大公司和小公司之间的联盟可以成为均衡状态，而小公司之间的联盟不可成为均衡状态。相较于小公司之间形成的联盟，有大公司参与的混合联盟不仅可以减少市场中公司的数量，同时市场中公司的规模差距进一步扩大，从而更有效地降低市场竞争强度，提升公司的利润水平。另外，在允许联盟发生的条件下，公司间并不一定会结成联盟。如果市场中小公司的规模过小，将导致联盟优势丧失，公司会依旧保持独立状态运营。随着公司忠诚顾客数量的增长，它们也将更加偏好保持独立。

前面涉及公司产能的研究均基于产能外生的情境，所得到的结论适用于产能不容易短期调整的情况。这在很多行业都非常普遍，如航空业，增加产能意味着购买更多的飞机和申请更多的航线，这在实际中不可能一蹴而就，故重点考虑产能外生的情况。然而，以更长远的眼光来看，公司可在长时间运营决策中决定自身产能，而做产能决策时除了考虑短期内销售收入的变化，同样可以将产能共享及公司间联盟的可能性纳入考虑范畴，如什么样的产能水平会使得后续一系列的商业合作行为取得更好的效果，最终产生长远效益。

此外，可以看到影响公司间合作效果的因素多种多样，既包括公司规模、消费者结构、合作者数量及合作机制等“显性”因素，又包括所售商品替代性、公司相容性等“隐性”因素。如何将这些因素统筹考虑，并探究它们之间如何相互作用来影响联盟均衡是富有挑战性的。

前文提到，随着大数据的发展，公司内部数据整合度提升，使公司更加了解自身状况，行业内数据资源的进一步丰富及数据处理速度的提升，使公司可更准确、迅速地了解行业的变化，这都为供应链内公司的合作提供了很好的保障。然而随着公司合作方式的多样化发展，出现各种信息保护手段，如某些 B2B 合作平台中，参与公司要求对自己的销售、库存、浏览量等信息进行保密。一方面，如何研究非对称信息下的公司合作值得思考。另一方面，研究如何通过机制设计来实现公司间信息的共享，从而发挥大数据在供应链协调与优化方面的红利，将有极大的现实意义。

参考文献

葛泽慧，孟志青，胡奇英. 2011. 竞争与合作——数学模型及供应链管理. 北京：科学出版社.

Anupindi R，Bassok Y，Zemel E. 2001. A general framework for the study of decentralized distribution systems. Manufacturing & Service Operations Management，3（4）：349-368.

Apostolides Z. 2014. Mazda officially opens Salamanca plant in Mexico. https://www.automotivelogistics.media/10196.article [2019-11-25].

Cabral L，Pacheco-de-Almeida G. 2019. Alliance formation and firm value. Management Science，65（2）：879-895.

Chade H，Eeckhout J，Smith L. 2017. Sorting through search and matching models in economics. Journal of Economic Literature，55（2）：493-544.

Chun S Y，Kleywegt A J，Shapiro A. 2012. Revenue management in resource exchange seller alliances. Working Paper，Georgetown University.

Gnyawali D R，He J，Madhavan R. 2006. Impact of co-opetition on firm competitive behavior：an empirical examination. Journal of Management，32（4）：507-530.

Granot D，Sošić G. 2003. A three-stage model for a decentralized distribution system of retailers. Operations Research，51（5）：771-784.

Granot D，Sošić G. 2005. Formation of alliances in Internet-based supply exchanges. Management Science，51（1）：92-105.

Granot D，Yin S Y. 2008. Competition and cooperation in decentralized push and pull assembly systems. Management Science，54（4）：733-747.

Guo L，Wu X L. 2018. Capacity sharing between competitors. Management Science，64（8）：3554-3573.

Gurnani H，Erkoc M，Luo Y D. 2007. Impact of product pricing and timing of investment decisions on supply chain co-opetition. European Journal of Operational Research，180（1）：228-248.

Hu X，Caldentey R，Vulcano G. 2013. Revenue sharing in airline alliances. Management Science，59（5）：1177-1195.

Hu X X，Duenyas I，Kapuscinski R. 2007. Existence of coordinating transshipment prices in a two-location inventory model. Management Science，53（8）：1289-1302.

Huang X，Sošić G. 2010. Transshipment of inventories：dual allocations vs. transshipment prices. Manufacturing & Service Operations Management，12（2）：299-318.

Ihlwan M. 2006. Samsung and Sony's win-win LCD venture. https://www.bloomberg.com/news/articles/2006-11-28/samsung-and-sonys-win-win-lcd-venturebusinessweek-business-news-stock-market-and-financial-advice [2019-11-25].

Jorde T M，Teece D J. 1990. Innovation and cooperation：implications for competition and antitrust. Journal of Economic Perspectives，4（3）：75-96.

Lee H，Whang S. 2002. The impact of the secondary market on the supply chain. Management Science，48（6）：719-731.

Li L，Zhang R Q. 2015. Cooperation through capacity sharing between competing forwarders. Transportation Research Part E：Logistics and Transportation Review，75：115-131.

McGuire T W，Staelin R. 1983. An industry equilibrium analysis of downstream vertical integration. Marketing Science，2（2）：161-191.

Nagarajan M，Sošić G. 2009. Coalition stability in assembly models. Operations Research，57（1）：131-145.

Narasimhan C. 1988. Competitive promotional strategies. Journal of Business，61（4）：427-449.

Reuters. 2012. UPDATE 1-Mazda to produce Toyota vehicles at its Mexico plant. https://www.reuters.com/article/toyota-mazda-mexico-idUSL3E8M94SF20121109 [2019-11-25].

Rudi N，Kapur S，Pyke D F. 2001. A two-location inventory model with transshipment and local decision making. Management Science，47（12）：1668-1680.

Shapley L S. 1953. A value for n-person games // Kuhn H，Tucker A. Contributions to the Theory of Games. Vol 2. Princeton：Princeton University：307-317.

Slikker M，Fransoo J，Wouters M. 2005. Cooperation between multiple news-vendors with transshipments. European Journal of Operational Research，167（2）：370-380.

Song D W. 2003. Port co-opetition in concept and practice. Maritime Policy & Management，30（1）：29-44.

van Mieghem J A. 1999. Coordinating investment，production and subcontracting. Management Science，45（7）：954-971.

Varian H R. 1980. A model of sales. American Economic Review，70（4）：651-659.

Wang D，Wu X，Dai Y，et al. 2019. Alliance formation among competitors. Working Paper，Fudan University.

Wassmer U，Dussauge P，Planellas M. 2010. How to manage alliances better than one at a time. MIT Sloan Management Review，51（3）：76-85.

Wu X L, Kouvelis P, Matsuo H. 2013. Horizontal capacity coordination for risk management and flexibility: pay ex ante or commit a fraction of ex post demand? Manufacturing & Service Operations Management, 15 (3): 458-472.

Wu X L, Kouvelis P, Matsuo H, et al. 2014. Horizontal coordinating contracts in the semiconductor industry. European Journal of Operational Research, 237 (3): 887-897.

Yin S Y. 2010. Alliance formation among perfectly complementary suppliers in a price-sensitive assembly system. Manufacturing & Service Operations Management, 12 (3): 527-544.

第 9 章　共享出行平台的劳动力供给建模与分析

孙昊[1]，王海[2, 3]，万智玺[4]
[1]清华大学经济管理学院，[2]新加坡管理大学信息系统学院，
[3]卡内基梅隆大学海因茨信息系统与公共政策学院
[4]香港大学经济及工商管理学院

9.1　概　　述

自 2009 年以来，消费者对于即时出行服务的旺盛需求，以及无线通信、全球定位和大数据等技术的进步促使共享出行平台（ridesourcing platforms）取得了颠覆式的发展。共享出行平台是一个基于智能手机应用程序即时匹配有出行需求的消费者（或称为乘客）和独立的服务提供者（或称为司机）的在线双边市场（Wang and Yang，2019）。典型的共享出行平台包括美国的 Uber 和 Lyft、中国的滴滴出行、新加坡的 Grab 及印度的 Ola 等。截止到 2019 年，Uber 在全球范围内有 390 万名司机，每月活跃的乘客达到 9900 万名，每天完成 1700 万个出行订单（DMR，2019a）。在 2018 年 10 月，华尔街银行对该公司的市场估值达到 1200 亿美元，超过了美国三大汽车制造商（通用汽车公司、福特汽车公司和菲亚特克莱斯勒汽车公司）的市场估值之和（Schuetz，2018）。作为 Uber 在美国的主要竞争对手，Lyft 平台在 2019 年有 3000 万名乘客和 200 万名司机（DMR，2019b）。截至 2019 年，中国最大的共享出行平台——滴滴出行在全球拥有 5.5 亿名乘客，每年完成近 100 亿个出行订单（DMR，2019c）。在共享出行平台上，服务提供者可以灵活地决策每天是否参与工作和工作时长，而平台可以通过合理有效的定价和激励策略调节市场小时收入水平，管理总体服务能力，这就需要准确理解市场小时收入水平将

如何影响服务提供者劳动力供给行为。

在基础理论层面，经济学家已经围绕出租车市场中服务提供者如何进行工作时长决策的问题研究了 20 多年。新古典劳动力经济学理论提出劳动力是基于多阶段生命周期模型做出劳动力供给决策，在该框架下，如果市场小时收入临时增加，将会导致劳动力增加劳动力供给，从而让服务提供者可以在未来市场小时收入（即休闲的机会成本）较低时享受闲暇时间。因此，根据新古典劳动力经济学理论，服务提供者每日劳动力供给的小时弹性将会为正。但是，行为经济学中的参考依赖偏好理论（reference-dependence preference theory）则预测服务提供者在每日收入总目标的作用下每日的工作时长将随着市场小时收入水平的增加而递减，若平台提供有吸引力的价格和激励策略，则有可能减少服务提供者的劳动力供给。因此，根据行为经济学理论，服务提供者每日劳动力供给的小时弹性将会为负。在此背景下，新古典劳动力经济学理论和参考依赖偏好理论完全不同的预测结果，成为本章探究共享出行市场的小时收入如何影响服务提供者劳动力供给行为的主要动机之一。

在研究方法层面，探究市场小时收入水平对服务提供者劳动力供给行为的影响不仅需要处理市场小时收入水平和工作时长之间的内生性问题（endogeneity），还需要解决工作时长由于是截断数据而带来的样本选择偏误。共享出行平台上的服务提供者之间差异较大，如全职工作或者兼职工作，这意味着因果推断得到的处理效应将具有异质性。针对这些实证分析的难点，本章将探究在处理效应具有异质性的情况下，共享经济平台应该如何克服内生性问题、建立因果推断模型度量市场小时收入水平对服务提供者劳动力供给行为（包括每天是否工作的选择和工作时长的选择）的影响。

在运营实践层面，供给端的服务能力管理（service capacity management）是共享出行平台的核心问题。从平台运营管理者的视角来看，服务能力不仅表现在广义边际（extensive margin）维度的在线服务提供者数量，也表现在集约边际（intensive margin）维度的服务提供者工作总时长。从服务提供者的视角来看，接近一半的劳动者选择在共享出行平台上工作以补充其他来源的收入；在进行是否工作和工作时长的决策时，由于家庭、教育和身体健康等他们只能兼职工作（Hall 和 Krueger，2018），这反映了获取收入和闲暇时间对个体劳动力供给决策的重要影响。在实证分析基础上，本章还将考虑服务提供者在多个维度的差异，提出理论模型来分析市场收入水平对劳动力供给行为的影响。

围绕共享出行市场的市场小时收入水平如何影响服务提供者劳动力供给行为的研究问题，本章将分为计量建模、研究设计和理论分析三个部分进行研究。首先，在计量建模部分，针对传统出租车市场和共享出行平台的差别，本章对服务提供者在广义边际维度的是否参与工作决策和集约边际维度的工作时长决策进行建模，指出仅仅考虑工作时长决策将会带来样本选择偏误，导致工作时长的小时收入弹性估计结果变大或变小。同时考虑工作时长的内生性问题，本章将提出基于 Heckman 样本选择模型（sample selection model）和工具变量模型的实证分析框架，用于估计当天参加工作和工作时长的小时收入弹性。其次，在研究设计部分，根据来自共享出行平台的一次自然实验，本章提出采用服务提供者的收入倍增补贴的比例系数和消费者的需求请求数作为工具变量，并给出小时收入弹性的估计结果；考虑到服务提供者之间的差异性，本章还将从广义边际和集约边际两个维度对服务提供者样本进行分类，并分析劳动力供给收入弹性在两个维度的变化。最后，在理论分析部分，结合实证分析结果，本章基于经典消费-闲暇模型刻画共享出行平台中服务提供者的劳动力供给决策，并考虑他们在共享出行平台以外的其他来源收入、参与工作的固定成本和当日可用的最大空闲时间三个类型方面存在的差异性，理论分析市场收入水平对劳动力供给行为的影响。

根据一个共享出行平台的实际数据集，本章发现共享出行平台提高市场小时收入水平将会在集约边际和广义边际维度正向提高市场的劳动力供给水平。在考虑司机之间的差异性下，参与弹性随着广义边际（工作天数）和集约边际（每天平均工作时长）维度递减，时长弹性随着集约边际递减。另外，本章的研究发现，只有当市场小时收入位于中间区域时，个体劳动力才会将全部闲暇时间用于工作；而当市场小时收入过高或者过低时，个体劳动力都只会将部分闲暇时间用于工作，说明提高市场小时收入虽然可以在广义边际维度提高平台的服务能力，但是，可能会在集约边际维度增加或者减少劳动力供给，这取决于个体劳动力的偏好和类型分布的参数。

本章研究的主要创新点包括以下三个方面。首先，在实证方法方面，本章综合考虑了服务提供者是否参与工作决策带来的样本选择偏误问题和内生性问题，基于微观计量经济学模型建立因果推断框架，并通过自然实验降低内生性问题带来的偏差，这能够为共享出行平台提供实证分析方法来评估调整价格和激励策略对劳动力供给的影响。在理论检验方面，根据一个共享出行平台的实际数据集，本章提出共享出行平台提高市场小时收入水平将会在集约边际和广义边际维度正向提高市场劳动力供给水平的证据，这说明依据新古典劳动力经济学理论进行劳动力供给决策的驱动力强于来自参考依赖偏好理论的驱动力，从而为服务提供者激励设计问题中对服务提供者劳动力供给决策行为的建模提供实证基础。

在下文中，9.2 节回顾了和本章研究相关的重要文献，针对传统出租车市场和共享出行平台的差别，9.3 节建立了考虑选择偏误和内生性问题的劳动力供给实证分析模型，然后，根据来自共享出行平台的一个实际数据集，9.4 节详细描述了本章的研究设计，并在 9.5 节展示了实证分析结果和讨论。根据该结果，9.6 节基于消费-闲暇模型进行共享出行平台的劳动力供给分析，探究市场小时收入对劳动力供给行为的影响。最后，9.7 节总结全章。

9.2 文献综述

本章的研究与劳动经济学领域中劳动力供给行为分析及运营管理领域中共享出行平台的定价和激励策略分析息息相关。在劳动经济学领域的劳动力供给行为分析中，Camerer 等（1997）首次提出城市出租车市场是检验新古典劳动力经济学理论的绝佳场景，一方面是因为司机每天面临着天气和节假日等外部需求冲击带来的市场小时收入水平的暂时变化，一天之内的市场小时收入水平相对比较稳定，不同天的市场小时收入水平互不相关；另一方面是因为司机可以灵活地选择工作时长，而他们的工作时长和收入数据可以通过行程单进行估算。在城市出租车市场中，劳动力一般需要支付比较长期的消费（如房租），因此，他们会更倾向使每一期的消费和闲暇比较平稳，负向的收入效应并不会显著影响劳动力供给行为，根据新古典劳动力经济学理论，市场小时收入水平的暂时变化将正向影响劳动力供给，即工作时长的收入弹性为正。Camerer 等（1997）根据 1988 年 11 月前三天、1990 年 10 月 29 日~12 月 5 日和 1994 年春季时期的纽约城市出租车行程单测量司机的工作时长和小时收入，并采用“当天同一个班次内工作的其他司机的小时收入分位数”作为个体小时收入的工具变量，以降低因为工作时长测量偏误（measurement error）产生的估计偏差，最后得到司机的工作时长小时收入弹性显著为负，这与新古典劳动力经济学理论的预测完全相反。对此，Camerer 等（1997）根据参考依赖偏好理论将负弹性归因于个体的每日收入目标（daily income targeting），这意味着司机在出车前会设定当日的收入目标，其收入的边际效用在这一点将会显著下降，一旦该收入目标达到，司机将会选择停止工作。Chou（2002）根据新加坡 92 名出租车司机的访谈调查测量司机的工作时长和小时收入，采用 Camerer 等（1997）使用的回归模型，同样得到了工作时长小时收入弹性显著为负的结果。尽管 Camerer 等（1997）的结果得到了支持，但在结果的理论解释和模型识别等方面均遭到了质疑。

Farber（2005）指出收入目标行为意味着司机将会在市场小时收入水平较高时减少工作时长、提前停止工作，而在市场小时收入水平较低时工作更长时间，考虑到司机还会在消费和休闲的正向跨期替代中做出供给选择，Camerer 等（1997）的解释依赖于收入目标下的负向收入效应显著强于正向替代效应，而这一点仍值得进一步检验，因为在较长的时间长度内，每天的收入在司机总收入中所占比例较小，而且他们会更倾向使每一期的消费和闲暇比较平稳。另外，Camerer 等（1997）分析的前提假设是一天之内的市场小时收入比较稳定，从而可以分析当天的平均小时收入对总工作时长的影响，然而，基于相同的数据集，Farber（2005）展示了一天之内的市场小时收入有明显的波动。另外，他还指出采用“当天同一个班次内工作的其他司机的小时收入分位数”作为个体小时收入的工具变量并不合理，因为可能存在和小时收入相关的日历效应（calendar effect）也和劳动力供给相关。因此，Farber（2005）提出了 Probit 离散选择最优停止模型，并基于一组纽约城市出租车市场的新数据集，考察了一天之内在每个时刻的当前累计收入和当前累计工作时长对此刻停止工作的概率的影响，避免了使用平均小时收入可能带来的偏差。在控制了司机之间的个体差异之后，他发现司机停止工作的概率和当时的累计工作时长显著相关，但是与累计收入无关，从而并没有找到支持收入目标的非理性行为影响劳动力供给选择的证据。

Farber（2005）的实证分析是基于简化模型（reduced form model）进行的，之后，Farber（2008）进行了更深入的分析，提出了基于参考依赖偏好的劳动力供给结构模型（structural model）。该模型考虑司机完成一笔订单后的效用是此刻累计收入、累计工作时长和收入目标的函数，那么，如果单位时间的市场收入是非递增的，当接受下一个出行需求带来的期望边际价值为负时，司机将选择停止工作，特别地，当累计收入达到收入目标水平时，继续工作的概率将会进一步显著降低，从而在理论上对出租车市场的劳动力时长供给模式进行了预测。在实证分析部分，考虑到每笔乘客出行订单结束的时刻都是司机选择继续工作或者停止工作的决策点，该劳动力供给动态决策问题是一个复杂的最优停止问题，因此，Farber（2008）采用离散选择模型对最优停止问题的解进行了近似，其中，将“继续工作”给司机带来的期望价值表示为随机的潜变量（latent variable），然后基于离散选择模型对“继续工作”的期望价值的概率分布进行了估计。根据参数估计结果，他发现司机工作当天的确会设定收入目标，而且给定一位司机，他的收入目标在不同天之间还会发生明显的变化，另外，大多数司机工作的班次都会在达到收入目标之前结束，Farber（2008）对劳动力的参考依赖偏好更深入的分析结果进一步启发了对灵活劳动力供给行为的研究。Crawford 和 Meng（2011）提出了基于理性预期的、同时考虑工作时长目标和收入目标的劳动力供给结构模型，基于 Farber（2008）的数据集和简化的模型，发现司机停止工作的概率和当时的累计工作时长显著相关，但是与累计收入无关，这一点与 Camerer 等（1997）的研究相反，并且基于结构模型支持了 Farber（2005）的结论。同样是基于预期的参考依赖偏好模型，Farber（2015）将市场小时收入的变化分解为长期且可以预期的变化、暂时且可以预期的变化、暂时且不可以预期的变化，采用 Camerer 等（1997）使用的简化回归模型，再次给出了收入目标行为在劳动力供给选择中并不重要的证据：第一，根据基于预期的参考依赖偏好理论（Kőszegi and Rabin，2006），收入目标行为只和不可预期的收入变化有关，而新古典劳动力经济学理论与可以预期的收入变化有关，但是，Farber（2015）对纽约市出租车市场在2009~2013 年 43 824 个小时的市场小时收入的变化进行了方差分解（variance decomposition），结果显示，只有 1/8 的市场小时收入变化是不可预期的，所以，新古典劳动力经济学理论才能更好地解释总体实际的劳动力供给行为模式。第二，Farber（2015）的实证分析数据集包含了纽约市出租车市场 2009~2013 年 8802 位司机约 500 万班次的工作记录，分析结果表明，劳动力工作时长供给的收入弹性估计值是 0.4~0.8，显著为正，并没有得到弹性为负的结果。第三，在考虑司机之间的差异性可能导致工作时长供给的收入弹性不同时，大多数司机的劳动力供给收入弹性仍然为正，而且他们的弹性随着工作经验的增加而增加。Sheldon（2016）基于 Uber 的数据重复了 Camerer 等（1997）的工作，结果发现劳动力工作时长的收入弹性显著为正；另外，他还发现劳动力工作时长的收入弹性随着司机在平台上工作经验的增加而递增，并对此解释为收入目标行为只是在缺乏经验的司机中得到体现，这意味着当司机刚刚进入共享出行市场时，他们会采用设定收入目标的方式决策当日工作时长，但是随着司机通过经验积累而不断学习后，他们将学会合理应对平台通过调整价格或激励带来的市场收入变化，这一点与 Farber（2015）的研究一致，在更高收入和更长休闲时间的权衡中，正向的跨期替代效应起到最后的决定性作用。以上实证分析的研究聚焦在司机工作时长决策，并没有考虑司机当天可以选择是否工作带来的样本选择偏误问题，Sun 等（2019）基于滴滴出行的数据验证了样本选择偏误的存在，并提出因果推断框架，从是否参与工作（广义边际）和工作时长（集约边际）两个维度分析了市场小时收入水平影响司机劳动力供给决策的机理。

在共享出行平台的背景下，运营管理领域研究了三类时间跨度不同的定价和激励策略。第一类是提前并未承诺而是根据市场当前状态对每笔订单的费用进行提升的实时动态定价（real-time dynamic pricing）；第二类是当天提前承诺并且在短时间内（如几个小时）维持不变的基于时段定价（time-based pricing）；第三类是提前承诺并且在较长时间内（如一年内）固定的基础定价和激励策略，它们更新频率较低。在共享出行平台定价和激励策略的文献中，最常见的研究问题是围绕动态定价的价值，探究如何设计实时动态定价或者空间定价以影响他们的劳动力参与决策，管理共享出行平台上服务提供者的总供给数量。共享出行平台经常采用实时动态定价策略平衡市场的供给和需求，典型的代表是 Uber 采用的“高峰溢价”（surge pricing）（Radhakrishnan et al.，2013）。尽管实时动态定价策略在实际商业场景中得到广泛应用，但是却一直在消费者和服务提供者中间广受批评，被认为是损害了他们的福利，因此，实时动态定价的价值成为共享出行平台定价和激励策略研究中的重要问题之一。Cachon 等（2017）将服务提供者的劳动力供给行为分为长期决策“是否加入平台”和短期决策“当日是否工作”两个阶段，考虑平台可以根据市场需求情况调整消费者端的价格和服务提供者端的收入，通过与动态价格机制、动态收入机制及最优机制对比，他们发现实时动态定价策略是近似最优的平台利润最大化的机制，而且随着服务提供者选择工作的机会成本增加，实时动态定价策略有助于更好地利用服务提供者的服务能力，帮助消费者在低需求时付出较低价格而在高需求时有机会获得更多服务，所以可以提高消费者、服务提供者和系统整体的福利。

与 Cachon 等（2017）研究实时动态定价策略不同，Taylor（2018）首次聚焦在提前承诺并且在短时间内维持不变的定价激励策略，研究了服务提供者的独立性和消费者服务延迟的敏感性对价格的影响。他提出了参与外部性（participation externality）的概念，指出额外的服务提供者加入平台工作将会带来两个效应：一方面，他们提升了平台的服务能力，缩短了消费者等待时间，从而提高了消费者的需求；另一方面，他们会导致服务提供者之间的竞争更加激烈，从而可能降低其他服务提供者能够获得的消费者需求。围绕参与外部性，Taylor（2018）发现当消费者对服务的估值和服务提供者参与工作的机会成本确定的时候，消费者服务延迟的敏感性会降低最优价格，增加最优收入，但是，消费者对服务的估值存在适度的不确定性时，消费者服务延迟的敏感性反而会提高最优价格，另外，当服务提供者参与工作的机会成本存在较大的不确定性且期望机会成本适当高时，消费者服务延迟的敏感性反而会降低最优收入。在 Taylor（2018）的研究中，消费者支付的价格和服务提供者得到的收入是由平台分别决策的，Bai 等（2019）则研究了提前承诺并且在短时间内维持不变的分时佣金策略，其中，平台可以决策服务提供者端的收入和消费者端的价格之比（the ratio of wage over price），他们发现当消费者需求增加、服务提供者供给下降或者消费者对等待时间越来越敏感时，平台应提高支付给服务提供者的佣金比例。

服务提供者供给行为的独立性使已经在线工作的劳动者还可以决策工作时长（集约边际），因此，少数研究将总工作时长视为共享出行平台的服务能力，探究了定价和激励策略对市场效率和社会福利的影响。Cramer 和 Krueger（2016）提出了基于工作时长定义服务提供者的能力使用率（capacity utilization rate），指出 Uber 更有效的双边匹配技术、较大的服务规模、低效的出租车市场管制策略及实时动态定价均有助于提高服务提供者的能力使用率。同 Cachon 等（2017）一样，Zha 等（2017）聚焦在共享出行平台上的实时动态定价，考虑到新古典劳动力经济学理论和参考依赖偏好理论对劳动力供给行为的不同预测，他们分别建立了服务提供者的工作时长决策模型，最后发现实时动态定价有助于提高平台和服务提供者的收益，但是在溢价特别高的时期却会损害消费者利益。因此，他们提出了最高佣金管制（commission cap regulation）策略来限制平台能够从每笔交易中获得的最高佣金比例，最后发现该策略将有助于提高市场效率并限制垄断平台的市场势力。在刻画服务提供者的劳动力供给选择时，以上的研究聚焦在是否参与工作（广义边际）或者工作时长（集约边际）等其中一个维度，Baron（2018）在同时考虑服务提供者的这两种劳动力供给选择下，研究了共享出行平台应该被界定为平台企业还是受当地政府管制的交通服务公司、服务提供者应该被界定为独立合伙人还是正式员工，以及消费者安全和服务提供者准入资格要求等战略发展层面的问题，他指出平台支付给服务提供者的收入不仅会影响广义边际的劳动力供给选择，还会影响集约边际的劳动力供给选择，而实时动态定价正是会同时影响这两个维度选择的策略。

9.3　考虑选择偏误和内生性问题的劳动力供给实证分析模型

新古典劳动力经济学理论和参考依赖偏好理论对灵活劳动力的供给行为提出了相反的预测结果，为了检验这理论对共享出行平台上服务提供者劳动力供给行为的解释能力，本节将建立实证分析框架，并提出处理内生性问题的方法（Sun et al.，2019）。

在共享出行平台中，服务提供者可以自我选择当日是否工作。根据 Gronau（1974）提出的收入样本选择偏误问题，在给定关于服务提供者在线工作时长和收入的数据下，实证分析模型如果忽略了该样本选择行为，将会导致劳动力供给收入弹性的估计结果和对应的管理启示出现偏差。因此，根据 Heckman 样本选择模型（Heckman，1976），9.3.1 小节从广义边际维度和集约边际维度对司机的是否参与工作和工作时长两步劳动力供给行为进行建模，9.3.2 小节中采用工具变量法解决小时收入的内生性问题，并在 9.3.3 小节中提出采用小时收入劳动力供给收入弹性测度共享出行平台调整小时收入对劳动力供给的影响。

9.3.1　是否参与工作和工作时长的样本选择建模

考虑一个随机抽取的司机样本，假设司机 i 在第 t 天的实际小时收入为 W_{it}，他的保留小时收入为 W_{it}^0，两者之差设为 $W_{it}^* = W_{it} - W_{it}^0$。司机可以选择当天是否工作 $Y_{it} \in \{0,1\}$ 及工作时长 $H_{it} \in \mathbb{R}^+$。他选择参与工作的决策准则是当 $W_{it}^* > 0$ 时，则 $Y_{it} = 1$，表示他当天在线工作；否则，$Y_{it} = 0$，表示他当天没有在线工作（Gronau，1974；Heckman，1976）。平台可以观测到实际小时收入 W_{it} 和司机的决策结果 Y_{it} 和 H_{it}，但无法观测到 W_{it}^0 和 W_{it}^*。基于以上变量，司机 i 在第 t 天的劳动力供给可以表示如下：

$$Y_{it}=\mathbb{I}_{\{W_{it}^{*}>0\}} \tag{9-1}$$

$$W_{it}^{*}=\boldsymbol{X}_{1i}\boldsymbol{\beta}_{1}+\mu_{it} \tag{9-2}$$

$$H_{it}=\boldsymbol{X}_{2i}\boldsymbol{\beta}_{2}+\upsilon_{it} \tag{9-3}$$

其中，$\mathbb{I}$ 为示性函数；$\boldsymbol{X}_{1i}$ 和 $\boldsymbol{X}_{2i}$ 为自变量向量（其中包含了小时收入 W_{it}、服务提供者个人特征、当天特征和市场特征等）；$\boldsymbol{\beta}_{1}$ 和 $\boldsymbol{\beta}_{2}$ 为系数向量；μ_{it} 和 υ_{it} 是刻画无法识别或无法测量的因素的误差项，满足假设 $\mathbb{E}[\mu_{it}]=0$ 和 $\mathbb{E}[\upsilon_{it}]=0$。对于同一个司机 i，协方差为 $\mathbb{E}[\mu_{it}\upsilon_{it}]=\sigma_{12}$。对于任意两位不同的司机 i 和 i'，由于是随机抽取样本，误差项 μ_{it} 和 $\upsilon_{i't}$ 满足 $\mathbb{E}[\mu_{it}\upsilon_{i't}]=0$（Heckman，1979）。

因为只有当司机选择工作后（$Y_{it}=1$）才会有相应的工作时长 H_{it} 数据，所以，基于可观测到的数据得到的关于工作时长的总体回归模型如下：

$$\mathbb{E}\left[H_{it}|\boldsymbol{X}_{2i},\text{选择参与工作的决策准则}\right]=\boldsymbol{X}_{2i}\boldsymbol{\beta}_{2}+\mathbb{E}[\upsilon_{it}\mid\mu_{it}\geqslant-\boldsymbol{X}_{1i}\boldsymbol{\beta}_{1}] \tag{9-4}$$

当误差项 μ_{it} 和 υ_{it} 相互独立时，意味着是否参与工作的决策 Y_{it} 和工作时长的决策 H_{it} 是相互独立的，此时，式（9-4）中关于 υ_{it} 的条件期望为 0，相应的关于工作时长的总体回归模型如下：

$$\mathbb{E}\left[H_{it}\mid\boldsymbol{X}_{2i},\text{选择参与工作的决策准则}\right]=\boldsymbol{X}_{2i}\boldsymbol{\beta}_{2} \tag{9-5}$$

已有文献对城市出租车市场的劳动力供给进行了分析（Farber，2015）。由于出租车司机面临着公司合约的限制，基本上每天都会选择参与工作，他们选择参与工作的决策和工作时长的决策相互独立，每日市场小时收入水平的波动只会影响劳动力供给的工作时长，这将意味着 $\mathbb{E}[\upsilon_{it}\mid\mu_{it}\geqslant-\boldsymbol{X}_{1i}\boldsymbol{\beta}_{1}]=0$，所以可以基于式（9-5）进行回归分析。但是，在共享出行平台上，司机可以灵活地决策是否参与工作和工作时长，存在一些因素会同时影响这两个决策。例如，考虑一个外生的冲击降低了司机赋闲在家的时间的机会成本（如该冲击给家庭就业带来负面影响）（Stafford，2015），在市场小时收入水平不变的情况下，这将使司机更加愿意参与工作，并且增加每日的工作时长，意味着 $\mathbb{E}[\upsilon_{it}\mid\mu_{it}\geqslant-\boldsymbol{X}_{1i}\boldsymbol{\beta}_{1}]\neq0$。由于关于工作时长 H_{it} 的样本点不是随机抽样产生的，如果仍然基于观测到的数据按照式（9-5）进行回归分析，将会遗漏变量 $\mathbb{E}[\upsilon_{it}\mid\mu_{it}\geqslant-\boldsymbol{X}_{1i}\boldsymbol{\beta}_{1}]$，从而产生样本选择偏差。

为了解决样本选择偏差问题，本小节采用 Heckman 样本选择模型进行修正（Cameron and Trivedi，2005）。假设误差项 μ_{it} 和 υ_{it} 服从二元正态分布 $N\left(0,0,\sigma_{\mu}^{2},\sigma_{v}^{2},\rho\right)$，二元正态分布中误差项 υ_{it} 的标准差经标准化后设为 1。虽然实际市场小时收入水平和保留市场小时收入水平之差 W_{it}^{*} 是无法观测的，但是我们可以基于全样本数据采用以下选择方程（selection equation）中的 Probit 模型估计司机当日选择工作的概率：

$$\mathbb{P}\left[Y_{it}=1 \mid \boldsymbol{X}_{1i}\right]=\Phi\left(\boldsymbol{X}_{1i}\boldsymbol{\beta}_{1}\right) \tag{9-6}$$

其中，自变量向量 $\boldsymbol{X}_{1i}$ 包含了小时收入 W_{it}；Φ 为标准正态分布的累积概率密度函数。

设 H_{it1} 表示选择参与工作（$Y_{it}=1$）的司机 i 在第 t 天的工作时长，H_{it0} 表示没有参与工作（$Y_{it}=0$）的司机 i 如果在第 t 天时选择工作的工作时长。考虑到同时影响是否参与工作和工作时长两个决策的不可观测的因素，已经选择参与工作的司机的期望工作时长可以修正为以下的结果方程（outcome equation）：

$$\mathbb{E}\left[H_{itj} \mid \boldsymbol{X}_{2i}, j=1\right]=\boldsymbol{X}_{2i}\boldsymbol{\beta}_{21}+\rho\sigma_{\varepsilon}\frac{\phi\left(\boldsymbol{X}_{1i}\boldsymbol{\beta}_{1}\right)}{\Phi\left(\boldsymbol{X}_{1i}\boldsymbol{\beta}_{1}\right)} \tag{9-7}$$

其中，ϕ 为标准正态分布的概率密度函数。

同理，没有选择参与工作的司机的期望工作时长可以修正为以下的结果方程：

$$\mathbb{E}\left[H_{itj} \mid \boldsymbol{X}_{2i}, j=0\right]=\boldsymbol{X}_{2i}\boldsymbol{\beta}_{20}-\rho\sigma_{\varepsilon}\frac{\phi\left(\boldsymbol{X}_{1i}\boldsymbol{\beta}_{1}\right)}{1-\Phi\left(\boldsymbol{X}_{1i}\boldsymbol{\beta}_{1}\right)} \tag{9-8}$$

以上这两个公式揭示了期望工作时长由两部分之和构成：第一部分是共同特征（common features），代表影响工作时长的可观测自变量起到的作用，对于已经选择参与工作的司机和没有选择参与工作的司机，变量前面的系数将会不同；第二部分是差异特征（heterogeneous features），代表在给定的截尾误差项 μ_{it} 下，影响工作时长的不可观测误差项 υ_{it1} 和 υ_{it0} 对工作时长的影响。决定司机选择参与工作概率的截尾概率分布被称为逆米尔斯比（inverse Mills ratio），具体地，对于已经选择工作的司机，该项为 $\phi\left(\boldsymbol{X}_{1i}\boldsymbol{\beta}_{1}\right)/\Phi\left(\boldsymbol{X}_{1i}\boldsymbol{\beta}_{1}\right)$；对于没有选择工作的司机，该项为 $\phi\left(\boldsymbol{X}_{1i}\boldsymbol{\beta}_{1}\right)/\left(1-\Phi\left(\boldsymbol{X}_{1i}\boldsymbol{\beta}_{1}\right)\right)$。逆米尔斯比的引入可以刻画同时影响是否参与工作和工作时长决策的不可观测的因素，当二元正态分布中的相关系数 $\rho=0$ 时，说明是否参与工作的决策和工作时长的决策是相互独立的，那么，基于观测到的数据按照式（9-5）进行回归分析不会带来样本选择偏误问题；否则，当 $\rho\neq 0$ 时，说明样本选择偏误存在，我们将在下文的实验设计部分做进一步讨论。

对于当日选择参与工作的司机，根据式（9-7），如果样本数据是随机抽样产生的，那么他们的工作时长平均值是 $\boldsymbol{X}_{2i}\boldsymbol{\beta}_{21}$。但是，如果司机自我选择是否参与工作，那么平均工作时长是 $\boldsymbol{X}_{2i}\boldsymbol{\beta}_{21}+\rho\sigma_{\varepsilon}\phi\left(\boldsymbol{X}_{1i}\boldsymbol{\beta}_{1}\right)/\Phi\left(\boldsymbol{X}_{1i}\boldsymbol{\beta}_{1}\right)$。当 $\rho\sigma_{\varepsilon}\geqslant 0$ 时，$\mathbb{E}\left[H_{itj} \mid \boldsymbol{X}_{2i}, j=1\right]>\boldsymbol{X}_{2i}\boldsymbol{\beta}_{21}$，这意味着选择工作的司机的平均工作时长会高于平均值，所以不可观测因素的存在不仅影响了司机的是否参与工作决策，也对司机的工作时长决策产生了正面影响。

同理，对于当日选择不工作的司机，根据式（9-8），如果样本数据是随机抽样产生的，那么他们的工作时长平均值是 $\boldsymbol{X}_{2i}\boldsymbol{\beta}_{20}$。但是，如果司机自我选择是否参与工作，那么平均工作时长是 $\boldsymbol{X}_{2i}\boldsymbol{\beta}_{20}-\rho\sigma_{\varepsilon}\phi\left(\boldsymbol{X}_{1i}\boldsymbol{\beta}_{1}\right)/\left(1-\Phi\left(\boldsymbol{X}_{1i}\boldsymbol{\beta}_{1}\right)\right)$。当 $\rho\sigma_{\varepsilon}>0$ 时，$\mathbb{E}\left[H_{itj}\mid\boldsymbol{X}_{2i},j=1\right]<\boldsymbol{X}_{2i}\boldsymbol{\beta}_{20}$，这意味着实际选择不工作的司机如果选择了工作，对应的平均工作时长会低于平均值，所以不可观测因素的存在不仅影响了司机的是否参与工作决策，也对这部分司机的工作时长决策产生了负面影响。

9.3.2　工作时长内生性的内生性建模

每位司机当天的总服务时长取决于是否参与工作和工作时长的决策。同时，获得的小时收入将由所有已选择参与工作的司机的总服务时长决定，这意味着工作时长和市场小时收入水平之间存在反向因果关系（reverse causality），因此，直接估计这两个变量的回归方程将会因为内生性问题而无法得到无偏的结果，从而不能准确地评估共享出行平台调整司机的小时收入水平对市场劳动力供给的作用。另外，虽然历史数据可以刻画司机之间的部分差异性，但是，仍然可能存在一些无法观测的变量会同时影响工作时长和市场小时收入水平，忽视这些遗漏变量也会给最后的估计带来遗漏变量偏误（omitted variable bias）。

工具变量模型（instrumental variable model）是解决内生性问题的常见方法。引入工具变量的目的是将自变量中非随机的部分分离出来，有效的工具变量不仅需要与关心的解释变量高度相关（相关性），而且需要与模型中的随机误差项不相关（外生性）。尽管工具变量有助于减小变量内生性问题引起的估计误差，一旦该工具变量较弱，不满足相关性和外生性，工具变量模型将会导致两阶段最小二乘回归分析（two-stage least squares regression analysis）得到的置信区间失去意义，系数的估计结果也会和直接采用普通最小二乘估计的结果一样存在偏误（Bound et al.，1995），而且对工具变量的外生性假设高度敏感（Small and Rosenbaum，2008）。

有效的工具变量通常来自自然实验或者外生的冲击。在本章的实证研究中，共享出行平台为了保证自身的可持续发展而调整了司机端的补贴方式中的参数，考虑该补贴参数的调整与司机的小时收入高度相关，但是和司机的工作时长并不直接相关，因此，我们将该补贴方式中的参数作为一个工具变量。另外，外生的、影响需求的解释变量，如实际的乘客请求数量也可以视为小时收入的一个工具变量。在本章的研究设计部分，我们将进一步讨论工具变量的选择问题。

给定有效的工具变量，可以采用两阶段最小二乘回归模型进行参数估计（Durbin，1954），其中，第一阶段对应内生的市场小时收入水平 W_{it} 与工具变量 $\boldsymbol{Z}_{t}$ 和其他控制变量 $\boldsymbol{X}_{2i}$ 的线性回归，第二阶段对应工作时长 H_{it} 与预测的市场小时收入水平和其他控制变量的线性回归。具体地，考虑以下关于小时收入 W_{it} 的原始回归方程：

$$H_{it}=\boldsymbol{X}_{2i}\boldsymbol{\beta}_2+W_{it}\beta_{2w}+\upsilon_{it} \tag{9-9}$$

其中，W_{it} 和 υ_{it} 之间的相关性导致产生内生性问题。设工具变量 $\boldsymbol{Z}_t$ 对应的系数为 $\boldsymbol{\gamma}_t$，在工具变量的假设条件下，$\boldsymbol{Z}_t$ 与误差项 υ_{it} 不相关，即 $\operatorname{cov}(\boldsymbol{Z}_t,\upsilon_{it})=0$。在参数估计的第一阶段，线性回归方程的因变量是小时收入 W_{it}，自变量是对应的工具变量 $\boldsymbol{Z}_t$ 和其他控制变量 $\boldsymbol{X}_{2i}$，具体表达式如下：

$$W_{it}=\boldsymbol{X}_{2i}\boldsymbol{\beta}_2+\boldsymbol{Z}_t\boldsymbol{\gamma}_t+\upsilon_{it} \tag{9-10}$$

在第二阶段，将第一阶段得到的小时收入预测值 $\hat{W}_{it}$ 代入式（9-9），得到以下的因果推断回归方程：

$$H_{it}=\boldsymbol{X}_{2i}\boldsymbol{\beta}_2+\hat{W}_{it}\beta_{2w}+\upsilon_{it} \tag{9-11}$$

根据式（9-10）和式（9-11），工具变量只是通过小时收入 W_{it} 来间接影响工作时长 H_{it}，而不会直接影响工作时长 H_{it}。

9.3.3 共享出行平台的劳动力供给收入弹性

在共享出行平台上，服务提供者可以决策当天是否工作和工作时长，基于 9.3.2 小节的模型，设随机变量 Y 和 H 分别表示服务提供者的参与工作决策和工作时长决策，那么，服务提供者的劳动力 S 可以表示为

$$S=\mathbb{E}[Y\times H]=\mathbb{P}[Y=1]\mathbb{E}[Y\times H\mid Y=1]+\mathbb{P}[Y=0]\mathbb{E}[Y\times H\mid Y=0] \tag{9-12}$$

由于 $\mathbb{E}[Y=0]\mathbb{E}[Y\times H\mid Y=0]=0$，服务提供者的劳动力 $S=\mathbb{P}[Y=1]\mathbb{E}[Y\times H\mid Y=1]$，这说明服务提供者的劳动力供给可以分解成广义边际维度 $\mathbb{P}[Y=1]$ 和集约边际维度 $\mathbb{E}[Y\times H\mid Y=1]$，相同的分解方式也在 Blundell 等（2013）的研究中采纳。根据链式法则对等式两边关于小时收入进行求导，可得劳动力供给的小时收入弹性为

$$\eta=\frac{\partial S/S}{\partial W/W}=\frac{\partial\mathbb{P}[Y=1]/\mathbb{P}[Y=1]}{\partial W/W}+\frac{\partial\mathbb{E}[H\mid Y=1]/\mathbb{E}[H\mid Y=1]}{\partial W/W} \tag{9-13}$$

式（9-13）表明，总收入弹性为劳动力供给收入弹性在广义边际（是否参与工作）和集约边际（工作时长）两个维度的供给弹性之和。

基于两阶段最小二乘回归模型，根据劳动力供给小时收入弹性的常见估计方法（Farber，2015），采用双对数模型对两个维度的弹性进行估计，得到以下的回归模型：

$$\mathbb{P}[Y_{it}=1\mid\boldsymbol{X}_{1i}]=\Phi(\boldsymbol{X}_{1i}\boldsymbol{\beta}_1+\beta_{1w}\log W_{it}) \tag{9-14}$$

$$\mathbb{E}\left[\log H_{itj}\mid\boldsymbol{X}_{2i},j=1\right]=\boldsymbol{X}_{2i}\boldsymbol{\beta}_{21}+\beta_{2w1}\log W_{it}+\rho\sigma_{\varepsilon}\frac{\phi(\boldsymbol{X}_{1i}\boldsymbol{\beta}_1+\beta_{1w}\log W_{it})}{\Phi(\boldsymbol{X}_{1i}\boldsymbol{\beta}_1+\beta_{1w}\log W_{it})} \tag{9-15}$$

$$\mathbb{E}\left[\log H_{itj} \mid \boldsymbol{X}_{2i}, j=0\right] = \boldsymbol{X}_{2i}\boldsymbol{\beta}_{20} + \beta_{2w0}\log W_{it} - \rho\sigma_{\varepsilon}\frac{\phi\left(\boldsymbol{X}_{1i}\boldsymbol{\beta}_1 + \beta_{1w}\log W_{it}\right)}{1-\Phi\left(\boldsymbol{X}_{1i}\boldsymbol{\beta}_1 + \beta_{1w}\log W_{it}\right)} \tag{9-16}$$

基于式（9-14），广义边际维度的劳动力收入弹性 η_p 可以表示为

$$\eta_p = \frac{\partial\mathbb{P}[Y=1]/\mathbb{P}[Y=1]}{\partial W/W} = \beta_{1w}\frac{\phi\left(\boldsymbol{X}_{1i}\boldsymbol{\beta}_1 + \beta_{1w}\log W_{it}\right)}{\Phi\left(\boldsymbol{X}_{1i}\boldsymbol{\beta}_1 + \beta_{1w}\log W_{it}\right)} \tag{9-17}$$

基于式（9-15），对于已经选择工作的司机，集约边际维度的劳动力收入弹性 η_{h1} 可以表示为

$$\begin{aligned}\eta_{h1} = \beta_{2w1} &- \beta_{1w}\rho\sigma_{\varepsilon}\frac{\left(\boldsymbol{X}_{1i}\boldsymbol{\beta}_1 + \beta_{1w}\log W_{it}\right)\phi\left(\boldsymbol{X}_{1i}\boldsymbol{\beta}_1 + \beta_{1w}\log W_{it}\right)}{\Phi\left(\boldsymbol{X}_{1i}\boldsymbol{\beta}_1 + \beta_{1w}\log W_{it}\right)} \\ &- \beta_{1w}\rho\sigma_{\varepsilon}\frac{\phi^2\left(\boldsymbol{X}_{1i}\boldsymbol{\beta}_1 + \beta_{1w}\log W_{it}\right)}{\Phi^2\left(\boldsymbol{X}_{1i}\boldsymbol{\beta}_1 + \beta_{1w}\log W_{it}\right)}\end{aligned} \tag{9-18}$$

基于式（9-16），对于没有选择工作的司机，集约边际维度的劳动力收入弹性 η_{h0} 可以表示为

$$\begin{aligned}\eta_{h0} = \beta_{2w0} &- \beta_{1w}\rho\sigma_{\varepsilon}\frac{\left(\boldsymbol{X}_{1i}\boldsymbol{\beta}_1 + \beta_{1w}\log W_{it}\right)\phi\left(\boldsymbol{X}_{1i}\boldsymbol{\beta}_1 + \beta_{1w}\log W_{it}\right)}{\overline{\Phi}\left(\boldsymbol{X}_{1i}\boldsymbol{\beta}_1 + \beta_{1w}\log W_{it}\right)} \\ &- \beta_{1w}\rho\sigma_{\varepsilon}\frac{\phi^2\left(\boldsymbol{X}_{1i}\boldsymbol{\beta}_1 + \beta_{1w}\log W_{it}\right)}{\overline{\Phi}^2\left(\boldsymbol{X}_{1i}\boldsymbol{\beta}_1 + \beta_{1w}\log W_{it}\right)}\end{aligned} \tag{9-19}$$

因此，共享出行平台实际劳动力供给的收入弹性为

$$\begin{aligned}\eta &= \eta_p + \eta_{h1} \\ &= \beta_{1w}\frac{\phi\left(\boldsymbol{X}_{1i}\boldsymbol{\beta}_1 + \beta_{1w}\log W_{it}\right)}{\Phi\left(\boldsymbol{X}_{1i}\boldsymbol{\beta}_1 + \beta_{1w}\log W_{it}\right)} + \beta_{2w1} - \beta_{1w}\rho\sigma_{\varepsilon}\frac{\left(\boldsymbol{X}_{1i}\boldsymbol{\beta}_1 + \beta_{1w}\log W_{it}\right)\phi\left(\boldsymbol{X}_{1i}\boldsymbol{\beta}_1 + \beta_{1w}\log W_{it}\right)}{\Phi\left(\boldsymbol{X}_{1i}\boldsymbol{\beta}_1 + \beta_{1w}\log W_{it}\right)} \\ &\quad - \beta_{1w}\rho\sigma_{\varepsilon}\frac{\phi^2\left(\boldsymbol{X}_{1i}\boldsymbol{\beta}_1 + \beta_{1w}\log W_{it}\right)}{\Phi^2\left(\boldsymbol{X}_{1i}\boldsymbol{\beta}_1 + \beta_{1w}\log W_{it}\right)}\end{aligned} \tag{9-20}$$

因为司机通过比较小时收入和在家的时间机会成本决定当天是否工作，任何同时影响小时收入和时间机会成本的外部冲击都将导致式（9-2）和式（9-3）中的误差项 μ_{it} 和 υ_{it} 相关。如果两者的相关性不等于 0，而且市场小时收入水平的变化将显著影响是否参与决策（ $\rho \neq 0$ 且 $\beta_{1w} \neq 0$ ），根据式（9-18）和式（9-19），忽略观测到的工作时长的样本选择偏误，将会导致集约边际维度的劳动力收入弹性存在偏差。基于历史观测数据，有以下两个可能的原因导致两个误差项之间相关：第一，每位司机当天的小时收入等于当天总收入除以当天工作时长，所以，工作时长将以倒数的形式出现在式（9-3）的右端项，任何工作时长的测量偏误会导致

工作时长和小时收入之间负相关，得到的集约边际维度的劳动力收入弹性 η_{h1} 估计偏小；第二，小时收入和工作时长可能同时受到不可观测因素的影响，从而导致联立性偏误（simultaneity bias）。为此，9.4 节将基于一个自然实验的工具变量模型解决上述的内生性问题。

9.4　研究设计

本节应用 9.3 节提出的考虑选择偏误和内生性问题的劳动力供给实证分析模型，分析共享出行平台调节市场小时收入对劳动力供给的影响。其中，9.4.1 小节描述实证研究的数据来源，9.4.2 小节解释根据共享出行平台的一次自然实验选择工具变量以解决工作时长内生性问题的原理，9.4.3 小节介绍关心的变量和其他控制变量的测度方法，9.4.4 小节展示本章研究设计的计量模型。

9.4.1　数据来源

实证研究的数据来自中国最大的共享出行平台——滴滴出行。平台通过智能手机应用向乘客提供一系列交通服务，包括专车、快车和出租车等，其中，提供快车服务的司机可以独立地、灵活地决定自己的劳动力供给。

基于运营管理实践和学术研究的目的，本节数据均来源于快车产品线。该产品线在 2015 年 5 月正式上线为乘客提供打车服务；在 2016 年 8 月，平台收购其在中国的最大竞争者，使得快车在样本所在的时间段内成为滴滴出行平台上最大的产品线，而且成为中国最主要的共享出行服务，这不仅为研究劳动力供给行为提供了丰富的原始数据，也排除了平台竞争给研究可能带来的影响。更重要的是，为了平台的可持续发展，公司总部在全国主要城市范围内逐步调整了司机端每日的补贴机制，从而缓解由高额司机补贴带来的平台运营成本压力，该调整和当地城市的市场供需状态是独立的、外生的，从而为本节研究控制内生性问题提供了自然实验环境（在样本所在的时间段和自然实验之前，城市的运营者负责调整司机端每日的补贴机制）。

9.4.2　自然实验

本小节根据共享出行平台在运营实践中的一次自然实验选择工具变量，处理工作时长的内生性问题。具体来讲，本小节首先介绍本次实验中平台进行调整的收入倍增（income multiplier）补贴策略，然后解释本次补贴策略调整可以视为外部冲击的原因，从而论证工具变量选择的合理性。

1. 收入倍增补贴

共享出行平台向司机提供补贴以调整当日市场的小时收入，激励劳动力供给，最后满足不同时间段的市场需求。一种常见而且有效的司机端补贴是收入倍增补贴，该补贴针对在提前发布的区域和时间段内完成的订单，对司机的每笔收入提供额外的一定比例倍增奖励。具体而言，设每笔订单基于基础定价的基本收入为 P，实时动态定价的倍数为 α（$\alpha \geqslant 1$），平台的提成比例为 β（$\beta \in (0,1)$），收入倍增补贴比例系数为 δ（$\delta \geqslant 1$），那么，司机获得的实际每笔收入是

$$P(1-\beta)+P\max(\alpha-1,\delta-1) \tag{9-21}$$

其中，第一部分为经过平台提成之后的基本收入；第二部分为市场实时动态定价带来的补贴和收入倍增补贴的两者最大值。在样本所在的时间段里，基本收入主要由基准费率（base fare）、每分钟价格×订单时长、每公里价格×订单距离构成，其中基准费率、每分钟价格和每公里价格在样本所在的时间段内是确定的。另外，平台的提成比例 β 为20%。

收入倍增补贴容易和常见的市场实时动态定价混淆，但是，它们在以下两个方面存在本质的差别。一方面，实时动态定价倍数 α 的变化将同时改变需求端乘客支付的价格和供给端司机获得的收入，而收入倍增补贴比例系数 δ 的变化将只会影响供给端司机获得的实际收入，不会改变需求端乘客支付的价格，从而不会直接影响乘客的需求量。另一方面，实时动态定价倍数随着市场的供给和需求状态实时变动，而收入倍增补贴比例系数由运营管理者提前确定，并将通知所有上线的司机。图 9-1 展示了某一天中收入倍增补贴比例系数 δ 的情况，其中，横轴代表时间，纵轴代表收入倍增补贴比例系数 δ，涉及五个时间窗口，其中，在早高峰时段（6：30~8：30）和晚高峰时段（17：00~18：30），平台向司机提供了超过 1.4 倍的收入倍增补贴。

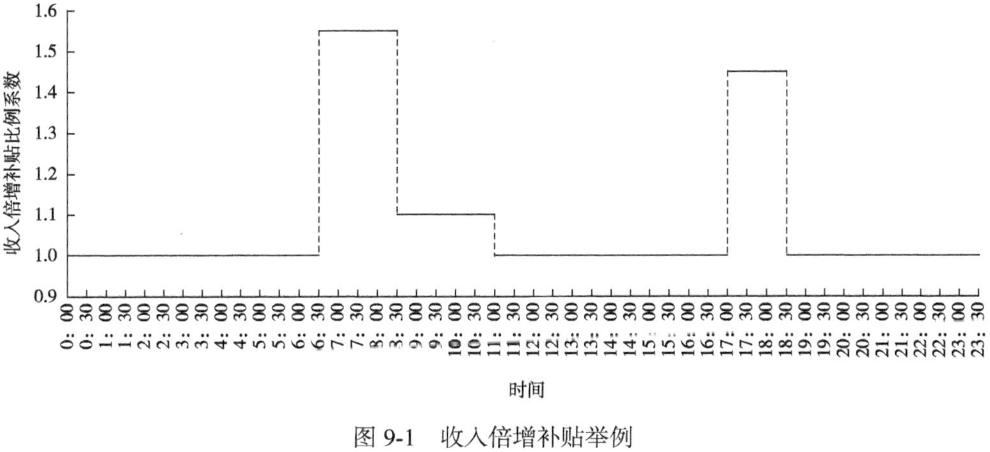

图 9-1 收入倍增补贴举例

2. 来自自然实验的外生冲击

在样本所在的时间段 2017 年 3 月 13 日~2017 年 5 月 21 日，以控制全国司机端运营成本为目标，平台总部提高或降低了城市当地的收入倍增补贴比例系数δ。该政策调整与当地的供需状态无关，从而为研究市场小时收入水平对劳动力供给在广义边际和集约边际两个维度的影响创造了自然实验环境。因为该补贴只是提供给司机，平台政策的调整将只会通过改变司机的小时收入来影响他们的劳动力供给行为，而对市场需求没有直接影响；另外，每日收入倍增补贴的调整是以公司整体的成本控制为目的，而且在当天清晨提前告知司机，与当地城市当天的市场供给和需求没有直接关系，从而有助于控制联立性偏误导致的内生性问题。在数据集中，收入倍增补贴比例系数δ的最大值为 1.55，最小值是 1.1，标准差是 0.10，反映了不同天之间收入倍增补贴的变化差异。

9.4.3 数据描述

在提出本章研究设计采用的计量模型之前，本小节介绍关心的变量和其他控制变量的测度方法。为了对市场小时收入对于劳动力供给行为的影响进行合理的因果推断，研究设计一方面需要尽可能地控制可以观测到的相关因素，对此，本小节首先描述了和司机、当天及外部市场相关的变量；另一方面需要处理司机之间不可观测的差异性因素，对此，本小节展示了对司机进行分类的结果。

（1）变量描述。本章研究设计探究市场小时收入对每日劳动力供给行为的影响，需要合适地定义时间维度上的“工作日”。在共享出行平台上，司机可以灵活地设计自己的工作时间表，这意味着司机的一个工作日并不是按照 0：00~23：59 的日历天度量。例如，根据对司机关于“每日什么时候开始出车工作和结束收车”的访谈调查，有受访者回答“早晨 7：00 出车工作，晚上 8：00 结束收车”，还有受访者回答“下午 3：00 出车工作，第二天凌晨 4：00 结束收车”。因此，按照 0：00~23：59 定义一个“工作日”，将会使部分司机的工作被人为地分割进入两个不同的工作日中，导致司机每日的工作时长测量出现偏差。基于 Chen 和 Sheldon（2016）的方法，定义一个班次为中间间隔时间不超过 4 小时的在线工作时段，即如果一位司机不在线工作超过 4 小时后再次上线工作，则意味着他开始了一个新的班次。然后，计算每一分钟对应的总体班次数量，结果发现，凌晨 4：00 左右是道路上司机人数最少的时刻。因此，为了尽可能降低因为“工作日”分割带来的偏差，定义一个“工作日”为当天 4：00~第二天 3：59 的 24 小时间隔。

本章研究将司机的当天平均小时收入作为市场小时收入水平，即当天总收入和当天总工作时长之比，潜在的假设是小时收入在一天之内是相对稳定的，因而平均小时收入可以作为刻画工作当日市场收入水平的指标。Camerer 等（1997）

和 Sheldon（2016）提出针对一天内的小时收入采用自相关分析检验该假设，如果自相关系数是负数，则意味着高收入时段之后将会是低收入时段，因此，司机可能会在高收入时段工作后停止工作，而这种行为容易引起是收入目标行为造成的误判。因此，理解一天之内小时收入的时间序列特性，有助于探究司机如何根据当前小时收入推断当天之后的小时收入，从而更准确地理解劳动力供给模型（Farber，2015）。在小时收入的时间序列分析中，将司机每笔订单的收入平均分配到每一分钟，同时，没有工作时的每分钟收入为 0，然后对一天之内的小时收入进行一阶自相关分析，结果显示一阶自相关系数为正（0.602），而且与 0 显著无差异，这表明当一个时段的小时收入较高时，下一个时段很有可能继续是高收入，这也表明了一天之内小时收入相对稳定（Sheldon，2016）。

探究司机的劳动力供给行为需要控制司机之间的差异性。在回归模型中，控制变量向量 $\boldsymbol{X}$ 包括随时间不变的、描述司机特征的变量，包括年龄（age_i）和性别（gender_i）。考虑到司机的学习行为可能带来的影响，控制变量向量 $\boldsymbol{X}$ 还包括平台工作时长（experience_{it}），它是指当天日期距离获得平台资格审查允许工作日期的天数。另外，考虑到司机的工作偏好中可能存在日历效应（calendar effect），控制变量向量 $\boldsymbol{X}$ 包括六个二元变量，用来表示一周内的不同天（例如，$\text{Monday}_t=1$ 表示当天是周一，否则当天不是周一）。最后，控制变量向量 $\boldsymbol{X}$ 还包括和天气相关的变量，例如，当天最高气温（temperature_t）、当天最大降雨量（intensity_t）和当天的空气质量指数 PM 2.5（pm25_t）。

（2）基于广义边际和集约边际的司机分类。考虑到司机之间的差异性，在数据预处理中对司机样本进行了分类。根据新古典劳动力经济学理论，市场小时收入水平可以从两个维度对劳动力供给产生影响：在广义边际维度，影响司机当天是否参与工作的决策；在集约边际维度，影响司机工作时长的决策（Cahuc et al., 2014）。因此，根据“过去 30 个工作日在线工作的天数”（广义边际）和“过去 30 个工作日每天工作时长的平均值”（集约边际）将司机样本分成 9 组，如表 9-1 所示。

表 9-1　基于广义边际和集约边际维度的司机分类

司机类别		平均每天工作时长（集约边际）		
		高	中	低
平均 30 天内工作天数（广义边际）	高	Ⅰ= 15.919%	Ⅳ= 20.147%	Ⅶ= 10.649%
	中	Ⅱ= 1.592%	Ⅴ= 7.142%	Ⅷ= 9.855%
	低	Ⅲ= 1.095%	Ⅵ= 4.612%	Ⅸ= 28.989%

注：罗马数字表示司机类别编号，百分数表示样本量占比

9.4.4 计量模型

本小节展示本章研究设计的计量模型。首先，在不考虑司机选择是否参与工作可能带来的样本选择偏误下，给出工作时长关于小时收入的普通线性回归模型。然后，在服务提供者供给行为的独立性特征下，本小节采用 Heckman 样本选择模型修正可能存在的样本选择偏误，并进一步解释选择收入倍增补贴和当前潜在需求总量作为工具变量的合理性。

1. 基本模型

本小节根据式（9-22）的普通最小二乘估计结果讨论小时收入（income_rate_{it}）对劳动力供给中工作时长（$\text{working\_hours}_{it}$）的影响。Camerer 等（1997）估计了工作时长关于小时收入的普通线性回归模型，其中，小时收入之前的系数（$\beta_{2,1}$）表示劳动力供给工作时长的收入弹性；他们发现该系数显著为负，并将该结果解释为受到每日收入目标的影响，一旦累计的收入达到该目标，司机将会停止工作。

$$\begin{aligned}\log\left(\text{working\_hours}_{it}\right) = {} & \beta_{2,0} + \beta_{2,1}\log\left(\text{income\_rate}_{it}\right) \\ & +\beta_{2,2}\text{age}_i + \beta_{2,3}\text{gender}_i + \beta_{2,4}\text{experience}_{it} \\ & + \beta_{2,5}\text{temperature}_t + \beta_{2,6}\text{intensity}_t + \beta_{2,7}\text{pm25}_t \\ & + \beta_{2,8}\text{Monday}_t + \beta_{2,9}\text{Tuesday}_t + \beta_{2,10}\text{Wednesday}_t \\ & + \beta_{2,11}\text{Thursday}_t + \beta_{2,12}\text{Friday}_t + \beta_{2,13}\text{Saturday}_t + \upsilon_{it}\end{aligned} \tag{9-22}$$

Farber（2005）针对该模型提出了关于计量估计的质疑。第一，对劳动力供给收入弹性的估计依赖于平均小时工资率在外生条件影响下存在不同天之间的显著变动；Farber（2005）在相同情境下进行了实证分析，结果显示平均小时工资率在不同天之间并没有显著地变动，而且一天内各个小时的收入之间也不存在自相关。第二，考虑到工作时长（$\text{working\_hours}_{it}$）的测量偏误将会导致收入弹性 $\beta_{2,1}$ 的估计结果偏低，Camerer 等（1997）用“当天同一个班次内工作的其他司机的小时收入分位数”作为该司机小时收入（income_rate_{it}）的工具变量；Farber（2005）指出可能存在和当天相关的因素（day-specific factors）同时影响司机的小时收入和工作时长，因此，“当天同一个班次内工作的其他司机的小时收入分位数”并不能作为小时收入（income_rate_{it}）的有效工具变量来辅助因果推断小时收入对工作时长的影响。

本章研究基于自然实验控制内生性问题可能带来的偏误。在样本所在的时间段里，基于公司可持续发展和运营成本控制的目的，平台调整每日的收入倍增补贴并提前公开告诉所有司机，这使得司机的平均小时工资率在外生条件影响下存在不同天之间的显著变动，从而可以识别模型（model identification）并估计劳动力供给工作时长的收入弹性。

2. 考虑样本选择偏误的 Heckman 样本选择模型

在共享出行平台上，司机面临两阶段的决策：当天是否参与工作；如果选择工作，需要工作多长时间。当存在不可观测的因素同时影响是否参与工作和工作时长两阶段决策时，如果根据普通最小二乘模型进行参数估计，则实际上只考虑了已经选择工作的司机，导致样本的选择不再是随机产生，造成样本选择偏误（sample selection bias）。根据 9.3.1 小节描述的 Heckman 样本选择模型，在普通最小二乘模型的基础上增加选择方程，用于描述司机第一阶段的是否参与工作决策，从而得到以下的计量模型。

选择方程：

$$\begin{aligned}\mathbb{P}\left[\text{Participation}_{it}=1\right]=\Phi(&\beta_{1,0}+\beta_{1,1}\log\left(\text{avg\_last7\_income\_rate}_{it}\right)\\&+\beta_{1,2}\text{age}_i+\beta_{1,3}\text{gender}_i+\beta_{1,4}\text{experience}_{it}\\&+\beta_{1,5}\text{temperature}_t+\beta_{1,6}\text{intensity}_t+\beta_{1,7}\text{pm25}_t\\&+\beta_{1,8}\text{Monday}_t+\beta_{1,9}\text{Tuesday}_t+\beta_{1,10}\text{Wednesday}_t\\&+\beta_{1,11}\text{Thursday}_t+\beta_{1,12}\text{Friday}_t+\beta_{1,13}\text{Saturday}_t)\end{aligned}\tag{9-23}$$

结果方程：

$$\begin{aligned}\log\left(\text{working\_hours}_{it}\right)=&\beta_{2,0}+\beta_{2,1}\log\left(\text{income\_rate}_{it}\right)\\&+\beta_{2,2}\text{age}_i+\beta_{2,3}\text{gender}_i+\beta_{2,4}\text{experience}_{it}\\&+\beta_{2,5}\text{temperature}_t+\beta_{2,6}\text{intensity}_t+\beta_{2,7}\text{pm25}_t\\&+\beta_{2,8}\text{Monday}_t+\beta_{2,9}\text{Tuesday}_t+\beta_{2,10}\text{Wednesday}_t\\&+\beta_{2,11}\text{Thursday}_t+\beta_{2,12}\text{Friday}_t+\beta_{2,13}\text{Saturday}_t+\upsilon_{it}\end{aligned}\tag{9-24}$$

采用 9.3 节的方法估计劳动力供给参与的收入弹性和工作时长的收入弹性。在第二阶段的结果方程中，小时收入（income_rate_{it}）是可观测到的实际总收入和总工作时长的比值，按照式（9-15），将修正项——逆米尔斯比作为控制变量添加到结果方程，得到最后的回归方程。在第一阶段的选择方程中，基于 Probit 模型估计司机当天在第一阶段选择工作的概率，并得到 Heckman 修正项。由于司机在决策是否参与工作时并没有获得实际收入，而且，如果司机当天没有选择参与工作，那么，数据中也无法观测到小时收入（income_rate_{it}），因此，在估计 Probit 模型中，本章采用该司机过去 7 个工作日的平均小时收入（$\text{avg\_last7\_income\_rate}_{it}$）作为当天小时收入 income_rate_{it} 的近似值，即司机 i 在第 t 天之前选择了参与工作的七天内的平均小时收入，这“过去 7 个工作日”可能在一周之内（如全职司机），也有可能跨越了多个星期（如兼职司机）。在分类的 9 组样本中，$\text{avg\_last7\_income\_rate}_{it}$ 和 income_rate_{it} 的相对差异的均值在−5%和 3%之间，说明 $\text{avg\_last7\_income\_rate}_{it}$ 是 income_rate_{it} 的比较好的近似。

3. 结果方程的识别

对结果方程的估计面临着联立性偏误和测量偏误带来的内生性问题。在选择方程中，司机是否参与工作的决策（$\text{Participation}_{it}$）发生在过去 7 个工作日的平均小时收入（$\text{avg\_last7\_income\_rate}_{it}$）实现之后；在结果方程中，司机的工作时长决策（$\text{working\_hours}_{it}$）并不完全发生在小时收入（$\text{income\_rate}_{it}$）实现之后，因为小时收入（$\text{income\_rate}_{it}$）也会反过来影响司机的工作时长（$\text{working\_hours}_{it}$），这种联立性偏误就带来了模型识别中的内生性问题。另外，正如 Camerer 等（1997）和 Farber（2005）等指出的，工作时长的测量偏误将导致弹性结果偏低，因此，采用工具变量两步回归模型作为结果方程的识别策略。有效的工具变量需要满足相关性（relevance）和排他性约束（exclusion restriction）假设：工具变量应该和内生的解释变量有较强的相关性，同时，它与其他可能影响被解释变量的扰动项不相关。

本章研究选取了收入倍增补贴的比例系数（income_multiplier）和需求请求数（request）两组工具变量。平台在自然实验中调整收入倍增补贴的比例系数为实证分析创造了外生的冲击，它与司机的小时工资率有较强的相关性；并且是因为来自公司总部的外生的干预，与其他可能影响当地城市内一个司机工作时长的扰动项不相关，满足排他性约束假设，因此，它是一个合理的工具变量。考虑到收入倍增补贴的比例系数在一天之内的不同时段会出现波动，因此，本章选择影响司机收入最多的收入倍增补贴的比例系数作为工具变量，即下午晚高峰 17：00~18：29 时间段的比例系数：第一，在样本选择的时间段内，早高峰时间段 7：00~8：29 和下午晚高峰时间段的收入倍增补贴的比例系数在多数天是相等的，即便出现差异，它们的绝对差也小于 0.1；第二，对于 9 组分类的样本，在下午晚高峰 17：00~18：29 时间段内的工作时长占当天总工作时长的比例相近（即 13.74%~16.59%），而且，在每个组内，该时间段工作时长的标准差较小（即 0.86~1.60），反映了各个组内的同质性。因此，尽管收入倍增补贴对不同组劳动力供给的处理效应存在异质性，但本章的研究将探究针对每个组的平均处理效应。当然，更严格地讲，工具变量模型估计的处理效应只是反映了该处理对受到该处理影响的个体的平均处理效应。根据局部平均处理效应定理（local average treatment effect theorem，LATE）（Imbens and Angrist，1994），当选取的工具变量是收入倍增补贴的比例系数时，工具变量模型所识别的处理效应是针对工作时长受到收入倍增补贴调整影响的司机，而对于从来不参与工作的司机或者从来不会选择在早晚高峰期工作的司机，由于该补贴的调整对他们没有显著影响，工具变量模型将无法识别他们的劳动力供给工作时长的收入弹性。为了解决这个问题可能带来的估计偏误，根据 Oettinger（1999）的建议，本章添加了当天“需求请求数”的自然对数值[log（request）]作为第二个工具变量。在 Camerer 等（1997）和 Farber（2005）的研究中，数据来源于出租车行业的劳动力市场，只包含已经被满足的需求交易记录，而无法准确得到当天市场潜在需求的数据。在共享出行平台上，所有的已经被满足的乘客请求或者因为实际原因无法满足最后被取消的乘客请求均被记录在数据库中，从而可以较准确地获得市场潜在的真实需求。较高的需求请求数意味着司机在相等时间内可能完成更多的订单、获得更多的收入，因此与司机的小时收入相关；同时，在线司机的工作时长也不会对影响市场需求请求数的因素产生作用，满足需求请求数的外生性。值得注意的是，需求请求数并不是只包含实际提交的需求数量，而是包含了在手机上打开客户端应用程序并且输入起始地点和目的地的所有客户数量，乘客此时并没有接收到预估等待时间的信息，也没有决定是否提交需求请求，因此，反映了当天的潜在需求数量。Castillo 等（2018）采纳了相同的工具变量，其中，司机的接驾时长（即接到订单和到达顾客位置之间的时长）在市场均衡下是内生的，而打开客户端应用程序的客户数量是工具变量，市场状态不会影响该客户数量；另外，即便司机可以识别一天内高峰需求时段和动态溢价，他们也很难预测总潜在客户数和收入水平，该逻辑与本章研究是一致的。在实际中，存在一些因素会同时影响司机的工作时长和需求请求数，因此，以上的两阶段模型尽可能地控制了相应的变量，如天气和日历效应。基于这两个工具变量，下文展示了工具变量两步回归模型的相关统计检验结果，并验证工具变量的有效性。

9.5　实证分析结果和讨论

本节讨论基于上述研究设计得到的结果和重要结论。首先，本节比较了三种模型设定，包括普通线性回归模型、没有工具变量的 Heckman 样本选择模型及带有工具变量的 Heckman 样本选择模型，结果证明了样本选择偏误和工作时长内生性问题的存在，说明存在不可观测的变量会同时影响司机是否参与工作和工作时长的决策。其次，针对带有工具变量的 Heckman 样本选择模型，本节检验了两个工具变量的有效性，并基于提出的实证分析模型，在带有工具变量的 Heckman 样本选择模型中引入个体固定效应，本节展示了广义边际维度和集约边际维度的劳动力供给小时收入弹性的估计结果，并讨论了市场小时收入对劳动力供给的作用。最后，按照不同年龄和不同性别，本节分析了司机之间的差异性对该作用的影响。

9.5.1　模型估计

1. 样本选择偏误和内生性问题存在的证据

在考虑劳动力供给中的样本选择偏误和内生性问题下，本小节根据 9.4 节描述的方法估计了司机的参与弹性和工作时长弹性。以第 I 组和第 IX 组为例，表 9-2

和表 9-3 展示了两个组在不同模型设定下比较的结果。首先，在没有考虑样本选择偏误和内生性问题下，本章估计了普通线性回归模型式（9-22），结果显示变量 $\log\left(\text{income\_rate}_{it}\right)$ 前的系数较小，但是显著不等于 0。其次，在考虑样本选择偏误问题下，本章估计了没有工具变量的 Heckman 样本选择模型，结果显示无论是选择方程式（9-23）中 $\log\left(\text{avg\_last7\_income\_rate}_{it}\right)$ 前的系数，还是结果方程式（9-24）中 $\log\left(\text{income\_rate}_{it}\right)$ 前的系数，均为正数而且显著不等于 0。值得关注的是，逆米尔斯比前面的系数显著不等于 0，证明样本选择偏误的存在。

表 9-2　第 I 组（广义边际和集约边际均较高）的模型估计结果

变量	（1）普通线性回归模型	（2）没有工具变量的 Heckman 样本选择模型		（3）带有工具变量的 Heckman 样本选择模型		（4）固定效应的结果方程
		选择方程	结果方程	选择方程	结果方程	
截距项	1.467 ***	−0.785 ***	1.276 ***	2.854 ***	1.696 ***	
log(income_rate)	0.204 ***		0.217 ***		0.152 ***	0.111 ***
log(avg_last7_income_rate)		0.326 ***		0.310 ***		
log(request)				−0.699 ***		
income_multiplier				−0.514 ***		
age	0.002 ***	0.012 ***	0.003 ***	0.012 ***	0.002 ***	0.001 ***
gender	0.008 *	0.078 ***	0.018 ***	0.078 ***	0.007+	0.002
experience	−0.000***	−0.000 **	−0.000 ***	−0.000 **	−0.000 *	−0.000+
temperature	−0.001***	−0.002 ***	−0.001 ***	0.000	−0.001 ***	−0.001 ***
intensity	−0.015 ***	0.060 ***	−0.009 *	0.190 ***	−0.017 ***	−0.012 ***
pm25	−0.000 ***	−0.001 ***	−0.000 ***	−0.001 ***	−0.000 ***	−0.000 ***
Monday	0.001	0.007	0.002	−0.119 ***	−0.002	−0.003
Tuesday	−0.007 **	0.033 ***	−0.003	−0.093 ***	−0.011 ***	−0.012 ***
Wednesday	0.011 ***	0.164 ***	0.030 ***	−0.001	0.001	0.002
Thursday	0.013 ***	0.198 ***	0.035 ***	0.043 ***	0.002	0.004
Friday	0.023 ***	0.210 ***	0.045 ***	0.208 ***	0.014 ***	0.019 ***
Saturday	0.022 ***	0.108 ***	0.034 ***	0.192 ***	0.019 ***	0.022 ***
逆米尔斯比			0.259 ***		−0.092 ***	−0.046 **
弱工具变量检验（p 值）					$<2\times10^{-16}$ ***	
Wu-Hausman 检验（p 值）					$<2\times10^{-16}$ ***	

***表示显著性水平 0.001；**表示显著性水平 0.01；*表示显著性水平 0.05；+表示显著性水平 0.1

表 9-3　第 IX 组（广义边际和集约边际均较低）的模型估计结果

变量	（1）普通线性回归模型	（2）没有工具变量的 Heckman 样本选择模型		（3）带有工具变量的 Heckman 样本选择模型		（4）固定效应的结果方程
		选择方程	结果方程	选择方程	结果方程	
截距项	0.319 ***	−2.458 ***	1.531 ***	−2.300 ***	0.247	
log(income_rate)	0.163 ***		0.137 ***		0.367 **	0.512 *
log(avg_last7_income_rate)		0.260 ***		0.260 ***		
log(request)				0.037		
income_multiplier				−0.244 ***		
age	−0.000	0.003 ***	−0.001+	0.003 ***	−0.001	−0.000
gender	0.042	0.045 *	0.018	0.045 *	0.022	0.011
experience	−0.000 ***	−0.000 ***	−0.000 **	−0.000 ***	−0.000 ***	−0.000
temperature	−0.004 ***	−0.003 ***	−0.003 *	−0.003 ***	−0.004 **	−0.006 *
intensity	0.006	0.074 **	−0.027	0.080 ***	−0.014	−0.046
pm25	−0.000 *	−0.000	−0.000+	−0.000	−0.000+	−0.000
Monday	−0.016	−0.028 *	−0.008	−0.041 **	0.003	0.062
Tuesday	−0.029	0.012	−0.036	0.001	−0.019	0.005
Wednesday	−0.007	−0.004	−0.007	−0.011	0.020	0.058
Thursday	−0.005	−0.011	−0.000	−0.021	0.016	0.060
Friday	−0.025	0.079 ***	−0.058 *	0.061 ***	−0.044+	−0.056
Saturday	0.011	0.065 ***	−0.016	0.072 ***	−0.010	−0.010
逆米尔斯比			−0.549 ***		−0.281+	−0.358
弱工具变量检验（p 值）					$<2\times10^{-16}$***	
Wu-Hausman 检验（p 值）					0.045 *	

***表示显著性水平 0.001；**表示显著性水平 0.01；*表示显著性水平 0.05；+表示显著性水平 0.1

再次，在考虑工作时长的内生性问题下，本章估计了带有工具变量的 Heckman 样本选择模型，其中工具变量包括收入倍增补贴的比例系数和需求请求数，结果依然表明，$\log(\text{income\_rate}_{it})$ 前面的系数依然显著为正，而且高于普通线性回归模型的估计结果。另外，在 0.05 的显著性水平下，Wu-Hausman 检验的结果表明系数显著不等于 0，因此拒绝“小时收入（income_rate_{it}）对于工作时长（$\text{working\_hours}_{it}$）是外生”的原假设，证明了工作时长内生性问题的存在，也进一步说明采用工具变量模型的合理性。最后，在带有工具变量的 Heckman 样本选择模型中，为了进一步控制司机之间和日期之间的差异性，本章在结果方程式（9-24）中引入“个体-

天”的固定效应，这并没有显著改变模型的估计结果，检验了本章结果的稳健型，因此，在下文中，劳动力供给的小时收入弹性将基于带有固定效应和工具变量的 Heckman 样本选择模型进行估计。

2. 工具变量的有效性

为了验证所选取的工具变量（收入倍增补贴的比例系数和需求请求数）的有效性，保证工具变量模型估计结果的渐进有效性，本小节对相关性和排他性约束进行了统计检验。在两阶段工具变量模型中，针对第一步方程采用 F-检验进行弱识别测试（weak identification test），两个组的 F 统计量分别是 1934 和 70.62，高于弱工具变量的经验阈值（Staiger and Stock，1997），而且 p 值非常小，意味着选取的工具变量并不弱而且满足相关性的假设条件。

为了进一步验证工具变量的有效性，检验排他性限制条件是否满足，本章进行了 Guevara（2018）提出的 Hausman 检验。在该检验中，一个模型采用了两个工具变量（收入倍增补贴的比例系数和需求请求数），另外两个模型分别使用其中一个工具变量（收入倍增补贴的比例系数或者需求请求数）。在零假设下，两个工具变量都是外生的，而且估计结果是一致的，但是，因为使用两个工具变量的模型利用了更多的信息，所以得到的估计结果 $\widehat{\boldsymbol{\beta}}_2$ 比使用其中一个工具变量的模型得到的估计结果 $\widehat{\boldsymbol{\beta}}_1$ 更加有效（Guevara，2018）。在备择假设（alternative hypothesis）下，如果其中一个工具变量是内生的，那么得到的估计结果 $\widehat{\boldsymbol{\beta}}_2$ 和估计结果 $\widehat{\boldsymbol{\beta}}_1$ 将会显著不同，Hausman 检验的卡方统计量如下：

$$S_{\mathrm{HAU}}=\left(\widehat{\boldsymbol{\beta}}_1-\widehat{\boldsymbol{\beta}}_2\right)'\left(\boldsymbol{\Sigma}_{\widehat{\beta}_1}-\boldsymbol{\Sigma}_{\widehat{\beta}_2}\right)^{-1}\left(\widehat{\boldsymbol{\beta}}_1-\widehat{\boldsymbol{\beta}}_2\right)\sim\chi^2_{df=1} \tag{9-25}$$

其中，$\boldsymbol{\Sigma}_{\widehat{\beta}_2}$ 为使用两个工具变量的模型得到的协方差矩阵；$\boldsymbol{\Sigma}_{\widehat{\beta}_1}$ 为使用其中一个工具变量的模型得到的协方差矩阵。以第 I 组为例，对比表 9-2 和表 9-4 的结果可以看到，得到的估计结果 $\widehat{\boldsymbol{\beta}}_2$ 和估计结果 $\widehat{\boldsymbol{\beta}}_1$ 比较相近：选择方程式（9-23）中变量 $\log\left(\text{avg\_last7\_income\_rate}_{it}\right)$ 前的系数分别是 0.310、0.312 和 0.324；结果方程式（9-24）中 $\log\left(\text{income\_rate}_{it}\right)$ 的系数分别是 0.152、0.156 和 0.119，这些估计结果均为正数，而且显著不等于 0。另外，Hausman 检验下 S_{HAU} 的 p 值是 1，说明不能拒绝两个工具变量是有效的原假设。对于其他组的样本，在 $\alpha=0.01$ 的显著性水平下，可以得到相同的结论，验证了两个工具变量的外生性。

表 9-4　第Ⅰ组的备择模型和 Hausman 检验结果

变量	以 log(request) 作为工具变量的 Heckman 样本选择模型		以 income_multiplier 作为工具变量的 Heckman 样本选择模型	
	选择方程	结果方程	选择方程	结果方程
截距项	2.206 ***	1.667 ***	−0.100	1.884 ***
log(income_rate)		0.156 ***		0.119 ***
log(avg_last7_income_rate)	0.312 ***		0.324 ***	
log(request)	−0.703 ***			
income_multiplier			−0.529 ***	
age	0.012 ***	0.002 ***	0.012 ***	0.001 ***
gender	0.079 ***	0.007 *	0.077 ***	0.003
experience	−0.000 **	−0.000 *	−0.000 **	−0.000
temperature	0.001	−0.001 ***	−0.003 ***	−0.000 *
intensity	0.162 ***	−0.016 ***	0.088 ***	−0.019 ***
pm25	−0.001 ***	−0.000 ***	−0.001 ***	−0.000
Monday	−0.083 ***	−0.001	−0.030 ***	−0.004+
Tuesday	−0.062 ***	−0.011 ***	−0.000	−0.015 ***
Wednesday	0.028 ***	0.003	0.134 ***	−0.012 **
Thursday	0.078 ***	0.005+	0.161 ***	−0.011 **
Friday	0.242 ***	0.017 ***	0.176 ***	0.002
Saturday	0.167 ***	0.020 ***	0.134 ***	0.013 ***
逆米尔斯比		−0.064 ***		−0.226 ***
弱工具变量（p 值）		$<2\times10^{-16}$***		$<2\times10^{-16}$ ***
Wu-Hausman 检验（p 值）		$<2\times10^{-16}$***		$<2\times10^{-16}$ ***
HAU 检验（p 值）		1		1

***表示显著性水平 0.001；**表示显著性水平 0.01；*表示显著性水平 0.05；+表示显著性水平 0.1

根据劳动力供给实证分析模型，在选择偏误和内生性问题的影响下，选择方程式（9-23）中变量 $\log\left(\text{avg\_last7\_income\_rate}_{it}\right)$ 前的系数和结果方程式（9-24）中 $\log\left(\text{income\_rate}_{it}\right)$ 前的系数并不能理解为劳动力供给收入弹性，因此，9.5.2 小节将总结经过修正得到的弹性估计结果。

9.5.2　司机差异性下的劳动力供给收入弹性估计结果

本小节在回归模型中引入个体的固定效应以控制司机个体不随时间变化的其他特征，引入时间的固定效应以控制总体中不随司机差异性变化的和当天有关的特征。根据带有固定效应的结果方程，表 9-5 总结了九组劳动力供给在广义边际和集约边际两个维度的收入弹性。由于存在样本选择偏误，已经选择参与工作的司机的工作时长弹性 η_{h1} 与没有选择参与工作的司机的工作时长弹性 η_{h0} 不同。有意思的是，参与弹性随着广义边际和集约边际的增加而减少（例如，Group Ⅰ <Group Ⅱ<Group Ⅲ），时长弹性随着集约边际的增加而减少（例如，Group Ⅰ <Group Ⅳ<Group Ⅶ），加权平均后的总弹性也是随着集约边际的增加而减少（例如，Group Ⅰ<Group Ⅳ< Group Ⅶ）。考虑到在共享出行平台上，兼职司机工作的天数比全职司机工作的天数少，而且工作日内的工作时长比全职司机的工作时长短，该结果表明兼职司机的劳动力供给收入弹性会比全职司机的收入弹性大。

表 9-5　劳动力供给收入弹性汇总

组数	参数估计		劳动力供给收入弹性			总弹性	
	β_{1w}	β_{2w}	参与弹性 η_p	时长弹性 ($y=1$) η_h	时长弹性 ($y=0$) η_{h0}	时长弹性 $\lambda\eta_{h1}+(1-\lambda)\eta_{h0}$	总弹性 η
Ⅰ	0.310	0.111	0.107	0.117	0.122	0.118	0.224
Ⅱ	0.124	0.109	0.113	0.100	0.101	0.101	0.213
Ⅲ	0.238	0.066	0.206	0.023	0.034	0.029	0.229
Ⅳ	0.342	0.352	0.163	0.362	0.367	0.364	0.525
Ⅴ	0.257	0.249	0.203	0.235	0.237	0.236	0.438
Ⅵ	0.185	0.248	0.225	0.195	0.226	0.216	0.420
Ⅶ	0.421	0.852	0.275	1.037	1.065	1.048	1.312
Ⅷ	0.368	0.860	0.488	1.023	0.950	0.967	1.512
Ⅸ	0.260	0.512	0.524	0.600	0.531	0.535	1.124

注：λ 是每天选择参与工作的平均概率

总之，无论是广义边际的参与弹性还是集约边际的时长弹性，它们的估计结果均显著为正，这说明共享出行平台提高当天的市场小时收入水平将有助于提高司机的劳动力供给。虽然该结果无法完全排除司机的收入目标行为的存在性，但是，当前的数据集展现的结果说明依据古典跨期替代理论进行劳动力供给决策的驱动力强于来自参考依赖偏好理论的驱动力[类似的结果也体现在 Fehr 和 Goette（2007）、Stafford（2015）的研究中]。

考虑到决策的单位时间（如小时、天、周、月、年）在司机的策略性劳动力供给行为中十分重要，单位时间的定义也将影响劳动力供给收入弹性的估计结果，在相同数据集下，本章研究以“周”为单位探究了市场小时收入水平对每周是否参与工作和每周工作时长的影响。结果显示，市场小时收入水平的劳动力供给收入弹性显著为正，这与上文中以“天”为单位得到的结论一致。

9.5.3 不同类别司机的劳动力供给收入弹性

表 9-6 展示了不同性别的劳动力供给收入弹性估计结果。可以看到，参与弹性和时长弹性的单调性结论对于男性司机仍然成立，但是对于女性司机不再成立，甚至不显著。其中一个可能的原因是，平台上女性司机的比例较低，分类后的每个组里女性司机的样本点更少，导致估计结果并不显著。表 9-7 展示了不同年龄的劳动力供给收入弹性估计结果。对比青年司机和中年司机可以看到，对于平均 30 天内每天工作时长和工作天数均较高的第Ⅰ组司机，青年司机的时长弹性更低；但是，对于平均 30 天内每天工作时长和工作天数均较低的第Ⅸ组司机，青年司机的时长弹性更高，这体现出不同年龄段劳动力的供给收入弹性的差异性。

表 9-6　不同性别的劳动力供给收入弹性对比

分组	男性			女性		
弹性	参与弹性 η_p	时长弹性 η_{h1}	总弹性 η	参与弹性 η_p	时长弹性 η_{h1}	总弹性 η
Ⅰ	0.108 ***	0.118 ***	0.226	0.046+	0.130 *	0.177
Ⅱ	0.135 ***	0.089 **	0.224	−0.469 **	−0.039	−0.508
Ⅲ	0.212 ***	0.015	0.228	0.113	0.459	0.572
Ⅳ	0.160 ***	0.342 ***	0.501	0.238 ***	0.307 ***	0.545
Ⅴ	0.200 ***	0.306 ***	0.506	0.252 ***	−0.403	−0.151
Ⅵ	0.220 ***	0.184 ***	0.403	0.318 **	0.588 *	0.906
Ⅶ	0.275 ***	0.980 ***	1.255	0.262 ***	1.014 ***	1.275
Ⅷ	0.485 ***	1.013 ***	1.498	0.562 ***	1.462 **	2.024
Ⅸ	0.526 ***	0.480+	0.975	0.482 ***	0.716 ***	0.648

***表示显著性水平 0.001；**表示显著性水平 0.01；*表示显著性水平 0.05；+表示显著性水平 0.1

表 9-7　不同年龄的劳动力供给收入弹性对比

分组	青年			中年			老年		
弹性	参与弹性 η_p	时长弹性 η_{h1}	总弹性 η	参与弹性 η_p	时长弹性 η_{h1}	总弹性 η	参与弹性 η_p	时长弹性 η_{h1}	总弹性 η
Ⅰ	0.101 ***	0.056 **	0.157	0.102 ***	0.105 ***	0.207	0.109 ***	0.146 ***	0.255
Ⅱ	0.127 *	0.168 **	0.295	0.088 *	0.041	0.129	0.161 *	−0.048	0.113
Ⅲ	0.317 ***	−0.020	0.297	0.165 ***	−0.000	0.165	0.013	−0.065	−0.052
Ⅳ	0.180 ***	0.373 ***	0.553	0.151 ***	0.333 ***	0.484	0.159 ***	0.305 ***	0.463
Ⅴ	0.145 ***	0.292 **	0.437	0.234 ***	0.313 ***	0.547	0.215 ***	0.323**	0.538
Ⅵ	0.217 ***	0.305 **	0.522	0.277 ***	−0.002	0.275	0.010	0.221	0.232
Ⅶ	0.259 ***	1.103 ***	1.362	0.300 ***	0.974 ***	1.274	0.225 ***	0.918 ***	1.143
Ⅷ	0.500 ***	0.815 ***	1.315	0.481 ***	1.158 ***	1.639	0.471 ***	0.788 ***	1.259
Ⅸ	0.520 ***	0.533 ***	1.054	0.525 ***	0.475 ***	1.000	0.517 ***	1.024 *	1.335

***表示显著性水平 0.001；**表示显著性水平 0.01；*表示显著性水平 0.05

9.6　基于消费-闲暇模型的劳动力供给分析

对于每个潜在加入平台的劳动力，假设他每天在共享出行平台以外的其他来源收入是$R \in \mathbb{R}$。根据 Hall 和 Krueger（2018）对 Uber 司机的访谈，67%的受访者表示，他们拥有其他的工作，而在共享出行平台上工作只是为了弥补其他来源收入（如自由职业、投资理财等）的不足。每位劳动力每天可以决策是否参与工作（广义边际维度）和工作时长（集约边际维度），变量$y \in \{0,1\}$表示参与工作决策，若$y=1$，则该劳动力当天选择加入平台工作，否则，则选择不在平台工作；变量h表示已经选择参与工作的劳动力的工作时长，它受到该劳动力每天最大可工作时长$\overline{h}$的限制，即$0 \leqslant h \leqslant \overline{h}$。最大工作时长的限制可以是劳动力自身的其他全职工作导致的，也可以是政府管制的要求，例如，根据纽约城市出租车和豪华轿车委员会 2017 年出台的法规，共享出行平台不得向 24 小时内已连续工作 10 小时以上的司机分配订单。在最大可工作时长的限制下，每位劳动力的当天闲暇时间记为$l=\overline{h}-h$，其中，当$y=0$时，则$h=0$，$l=\overline{h}$。

如果劳动力选择加入平台工作，将会因为失去这些时间的价值而付出机会成本，如照顾子女或者其他家庭生产活动，本节称之为参与成本f。同时，劳动力也会因为在平台工作而获得额外收入，若市场小时收入水平为w，那么总收入则为wh。因此，对于在平台上工作的劳动力，每天可用于消费的总收入是$wh-f+R$；而对于没有在平台上工作的劳动力，每天可用于消费的总收入仅仅为R。

每位劳动力的其他来源收入R、最大可工作时长$\overline{h}$和参与成本f均是个人的私有信息，平台无法观测，他们决定了每位劳动力的类型（type）。给定个人类型R、$\overline{h}$和f下，劳动力需要通过权衡来自消费水平c的效用和来自闲暇时间l的效用，决定当天是否参与工作y和工作时长h，其效用函数记为$U(c,l)$。因此，每位劳动力的供给决策由以下的约束规划问题确定：

$$\max_{\{y,h,c\}} U(c,l) \tag{9-26}$$

受约束于

$$l=\left(\overline{h}-h\right)\mathbb{I}_{\{y=1\}}+\overline{h}\mathbb{I}_{\{y=0\}} \tag{9-27}$$

$$c \leqslant \left(wh-f\right)\mathbb{I}_{\{y=1\}}+R \tag{9-28}$$

$$0 \leqslant h\mathbb{I}_{\{y=1\}} \leqslant \overline{h} \tag{9-29}$$

式（9-27）和式（9-28）分别表示劳动力的闲暇时间和消费水平，式（9-29）

表示最大可工作时长约束。该模型刻画了每位劳动力在权衡闲暇和消费时以个人效用最大化为目标，其中效用函数 U 假设是关于闲暇 l 和消费 c 的严格凹函数。为了解析刻画劳动力供给模式并揭示管理启示，本章假设效用函数满足以下二次加和形式：

$$U(c,l)=\left(\alpha_1 c-\frac{\beta_1}{2}c^2\right)+\left(\alpha_2 l-\frac{\beta_2}{2}l^2\right) \tag{9-30}$$

其中，参数 α_1、α_2、β_1 和 β_2 刻画了个体对于消费和闲暇时间的偏好。上述效用函数是对任意效用函数的二阶近似，并且在文献中广泛采用（Ransom，1987；Fortin and Lacroix，1994；Guo et al.，2019）；另外，上述效用函数对应的关于消费和休闲的边际效用为线性函数，这将有利于进行统计学习和实际应用。为了聚焦更加重要的情形，本章对其他来源收入 R 和最大可工作时长 $\bar{h}$ 做如下假设。

假设 9-1（有限的其他来源收入）　其他来源收入 R 低于最优消费水平，$R<\alpha_1/\beta_1$。

假设 9-2（有限的闲暇时间）　最大可工作时长低于最优闲暇时间水平，$\bar{h}<\alpha_2/\beta_2$。

假设 9-1 说明每位潜在的劳动力都只能获得有限的其他来源收入，因此，他可能通过在共享出行平台上工作而获得更多收入，提高消费水平，从而增加了来自消费的正效用。假设 9-2 说明每位潜在的劳动力并没有过剩的闲暇时间，因此，他在共享出行平台上工作将减少闲暇时间，从而减少了来自闲暇的正效用。这两个假设反映了劳动力在决策是否参与工作和工作时长中面临的权衡。

9.6.1　关于劳动力供给的测量标准

面对市场小时收入水平的瞬时变化，在传统的出租车行业中，由于劳动力每天都会进入市场工作，他们只能在集约边际维度调整工作时长；然而，在共享出行平台上，劳动力不仅可以调整工作时长 h，还可以在广义边际维度调整参与工作决策 y。设最优的参与工作决策和工作时长分别是 y^* 和 h^*，其中 $y^*\in\{0,1\}$，并且 $h^*\geqslant 0$，以下测量标准描述了市场小时收入水平变化对劳动力供给行为的影响。

定义 9-1（广义劳动力供给）　在共享出行平台上，劳动力可以在广义边际维度对市场小时收入水平变化做出反应，其参与工作决策 y^* 是二元 0-1 变量，因此，①参与概率定义为 $\mathbb{P}\left[y^*=1\right]$；②参与弹性定义为 $\eta=\dfrac{\partial\mathbb{P}\left[y^*=1\right]/\mathbb{P}\left[y^*=1\right]}{\partial w/w}$。

定义 9-2（集约劳动力供给）　在共享出行平台上，劳动力可以在集约边际维度对市场小时收入水平变化做出反应，其工作时长决策 h^* 是连续变量，因此，

①最优工作时长为 h^*；②时长弹性定义为 $\varepsilon=\dfrac{\partial h^*/h^*}{\partial w/w}$。

9.6.2 劳动力供给决策的结构性质

本小节分析劳动力供给模型以揭示劳动力最优决策下的供给行为。首先，本小节介绍不同市场小时收入水平下的个体劳动力供给行为；其次，本小节介绍劳动力供给测量标准在广义边际维度和集约边际维度下的单调性质。

个体劳动力供给行为。给定劳动力个体的其他来源收入 R、最大可工作时长 $\bar{h}$ 和参与成本 f，定理 9-1 和图 9-2 揭示了不同市场小时收入水平下的劳动力供给行为模式。为了更加清晰地展示结果，以下定义按照其他来源收入将劳动力分为三类。

定义 9-3（不同其他来源收入的劳动力） 如果劳动力的其他来源收入高于 $\alpha_1/\beta_1-\sqrt{2\left(\alpha_2\bar{h}-\dfrac{\beta_2}{2}\bar{h}^2\right)\Big/\beta_1}$，则称其为高其他来源收入的劳动力；如果其他来源收入低于 $\alpha_1/\beta_1-\sqrt{4\bar{h}\alpha_2/\beta_1}$，则称其为低其他来源收入的劳动力；否则，称其为中等其他来源收入的劳动力。

定理 9-1（个体劳动力供给行为） 给定劳动力个体的其他来源收入 R、最大可工作时长 $\bar{h}$ 和参与成本 f，他的最优劳动力供给决策如下。

（1）广义边际维度：如果市场小时收入水平高于一定阈值，则劳动力个体选择加入平台工作，其中，对于高其他来源收入的劳动力，阈值为 w_1，对于中等或者低其他来源收入的劳动力，阈值为 $w_1\mathbb{I}_{\{f\leqslant f_1\}}+w_3\mathbb{I}_{\{f>f_1\}}$［图 9-2（a）和图 9-2（b）

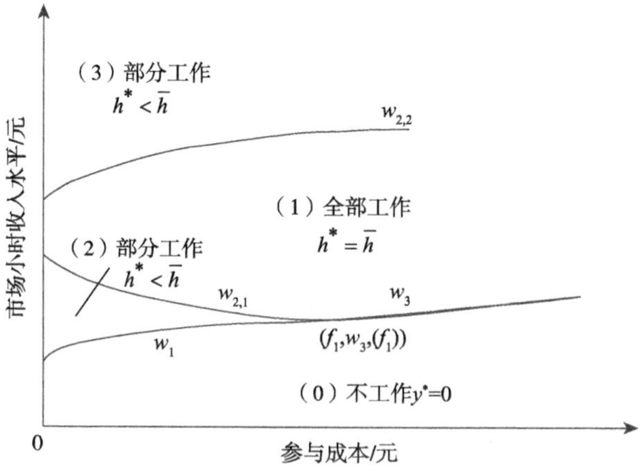

（a）低其他来源收入的劳动力供给行为模式

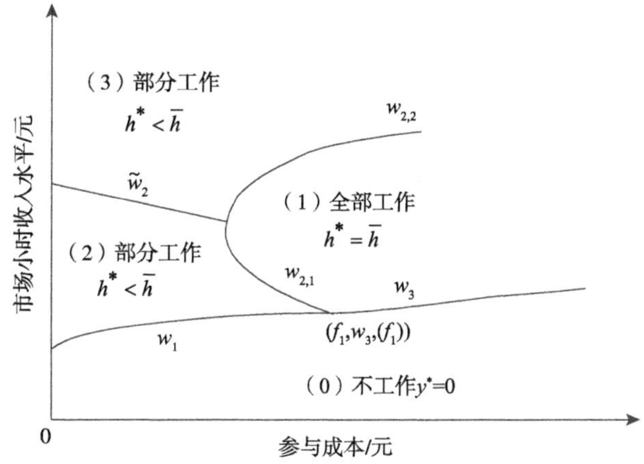

（b）中等其他来源收入的劳动力供给行为模式

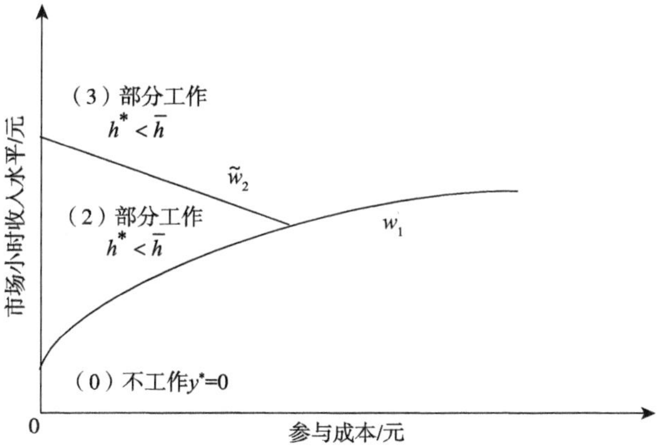

（c）高其他来源收入的劳动力供给行为模式

图 9-2　个人劳动力供给行为模式

的区域（1）~区域（3），图 9-2（c）的区域（2）和区域（3）]。否则，劳动力个体不会选择加入平台工作 [图 9-2（a）~图 9-2（c）的区域（0）]。

（2）集约边际维度：①对于低或者中等其他来源收入的劳动力，如果市场小时收入水平处于中等水平（即 $\max\{w_{2,1}, w_3\} \leqslant w \leqslant w_{2,2}$ ），则他将所有闲暇时间全部用于在平台上工作 [即 $h^* = \bar{h}$ ，图 9-2（a）和图 9-2（b）的区域（1）]；否则，他只会将部分闲暇时间用于工作 [即 $h^* < \bar{h}$ ，图 9-2（a）和图 9-2（b）的区域（2）和区域（3）]。②对于高其他来源收入的劳动力，他总是只会将部分闲暇时间用于工作 [即 $h^* < \bar{h}$ ，图 9-2（c）的区域（2）和区域（3）]。

当劳动力只是将部分闲暇时间用于工作时（即 $h^* < \bar{h}$ ），最优工作时长 h^* 满足以下方程：

$$\left.\frac{\partial U}{\partial l}\right|_{l=\bar{h}-h}=w\left.\frac{\partial U}{\partial c}\right|_{c=wh-f+R} \tag{9-31}$$

在对效用函数进行线性二阶近似后，最优工作时长为

$$h^{*}=\frac{w\left(\alpha_1+\beta_1 f\right)+\left(-\alpha_2+\beta_2\bar{h}\right)-\beta_1 wR}{\beta_1 w^2+\beta_2} \tag{9-32}$$

（3）工作时长弹性：对于将所有闲暇时间全部用于在平台上工作的已加入劳动力，其工作时长弹性为 0。对于将部分闲暇时间全部用于在平台上工作的已加入劳动力，如果市场小时收入水平高于一定的阈值，其工作时长弹性为负，具体地，①对于低其他来源收入的劳动力，市场小时收入水平 $w>\max\left\{\tilde{w}_1,w_{2,2}\right\}$［图9-2（a）的区域（3）］，其中，

$$\tilde{w}_1=\left\{w\mid\beta_1 w^2\left[\beta_1\bar{h}w^2-\left(\alpha_2-\beta_2\bar{h}\right)\right]=\alpha_2\beta_2,w>0\right\} \tag{9-33}$$

$$w_{2,2}=\frac{\alpha_1/\beta_1-R+f+\sqrt{\left(\alpha_1/\beta_1-R+f\right)^2-4\bar{h}\,\alpha_2/\beta_1}}{2\bar{h}} \tag{9-34}$$

②对于中等其他来源收入的劳动力，市场小时收入水平 $w>\max\left\{\tilde{w}_1,\tilde{w}_2,w_{2,2}\right\}$［图 9-2（b）的区域（3）］，其中，

$$\tilde{w}_2=\frac{\beta_1\left(\alpha_2-\beta_2\bar{h}\right)+\sqrt{\beta_1^2\left(\alpha_2-\beta_2\bar{h}\right)^2+\beta_1\beta_2\left(\alpha_1+\beta_1 f-\beta_1 R\right)}}{\beta_1\left(\alpha_1+\beta_1 f-\beta_1 R\right)} \tag{9-35}$$

③对于高其他来源收入的劳动力，市场小时收入水平 $w>\max\left\{\tilde{w}_1,\tilde{w}_2,w_1\right\}$［图 9-2（c）的区域（3）］，其中，

$$w_1=\frac{\left(\alpha_2/\beta_2-\bar{h}\right)\left(\alpha_1/\beta_1-R+f\right)}{\beta_1/\beta_2\left(\alpha_1/\beta_1-R\right)^2}+\frac{\sqrt{\left[f^2+2\left(\alpha_1/\beta_1-R\right)f\right]\left(\alpha_2/\beta_2-\bar{h}\right)^2+f^2\left(\alpha_1/\beta_1-R\right)^2\beta_1/\beta_2}}{\beta_1/\beta_2\left(\alpha_1/\beta_1-R\right)^2} \tag{9-36}$$

否则，其工作时长弹性非负［图 9-2（a）~图 9-2（c）的区域（2）］。

证明：参见孙昊（2019）附录 B。

定理 9-1 从广义边际维度和集约边际维度刻画了劳动力供给模式，其中，在考虑参与成本的情况下，个体劳动力通过比较是否加入平台工作的效用决定参与工作选择，并且，通过比较递增的消费边际效用和递减的闲暇边际效用决定工作时长。

如果市场小时收入水平非常低，由于参与成本的存在和假设 9-1 下的其他来源收入限制，选择加入平台工作带来的效用将总是低于工作的效用，因此，个体

劳动力选择不参与（即 $y^*=0$），对应的工作时长和工作时长弹性均为 0。

如果市场小时收入水平增加且超过一定的阈值，加入平台以获取额外收入将增加消费带来的正效用，此时，个体劳动力选择参与工作（即 $y^*=1$），并且最优的工作时长使得消费的边际效用等于闲暇的边际效用，对应的工作时长关于市场小时收入水平递增，并且工作时长弹性为正。

如果市场小时收入水平继续增加但不是特别高，对于已选择参与工作的个体劳动力，在最大可工作时长的约束下（$0\leqslant h\leqslant\overline{h}$），消费带来的边际效用总是高于闲暇带来的边际效用，因此，根据最优条件［式（9-31）］，个体劳动力将会最大化自己的工作时长，使得 $h^*=\overline{h}$，对应的时长弹性是 0［图 9-2（a）和图 9-2（b）的区域（1）］。

如果市场小时收入水平特别高，已选择参与工作的个体劳动力即便没有将全部闲暇时间用于工作也可以获得较高的收入，在最大可工作时长的约束下，消费带来的边际效用并不总是高于闲暇带来的边际效用，因此，根据最优条件［式（9-31）］，个体劳动力的最优工作时长将会使消费的边际效用等于闲暇的边际效用，而且小于最大可工作时长（即 $h^*<\overline{h}$）。此时，最优工作时长关于市场小时收入水平递减，对应的时长弹性小于 0［图 9-2（a）~图 9-2（c）的区域（3）］。

从共享出行平台的劳动力供给管理视角来看，定理 9-1 揭示了在供给端提供激励机制以提高市场小时收入水平而带来的两个相反作用。在广义边际维度，更高的市场小时收入水平将会激励更多的劳动力选择参与工作，从而提高平台上的活跃劳动力数量，这是正向作用。但是，在集约边际维度，如果市场小时收入水平高于一定阈值，对应在区域 3，则时长弹性为负，这说明共享出行平台在供给端提供激励机制以提高市场小时收入水平时，在一定情况下，并不会影响劳动力供给，甚至会减少劳动力供给，这是负向作用。因此，提高市场小时收入水平对总体劳动力供给的影响将在这两种相反的作用下，取决于实际的市场小时收入水平和劳动力的类型，包括其他来源收入、最大可工作时长和参与成本。

推论 9-1（集约边际维度的单调性）　给定个体劳动力的其他来源收入 R、最大可工作时长 $\overline{h}$ 和参与成本 f，对于已选择参与并且部分工作的个体劳动力，①最优工作时长关于其他来源收入递减（即 $\partial h^*/\partial R<0$），关于最大可工作时长递增（即 $\partial h^*/\partial\overline{h}>0$），关于参与成本递增（即 $\partial h^*/\partial f>0$）。②时长弹性关于其他来源收入递增（即 $\partial\varepsilon/\partial R>0$），关于最大可工作时长递减（即 $\partial\varepsilon/\partial\overline{h}<0$），关于参与成本递减（即 $\partial\varepsilon/\partial f<0$）。

证明：参见孙昊（2019）附录 B。

推论 9-1 中的第一点揭示了最优工作时长 h^* 和个体劳动力类型之间的关系。正如图 9-3 所示，增加工作时长将提高闲暇的边际效用（即 $\mathrm{MU}_l(h)=\alpha_2-\beta_2$

$(\bar{h}-h)$ ），并减少消费的边际效用（即 $\mathrm{MU}_c(h)=w[\alpha_2-\beta_1(wh-f+R)]$ ），最后，最优的工作时长将满足 $\mathrm{MU}_l(h)=\mathrm{MU}_c(h)$ 。当其他来源收入递减或者参与成本递增时，消费边际效用 MU_c 的线向上移动，而 MU_l 保持不变，所以，最优工作时长将增加。当最大可工作时长 $\bar{h}$ 递增时，闲暇边际效用 MU_l 向下移动，而 MU_c 保持不变，这也使得最优工作时长增加。推论 9-1 中的第二点揭示了个体劳动力时长弹性 ε 和个体劳动力类型之间的关系。与全职劳动力相比，如果兼职劳动力拥有更高的其他来源收入或者更低的最大可工作时长，那么，兼职劳动力的时长弹性更大；另外，如果兼职劳动力因为其他工作的限制需要付出更高的参与成本，那么，兼职劳动力的时长弹性更小。因此，在这两种相反的作用下，兼职劳动力和全职劳动力的时长弹性大小将取决于劳动力类型的差异性。

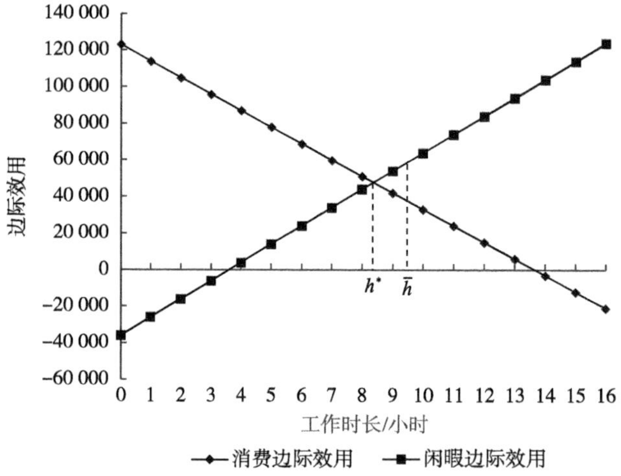

图 9-3 闲暇边际效用和消费边际效用

当个体劳动力的其他来源收入 R 、最大可工作时长 $\bar{h}$ 和参与成本 f 固定时，最优参与决策 y^* 在给定的市场小时收入水平下也将是固定的。但是，如果劳动力的类型在不同天之间是不断随机变化的，那么，最优参与决策也将在不同天之间发生变化，因此，个体劳动力也将会以一定的劳动力参与率在共享出行平台上工作。假设个体劳动力的其他来源收入 R 和最大可工作时长 $\bar{h}$ 是常数，而参与成本 f 是在不同天之间变化的，那么，推论 9-2 揭示了劳动力供给测量标准在集约边际维度的单调性。

推论 9-2（集约边际维度的单调性） 给定个体劳动力对消费和闲暇的偏好、最大可工作时长及参与成本的概率分布，那么，①参与概率关于其他来源收入非递增，即 $\partial\mathbb{P}\left[y^*=1\right]/\partial R\leqslant 0$ 。②如果参与成本的概率密度函数是对数凸函数（log-convex）且概率分布函数是对数凹函数，则出车弹性关于其他来源收入递增，

即 $\partial\eta/\partial R>0$。

若个体劳动力必须工作（ $y=1$ ），定义参与弹性为 $\eta_{\mathrm{T}}=\dfrac{\partial\mathbb{P}\left[h^{*}>0\right]/\mathbb{P}\left[h^{*}>0\right]}{\partial w/w}$，则参与弹性关于其他来源收入递减，即 $\partial\eta_{\mathrm{T}}/\partial R<0$。

证明：参见孙昊（2019）附录 B。

推论 9-2 中的第一点说明其他来源收入的增加将降低个体劳动力的参与率，更重要的是，如果参与成本的概率密度函数是对数凸函数且概率分布函数是对数凹函数，如参数为 (0,1) 的威布尔分布、参数为 (0,1) 的伽马分布和帕累托分布，那么，参与弹性关于其他来源收入递增，这意味着随着其他来源收入的增加，个体劳动力的参与决策将会对市场小时收入水平更加敏感。根据推论 9-2 中的第二点，当个体劳动力每天都参与工作时，参与弹性关于其他来源收入递减，这意味着如果城市管理者提高出租车的收费水平，降低了出租车市场小时收入水平，那么，出租车司机的参与工作决策将会对市场小时收入水平更加敏感。

9.7 小　　结

在共享出行市场中，平台向独立的服务提供者提供补贴激励是管理服务能力的重要运营工具，而探究市场小时收入水平将如何影响服务提供者劳动力供给行为是激励设计的核心问题。围绕该研究问题，针对传统出租车市场和共享出行平台的差别，本章基于 Heckman 样本选择模型对服务提供者在广义边际维度的是否参与工作决策和集约边际维度的工作时长决策进行建模，并采用工具变量模型减小工作时长的内生性问题可能带来的估计偏差。根据来自共享出行平台的一次自然实验和实际数据集，本章提出采用服务提供者的激励参数和消费者的请求数量作为工具变量，模型估计结果显示，共享出行平台提高市场小时收入水平将会在集约边际和广义边际维度正向增加市场的劳动力供给。在理论分析部分，结合实证分析结果，本章基于经典消费–闲暇模型刻画共享出行平台中服务提供者的劳动力供给决策，发现只有当市场小时收入位于中间区域时，个体劳动力才会将全部闲暇时间用于工作；而当市场小时收入过高或者过低时，个体劳动力都只会将部分闲暇时间用于工作。本章的研究不仅为共享出行平台提供了实证分析方法来评估调整价格和激励策略对劳动力供给的影响，也为激励设计问题中对服务提供者劳动力供给决策行为的建模提供了实证基础。

参 考 文 献

孙昊. 2019. 共享出行平台的劳动力供给行为. 北京：清华大学经济管理学院.

Bai J R，So K C，Tang C S，et al. 2019. Coordinating supply and demand on an on-demand service platform with impatient customers. Manufacturing & Service Operations Management，21（3）：556-570.

Baron D P. 2018. Disruptive entrepreneurship and dual purpose strategies：the case of Uber. Strategy Science，3（2）：439-462.

Blundell R，Bozio A，Laroque G. 2013. Extensive and intensive margins of labour supply：work and working hours in the US，the UK and France. Fiscal Studies，34（1）：1-29.

Bound J，Jaeger D A，Baker R M. 1995. Problems with instrumental variables estimation when the correlation between the instruments and the endogenous explanatory variable is weak. Journal of the American Statistical Association，90（430）：443-450.

Cachon G P，Daniels K M，Lobel R. 2017. The role of surge pricing on a service platform with self-scheduling capacity. Manufacturing & Service Operations Management，19（3）：368-384.

Cahuc P，Carcillo S，Zylberberg A. 2014. Labor Economics. Cambridge：MIT Press.

Camerer C，Babcock L，Loewenstein G，et al. 1997. Labor supply of New York City cabdrivers：one day at a time. The Quarterly Journal of Economics，112（2）：407-441.

Cameron A C，Trivedi P K. 2005. Microeconometrics：Methods and Applications. Cambridge：Cambridge University Press.

Castillo J C，Knoepfle D T，Weyl E G. 2018. Surge pricing solves the wild goose chase. https://papers.ssrn.com/sol3/papers.cfm?abstract_id=2890666 [2019-07-03].

Chen M K，Sheldon M. 2016. Dynamic pricing in a labor market：surge pricing and flexible work on the Uber platform. Working Paper.

Chou Y K. 2002. Testing alternative models of labour supply：evidence from taxi drivers in Singapore. The Singapore Economic Review，47（1）：17-47.

Cramer J，Krueger A B. 2016. Disruptive change in the taxi business：the case of Uber. American Economic Review，106（5）：177-182.

Crawford V P，Meng J J. 2011. New York City cab drivers' labor supply revisited：reference-dependent preferences with rational-expectations targets for hours and income. American Economic Review，101（5）：1912-1932.

DMR. 2019a. 110 amazing Uber stats and facts（2019）|By the numbers. https://expandedramblings.com/index.php/uber-statistics/ [2019-09-17].

DMR. 2019b. 50 interesting Lyft statistics and facts（2019）|By the numbers. https://expandedramblings.com/index.php/lyft-statistics/ [2019-09-17].

DMR. 2019c. 25 amazing Didi facts and statistics(2019)|By the numbers. https://expandedramblings.com/index.php/didi-chuxing-facts-statistics/ [2019-09-17].

Durbin J. 1954. Errors in variables. Review of the International Statistical Institute，22：23-32.

Farber H S. 2005. Is tomorrow another day? The labor supply of New York City cabdrivers. Journal of Political Economy，113（1）：46-82.

Farber H S. 2008. Reference-dependent preferences and labor supply：the case of New York City taxi drivers. American Economic Review，98（3）：1069-1082.

Farber H S. 2015. Why you can't find a taxi in the rain and other labor supply lessons from cab drivers. The Quarterly Journal of Economics, 130（4）: 1975-2026.

Fehr E, Goette L. 2007. Do workers work more if wages are high? Evidence from a randomized field experiment. American Economic Review, 97（1）: 298-317.

Fortin B, Lacroix G. 1994. Labour supply, tax evasion and the marginal cost of public funds an empirical investigation. Journal of Public Economics, 55（3）: 407-431.

Gronau R. 1974. Wage comparisons—a selectivity bias. Journal of Political Economy, 82（6）: 1119-1143.

Guevara C A. 2018. Overidentification tests for the exogeneity of instruments in discrete choice models. Transportation Research Part B: Methodological, 114: 241-253.

Guo H, Hao L, Mukhopadhyay T, et al. 2019. Selling virtual currency in digital games: implications for gameplay and social welfare. Information Systems Research, 30（2）: 430-446.

Hall J V, Krueger A B. 2018. An analysis of the labor market for Uber's driver-partners in the United States. ILR Review, 71（3）: 705-732.

Heckman J J. 1976. The common structure of statistical models of truncation, sample selection and limited dependent variables and a simple estimator for such models. Annals of Economic and Social Measurement, 5（4）: 475-492.

Heckman J J. 1979. Sample selection bias as a specification error. Econometrica, 47（1）: 153-161.

Hoffman L, Bensinger G, Farrell M. 2018. Uber proposals value company at $120 billion in a possible IPO. Wall Street Journal. https://www.wsj.com/articles/uber-proposals-value-company-at-120-billion-in-a-possible-ipo-1539690343 [2019-05-28].

Imbens G W, Angrist J D. 1994. Identification and estimation of local average treatment effects. Econometrica, 62（2）: 467-475.

Kőszegi B, Rabin M. 2006. A model of reference-dependent preferences. The Quarterly Journal of Economics, 121（4）: 1133-1165.

Oettinger G S. 1999. An empirical analysis of the daily labor supply of stadium vendors. Journal of Political Economy, 107（2）: 360-392.

Radhakrishnan M, Amin S, Chambers C, et al. 2013. Enabling a user to verify a price change for an on-demand service: United States, US20130268406A1.

Ransom M R. 1987. An empirical model of discrete and continuous choice in family labor supply. The Review of Economics and Statistics, 69（3）: 465-472.

Sheldon M. 2016. Income targeting and the ridesharing market. https://static1.squarespace.com/static/56500157e4b0cb706005352d/t/56da1114e707ebbe8e963ffc/1457131797556/IncomeTargetingFeb16.pdf [2019-05-28].

Small D S, Rosenbaum P R. 2008. War and wages: the strength of instrumental variables and their sensitivity to unobserved biases. Journal of the American Statistical Association, 103（483）: 924-933.

Stafford T M. 2015. What do fishermen tell us that taxi drivers do not? An empirical investigation of labor supply. Journal of Labor Economics, 33（3）: 683-710.

Staiger D, Stock J H. 1997. Instrumental variables regression with weak instruments. Econometrica, 65（3）: 557-586.

Sun H, Wang H, Wan Z X. 2019. Model and analysis of labor supply for ride-sharing platforms in the presence of sample self-selection and endogeneity. Transportation Research Part B: Methodological, 125: 76-93.

Taylor T A. 2018. On-demand service platforms. Manufacturing & Service Operations Management, 20（4）: 704-720.

Wang H, Yang H. 2019. Ridesourcing systems: a framework and review. Transportation Research Part B: Methodological，129：122-155.

Zha L T，Yin Y F，Du Y C. 2017. Surge pricing and labor supply in the ride-sourcing market. Transportation Research Procedia，23：2-21.

第 10 章　基于数据分析的全渠道零售商的选址、选品与库存决策

陈剑，李泽超，梁湧
清华大学经济与管理学院

10.1　全渠道零售概况

随着互联网的发展，传统的零售与服务行业都受到了冲击。比如，滴滴出行、Uber 的出现丰富了用户的出行选择；Airbnb、携程、途牛等在线旅行代理（online travel agency）的发展整合了旅行资源，使用户出行的安排更为简捷；阿里巴巴的盒马鲜生、永辉超市的超级物种等新兴线下零售店的涌现丰富了消费者购买的途径和体验。技术的进步使过去不可能的商业模式变为可能，而这些巨大的变化在带来新的机遇的同时也给企业带来了挑战。技术的革新事实上降低了行业的门槛，而在竞争中胜出的关键变为如何更好地利用数据，在激烈的竞争中利用更少的成本实现最大化的利润。本章将结合线上加线下的全渠道零售行业，尝试解答互联网时代的零售商该如何利用数据驱动运营管理，取得竞争优势。

本章聚焦的行业为全渠道零售。全渠道零售是指零售商通过线上及线下等多种渠道进行销售的零售模式。设想若干年后的某一天，一位消费者结束了一天的工作，准备回家，正在思考晚上回家吃些什么的问题。因为这天是一个比较特殊的日子，所以消费者决定进行一些采购，回家做一顿大餐。于是消费者拿出了手机，打开了某个购物 App（application，应用）。在 App 上登录账户后，消费者输入了“晚餐食材”。由于该消费者在这个 App 上有一定时期的购物历史，App 商家背后的数据引擎已经掌握了该消费者的偏好。基于该消费者的偏好，App 向其推荐了一个购物清单。消费者浏览清单，勾选了感兴趣的芦笋、牛排、三文鱼、

预制沙拉等，点击了“添加进购物车”。一个新的页面弹出了，页面上推荐了一红一白两款葡萄酒、烘托气氛的蜡烛及三首可以在家中音响终端播放的古典音乐。消费者根据推荐进一步做了选择并结账。该商家为一个全渠道商家，在该消费者住址的附近有一家实体店。实体店也被用作“前置仓”。该商家生成了一个配送订单，第三方的送货员抢单并到店提取货品，进行送货。与此同时，消费者已经启程回家。三十分钟后，消费者到了家中，而配送员也准时把货品送到消费者手上。也许在货品的包装中，商家还可以根据实体店的库存积压情况和上游供货商的促销计划，附上一些优惠券，吸引该消费者在周末时光顾该实体店，进行更多的购买。回顾整个购物过程，有消费者、商家、配送员三方参与了购买行为，而购买行为也涉及了线上和线下两个渠道。购买结束后，消费者收获了便捷且个性化的购物体验，商家收获了利润并更新了关于该消费者偏好的数据，而配送员获得了订单及高效的配送流程体验。这个过程也许就是未来新兴零售行业的常态。

实际中，这种新兴的零售商业模式已经开始进入我们的生活。互联网企业开始大幅地拓展线下零售渠道，比如，亚马逊收购了全食超市（Whole Foods Market），阿里巴巴创建了盒马鲜生，京东开出了 7FRESH 和无人便利店等。据报道，亚马逊自 2015 年以来一直涉足线下零售业务，2017 年前三个月，亚马逊（西雅图）公司的收入为 7.24 亿美元，比 2016 年同期增长了 41%。与此同时，传统的零售商业开始了线上渠道的探险。据报道，沃尔玛在 2017 年第一季度的在线销售额增长了 63%，并将在线销售产品数量扩大到 5000 万件，比去年增加了五倍。技术的进步与消费者行为的演化推动了零售商同时提供线上和线下两种渠道吸引消费者、提升品牌知名度及刺激销售来扩展业务。相比于传统的单一渠道的销售方法，全渠道销售中出现了一些新策略，如只提供展示的线下展厅、在线购买店里取货等。这些都是运营管理学科需要关注的新问题。

上文提到的一个有趣的关于全渠道运营的例子是盒马鲜生。盒马鲜生是阿里巴巴对于生鲜零售市场的主要销售手段，其最显著的销售特点便是保证在 3km 以内的订单在 30 分钟内送达。从 2016 年在上海开设了第一家实体店开始，截止到 2018 年底，盒马鲜生已经在中国境内开设共 100 余家实体店。盒马鲜生的实体店通常有 1200~1400m^2 的区域，包含的内容有生鲜零售、食品及用餐区域。用餐区域大概占到店面的 15%~20%。顾客可以在店内选择生鲜商品然后直接拿到用餐区域，店内会提供加工这些生鲜的窗口。这为线下零售提供了一种新的销售方式。另外，对于线上渠道，居住在商店附近的消费者可以通过线上手机 App 直接下单。比如，顾客在下班之前决定晚上在家自己做饭吃，那么他就可以省去下班买菜的时间，而是选择在下班的时候下订单，然后到家之后可以直接用送到的食材做饭。由此看来，全渠道的零售方式确实为运营带来了很多新的销售办法和可能性。

本章从运营的角度研究全渠道零售问题，包括实体店位置、多品类选品决策及库存和物流管理。一方面，由于线上零售商有着较低的启动成本和库存成本，它们可以在线上渠道提供多种产品。另一方面，线下渠道的运营对零售商至关重要。举例来说，在购买汽车、电器等产品之前，消费者会考虑到访实体店体验产品。因此，线下渠道带来的产品体验对使用各个购买渠道的消费者的购买决策产生显著影响。管理线下渠道的重要的运营问题是在实际约束（如显示空间容量、商店个数等）的前提下，在线下提供的产品（包括商店的位置和每个商店的分类等）的可访问性，即来到这个位置的线下商店之后是否可以买到来之前所预期的产品，以及相关成本（包括商店的启动成本、库存和物流成本等）之间的权衡取舍。

本章的内容主要基于 Chen 等（2019）的 *A Data Analytics Approach to Integrated Location，Assortment and Inventory Planning in Omni-Channel Retail*。该文的研究动机来自中国一家领先的电子商务零售商面临的具体运营挑战。截至 2017 年 10 月，该零售商首次在中国北京推出了首家线下“无收银员”杂货店。2018 年，它新增 30 家线下商店。新的零售店在购物体验和运营管理上都与传统零售店有很大差异。例如，商店要求消费者在进店的同时扫描他们的在线购物 App，以便商店知道每个入店消费者的在线标识，结账过程是实时完成的，这意味着消费者不需要排队等待结账。物流方面，由于零售商的先进物流，杂货店不需要考虑附带仓库的问题。相反，它可以每天补货两次，因为商店可以不时调整商品，这从某种程度上扩大了实体店的空间。事实上该电商相信，通过线上销售数据可以帮助零售商更好地对线下零售中遇到的问题进行决策，特别是通过全渠道收集的数据会多于传统数据，因此利用数据来指导操作是更具有参考性的办法，如解决选品问题、货架库存问题及选址问题等。

关于多渠道零售的协调和管理问题已经有很多研究成果。Brynjolfsson 等（2009）考察了确定多渠道的最优价格决策及在多渠道下的均衡价格的确定。Gallino 和 Moreno（2014）、Gao 和 Su（2017a）分别从实证和理论的角度对线上购买店内取货的营销方式的影响进行了研究。Gao 和 Su（2017b）及 Bell 等（2018）研究了线下商品展厅和可用性信息是如何影响消费者对零售渠道的选择的。与本章密切相关的一项研究工作是由 Dzyabura 和 Jagabathula（2018）进行的。他们研究了企业进行最佳线下品类的选择以最大化线上和线下渠道利润的问题。但是，他们的模型没有考虑麻烦成本（hassle cost），即线上发出订单到接收到产品这段时间等待的成本和线下到商店内这段路途带来的成本等，因此他们的最佳线下品类选择与商店位置无关。此外，商店位置和库存决策也不包含在他们的模型中。相比之下，Chen 等（2019）的学术文章中提出的模型明确地考虑了消费者在进行选择时面临的麻烦成本，这样在进行线下商店的品类选择时就考虑到了每一个商店的位置信息。此外，该文将商店位置和每个商店中产品的库存水平及库存与物流成本的决策也纳入模型，从而更好地用于实际中的运营情况。

本章在 Chen 等（2019）的学术文章的基础上拓展为多品类选品的模型，提供了多品类下的选址、选品及库存的联合决策问题的一种有效的解决方案，并在数值实验部分加入敏感性分析及模型效率的测试。我们基于联合商品收入及库存成本等要素的框架来对混合整数二阶锥规划问题（mixed integer second-order cone programming problem，MISOCP 问题）进行改写，重新改写二阶锥约束。本章主要内容为在考虑线上线下渠道同时存在的情况下提出一种包含多品类选品的线下商店位置、线下多品类选品和库存水平联合进行决策的综合优化模型，同时模型包含了基于混合多项 logit 模型（mixed multinominal logit model，MMNL 模型）的消费者选择模型，该模型包含麻烦成本及不同区域的人口统计情况等特征。在线下商店的成本方面，我们考虑到其启动成本、实际的库存成本和物流成本。为了求解我们构建的模型，我们将模型中的优化问题改写为与之等价的 MISOCP 问题，使其能够被商用软件求解。

10.2 消费者选择模型与相应的优化方法调研

如上文所述，本章关注的问题是对于一个全渠道零售商而言的最佳选址、选品和库存的联合决策问题。在运营管理研究领域，选品优化问题一直都是关注的热点之一。选品的决策毫无疑问会影响消费者的选择，而消费者的选择偏好也是选品决策的基础。对于选品优化而言，决策者需要刻画消费者的选择。在研究文献中，有多种模型来描述消费者选择，简单来说，大致可以分为参数化模型和非参数化模型。非参数化模型一般假设消费者会按照自己的排序去商家提供的商品中选取，且一般会选择排序最高的一种。如果排序最高的商品未被提供或者发生缺货，消费者会考虑排在第二位的商品或者不购买，而商家会损失相应的利润。非参数化模型可以规避模型偏差带来的缺陷，但是也增加了针对模型进行统计学习时的难度，且在进行选品优化时面临优化问题维度过高等问题。因为本章研究的问题除了选品决策外，还要整合库存和选址问题，所以我们选择了参数化模型去刻画消费者选择。在众多参数化模型中也的确存在表现良好的模型，其优越性也在文献中给予了论证。

本章使用基于随机效用模型（random utility model）的消费者选择模型。简单地说，模型使用商品对于消费者的吸引力（attraction）来参数化消费者选择。例如，多项 logit 模型（multinomial logit model，MNL 模型）或混合多项 logit 模型都是比较常用的基于吸引力的随机效用模型。Talluri 和 van Ryzin（2004）根据产品收益对产品进行排序，展示了 MNL 模型下的最优选品结构。Rusmevichientong 等

（2010）对于包含选品摆放的空间约束下的 MNL 模型的最优选品问题找到了一种多项式时间内可以解决的算法。

然而，MNL 模型还是存在很大的局限性。其局限性主要在于“不相关替代品的独立性”的假设，即要求在某几种商品间选择的相对关系不受到另一个商品的影响，但真实的消费者选择行为往往与此假设是不一致的。于是我们就考虑采用 MMNL 模型，在 McFadden 和 Train（2000）的研究中发现，MMNL 模型有效地克服了 MNL 模型的局限性，并且证明了 MMNL 模型可以趋近于任何基于随机效用最大化（random utility maximization，RUM）的离散选择模型。也正因 MMNL 模型的诸多优点，本章选择其作为建模的基础。具体来说，面对线上和线下商店，消费者的购买决策不仅取决于其对产品的偏好，还取决于线上发出订单到接收到产品这段时间等待的成本和线下到商店内这段路途带来的成本等，这里统称为麻烦成本。在线购买的消费者可能会遇到检查和退回产品的烦琐过程，以及缓慢而昂贵的运输过程，而在线下渠道，到线下商店的距离可能会严重影响消费者的决定。此外，线下商店在选择不同的服务地点时需要考虑不同的地理位置和人口统计条件。在不同区域的消费者的不同偏好下，公司面临着确定线下商店的最佳位置及每个商店的产品分类选择以最大化线上和线下渠道的总利润的问题。这些因素在本章的模型中都会被考虑。

需要指出的是，虽然 MMNL 模型有很多优点，基于 MMNL 模型对消费者选择行为刻画下的选品优化问题本身，在没有商品容量限制的条件下也很复杂并且难以解决。另外，本章所研究的内容与选品优化问题的文献内容有很大不同，主要表现在以下几个方面。首先，我们在全渠道和多个线下商店的环境下考虑问题，包含了线上和线下渠道之间及不同商店之间的相互影响。其次，我们联合起来考虑了关于商店位置、选品及库存水平的决策。相比之下，同时考虑了选品和库存决策的研究并没有很多，这主要是因为对于选品问题而言，加入库存决策会使其变得更加复杂。van Ryzin 和 Mahajan（1999）考虑了不同选品之间在相同成本参数的条件下的基于 MNL 模型的单周期选品和库存的联合优化问题。Li（2007）通过允许选品之间的成本参数不同来扩展这个问题，并开发了一个启发式算法来解决优化问题。Gaur 和 Honhon（2006）研究了基于位置选择模型下的联合选品和库存问题。Topaloglu（2013）研究了多时期 MNL 模型下的库存和产品供应的联合优化问题。本章考虑同时存在线上线下销售渠道的情况，对多个线下店的位置选择、线下的品类选择及库存水平的联合问题进行优化。此外，本章所提出的模型结合了基于 MMNL 模型下的消费者选择行为，以捕获消费者偏好在地区位置上的异质性，同时保留良好的结构特征。

为了解决模型求解困难的问题，本章首先分析模型的结构性质，结合其特点将模型转化为混合整数锥规划（mixed integer conic programming）问题。锥规划问题是线性目标函数受锥型约束的优化问题；有关锥规划及其应用的内容请参阅 Lobo 等（1998）及 Alizadeh 和 Goldfarb（2003）的研究。随着各界对整数锥规划研究的进展及 CPLEX、Gurobi 和 MOSEK 等商业求解器的出现，锥型约束的整数规划模型已广泛应用于各种运筹研究和管理科学问题，如 Vielma 等（2008）研究的投资组合优化问题、Atamtürk 和 Narayanan（2011）研究的选址-库存联合优化问题、Aktürk 等（2014）研究的航班重新安排问题等 。虽然锥规划问题的研究趋向成熟并有良好的求解表现，有混合整数决策变量的锥规划问题的求解仍然很困难。因此，在 Chen 等（2019）的文章中，新的模型转换方法和求解思路被提出。具体来说，该文章使用更弱的锥去转化问题，但是使得转化后的模型具备了新的性质，使得我们可以加入新的割平面。具体的技术细节本章不再做讨论，感兴趣的读者可以阅读该文章。

综上，相比于之前的研究，本章在多渠道销售研究方面搭建了一种新的基于全渠道运营的优化模型，模型包含了消费者在各个渠道下的麻烦成本，即线上发出订单到接收到产品这段时间等待的成本和线下到商店内这段路途带来的成本等，同时这是一个关于选址、选品及库存的联合决策的优化模型，并且考虑到更为一般的多品类情况下的选品问题；在刻画消费者的购买行为方面，我们借鉴已有的对 MMNL 模型的研究，一个重要的原因是 MMNL 模型可以趋近于任何基于 RUM 的离散选择模型，同时我们考虑到了消费者的选择偏好之间由于所在位置不同而存在的异质性；在锥规划问题方面，由于我们需要对搭建的模型给出求解的办法，我们将其转化为二阶锥规划问题，通过 Gurobi 软件对优化问题进行求解，详细内容会在后文进行阐述。

10.3 模 型 分 析

在本节中，我们将讨论问题的建模。我们希望得到一个在全渠道运营下的选址、选品及库存联合的优化问题。这里的“联合”是指我们在进行决策的时候同时考虑选址、选品及库存这三个决策变量。为了达到这一目的，我们首先提出一个基本模型，用于零售商仅开设实体展厅的情况。访问这些展厅的消费者可以检查产品样品并订购他们想要购买的产品，但是展厅内部没有库存，顾客如果需要购买的话不得不在线下展厅考察结束之后在线上进行购买。因此，零售商的决定包括实体展厅的位置和每个展厅所提供的商品品类。在第二种模型中，零售商用预先确定的库存开设实体店。在这种情况下，零售商会丢失一部分没有进店的消费者，同时未售出的产品会因未售出而导致产生持有成本。相比于第一个模型，零售商还需要另外决定每个商店所提供的每个产品的库存水平。在第三个模型中，我们考虑一个实际案例：引入一个中央仓库，可以向在线购买的消费者提供送货服务，同时可以将产品运送到线下商店。该模型中考虑到了交货和运输所产生的物流成本，这对零售商的决策产生重大影响。

本节最后说明了，虽然提出的模型能够全面地涵盖消费者异质性带来的选择偏好的不同及麻烦成本带来的负效用等特征并融合全渠道运营下的选址、选品及库存的联合决策，但是其过于复杂导致无法通过现有的手段很好地进行求解。因此,我们在 10.4 节中推导了一个基于我们之前提到的将模型转化为二阶锥规划问题的有效求解办法。

10.3.1　基本模型：线下仅提供展厅的全渠道零售

我们认为零售商有一个线上销售渠道，需要在 m 个服务区域中开设若干个线下实体展厅，用下标 i(或 j) $\in M=\{1,2,\cdots,m\}$ 来表示，其中 M 是可提供服务区域的集合。我们假设每个区域最多设置一个展厅，并用二元变量 x_i=1 表示在区域 i 开设展厅，x_i=0 表示不在区域 i 开设展厅。同时，如在区域 i 开设展厅，将产生固定成本 f_i。为了方便描述，我们在接下来的表述中用 i 和 j 来区分展厅相关决策与需求，即展厅 i 代表在区域 i 中开设的展厅，而 j 指代区域 j 的需求，i 和 j 都是集合 M 中的元素。我们假设零售商最多可以开设 k 个展厅。对于每个展厅 i，如果开设该展厅，则对应会产生一个展厅可放商品的总容量 c_i，我们这里考虑每个商店对应的 c_i 是外生的。这与实际情况是相符的。

假设有 q 个不同种类的产品，用上标 $\alpha\in Q=\{1,2,\cdots,q\}$ 表示。每一种类里面有 n^α 种不同的商品，用上标 $k^\alpha\in N^\alpha=\{1,2,\cdots,n^\alpha\}$ 表示。每个产品 k^α 售出会带来 r^{k^α} 的收益，如果在线下展厅中展出，则产品 k^α 会占据 a^{k^α} 个单位的容量。我们将不同位置的展厅（或线上渠道）提供的产品视为不同的产品，即使它们在客观上是同一件商品。这是因为当顾客考虑位于不同线下展厅中的某一件物品时，前往展厅所产生的麻烦成本区别了不同展厅中物品对消费者的吸引力。因此，我们使用二元组 (i,k^α) 来表示展厅 i 中提供的产品 k^α。此外，我们假设零售商在线上渠道提供全部种类的商品，并用 (on,k^α) 表示线上提供的产品 k^α，其中 $k^\alpha\in N^\alpha$。由于展厅空间容量的限制，零售商需要考虑在有限的空间内选择哪些商品放在展厅内。我们用 y_i 表示展厅 i 中的选品决定。特别是，对于 $i\in M$，$k^\alpha\in N^\alpha$，如果提供产品 (i,k^α)，则 $y_i^{k^\alpha}=1$；否则，$y_i^{k^\alpha}=0$。

遵从上文的讨论，我们采用基于 MMNL 模型的随机效用模型来刻画消费者的选择行为。假设市场上有 $|L|$ 个类型的消费者，其中 L 是消费者类型集合，用下标为 l。由于消费者类型的个数是有限的，此选择模型也称为“潜在分类-MNL 模

型”（latent class-MNL 模型，LC-MNL 模型）。该模型包含了不同类型的消费者对同一产品有不同的偏好这一特性。

我们假设l型的消费者对产品k^{α}的固有效用为$V^{k^{\alpha}l}$。但是，相同类型的消费者可能位于不同的区域。同时，零售商可以在不同的展厅中提供相同类型的产品。因此，正如我们之前所讨论的，消费者和展厅之间的空间距离也会影响商品对消费者的效用。在不失一般性的情况下，我们用$g_{\text{off}}\left(d_{ij}\right)$表示位于区域$j$的任一种类型的消费者前往线下展厅$i$时所产生的麻烦成本对选择商品时的效用的负面影响，其中d_{ij}表示展厅i和区域j之间的距离。这里$g_{\text{off}}(\cdot)$是一个增函数。此外，我们假设当消费者在展厅中订购时会产生一个额外的等待交货的成本$g_{\text{del},j}^{k^{\alpha}l}$，因为他必须等待产品从仓库被送至他居住的区域$j$。在被广泛使用的 MMNL 模型中，模型假设随机效用的误差项为服从均值为 0 的标准耿贝尔分布（Gumbel distrbution）的随机变量$\varepsilon_{ij}^{k^{\alpha}l}$，其均值为 0 的含义是，这里其他没有观测到的因素对消费者的效用在平均水平上不起作用。因此，区域j中的l型消费者对产品$\left(i,k^{\alpha}\right)$的随机效用为

$$U_{ij}^{k^{\alpha}l}=V^{k^{\alpha}l}-g_{\text{off}}\left(d_{ij}\right)-g_{\text{del},j}^{k^{\alpha}l}+\varepsilon_{ij}^{k^{\alpha}l}$$

对于在线产品$\left(\text{on},k^{\alpha}\right)$，我们假设与在线购物相关的麻烦成本造成的对位于区域j中l型消费者的效用的负面影响为$g_{\text{on},j}^{k^{\alpha}l}$。这些线上的麻烦成本可能来自浏览网页、搜索及将已经交货的产品退货和等待交付方面花费的时间、精力与费用等。因此，在线产品$\left(\text{on},k^{\alpha}\right)$对位于区域$j$的$l$型消费者的随机效用为

$$U_{\text{on},j}^{k^{\alpha}l}=V^{k^{\alpha}l}-g_{\text{on},j}^{k^{\alpha}l}+\varepsilon_{\text{on},j}^{k^{\alpha}l}$$

其中，$\varepsilon_{\text{on},j}^{k^{\alpha}l}$为服从标准耿贝尔分布的随机变量。假设$l$型的消费者在不进行购买时的固定效用为$V_0^l$，位于区域$j$中的$l$型消费者的未购买选项的随机效用由下式给出：

$$U_0^L=V_0^l=\varepsilon_0^l$$

其中，ε_0^l为服从标准耿贝尔分布的随机变量。我们假设所有误差项$\varepsilon_{ij}^{k^{\alpha}l}$、$\varepsilon_{\text{on},j}^{k^{\alpha}l}$和$\varepsilon_0^l$是互相独立的。根据离散选择模型的结果，区域$j$中的$l$型消费者选择线下渠道，即在展厅$i$购买产品$\left(i,k^{\alpha}\right)$的概率为

$$p_{ij}^{k^{\alpha}l}(y)=\frac{v_{ij}^{k^{\alpha}l}y_i^{k^{\alpha}}}{v_0^l+\sum_{i'\in M}\sum_{\alpha'\in Q}\sum_{\left(k^{\alpha'}\right)'\in N^{\alpha'}}v_{i'j}^{\left(k^{\alpha'}\right)'l}y_{i'}^{\left(k^{\alpha}\right)'}+\sum_{\left(k^{\alpha'}\right)'\in N^{\alpha'}}v_{\text{on},j}^{\left(k^{\alpha'}\right)'l}}$$

类似地，选择线上渠道购买产品$\left(\text{on},k^{\alpha}\right)$的概率为

$$p_{ij}^{k^\alpha l}(y)=\frac{v_{\text{on},j}^{k^\alpha l}}{v_0^l+\sum_{i'\in M}\sum_{\alpha'\in Q}\sum_{\left(k^{\alpha'}\right)'\in N^{\alpha'}}v_{i'j}^{\left(k^{\alpha'}\right)'l}y_{i'}^{\left(k^{\alpha}\right)'}+\sum_{\left(k^{\alpha'}\right)'\in N^{\alpha'}}v_{\text{on},j}^{\left(k^{\alpha'}\right)'l}}$$

其中，$v_{ij}^{k^\alpha l}=\exp\left\{V_{k^\alpha l}-g_{\text{off}}\left(d_{ij}\right)-g_{\text{del},j}^{k^\alpha l}\right\}$；$v_{\text{on},j}^{k^\alpha l}=\exp\left\{V^{k^\alpha l}-g_{\text{on},j}^{k^\alpha l}\right\}$；$v_0^l=\exp\left\{V_0^l\right\}$。

这里蕴含的假设是，对于一件商品所属的销售渠道，即线上或线下，消费者在进行选择的时候是已经知道的。这与现实中的实际情况也基本相符。大多公司在进行线上商品展示的时候会给出线下店是否有售这样的信息。

下面，我们用随机变量 D_j 表示居住在区域 j 中的消费者数量，且令 $E\left[D_j\right]=\mu_j$。由 θ_j^l（$\theta_j^l\in[0,1]$）表示区域 j 中 l 型消费者所占比例。显然，对于每个 j 有 $\sum_{l\in L}\theta_j^l=1$。当然，$\boldsymbol{\theta}_j=\left(\theta_j^1,\theta_j^2,\cdots,\theta_j^{|L|}\right)$ 表示区域 j 中消费者类型的比例分布。在数据分析中我们注意到不同地区的消费者类型 $\boldsymbol{\theta}_j$ 的分布确实是不同的，而且由于各种线上和线下的麻烦成本，区域间的异质性导致消费者之间的偏好是有区别的。在考虑选品决策的时候我们应当将位置因素纳入我们的模型。

零售商的目标是通过确定每个展厅的地理分布位置及选择展厅内需要展出的商品种类来最大化总利润。因此，我们有以下位置–选品的联合决策问题（location-assortment problem，LAP）：

$$(\text{LAP}):\max_{x,y}\sum_{j\in M}\sum_{l\in L}\theta_j^l\mu_j\left(\sum_{i\in M}\sum_{k^\alpha\in N_\alpha}\sum_{\alpha\in Q}r_l^{k^\alpha}p_{ij}^{k^\alpha l}(y)+\sum_{k^\alpha\in N_\alpha}\sum_{\alpha\in Q}r_{\text{on},j}^{k^\alpha}p_{\text{on},j}^{k^\alpha l}(y)\right)$$
$$-\sum_{i\in M}f_ix_i$$

$$\text{s.t.}\quad \sum_{i\in M}x_i\leqslant\kappa \tag{10-1}$$

$$y_i^{k^\alpha}\leqslant x_i,\quad \forall i\in M,\ \forall k^\alpha\in N_\alpha,\ \forall\alpha\in Q \tag{10-2}$$

$$\sum_{k^\alpha\in N^\alpha}\sum_{\alpha\in Q}\alpha^{k^\alpha}y_l^{k^\alpha}\leqslant c_i,\quad \forall i\in M,\ \forall\alpha\in Q \tag{10-3}$$

$$x_i,y_i^{k^\alpha}\in\{0,1\},\quad \forall i\in M,\ \forall k^\alpha\in N^\alpha,\ \forall\alpha\in Q \tag{10-4}$$

问题（LAP）中的目标函数包含了线下展厅的固定成本和总的预期收入。式（10-1）表示有限的线下展厅的数量。式（10-2）保证仅在已开设的展厅中选择品类。式（10-3）表示展厅的容量是有限的。式（10-4）定义了决策变量的取值范围。需要指出的是，模型（LAP）是后续模型的基础。这个模型是高度非线性的。决策变量中也包含了整数变量，这些特点都使其求解十分复杂。

10.3.2 全渠道零售模型

第一个模型（LAP）中，去往线下展厅的顾客只能检查产品并提交订单以便交付他们想要购买的商品。然而，对于某些产品，如服装、日常商品等，顾客更喜欢在来到线下店里的同时能够直接买到并带走他们喜欢的产品。在本小节中，我们考虑第二种模式：零售商需要开设线下商店而不仅是展厅。因此，除了每个商店的位置和分类之外，该模型还需要同时确定每个商店中每个产品的库存。

基于该销售模式，我们搭建了第二个模型。在第二个模型中，我们考虑在顾客所选产品有货的情况下，来到线下商店的消费者可以直接在店内购买。但是，我们假设，①消费者在来到线下商店之前不知道产品是否售罄；②如果产品售罄，则该产品未完成的需求将丧失，即遇到自己所想购买的产品缺货的情况时，顾客不会在这家商店购买任何其他可替代产品，他不得不前往另一家商店或通过线上渠道购买。我们沿用了第一个模型的符号和假设。与第一个模型的主要区别在于，在第二个模型中与线下产品相关的随机效用会发生变化。由于消费者不再在线下商店中提交订货单，我们可以删除 $g_{\text{del},j}^{k^{\alpha}l}$ 项，随机效用 $U_{ij}^{k^{\alpha}l}$ 变为

$$U_{ij}^{k^{\alpha}l} = V^{k^{\alpha}l} - g_{\text{off}}\left(d_{ij}\right) + \varepsilon_{ij}^{k^{\alpha}l}$$

此外，我们假设与产品的采购提前期相比，销售季节较短，因此一旦确定每个商店的初始库存水平，就不会发生补货。对于每个提供的产品，我们考虑单期报童模型。用 $z_i^{k^{\alpha}} \in \mathrm{R}_+$ 表示 i 商店中商品 k^{α} 的库存水平。在给定分类 $\boldsymbol{y}$ 下，$D_i^k\left(y\right)$ 表示存储 k^{α} 产品的需求量。根据 Netessine 和 Rudi（2003）及 Li（2007）的研究中讨论的按比例分割的规则，我们有

$$D_i^{k^{\alpha}}\left(y\right) = \begin{cases} \sum_{j\in M}\sum_{l\in L}\theta_j^l D_j p_{ij}^{k^{\alpha}l}\left(y\right), & y_i^{k^{\alpha}} = 1 \\ 0, & y_i^{k^{\alpha}} = 0 \end{cases}$$

因此，对于每个商店 i 的商品 k^{α}，我们通过优化以下问题可以得到最优库存水平：

$$Z_i^{k^{\alpha}}\left(y\right) = \min_{z_i^{k^{\alpha}} \geqslant 0}\left\{-r^{k^{\alpha}} E\left[\min\left\{D_i^{k^{\alpha}}\left(y\right), z_i^{k^{\alpha}}\right\}\right] + h_i^{k^{\alpha}} E\left[\left(z_i^{k^{\alpha}} - D_i^{k^{\alpha}}\left(y\right)\right)^+\right]\right\}$$

其中，$h_i^{k^{\alpha}}$ 为在商店 i 里面的商品 k^{α} 的单位库存的持有成本，即商品放在店里等待被卖出的这段时间对商店所产生的成本。

为了便于对模型进行处理，我们假设居住在各区域之间的顾客数量相互独立且服从标准正态分布，即 $D_j\left(\mu_j, \sigma_j^2\right)$，$\forall j \in M$，其中 μ_j 和 σ_j 分别是 D_j 的期望和标准差。注意，如果 $y_i^{k^{\alpha}} = 1$，则

$$D_i^{k^{\alpha}}\left(y\right)\left(\mu_i^{k^{\alpha}}\left(y\right), \left(\sigma_i^{k^{\alpha}}\left(y\right)\right)^2\right) = D_i^{k^{\alpha}}\left(y\right)\left(\sum_{j\in M}\sum_{l\in L}\theta_j^l \mu_j p_{ij}^{k^{\alpha}l}\left(y\right), \left(\sum_{j\in M}\sum_{l\in L}\theta_j^l \sigma_j p_{ij}^{k^{\alpha}l}\left(y\right)\right)^2\right)$$

这里根据单期报童模型的结论，我们有以下最优库存水平 $z_i^{k^{\alpha}*}$：

$$z_i^{k^{\alpha}*} = \mu_i^{k^{\alpha}}\left(y\right) + \Phi^{-1}\left(\frac{r^{k^{\alpha}}}{r^{k^{\alpha}} + h_i^{k^{\alpha}}}\right)\sigma_i^{k^{\alpha}}\left(y\right)$$

其中，$\Phi^{-1}(\cdot)$ 为标准正态分布的累积分布函数的反函数。这里用 $\varphi(\cdot)$ 和 $\Phi(\cdot)$ 分别表示标准正态分布的概率密度函数和累积分布函数。

我们再定义：

$$X_i^{k^\alpha}(y)=\frac{D_i^{k^\alpha}(y)-\mu_i^{k^\alpha}(y)}{\sigma_i^{k^\alpha}(y)}$$

则 $X_i^{k^\alpha}(y)$ 服从标准正态分布。于是我们可以得到

$$E\left[\min\left\{X_i^{k^\alpha}(y),z\right\}\right]=-\varphi(z)+z\left(1-\Phi(z)\right),\quad \forall z\in \mathrm{R}$$

那么就有线下商店 i 卖出商品 k^α 的预期成本为

$$\begin{aligned}
Z_i^{k^\alpha}(y)&=-r^{k^\alpha}E\left[\min\left\{D_i^{k^\alpha}(y),z\right\}\right]+h_i^{k^\alpha}E\left[\min\left\{z_i^{k^\alpha *}-D_i^{k^\alpha}(y)^+\right\}\right]\\
&=h_i^{k^\alpha}z_i^{k^\alpha *}-\left(r^{k^\alpha}+h_i^{k^\alpha}\right)\left(\mu_i^{k^\alpha}(y)+\sigma_i^{k^\alpha}(y)E\left[\min\left\{X_i^{k^\alpha}(y),\frac{z_i^{k^\alpha *}-\mu_i^{k^\alpha}(y)}{\sigma_i^{k^\alpha}(y)}\right\}\right]\right)\\
&=-r^{k^\alpha}\sum_{j\in M}\sum_{l\in L}\theta_j^l\mu_j p_{ij}^{k^\alpha l}(y)+\hat{h}_i^{k^\alpha}\sqrt{\left(\sum_{j\in M}\sum_{l\in L}\theta_j^l\sigma_j p_{ij}^{k^\alpha l}(y)\right)^2}
\end{aligned}$$

其中，$\hat{h}_i^{k^\alpha}=\left(r^{k^\alpha}+h_i^{k^\alpha}\right)\varphi\left(\Phi^{-1}\left(\frac{r^{k^\alpha}}{r^{k^\alpha}+h_i^{k^\alpha}}\right)\right)$。

对于线上渠道，我们假设商品既没有持有成本也不存在缺货的情况。这样线上渠道卖出商品 k^α 的预期成本为

$$Z_{\text{on}}^{k^\alpha}(y)=-\sum_{j\in M}\sum_{l\in L}\theta_j^l\mu_j r^{k^\alpha}p_{\text{on},j}^{k^\alpha l}(y)$$

因此，我们得到选址、选品及库存的联合决策问题（location-assortment-inventory problem，LAIP）：

$$\begin{aligned}
(\text{LAIP}):\max_{x,y}&\left(\sum_{i\in M}\sum_{k^\alpha\in N_\alpha}\sum_{\alpha\in Q}r_i^{k^\alpha}\sum_{j\in M}\sum_{l\in L}\theta_j^l\mu_j p_{ij}^{k^\alpha l}(y)\right.\\
&\left.+\sum_{j\in M}\sum_{k^\alpha\in N_\alpha}\sum_{\alpha\in Q}r_{\text{on},j}^{k^\alpha}p_{\text{on},j}^{k^\alpha l}(y)\right)\\
&+\sum_{j\in M}\sum_{k^\alpha\in N_\alpha}\sum_{\alpha\in Q}\hat{h}_i^{k^\alpha}\sqrt{\left(\sum_{j\in M}\sum_{l\in L}\theta_j^l\sigma_j p_{ij}^{k^\alpha l}(y)\right)^2}-\sum_{i\in M}f_i x_i
\end{aligned}$$

s.t.　式（10-1）~式（10~4）

与问题（LAP）相比，问题（LAIP）中多了对于每种线下商品的库存决策。但是，问题（LAIP）并没有增加额外的变量来计算最优库存水平。这是因为在问题（LAIP）的目标函数中引入了表示最优库存成本的非线性项，两个问题的求解复杂度并不是相同的。同时还注意到，选择概率 $p_{ij}^{k^\alpha l}(y)$ 和 $p_{\text{on},j}^{k^\alpha l}(y)$ 与问题（LAP）中的选择概率不完全相同，因为随机效用 $U_{ij}^{k^\alpha l}$ 由于模型设定的改变而发生了变化。

10.3.3 具有中央仓库的全渠道的零售模型

在进行全渠道零售的过程中，除了库存问题之外，零售商所面临的另一个重要问题是设计高效的物流策略以节省运输成本，这在前两个模型中没有考虑。例如，中央仓库向线下商店配货的时候面临着物流成本；同样，面对线上购买的消费者，零售商在进行交货的过程中也会产生类似的成本。运输成本在以下方面对零售商的决策有显著影响：商店位置、品类选择和库存水平。首先，位置决策显然与运输成本有关，因为方便的商店位置降低了运输成本。其次，库存和选品决策还取决于运输成本，因为不同的产品和库存数量决定了每次运货的效率，即能运哪几种商品并且这些商品每次运送多少等，这会产生不同运费。最后，衡量线上渠道和线下商店之间的销售收益至关重要，因为商品的交货成本往往与该产品的运费成本是不同的。

在本小节中，假设有一个中央仓库来服务于我们所研究的区域，且这个中央仓库的位置是外生给定的。设 d_i^W 是仓库和服务区域 i 之间的距离。从仓库送出的产品要么运送到线下实体店，要么将包裹递送到线上购买的消费者的下单地址。我们假设仓库拥有所有产品的无限库存，这对我们研究物流成本不会造成太大的影响。对于每单位商品 k^α，设线上的每单位距离的交付成本为 $s_{\text{on}}^{k^\alpha}$，线下的每单位距离的运费成本为 $s_{\text{off}}^{k^\alpha}$。

通过考虑运输成本，零售商可从线上和线下渠道中获得新的利润。对于每个线下商店 i，在给定选品决策 y 的条件下，售出产品 k^α 获得的利润是以下优化问题的最优解：

$$\tilde{Z}_i^{k^\alpha}(y)=\max_{z_i^{k^\alpha}\geqslant 0}\left\{-s_{\text{off}}^{k^\alpha}d_i^W z_i^{k^\alpha}+r^{k^\alpha}E\left[\min\left\{D_i^{k^\alpha}(y),z_i^{k^\alpha}\right\}\right]-h_i^{k^\alpha}E\left[\left(z_i^{k^\alpha}-D_i^{k^\alpha}(y)\right)^+\right]\right\}$$

根据单期报童模型可以得到最优库存水平为

$$\tilde{z}_i^{k*}=\mu_i^k(y)+\Phi^{-1}\left(\frac{r^k-s_{\text{off}}^{k^\alpha}d_i^W}{r^k+h_i^k}\right)\sigma_i^k(y)$$

此时我们可以得到在商店 i 的产品 k^α 所带来的利润为

$$\tilde{Z}_i^{k^\alpha}(y)=\hat{r}_i^{k^\alpha}\sum_{j\in M}\sum_{l\in L}\theta_j^l\mu_j p_{ij}^{k^\alpha l}(y)-\hat{h}_i^{k^\alpha}\sqrt{\sum_{j\in M}\sum_{l\in L}\left(\theta_j^l\sigma_j p_{ij}^{k^\alpha l}(y)\right)^2}$$

其中，

$$\hat{r}_i^{k^\alpha}=r^{k^\alpha}-s_{\text{off}}^{k^\alpha}d_i^W$$

$$\hat{h}_i^{k^\alpha}=\left(r^{k^\alpha}+h_i^{k^\alpha}\right)\varphi\left(\Phi^{-1}\left(\frac{r^{k^\alpha}-s_{\text{off}}^{k^\alpha}d_i^W}{r^{k^\alpha}+h_i^{k^\alpha}}\right)\right)$$

类似地，我们可以得到线上渠道的售出商品 k^α 的利润为

$$\tilde{Z}_{\text{on}}^{k^\alpha}(y)=\sum_{j\in M}\sum_{l\in L}\theta_j^l\mu_j r^{k^\alpha}p_{\text{on},j}^{k^\alpha l}(y)-\sum_{j\in M}\sum_{l\in L}\theta_j^l\mu_j s_{\text{on}}^{k^\alpha}d_j^W p_{\text{on},j}^{k^\alpha l}(y)$$
$$=\sum_{j\in M}\sum_{l\in L}\theta_j^l\mu_j\hat{r}_{\text{on},j}^{k^\alpha}p_{\text{on},j}^{k^\alpha l}(y)$$

其中，$\hat{r}_{\text{on},j}^{k^\alpha}=r^{k^\alpha}-s_{\text{on}}^{k^\alpha}d_j^W$。至此，我们可以得到包含运输成本的选址、选品和库存联合决策问题（location-assortment-inventory-transportation problem，LAITP）:

$$(\text{LAITP}):\min_{x,y}\sum_{i\in M}f_i x_i-\sum_{i\in M}\sum_{\alpha\in Q}\sum_{k^\alpha\in N^\alpha}\tilde{Z}_i^{k^\alpha}(y)-\sum_{\alpha\in Q}\sum_{k^\alpha\in N^\alpha}\tilde{Z}_{\text{on}}^{k^\alpha}(y)$$
$$\text{s.t.}\quad 式（10\text{-}1）\sim式（10\sim4）$$

这里我们将问题（LAITP）写为总成本的最小化问题。首先，问题（LAITP）是问题（LAP）和问题（LAIP）更一般化的形式，尽管它们的问题设置上多少有些不同，但从解决问题的角度来看，只考虑问题（LAITP）如何解决就足够了。

至此，我们就得到了基于 MMNL 的消费者选择行为的全渠道运营下的选址、选品及库存的联合优化问题，但是根据 Chen 等（2019）的研究，我们得到问题（LAP）、问题（LAIP）、问题（LAITP）均是 NP-难问题（non-deterministic polynomial-time hard problem，非确定性多项式时间难问题），换句话说，我们无法通过当前的手段很好地求解我们所提出的模型。因此，我们需要找到一个求解这些问题的有效的办法。

本章在 10.4 节中简述如何把问题（LAITP）改写为 MISOCP 问题。转化后的问题可以用 Gurobi 软件进行求解。除此之外，还存在为了提高计算效率而设计的基于强化割平面的算法。后者本章不会具体讨论，但是感兴趣的读者可以在 Chen 等（2019）的论文中找到详细解释。

10.4　模型的求解

在 10.3 节中我们提到，只需要找到问题（LAITP）求解办法即可。本节为了方便求解问题（LAITP），我们首先回顾锥规划问题及在将问题（LAITP）进行改写时用到的主要代数变形；其次将问题（LAITP）重新改写为二阶锥规划问题，这样我们就可以用 Gurobi 软件进行求解。

10.4.1　锥规划问题的简单回顾

锥规划问题是在锥型约束下的线性目标函数的优化问题。对于决策变量 $\boldsymbol{x}\in R$ 而言，一个典型的二阶锥规划问题的形式如下：

$$\|\boldsymbol{Ax}-\boldsymbol{b}\|\leqslant\boldsymbol{c}^{\mathrm{T}}\boldsymbol{x}-d$$

其中，$\|\cdot\|$ 为欧几里得范数；$\boldsymbol{A}$、$\boldsymbol{b}$、$\boldsymbol{c}$、d 均为系数，$\boldsymbol{A}\in\mathrm{R}^{m\times n}$，$\boldsymbol{b}\in\mathrm{R}^{m}$，$\boldsymbol{c}\in\mathrm{R}^{n}$，$d\in\mathrm{R}$。

在本节的改写中，我们主要运用到的一个代数变形是这样的。对于 $x_1,x_2,x_3\geqslant 0$，满足不等式

$$x_1x_2\geqslant x_3^2$$

则

$$\begin{aligned}
&x_1x_2\geqslant x_3^2\\
&\Leftrightarrow 4x_1x_2\geqslant 4x_3^2\\
&\Leftrightarrow (x_1+x_2)^2-(x_1-x_2)^2\geqslant 4x_3^2\\
&\Leftrightarrow 4x_3^2+(x_1-x_2)^2\leqslant(x_1+x_2)^2\\
&\Leftrightarrow (2x_3)^2+(x_1-x_2)^2\leqslant(x_1+x_2)^2\\
&\Leftrightarrow \|(x_1-x_2,2x_3)\|\leqslant x_1+x_2
\end{aligned}$$

从而，我们可以得到

$$x_1x_2\geqslant x_3^2\Leftrightarrow\|(x_1-x_2,2x_3)\|\leqslant x_1+x_2$$

这也是本节将（LAITP）问题改写为锥规划问题时所要用到的最重要的变形。

10.4.2 改写为锥规划问题

我们将问题（LAITP）的目标函数转换为另一种形式，使得所有变量的系数都是非负的。设 $\overline{r}_j^{\alpha}=\max\left\{\max_{i\in M,k^{\alpha}\in N^{\alpha}}\hat{r}_i^{k^{\alpha}},\max_{k^{\alpha}\in N^{\alpha}}\hat{r}_{\mathrm{on},j}^{k^{\alpha}}\right\}$。我们将问题（LAITP）的目标函数改写为

$$\begin{aligned}
\text{原式}=&\sum_{i\in M}f_ix_i-\sum_{j\in M}\sum_{l\in L}\theta_j^l\mu_j\sum_{i\in M}\sum_{\alpha\in Q}\sum_{k^{\alpha}\in N^{\alpha}}\hat{r}_i^{k^{\alpha}}p_{ij}^{k^{\alpha}l}(y)\\
&-\sum_{j\in M}\sum_{l\in L}\theta_j^l\mu_j\sum_{\alpha\in Q}\sum_{k^{\alpha}\in N^{\alpha}}\hat{r}_{\mathrm{on},j}^{k^{\alpha}}p_{\mathrm{on},j}^{k^{\alpha}l}(y)\\
&+\sum_{i\in M}\sum_{\alpha\in Q}\sum_{k^{\alpha}\in N^{\alpha}}\hat{h}_i^{k^{\alpha}}\sqrt{\sum_{j\in M}\sum_{l\in L}\left(\theta_j^l\sigma_jp_{ij}^{k^{\alpha}l}(y)\right)^2}\\
=&\sum_{i\in M}f_ix_i+\sum_{i\in M}\sum_{\alpha\in Q}\sum_{k^{\alpha}\in N^{\alpha}}\hat{h}_i^{k^{\alpha}}\sqrt{\sum_{j\in M}\sum_{l\in L}\left(\theta_j^l\sigma_jp_{ij}^{k^{\alpha}l}(y)\right)^2}\\
&-\sum_{j\in M}\sum_{\alpha\in Q}\mu_j\overline{r}_j^{\alpha}+\sum_{j\in M}\sum_{l\in L}\sum_{\alpha\in Q}\theta_j^l\mu_j\frac{\delta_j^{l\alpha}+\sum_{i'\in M}\sum_{k\alpha'\in N^{\alpha}}\beta_{i'j}^{k^{\alpha'}l}y_{i'}^{k^{\alpha'}}}{V}
\end{aligned}$$

其中，

$$V = v_0^l + \sum_{\alpha' \in Q} \sum_{k^{\alpha'} \in N^{\alpha'}} v_{\text{on},j}^{k^{\alpha'} l} + \sum_{i' \in M} \sum_{\alpha' \in Q} \sum_{k^{\alpha'} \in N^{\alpha'}} v_{i'j}^{k^{\alpha'} l} y_{i'}^{k^{\alpha'}}$$

$$\delta_j^{l\alpha} = \overline{r}_j^{\alpha} v_0^l + \sum_{k^\alpha \in N^\alpha} \left(\overline{r}_j^{\alpha} - \hat{r}_{\text{on},j}^{k^\alpha} \right) v_{\text{on},j}^{k^\alpha l}$$

$$\beta_{ij}^{k^\alpha l} = \left(\overline{r}_j^{\alpha} - \hat{r}_j^{k^\alpha} \right) v_{ij}^{k^\alpha l}$$

注意到 $-\sum_{j \in M} \sum_{\alpha \in Q} \mu_j \overline{r}_j^{\alpha}$ 是个常数，因此我们只考虑目标函数中的其他项对优化问题的最优解不会产生影响。下面我们通过引入新的变量，将目标函数中的非线性项转化为非线性约束：

$$\eta_i^{k^\alpha} \geqslant \sqrt{\sum_{j \in M} \sum_{l \in L} \left(r_{ij}^{k^\alpha l} \right)^2}, \quad \forall i \in M, \quad \forall \alpha \in Q, \quad \forall k^\alpha \in N^\alpha \qquad (10\text{-}5)$$

$$r_{ij}^{k^\alpha l} \geqslant \frac{\theta_j^l \sigma_j v_{ij}^{k^\alpha l} y_i^k}{V}, \quad \forall i, j \in M, \quad \forall \alpha \in Q, \quad \forall k^\alpha \in N^\alpha, \quad \forall l \in L \qquad (10\text{-}6)$$

$$\zeta_j^{l\alpha} \geqslant \frac{\delta_j^{l\alpha} + \sum_{i' \in M} \sum_{k\alpha' \in N^\alpha} \beta_{i'j}^{k^{\alpha'} l} y_{i'}^{k^{\alpha'}}}{V}, \quad \forall j \in M, \quad \forall l \in L, \quad \forall \alpha \in Q \qquad (10\text{-}7)$$

于是我们就得到了等价的目标函数为线性的问题（equivalent linear problem，ELP）：

$$(\text{ELP}): \min_{x,y,\eta,\gamma,\zeta} \sum_{i \in M} f_i x_i + \sum_{i \in M} \sum_{\alpha \in Q} \sum_{k^\alpha \in N^\alpha} \hat{h}_i^{k^\alpha} \eta_i^{k^\alpha} + \sum_{\alpha \in Q} \sum_{k^\alpha \in N^\alpha} \sum_{l \in L} \theta_j^l \mu_j \zeta_j^{l\alpha}$$

s.t.　式（10-1）~式（10~7）

$$\eta_i^{k^\alpha}, \gamma_{ij}^{k^\alpha l}, \zeta_j^{l\alpha} \geqslant 0, \quad \forall i, j \in M, \quad \forall \alpha \in Q, \quad \forall k^\alpha \in N^\alpha, \quad \forall l \in L \qquad (10\text{-}8)$$

可以看到式（10-5）已经是二阶锥约束了，但是式（10-6）和式（10-7）既不是线性约束也不是凸的。下面我们证明，式（10-6）和式（10-7）也可以被表示为二阶锥约束。事实上，我们令

$$w_j^{l\alpha} = v_0^l + \sum_{k^\alpha \in N^\alpha} v_{\text{on},j}^{k^\alpha l} \sum_{i \in M} \sum_{k^\alpha \in N^\alpha} v_{ij}^{k^\alpha l} y_i^{k^\alpha}, \quad \forall j \in M, \quad \forall l \in L, \quad \forall \alpha \in Q \qquad (10\text{-}9)$$

由于 $w_j^{l\alpha} > 0$ 且 $y_i^k = \left(y_i^k \right)^2$（这是因为 $y_i^k \in \{0,1\}$），所以我们可以将式（10-6）和式（10-7）改写为

$$\gamma_{ij}^{k^\alpha l} w_j^{l\alpha} \geqslant \theta_j^l \sigma_j v_{ij}^{k^\alpha l} \left(y_i^{k^\alpha} \right)^2, \quad \forall i, j \in M, \forall \alpha \in Q, \forall k^\alpha \in N^\alpha, \forall l \in L \qquad (10\text{-}10)$$

$$\zeta_j^{l\alpha} w_j^l \geqslant \delta_j^{l\alpha} + \sum_{i \in M} \sum_{k^\alpha \in N^\alpha} \beta_{ij}^{k^\alpha l} \left(y_i^{k^\alpha} \right)^2, \quad \forall j \in M, \quad \forall l \in L, \quad \forall \alpha \in Q \qquad (10\text{-}11)$$

从而我们得到了两个二阶锥约束：式（10-10）和式（10-11）。综上所述，我们将问题（ELP）[也就是问题（LAITP）] 成功地改写为一个 MISOCP 问题：

$$(\text{MISOCP}): \min_{x,y,\eta,\gamma,\zeta} \sum_{l \in M} f_i x_i + \sum_{i \in M} \sum_{\alpha \in Q} \sum_{k^\alpha \in N^\alpha} \hat{h}_i^{k^\alpha} \eta_i^{k^\alpha} + \sum_{\alpha \in Q} \sum_{k^\alpha \in N^\alpha} \sum_{l \in L} \theta_j^l \mu_j \zeta_j^{l\alpha}$$

s.t.　式（10-1）~式（10-5），式（10~8）~式（10~11）

现在，问题（MISOCP）已经可以使用现有的商业求解软件进行求解，但根据式（10-10）的子模性（submodularity），我们可以通过引入强化割平面来提高运算的效率。因为这部分内容比较烦琐，我们选择从本章中隐去，感兴趣的读者可以参见 Chen 等（2019）的论文。

在 10.5 节中，我们将使用零售商提供的线上和线下零售数据集，选取数据集中的冷链酸奶（简称酸奶）和卫生巾两个品类进行数值实验，通过求解我们已经改写出来的二阶锥规划问题来得到全渠道下选址、选品及库存的联合优化问题的最优解，进而比较得到的数值结果，在其中发现一些对于零售商在进行全渠道运营决策时有意义的结论。

10.5 数值实验

10.4 节中我们对全渠道运营下的选址、选品及库存的联合优化问题进行改写，将其变成二阶锥规划问题，使其能够被有效地求解。本节首先主要介绍所采用的数据集，并选取该数据集中的部分数据，使用 Gurobi 软件对我们所提出的优化问题进行求解。我们通过展示一些数值实验的结果验证模型的效果。在这些数值实验中我们发现了一些有趣的现象，通过这些现象，我们向零售商提供一些合理且有效的运营建议。

10.5.1 数据情况

本节总共采取了线上、线下两个数据集。两个数据集均来自中国电子商务行业某个领先的零售商。一个数据集包含位于中国北京安贞地区的实体店 8 个月试运行的线下销售信息；另一个数据集包含 2018 年全年以安贞线下商店为中心的边长为 5km 的正方形区域内所有线上订单的信息。线上数据集记录的信息包括以下内容：①商品编号；②商品价格；③商品类别；④订购时间；⑤交货地址的经度和纬度；⑥消费者个人信息，如性别、年龄、教育和职业等。

我们总结了线上数据集的主要统计数据。数据集共包含 696 182 条记录，每条记录表示消费者每次购买中的某一件商品，即消费者一次可能购买许多商品，但一条消费记录只表示该消费者购买了其中的某一件商品。全年使用线上渠道消费的共有 70 909 名消费者。消费者在数据统计的时间段内的在线平均购买次数为 9.8 次，最常购买的三个类别分别是饮料、小吃和调味品，最常购买的三个单品分别是农夫山泉矿泉水、三元牛奶、百岁山矿泉水。线上零售的平均订单价格是 76.56 元。另外，由于线下商店处于试运行状态，且在不断探索其运营策略，频繁地调整分类，线下商店的数据不够完整。尽管如此，我们对线下商店的潜在消费者分布进行了有趣的分析。

根据这两个数据集，我们得到有 3154 个消费者同时选择线上和线下渠道进行购物。在选择全渠道购买的顾客中，线上渠道中购买频率最高的三个类别分别是调味品、小吃和饮用水，而线下渠道中购买频率最高的是饮料、零食和糖果。我们注意到这些全渠道消费者在线上和线下渠道的购买行为确实是不同的。比如，消费者对于零食和糖果这类随时可以立刻使用的或者包装比较小的商品，往往选择通过线下渠道来购买，而线上则更多地考虑大包装、不易携带的商品。

数据集也揭示了线上和线下顾客在地理位置上的差异。数据显示，访问线下商店的线上消费者的百分比随着他们的地址离商店越来越远而下降。具体而言，我们观察到，在线下商店的试运行期间，线下商店吸引了更多的商店附近的消费者。这个结果也是非常符合直觉的。因此，我们不能否认距离在推动消费者访问线下商店方面起着重要作用，而在数学建模中，距离因素必须加以考虑。除此之外，我们还通过将线上和线下消费者按照所处地理位置（线下购物者的线上订单地址）和交货地址（线上购物的送货地址）进行聚类并分析每个类别的平均货单价，观测到了显著的差异。这个现象背后隐藏着很多合理的解释，例如，有些聚类的地理位置主要以居民区为主，另一些区域则主要包含了写字楼。同一个消费者的购物选择自然会因其所在场所或者最终送货地址产生一些区别。

综上所述，我们可以明显地看到，在所使用的数据集中，消费者之间的异质性是很强的，无论是从地理位置上还是对线上或者线下渠道的选择上，甚至是在购买力方面，都存在显著的差异。我们所观察到的现象也表明，在制定最佳商店选址、选品和库存决策时，有必要考虑消费者异质性和因麻烦而产生的各种负效用。数据分析还为在数据驱动框架下的模型铺平了道路，以便在全渠道环境中对线下零售决策进行优化，即根据数据估计消费者的偏好，然后使用估计值来进一步对选址、选品及库存等决策进行优化。

10.5.2　数值实验的数据情况

在进行数值实验时，我们主要使用酸奶和卫生巾这两个品类的线上交易数据，即 $q=2$，设 α=1 表示酸奶，α=2 表示卫生巾。酸奶和卫生巾在 2018 年全年共有 10 982 条交易数据，其中酸奶有 428 个不同产品的 9457 条数据，卫生巾有 361 个不同产品的 1525 条数据。根据购买频率，我们挑选了前十个最受欢迎的酸奶产品作为我们的选品集 N^1，其他产品就被视为“未购买”选择。这些被选中的产品的销售包装都是相似的。我们用下标 $k^1 \in \{1,2,\cdots,10\}$ 表示这十种不同的产品，用 0 表示未购买的商品。类似地，我们也挑选了前十个最受欢迎的卫生巾产品，用

$k^2 \in \{11,12,\cdots,20\}$ 表示。总共有 1497 条交易数据包含 N^1 的商品，有 306 条数据包含 N^2 的商品。购买频率和平均标签价格见表 10-1 和表 10-2。

表 10-1 前十个受欢迎酸奶的购买频率和平均标签价格

N^1	1	2	3	4	5	6	7	8	9	10
购买频率	1.10%	0.97%	1.47%	1.69%	0.93%	0.94%	1.37%	2.92%	0.94%	1.27%
价格/元	10.64	22.24	12.81	3.50	89.36	7.26	9.42	7.45	3.35	19.26

表 10-2 前十个受欢迎卫生巾的购买频率和平均标签价格

N^2	11	12	13	14	15	16	17	18	19	20
购买频率	0.24%	0.33%	0.36%	0.21%	0.25%	0.24%	0.23%	0.34%	0.25%	0.20%
价格/元	9.12	20.13	12.99	11.19	24.84	6.35	4.38	14.09	20.87	11.48

表 10-3 中是数据集提供的一些主要产品属性及其相关数据的类型。所有这些产品属性都可以被消费者观察到，并可能影响他们的选择。我们对非离散类别的属性实施缩放，以确保后续模型的估计值是收敛的。对于离散类别的属性，我们将它们转换为一组虚拟变量。此外，我们假设“未购买”选择带给消费者的平均效用为零。

表 10-3 主要属性及其数据类型

特征标号	属性名称	数据类型
1	品牌名称	离散类别
2	口味	离散类别
3	净重	连续类型
4	保质期	整数类型
5	体积	连续类型
6	价格	连续类型

在所考察的时间段内，我们观测到了 508 个消费者地址。基于这些位置，我们将这些消费者聚成六类，用 $i, j \in \{A, B, C, D, E, F\}$ 在图 10-1 表示。图中我们标记出了每一个聚类的中心点。我们用 d_{ij} 来表示任意两个聚类的半正矢距离（haversine distance）。每个聚类在此期间包含的全部消费者（包括选择了“未购买”的消费者）个数见表 10-4。这里隐含的假设是属于相同类型的同一聚类内的消费者表现出相同的选择偏好。在我们的数值实验中，只考虑六个聚类，并且将各个聚类的中心设置为待开设的线下商店位置。

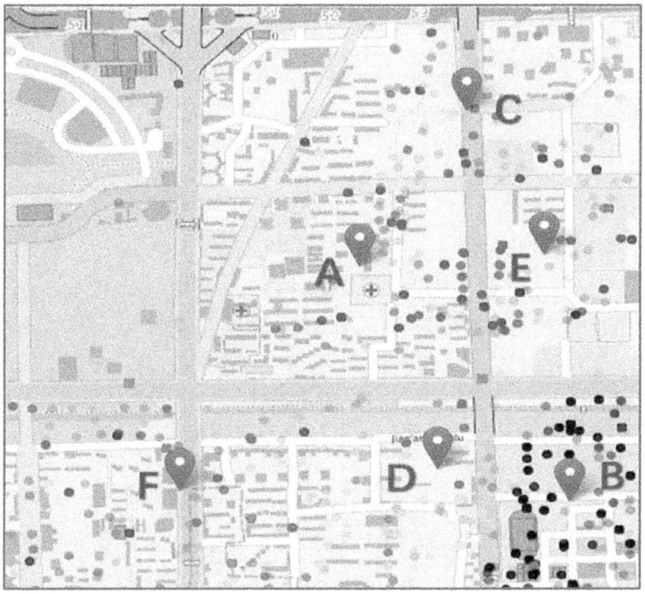

图 10-1　消费者位置聚类图

表 10-4　实际各聚类消费者年度订单数量（包括“未购买”订单）

聚类序号	A	B	C	D	E	F
需求（订单数量）/件	904	2221	1618	2460	1049	2730

10.5.3　选择模型的参数估计

正如我们在 10.3 节所提到的，基于对消费者偏好异质性的考量，我们采取基于 MMNL 模型的离散选择模型来刻画消费者的选择。MMNL 模型也称为 LC-MNL 模型，通过允许参数在某些离散分布上随机变化来允许个体异质性的存在。这保证了在 MNL 模型下的假设误差项是独立且相同分布的耿贝尔随机变量。而且，由于 MMNL 模型可以近似任何 RUM 模型，MMNL 在刻画消费者选择模型时是不受限制的。

我们在 MMNL 模型的假设下写出结构选择模型。注意到消费者的地址是可以观测到的，但消费者的类型是无法观测到的。因此我们的目标是通过估计参数来控制每个聚类中各个类型消费者的选择概率。在 MMNL 模型之下，消费者 u 对商品 k^{α} 的随机效用为（这里为了简便我们省略线上和线下的下标区分）

$$U^{k^{\alpha}u}=\left(\boldsymbol{x}^{k^{\alpha}u}\right)^{\mathrm{T}}\xi^{u}+\varepsilon^{k^{\alpha}u}$$

其中，$\boldsymbol{x}^{k^{\alpha}u}$ 为消费者 u 可以观测到商品 k^{α} 的属性的向量；$\varepsilon^{k^{\alpha}u}$ 为满足独立同分布的误差项；ξ^{u} 为未被观测到但满足事先给定的离散分布的在不同消费者之间有差异的参数。因为消费者u属于哪种类型我们并不清楚，根据 MMNL 模型，我们可以得到$\xi^u=\xi^l$以概率ϖ^l成立（其中l是消费者类型的指标）。根据 Shen（2009）的研究，我们采用半参数的 MNL 模型的形式来表示ϖ^l：

$$\varpi^l=\frac{\exp\iota^l}{\sum_{l'\in L}\exp\iota^{l'}}$$

其中，ι^l为不可观测到的参数。

对于未被观测到的参数采取极大似然估计的方法，由于任何 RUM 模型都可以被 MMNL 近似，我们在进行数值实验的时候将酸奶和卫生巾两个品类分开进行计算在理论上也是合理的。那么其中观测到商品k^α被消费者u选择的概率为

$$P_u(\xi,\iota)=\sum_{l\in L}\frac{\exp\iota^l}{\sum_{l'\in L}\exp\iota^{l'}}\left\{\prod_{k^\alpha\in K}\frac{\exp\left(\boldsymbol{x}^u\right)^{\mathrm{T}}\xi^l}{\sum_{k^{\alpha'}\in K}\exp\left(\boldsymbol{x}^{k^{\alpha'}u}\right)^{\mathrm{T}}\xi^l}\right\}$$

现在已经有各种各样的开源软件包可以用来估计 MNL 模型，我们选择使用 R 语言的程序包 gmnl（Sarrias and Daziano，2017）。最后，我们假设每个聚类中有两种类型的消费者，并在数据集上应用上述程序包以获得优化模型的所需参数。特别地，在进行参数估计的时候我们只考虑与酸奶类别相关的三个特别的属性，即单价（每 100g）、是否是原味及是否添加其他配料。与卫生巾类别相关的三个特征为单价（每 100mm）、是否为日用及是否为苏菲品牌。在选择模型的估计中变量名称如表 10-5 所示。

表 10-5　MMNL 模型中的变量描述

变量名称	描述
class.1.price	类型 1 的消费者对价格的敏感程度
class.1.dn	类型 1 的消费者对卫生巾是否为日用的敏感程度
class.1.sf	类型 1 的消费者对卫生巾是否为苏菲品牌的敏感程度
class.1.yw	类型 1 的消费者对酸奶是否为原味的敏感程度
class.1.others	类型 1 的消费者对酸奶中是否添加其他配料的敏感程度
class.2.price	类型 2 的消费者对价格的敏感程度
class.2.dn	类型 2 的消费者对卫生巾是否为日用的敏感程度
class.2.sf	类型 2 的消费者对卫生巾是否为苏菲品牌的敏感程度
class.2.yw	类型 2 的消费者对酸奶是否为原味的敏感程度
class.2.others	类型 2 的消费者对酸奶中是否添加其他配料的敏感程度
（class）2	类型 2 的消费者的固有影响

表 10-5 中的其他配料是指酸奶中可能会添加的水果和坚果等。表 10-5 中所说的敏感程度是指消费者在该变量变化一单位时对该商品的效用变化的多少。事

实上，只要在不同的聚类区域会出现不同的估计值就说明聚类之间对某一商品的某一属性的敏感程度是不同的，如果正负符号相反，那么则说明区域之间对该属性的反应是完全相反的。我们以此来检验消费者之间的选择偏好的不同，并且验证了在数据集中观测到的消费者之间的异质性。我们将聚类 A 的参数估计结果列在表10-6 中。

表 10-6 聚类 A 的参数估计结果

变量名称	系数	标准差	*Z* 值	*p* 值
class.1.price	−1.948 815	0.078 905	−24.698 3	$<2.2\times10^{-16}$***
class.1.dn	−1.066 435	0.309 951	−3.440 7	0.000 580 3***
class.1.sf	0.633 352	0.362 945	1.745 0	0.080 978 9
class.1.yw	−2.152 271	0.274 967	−7.827 4	4.885×10^{-15}***
class.1.others	3.123 563	0.322 245	9.693 1	$<2.2\times10^{-16}$***
class.2.price	0.016 922	0.046 303	0.365 5	0.714 762 6
class.2.dn	−4.048 274	2.174 654	−1.861 6	0.062 663 5
class.2.sf	−4.271 995	2.498 238	−1.710 0	0.087 265 4
class.2.yw	0.264 154	0.255 237	1.034 9	0.300 697 8
class.2.others	−2.574 962	1.489 516	−1.728 7	0.083 858 4
（class）2	−2.298 259	0.121 444	−18.924 5	$<2.2\times10^{-16}$***

***表示 $p<0.001$

我们看出在聚类 A 中，变量（class）2 对应系数的显著性可以说明，确实存在两类不同类型的消费者，并且，我们通过对比其他系数的结果可以得到，两种类型的消费者对酸奶是否添加其他配料的敏感程度明显不同，类型 1 的消费者面对有其他配料的酸奶会有更高的效用，类型 2 的消费者则对没有其他配料的酸奶有更高的效用，换句话说，两种类型的消费者对有无其他配料的酸奶的偏好是不同的。

在聚类 B 中，我们看到两类消费者对价格的敏感程度完全不同，对于类型 1 的消费者而言，当价格提高一单位时会明显减少对该商品的效用，对于类型 2 的消费者而言，商品的效用随着价格提高而显著增加（表 10-7）。因此，直观上我们可以说，聚类 B 中存在一部分消费者对价格十分敏感，而另一部分对价格则没那么敏感。

表 10-7　聚类 B 的参数估计结果

变量名称	系数	标准差	Z 值	p 值
class.1.price	−1.994 601	0.050 025	−39.872 1	$<2.2\times10^{-16***}$
class.1.dn	−1.403 716	0.251 665	−5.577 7	$2.437\times10^{-8***}$
class.1.sf	−1.281 677	0.585 914	−2.187 5	0.028 707 4*
class.1.yw	−0.926 539	0.107 568	−8.613 5	$<2.2\times10^{-16***}$
class.1.others	1.300 149	0.371 610	3.498 7	0.000 467 5***
class.2.price	0.299 207	0.051 506	5.809 1	$6.279\times10^{-9***}$
class.2.dn	−1.322 263	0.424 260	−3.116 6	0.001 829 3**
class.2.sf	−0.254 735	0.429 948	−0.592 5	0.553 530 9
class.2.yw	0.012 346	0.309 560	0.039 9	0.968 187 7
class.2.others	−6.387 772	11.381 837	−0.561 2	0.574 644 1
（class）2	−3.104 122	0.110 077	−28.199 6	$<2.2\times10^{-16***}$

***表示 $p<0.001$，**表示 $p<0.01$，*表示 $p<0.05$

这里我们不再赘述其他四个聚类的参数估计结果，我们将结果放在本章附录中展示。值得注意的是，不论在哪个区域，变量（class）2 的估计结果都是显著的。也就是说，至少从数据和估计方法上，我们可以承认消费者中的确存在至少两种不同的类型，这也给了我们设置 $|L|=2$ 在数据上比较合理的解释。接下来，我们将通过若干个数值实验表明使用包含消费者异质性的联合优化模型对于进行选址、库存和选品决策的必要性。

10.5.4　实验设置

除了上述参数估计方法外，对于线下商品，正如 10.3 节中提到的，购买行为往往会受到消费者所在位置和线下商店之间地理距离的影响。在接下来的实验中，我们设线下麻烦成本的函数 $g_{\text{off}}(\cdot)$ 为 $g_{\text{off}}(d_{ij})=-vd_{ij}^{\tau}$，其中 $v=2$，$\tau=0.5$；线上麻烦成本为 $g_{\text{on},j}^{k^\alpha l}=2+2\xi_d^l$，其中 ξ_d^l 对于任意 $l\in L$ 相互独立且服从[0,1]区间的一致分布。

考虑到酸奶的保质期，我们设置所考察的决策模型的时间长度为两周。那么每个区域 j 的平均需求 μ_j 就是这两周内的顾客流量，即 $\mu_j=\dfrac{14}{365}\hat{\mu}_j$，其中 $\hat{\mu}_j$ 是在表 10-4 中显示的区域 j 的一年的需求量。同时假设需求的方差为 $\sigma_j=5$，我们考虑两种不同的开线下商店数量的情形，即 $\kappa\in\{2,3\}$，并且设开线下商店的固定成本为零。对每个产品 k^α，令 $a^{k^\alpha}=1$，也就是说我们考虑选品的数量限制，同时设定每个店内的容量 $c_i=3$（不包括库存）。我们设置每件商品的利润率为 60%，即每卖出一件商品的利润等于该商品标签价格的 60%。进而，每件商品 k^{α} 的持有成本为 $h^{k^{\alpha}}=1+0.5\xi_h^{k^{\alpha}}$，其中对于 $\xi_h^{k^{\alpha}}$，$\forall\alpha\in Q$，$\forall k^{\alpha}\in N^{\alpha}$，是相互独立的且服从[0,1]区间的一致分布。

10.5.5　实验结果

实验主要进行了两部分内容，一部分内容是基于单品类情境下，即只考虑酸奶类商品，对 MISOCP 模型进行若干参数的敏感性分析。为了便于比较，我们在上述设定的基础之上，考虑允许开设两个线下商店，即 $\kappa=2$，且没有中央仓库的全渠道零售模型。另一部分内容是对多品类选品模型进行实验，并与单品类模型进行比较。这里，我们将区域 A、B、C、D、E、F 分别用数字 1~6 表示。

1. 敏感性分析

1）需求的波动性

需求是零售商在实际运营中考察的重要因素之一。由于需求往往是不确定的，在模型中我们假设需求是服从正态分布的随机变量，而对于需求的波动性我们用随机变量的方差来刻画，即模型中的 σ_j。事实上，零售商往往无法非常准确地预测到需求具体是多少，所以在选址层面，如果需求的波动性对零售商的决策有很大影响的话，这对于开设一家线下商店的决策是不利的，因为线下商店无法根据需求的变化随时改变所在位置。

为了抓住我们关注的主要问题，我们在考虑 σ_j 变化对模型决策的影响时，不妨假设每个聚类的需求这一随机变量是相同的，即任意两个聚类需求的分布相同。由图 10-2 可以发现，在方差由小变大的过程中，模型得到的最大化利润确实是在不断变化的。

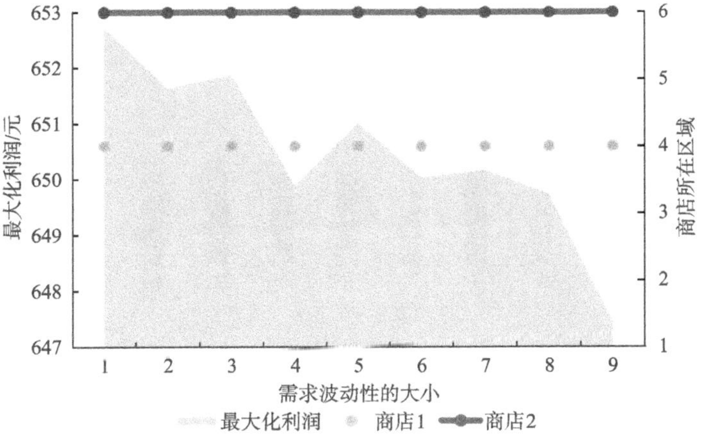

图 10-2　需求波动性对选址决策的影响

与此同时，我们得到的选址决策，即 $\boldsymbol{x}$，并没有很大的变化，这就说明我们的模型在帮助零售商进行选址的过程中得到的结果是十分稳定的。换句话说，即便商店周边区域的需求量突然发生了很大的变化，我们所选的线下商店也不需要因此而感到慌张，因为面对这样的需求冲击，从数值结果上来看，我们的店面位置仍然是最佳的。由于店面一旦建好之后，其转移到其他位置的成本是很高的，所以该模型在面对需求冲击方面很好地“节约”了成本。对于利润的变化，直观上我们觉得需求的波动越大，我们的预期收益应该越少。

事实上，我们从图 10-2 中可以发现，最大化利润整体趋势是随着需求波动性的增加而减少的，但其中某些时刻利润会回升。这是因为我们在考虑需求波动的变化时并没有对两类潜在的消费者进行区分，而是混在一起讨论的。事实上两种消费者对应的需求波动具体占总需求波动的多少我们并没有考虑，当然两类消费者带来的利润也是不同的。因此，这里最大化利润不是严格地随需求波动性的增加而减少的。

图 10-3 和图 10-4 展示了两家商店在不同的需求波动下对应的选品和库存决策。我们可以看出，面对不同的需求波动性，虽然在选址决策层面没有变化，但是模型通过优化选品和库存层面的决策很好地应对了需求波动带来的影响。当 σ_j 从 3 变化至 4 的时候，商店 1 的选品决策由选择 2 号、3 号和 5 号商品变为选择 2 号、3 号和 7 号商品，同时 3 号商品的库存水平减少，并通过更多的 7 号商品的库存在保证利润最大化。当 σ_j 从 8 变化至 9 时也有相同的情况出现。这说明模型确实会对需求波动性做出反应。

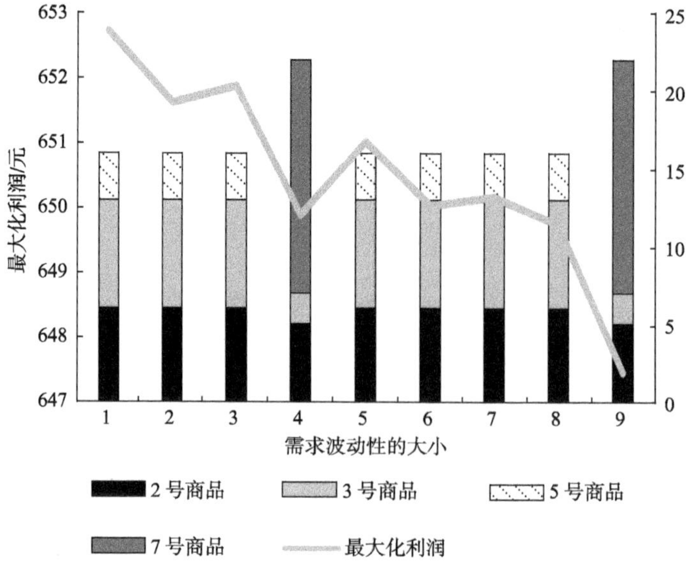

图 10-3　需求波动性对商店 1 选品决策及库存水平的影响

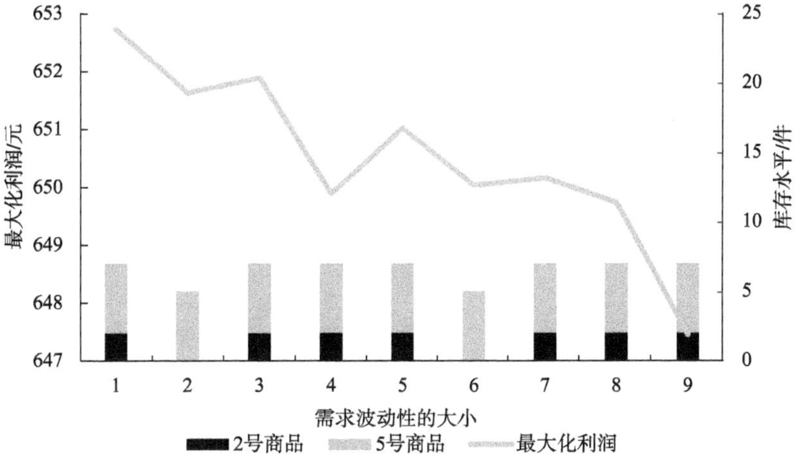

图 10-4　需求波动性对商店 2 选品决策及库存水平的影响

类似地，对于商店 2，当 σ_j 从 1 变化至 2 时，选品决策由 2 号和 5 号商品变为只有 5 号商品。这说明同样的需求波动性，对于不同需求偏好的消费者而言，选品决策的变化情况是不一样的。换言之，不同地区的选品决策对于需求波动的敏感性是不同的。

结合图 10-3 和图 10-4，整体上来看，在需求的波动性方面，模型对选品决策的鲁棒性是很强的。与此同时，在实际运营过程中，即使我们对需求方面的预测有偏差，在选址决策层面上并不会造成太大的影响，并且模型会通过选品和库存的调整来帮助零售商达到利润最大化的目的。

2）持有成本的变化

在实际的零售店运营中，随着产品的增加，原先产品的相对持有成本就会增加。因为考虑到每多放一个原先的产品，新来的产品可配置的空间就会减少，对应的原先产品的持有成本就会增加。此外，房租的变化也会带来持有成本的变化。因此，我们有必要在此考虑持有成本的变化对商店的选址是如何影响的。类似地，如果我们的选址决策对持有成本的变化非常敏感，那么我们同样会因为改变线下店的位置而造成巨大的成本。我们并不希望发生这样的事情。

事实上，如图 10-5 所示，我们得到的选址决策是没有发生改变的，也就是说我们的模型给出的选址决策是很鲁棒的。图 10-5 中横坐标为持有成本变为初始设定的持有成本的倍数。不同的持有成本对应着不同的利润，但我们的选址决策仍然没有改变。

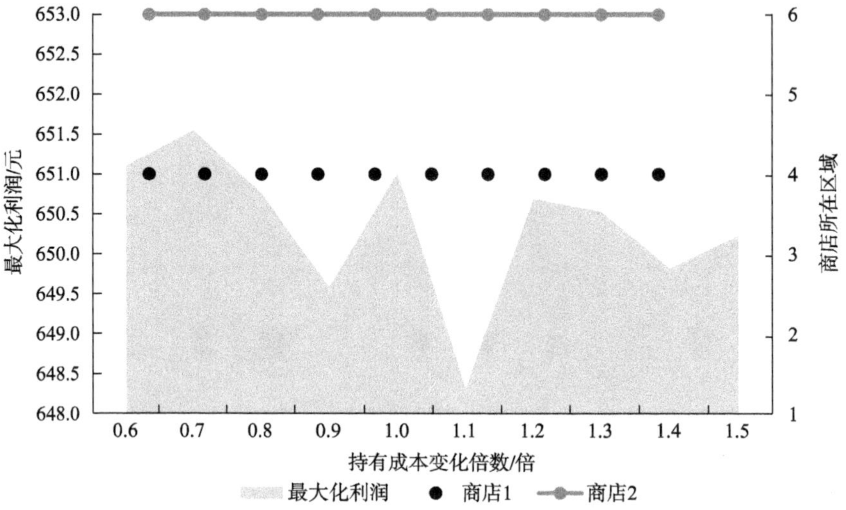

图 10-5　持有成本变化对选址决策的影响

这里需要解释的一点是最大化利润的值与持有成本并不是单调的关系。这是因为持有成本的变化会对库存决策产生影响，如果持有成本增加，则会导致库存水平下降。一方面会减少卖不完的概率，另一方面增加了需求方无法满足的概率。这中间存在一个权衡取舍，但这不是我们主要考察的对象，所以我们在这里不再赘述。这里只是对利润而不是持有成本的单调函数进行直观上的解释。

在图 10-6 和图 10-7 中，我们进一步考察持有成本变化对选品决策和库存水平的影响。对于商店 1，我们发现整体的选品和库存水平是比较稳定的，这是因为各个选品是相同类型的产品，所以持有成本差异不大，因此整体的选品决策是比较鲁棒的。另外，持有成本的增加会降低每一件产品的利润，会导致零售商更多地选择利润高的产品。但是产品之间的相对利润的高低是保持不变的，因为是同一类型的产品，所以持有成本不会有很大的差异，从而对商品决策没有太大的影响。而在持有成本变为原来的 200%时，我们发现两个商店的选品都发生了变化，这就说明在该持有成本下，之前的 5 号商品没有 10 号商品带来的利润更高。

此外，我们注意到，当持有成本增加的时候，库存水平本应该降低，但实验的结果告诉我们库存水平基本没有变化，这说明我们的模型在面对给定的需求分布下，库存决策对于持有成本非常鲁棒。而持有成本恰恰是影响库存水平的主要因素，那么我们的库存水平可以很好地控制在一个比较稳定的状态，不论持有成本如何相对地变化。

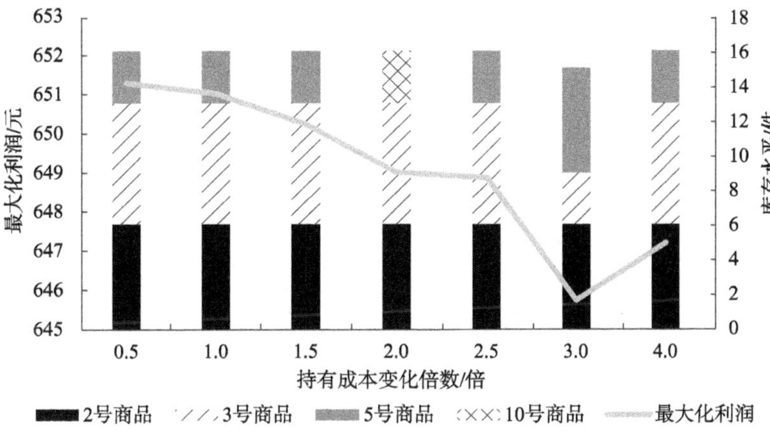

图 10-6　持有成本变化对商店 1 选品决策及库存水平的影响

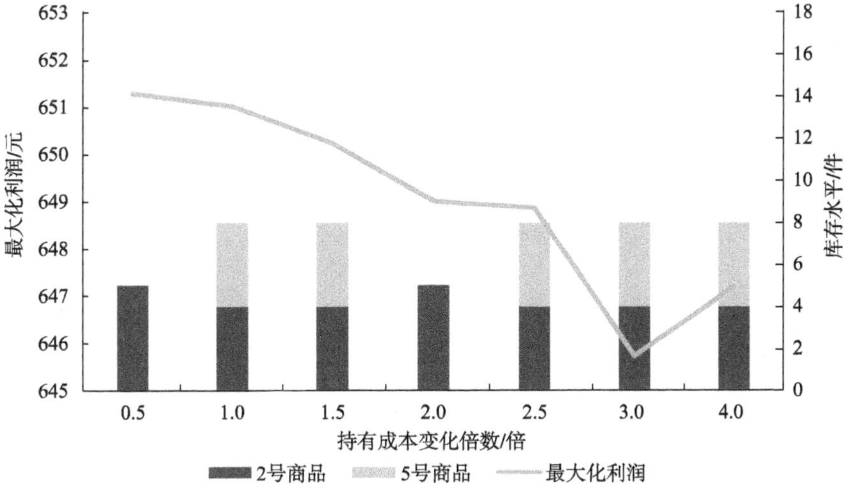

图 10-7　持有成本变化对商店 2 选品决策及库存水平的影响

3）线下麻烦成本的变化

正如我们在 10.1 节中所提到的，麻烦成本是指在消费者购买过程中由于购买过程本身而不得不承担的成本。对于线上渠道而言，麻烦成本往往是指浏览网页所花费的时间及等待商品交货这段时间带来的成本等。对于线下渠道而言，麻烦成本往往是由顾客从所在地到线下商店这段距离带来的成本，如道路状况、交通信息等。对于消费者而言，日常的线下麻烦成本也往往会因为天气变化或者日常工作、生活事务的多少而引起波动。例如，天气好的时候，会有顾客因为天气好而选择出门进行户外活动，这样就会在某种程度上降低线下的麻烦成本，因为天气好对人出门买东西这一行为产生正效用。再如，公司职员在某一天需要加班，这样下班到家之后再出门购买东西的成本相比于不加班的时候就会高出很多，这一类型的消费者的线下麻烦成本在当天进行购买决策的时候就会比不加班的时候高出很多。因此，我们考虑线下麻烦成本的变化对决策的影响是有必要的。

事实上，通过图 10-8 可以意识到，我们在改变线下麻烦成本即模型中的 $g_{\mathrm{off}}(\cdot)$ 之后，当麻烦成本变动范围在减少 80%至增加 40%这个范围时，选址都是在 D 和 F 两个区域。而当成本增加至初始状态的 160%以上时，甚至达到 400%时，选址都是在区域 B 和区域 F。这也说明了，当麻烦成本在变动不大的时候，我们的模型给出的结果还是非常鲁棒的。从某种程度上也可以说，天气等可能对线下麻烦成本造成波动的因素对我们的选址决策不会造成太大的影响。

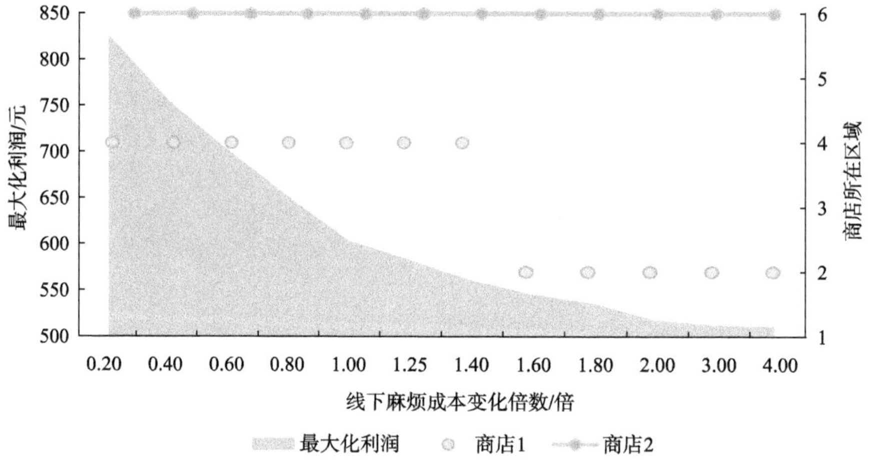

图 10-8　线下麻烦成本的变化对选址决策的影响

2. 多品类模型的数值结果

对于单品类模型和多品类模型之间的比较是很有必要的。正如我们之前提到的，单品类对于类似于无人售货机这样的线下销售点还是可以应用的。但对于线下商店，我们还是需要准备更多的品类以符合更多样化的需求。事实上，通过对比两个模型，我们也确实得到了一些对零售商有参考意义的发现。具体的数值结果在表 10-8 中展示。

表 10-8　单品类（即只有酸奶）和多品类模型之间的比较

实验序号	模型	κ	单品类模型 线下店决策	单品类模型 收益/元	多品类模型 线下店决策	多品类模型 收益/元	增长比例
1	LAP	2	D：5，8，10 F：5，8，10	699.06	D：10，13，20 F：5，10，20	1087.53	55.57%
2	LAP	3	B：5，8，10 D：5，8，10 F：5，8，10	830.93	B：5，10，20 D：10，13，20 F：5，10，20	1290.16	55.27%

续表

实验序号	模型	κ	单品类模型		多品类模型		增长比例
			线下店决策	收益/元	线下店决策	收益/元	
3	LAIP	2	D：5（11），8（11），10（64） F：5（11），8（10），10（57）	692.12	D：10（69），13（49），20（64） F：5（12），10（61），20（64）	1074.11	55.19%
4	LAIP	3	B：5（8），8（8），10（49） D：5（9），8（9），10（53） F：5（9），8（9），10（51）	821.46	B：5（10），10（53），20（55） D：10（58），13（44），20（54） F：5（10），10（55），20（59）	1272.36	54.89%

注：括号内为库存水平，单位为件

第一，我们发现，多品类的存在确实给零售商带来不小的利润增加。在这四个数值实验中，不论在第几个模型的何种设定下，我们最终都得到了收益增加的结果。这也充分印证了我们对多品类带来的收益预期。

第二，通过比较单品类模型和多品类模型之间的选品决策我们可以发现。新增加的品类的确会帮助零售店获得更多的收益，并且没有导致新的酸奶商品被选入。这说明我们构建的模型在进行品类选择的时候基本满足了消费者在进行选择何种酸奶的时候是不会受到选择何种卫生巾的影响的,即两种选择之间是独立的。

第三，我们对比单品类下的库存水平和多品类下的库存水平。在实验 3 中，当品类增加时，D 区域的商品 10 的库存由原先的 64 件增加至 69 件。F 区域的商品 5 和商品 10 的库存由原先的 11 件和 57 件分别增加至 12 件和 61 件。类似的现象在实验 4 中也存在。

出现这种现象的原因有两种可能：一种可能是酸奶品类之间替代性的存在。以实验 3 为例，酸奶 5 号商品和 8 号商品在单品类下被选择了但是多品类下没有被选择，于是酸奶类商品只剩下 10 号，那么想购买酸奶 5 号商品的顾客由于现在没有 5 号可以购买，但又对酸奶有需要，所以就会选择 10 号商品，从而导致销量增加，进而导致库存水平增加。

另一种可能是新品类的引入会带动现有品类商品的销售量。例如，消费者在出门的时候没有想到要购买酸奶，只是想出来购买卫生巾，但实际上该消费者已经有对酸奶的需求了。那么当消费者到店里时，看到货架上有酸奶就会进行购买，从而带动了对酸奶的需求，在数值结果上的表现就是增加了酸奶的库存。我们称这种效果为溢出效应。

为了模拟溢出效应，在多品类模型下，我们通过线下麻烦成本按照不同比例的减少来模拟溢出效应的程度。事实上，我们考虑这样一个情形：一个需要购买酸奶和卫生巾两种商品的消费者，如果店内是单品类的话，他需要跑两个这样的店（这里我们不考虑其他商店的竞争问题），也有可能由于时间有限，他今天只能去一家卖酸奶的店，这样导致的结果和我们之前举的例子是一致的；如果是多品类的话，他则只需要去一家店就可以购买到两种商品。从而酸奶的需求量在某种程度上由于卫生巾品类的出现而增加。因此，我们用在 $g_{\text{off}}(\cdot)$ 前面乘以一个溢出效应系数 o（$o\in[0,1]$）来表示品类增加给消费者带来的影响。o 越大说明溢出效应越弱，反之越强。

如图 10-9 所示，我们可以清晰地看出来，溢出效应和零售商利润呈正相关关系，即溢出效应越大零售商利润越高。而且在选址方面，商店 2 总是选择 D 区域（即 4 号区域），因此我们可以考察该区域的选品和库存水平，并以此来说明溢出效应对库存水平的影响。

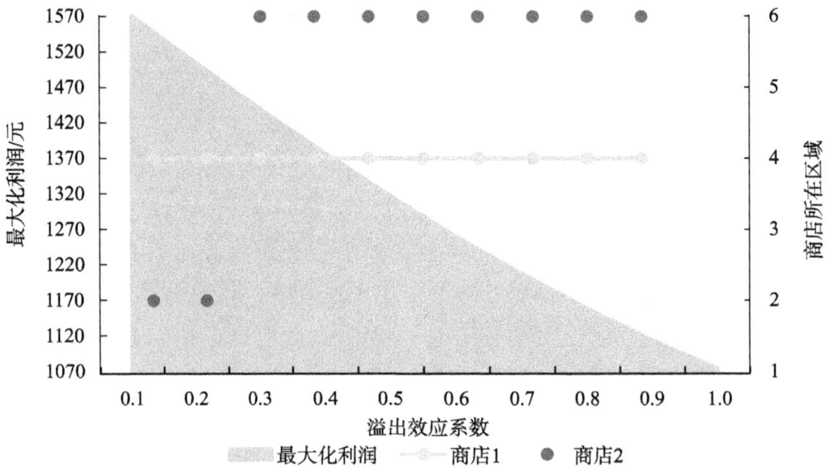

图 10-9　溢出效应对商店选址的影响

从图 10-10 中可以明显地看到每一种商品的库存水平随溢出效应的减少而增加。这也就印证了我们之前的结论。原品类的商品除了替代性导致库存增加，也有可能是新品类的出现导致了销量的增长从而带来库存增加。图 10-10 同时说明了商品品类对溢出效应的影响是鲁棒的，也就是说，我们在考虑增加商品品类个数的时候，只需要考虑溢出效应的强弱即可，这对我们的选品决策不会有太多的影响。

第四，比较实验 1 和实验 3 或实验 2 和实验 4 时我们可以发现，在面对线下展厅和全渠道零售这两种销售策略的时候，不论是单品类还是多品类，我们在进行品类选择的时候都是不变的。也就是说，零售商在具体进行开设店面的时候，可以考虑先用展厅进行试营业，之后再考虑是否采取全渠道零售。因为数值结果告诉我们，不论采用何种方式，商品的选品决策是基本不会改变的，这样就帮助零售商大大减少了在两种模式之间切换的由于选品不同而产生的不确定性。同时，也帮助消费者更好地掌握模式转换前后对商店选品的信息情况。

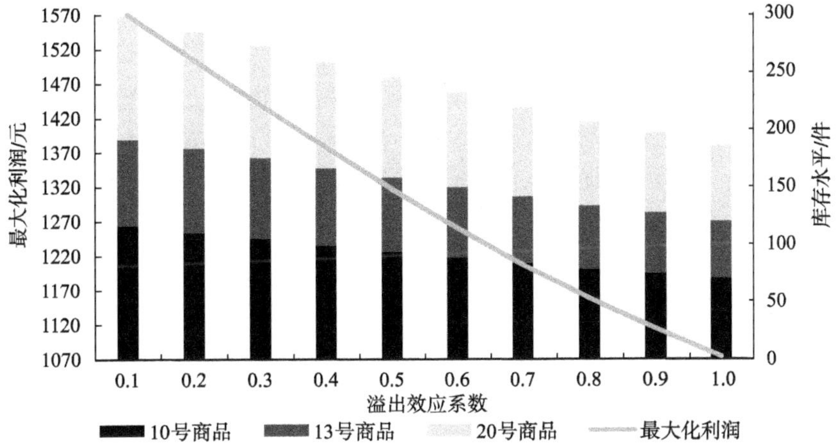

图 10-10　溢出效应对商店 1 的选品及库存水平的影响

第五，通过比较各个实验中的选址决策，我们发现品类的增加对选址的影响在此没有体现。这也从选品多样性的角度上说明了本章的模型在进行选址决策时是鲁棒的。

10.6　小　　结

本章研究了全渠道零售商的选址、库存和选品的联合优化问题。由于传统零售主要以单渠道为主，并且传统零售商具有扩大零售渠道的趋势，我们研究的问题变得更加重要。因为消费者选择对于零售商的运营决策考虑起着至关重要的作用，所以本章从对线上和线下的数据集分析开始，将基于 MMNL 模型的选品决策纳入模型当中，并且提出了“消费者只考虑最近商店商品”情形下对应的模型。模型搭建完成之后本章又给出了使得对应的联合模型可求解的数据驱动框架。在数值实验中，我们验证了在优化模型中考虑不同区域位置消费者的异质性的必要性，并确定了几个对零售商具有重要价值的有趣观察。

在本章内容的基础上，我们指出未来一些有趣的研究方向。首先，溢出效应并没有在模型中体现，只是通过数值的方法来讨论。事实上可以将溢出效应涵盖在我们的模型中进行一个拓展。这样获得的结果或许会更加精准。其次，一个很重要的问题是，本章的模型并没有考虑商家之间的竞争，而是仅仅通过历史价格和需求预测来进行模型构建和求解。因此，一个研究问题是，当我们加入商家之间的竞争后，零售商的决策会发生怎样的改变，这中间存在着许多取舍。例如，零售商是应当选择需求量大但是竞争激烈的位置还是选择需求量小但是竞争没那么激烈的地方。最后，我们还可以考虑这些线下店作为前置仓的情况，即线上下单的消费者可以从这些店里取货,或者从这些线下店内进行线上订单的送货交货。这是因为中央仓库往往距离交货的地方过远，中间的物流成本会很高，如果将线下店当作一个小型仓库的话，我们可以大大地减少物流成本。当然，随之而来的是相对应的库存成本的增加及从中央仓库到线下店之间的配送成本。这中间的权衡取舍也是一个值得探讨的问题。

参考文献

Alizadeh F，Goldfarb D. 2003. Second-order cone programming. Mathematical Programming，95（1）：3-51.

Aktürk M S，Atamtürk A，Gürel S. 2014. Aircraft rescheduling with cruise speed control. Operations Research，62：829-845.

Atamtürk A，Berenguer G，Shen Z J M. 2012. A conic integer programming approach to stochastic joint location-inventory problems. Operations Research，60（2）：366-381.

Atamtürk A，Narayanan V. 2008. Polymatroids and mean-risk minimization in discrete optimization. Operations Research Letters，36（5）：618-622.

Atamtürk A，Narayanan V. 2011. Lifting for conic mixed-integer programming. Mathematical Programming，126（2）：351-363.

Bell D R，Gallino S，Moreno A. 2018. Offline showrooms in omnichannel retail：demand and operational benefits. Management Science，64（4）：1629-1651.

Bront J J M，Méndez-Díaz I，Vulcano G. 2009. A column generation algorithm for choice-based network revenue management. Operations Research，57（3）：769-784.

Brynjolfsson E，Hu Y J，Rahman M S. 2009. Battle of the retail channels: how product selection and geography drive cross-channel competition. Management Science，55（11）：1755-1765.

Chen J，Liang Y，Shen H，et al. 2019. A data analytics approach to integrated location，assortment and inventory planning in omni-channel retail. Working Paper.

Dzyabura D，Jagabathula S. 2018. Offline assortment optimization in the presence of an online channel. Management Science，64（6）：2767-2786.

Edmonds J. 1970. Submodular functions，matroids，and certain polyhedra//Guy R，Hanani H，Sauer N，er al. Combinatorial Structures and Their Applications.New York：Gordon and Breach：69-87.

Forman C，Ghose A，Goldfarb A. 2009. Competition between local and electronic markets：how the benefit of buying online depends on where you live. Management Science，55（1）：47-57.

Gallino S，Moreno A. 2014. Integration of online and offline channels in retail：the impact of sharing reliable inventory availability information. Management Science，60（6）：1434-1451.

Gao F，Su X M. 2017a. Omnichannel retail operations with buy-online-and-pick-up-in-store. Management Science，63（8）：2478-2492.

Gao F，Su X M. 2017b. Online and offline information for omnichannel retailing. Manufacturing & Service Operations. Management，19（1）：84-98.

Gaur V，Honhon D. 2006. Assortment planning and inventory decisions under a locational choice model. Management Science，52（10）：1528-1543.

Li Z L. 2007. A single-period assortment optimization model. Production and Operations Management Society，16（3）：369-380.

Lobo M S，Vandenberghe L，Boyd S，et al. 1998. Applications of second-order cone programming. Linear Algebra and Its Application，284：193-228.

McFadden D，Train K. 2000. Mixed MNL models for discrete response. Journal of Applied Econometrics，15（5）：447-470.

Netessine S，Rudi N. 2003. Centralized and competitive inventory models with demand substitution. Operations Research，51（2）：329-335.

Rusmevichientong P，Shen Z J M，Shmoys D B. 2010.Dynamic assortment optimization with a multinomial logit choice model and capacity constraint. Operations Research，58（6）：1666-1680.

Sarrias M，Daziano R. 2017. Multinomial logit models with continuous and discrete individual heterogeneity in R：the gmnl package. Journal of Statistical Software，79（2）：1-46.

Shen J Y. 2009. Latent class model or mixed logit model? A comparison by transport mode choice data. Applied Economics，41（22）：2915-2924.

Talluri K，van Ryzin G. 2004. Revenue management under a general discrete choice model of consumer behavior. Management Science，50（1）：15-33.

Topaloglu H. 2013. Joint stocking and product offer decisions under the multinomial logit model. Production and Operations Management，22（5）：1182-1199.

van Ryzin G，Mahajan S. 1999. On the relationship between inventory costs and variety benefits in retail assortments. Management Science，45（11）：1496-1509.

Vielma J P，Ahmed S，Nemhauser G L. 2008. A lifted linear programming branch-and-bound algorithm for mixed-integer conic quadratic programs. INFORMS Journal on Computing，20（3）：438-450.

本章附录　选择模型估计结果

附表 1　聚类 C 的参数估计结果

变量名称	系数	标准差	Z 值	p 值
class.1.price	−2.574 330	0.110 206	−23.359 2	$<2.2\times10^{-16***}$
class.1.dn	0.077 040	0.301 155	0.255 8	0.798 093
class.1.sf	1.361 965	0.417 466	3.262 5	0.001 104**
class.1.yw	−0.844 161	0.209 736	−4.024 9	$5.701\times10^{-16***}$
class.1.others	3.784 950	0.470 688	8.041 3	$8.882\times10^{-16***}$
class.2.price	−0.042 814	0.037 164	−1.152 0	0.249 315
class.2.dn	−2.311 924	0.288 405	−8.016 2	$1.110\times10^{-15**}$
class.2.sf	−2.669 933	0.611 487	−4.366 3	$1.264\times10^{-5***}$
class.2.yw	−0.675 271	0.165 754	−4.073 9	$4.623\times10^{-5***}$
class.2.others	−5.282 898	2.852 974	−1.851 7	0.064 067
（class）2	−1.782 269	−1.782 269	−22.645 3	$<2.2\times10^{-16***}$

***表示 p<0.001，**表示 p<0.01

附表 2 聚类 D 的参数估计结果

变量名称	系数	标准差	Z 值	p 值
class.1.price	−2.577 071	0.100 584	−25.621 1	$<2.2\times10^{-16***}$
class.1.dn	0.142 341	0.255 560	0.557 0	0.577 542 8
class.1.sf	2.318 214	0.268 232	8.642 6	$<2.2\times10^{-16***}$
class.1.yw	−0.579 905	0.174 596	−3.321 4	$0.000\ 895\ 6^{***}$
class.1.others	3.918 628	0.412 284	9.504 7	$<2.2\times10^{-16***}$
class.2.price	−0.273 236	0.029 369	−9.303 6	$<2.2\times10^{-16***}$
class.2.dn	−2.813 998	0.254 433	−11.059 9	$<2.2\times10^{-16***}$
class.2.sf	−2.933 534	1.190 818	−2.463 5	$0.013\ 760\ 3^{*}$
class.2.yw	−0.673 035	0.101 176	−6.652 1	$2.889\times10^{-11***}$
class.2.others	−7.007 658	4.764 948	−1.470 7	0.141 380 8
（class）2	−1.255 376	0.054 365	−23.091 5	$<2.2\times10^{-16***}$

***表示 $p<0.001$，*表示 $p<0.05$

附表 3 聚类 E 的参数估计结果

变量名称	系数	标准差	Z 值	p 值
class.1.price	−3.413 049	0.235 808	−14.473 9	$<2.2\times10^{-16***}$
class.1.dn	1.808 962	0.534 742	3.382 9	$0.000\ 717\ 3^{***}$
class.1.sf	2.612 051	0.629 076	4.152 2	$3.293\times10^{-16***}$
class.1.yw	−1.129 734	0.522 915	−2.160 5	$0.030\ 737\ 4^{*}$
class.1.others	4.617 284	1.277 829	3.613 4	$0.000\ 302\ 2^{***}$
class.2.price	−0.256 831	0.042 336	−6.066 5	$1.307\times10^{-9***}$
class.2.dn	−2.489 010	0.316 875	−7.854 9	$3.997\times10^{-15***}$
class.2.sf	−3.510 963	0.985 003	−3.564 4	$0.000\ 364\ 7^{***}$
class.2.yw	−0.888 212	0.158 184	−5.615 0	$1.965\times10^{-8***}$
class.2.others	−8.225 540	12.748 114	−0.645 2	0.518 774 3
（class）2	−1.119 034	0.076 747	−14.580 9	$<2.2\times10^{-16***}$

***表示 $p<0.001$，*表示 $p<0.05$

附表 4 聚类 F 的参数估计结果

变量名称	系数	标准差	Z 值	p 值
class.1.price	−2.152 399	0.078 856	−27.295 4	$<2.2\times10^{-16***}$
class.1.dn	−0.711 171	0.217 281	−3.273 1	$0.001\ 063\ 9^{**}$
class.1.sf	0.591 798	0.303 368	1.950 8	0.051 085 9
class.1.yw	−1.464 036	0.149 278	−9.807 5	$<2.2\times10^{-16***}$
class.1.others	3.206 307	0.302 220	10.609 2	$<2.2\times10^{-16***}$
class.2.price	0.065 373	0.033 719	1.938 8	0.052 527 1
class.2.dn	−3.543 177	0.735 010	−4.820 6	$1.431\times10^{-6***}$
class.2.sf	−4.408 524	2.174 519	−2.027 4	$0.042\ 626\ 1^{*}$
class.2.yw	−0.222 497	0.158 254	−1.406 0	0.159 738 3
class.2.others	−3.028 842	0.860 360	−3.520 4	$0.000\ 430\ 8^{***}$
（class）2	−2.099 440	0.074 161	−28.309 1	$<2.2\times10^{-6***}$

***表示 $p<0.001$，**表示 $p<0.01$，*表示 $p<0.05$

第 11 章　基于大数据的采购风险管理

肖勇波[1]，朱斌[2]，陈剑[1]
[1]清华大学经济管理学院，[2]北京理工大学管理与经济学院

11.1　采购及采购风险

本节首先概述采购风险管理及其特点，然后概述在大数据的背景下如何通过大数据赋能采购风险管理，以提高风险评估能力并支持采购决策。

11.1.1　采购风险管理及其新特点

作为企业的职能之一，采购是从供应商处获得产品和服务，保证企业正常生产和经营的重要手段。作为获取资源的一个过程，采购的每个阶段都面临着各式风险。通俗来说，采购风险是指企业在获取生产资料、人力资源、服务、信息和技术等资源以满足企业内部和外部客户需求的过程中，供应商或供应商网络的某些环节发生意外状况从而导致企业受损的可能性。这些风险可以来自企业外部，也可以来自企业内部；风险可以是战略层面的，也可以是操作层面的。这些风险在短期和长期都可能给企业造成重大的有形和无形的损失。

具体来说，常见的采购风险包括供应链风险、个体供应商欺诈风险、供应商道德风险和不可预知的自然灾害等。例如，2012 年万科毒地板事件属于供应链风险，该事件中万科企业股份有限公司（简称万科）遭到了业主的起诉，并公开向业主道歉，使企业形象遭受损失。2008 年的三聚氰胺事件（中国奶制品污染事件）属于个体供应商欺诈风险，石家庄三鹿集团股份有限公司（简称三鹿集团）将质量问题归咎于奶农故意添加三聚氰胺，三鹿集团召回了约 700 吨婴儿奶粉并在同年第四季度破产。2014 年上海福喜过期肉事件属于供应商道德风险，一名卧底记者在上海福喜食品有限公司（麦当劳供应商）发现其使用大量过期变质的肉类原

料，此事件爆出后导致麦当劳大中华区销售额下降 20%以上。2011 年 7 月，泰国洪水摧毁了希捷（Seagate）、西部数据公司（West Digital Corporation）和日立（Hitachi）等硬盘制造商在曼谷的工厂，该自然灾害风险导致全球硬盘供应下降了约 30%，硬盘价格飙升，个人电脑制造商（如联想等）面临供货短缺。

上述采购风险有些是企业经营固有的不确定性所导致的，有些是供应链中信息的不对称性导致的。采购风险管理可以有效地预防、降低和控制采购风险，从而保护企业减少或免受采购风险事件造成的不利影响。现实采购中信息的不对称性导致许多事件是难以观察到的（如远程供应商或供应商的供应商），或者观察、监控它们需要花费大量的时间和成本。难以观察的事件导致了欺诈和欺骗、共谋、质量隐患等诸多风险。现实采购中的不确定性又导致许多事件是难以预测的，如自然灾害、政府政策、竞争状况、市场需求等。“难以观察”和“难以预测”引发的风险可能造成客户不满意、项目失败，甚至是整个供应链的失效，同时造成各种损失，包括直接、间接损失，财务、声誉损失，短期、长期损失，本地、系统性损失等。通过采购风险管理可以应对这些问题，帮助企业降低采购成本，更好地满足客户需求，提高市场竞争地位，将风险转化为竞争优势。和其他风险管理类似，采购风险管理包括风险评估、风险控制和监控。本章将聚焦采购风险评估这一环节，一方面要识别出潜在的风险要素，另一方面要测度风险要素对采购的不利影响。

在当前经济新常态的背景下，传统供应链发展成错综复杂的供应网络，呈现出全球化、网络化、电子化、社交化等特征。全球化加强了全球市场和企业的互联互通，为企业在全球范围内进行资源配置创造了条件，但是也带来了更大的风险。专业化分工让每个企业能充分发挥其核心优势，但是使得供应链变得更为复杂，对企业之间的协同运营提出了更高的要求。电子化使得网络虚拟组织在现代社会中发挥着越来越重要的作用，基于互联网的交易提供了更多的便利和效率，但也潜伏着更多的危险。社交媒体促进了各类社交网络的形成，这使舆论在商业环境中起着越来越重要的作用，信息更加透明，以社交化为基础的众包和众筹等商业模式不断提高公众对商业实践的参与度。

供应链的这些新特征给采购风险管理带来了新挑战。包括：①环境要素变得复杂。政治关系、恐怖主义事件、关税政策、外国文化、管制政策和自然灾害等诸多环境要素已经成为采购风险的重要来源。②采购风险涉及范围扩大。采购风险的范围已从单一供应商扩展到供应链网络及其他看似不相干的行业。③采购不确定性被放大。不确定性沿着供应链和供应网络被放大了，专业化的劳动分工和广泛的企业联系加剧了这种危险。④采购风险测度变得更困难。采购商品构成变得多样和复杂，尤其是服务和无形产品的广泛采购使采购风险越来越难以衡量。⑤采购风险管理不当导致的后果越来越严重。采购风险事件造成的损失从财务损失扩展到系统故障，从短期损失延伸到长期损失，从区域危机传递到全球市场。

11.1.2　大数据背景下的采购风险管理

信息时代，大数据分析已经成为应对采购风险管理新挑战的有力工具，因为大数据采购风险管理将更多维、更大量的相关数据融入采购风险管理中，实现更多风险要素的嵌入，提升采购风险管理能力，从而应对采购新特点所衍生的各种问题。例如，在万科毒地板事件中万科选择了安信伟光（上海）木材有限公司（简称安信）作为地板供应商，而通过多源数据分析，可以帮助万科提前识别可能存在的地板甲醛超标问题（2012 年 3 月 1 日，万科公布安信地板检测结果：佛山新城湾畔 7 号楼送检安信地板样品甲醛释放量为 1.9mg/L，超过了国家标准限量 1.5mg/L）。具体来说，可能的数据源包括：①供应商内部调查数据。2010 年 1 月至 2011 年 11 月万科采购安信实木复合地板总计 56 万 m^2，面层厚度标志为 0.6mm 的柚木和栎木两个品种，但安信提供给万科的复合地板实际厚度不到 0.3mm，平均售价仅为 115 元。②网络媒体数据。安信打算在 2008 年初上市，为了做上市前的扩资，安信和凯雷投资集团达成了业绩“对赌协议”。③供应商网络调查数据。由于安信地板需求量大，其大部分地板都不是安信自己生产的，而是由其他小厂家加工再换上安信包装。安信在山东临沂的地板供应商临沂协成木业有限公司实则是安信总裁兄弟控制，这个临沂基材厂的 90%以上甚至 100%都是供应给安信上海和苏州工厂的，此山东工厂生产的基材无论是甲醛含量、甲醛释放量、多层地板基材的胶粘牢靠性等各项指标均达不到国家标准。

随着云计算、机器学习和人工智能的广泛应用，大数据与采购风险管理产生了密切的联系。如今，采购企业在采购过程中无时无刻不在产生数据，这些结构化、非结构化的海量数据与采购业务息息相关。而且，各地政府部门都高度重视和建设大数据。例如，中国、美国、新加坡和韩国等国家积极构建数据门户，提供数据的集成视图以服务于医疗保健、政府采购等公共决策问题（Kim et al., 2014）。国内的阿里巴巴、腾讯、百度等互联网企业都建立了企业大数据中心，提供各类基于大数据的解决方案。越来越多的开源数据库（欧盟开放数据平台、新浪微博数据中心等）为我们提供了丰富的研究素材。开放的大数据平台（百度大数据引擎、阿里云大数据平台）为大数据分析提供了基本工具。所以，处于供应网络中的企业可以从外部获得大量、多样、实时更新的采购相关数据。如何通过分析这些数据进行采购风险的识别、评估、控制和监控是采购风险管理面临的机遇和难题。

本章基于大数据思维构建供应商选择决策框架。该框架构建了采购风险指标体系，概括了识别风险的可能数据源，给出了针对不同数据类型的风险评估方法，并提出了数据驱动的供应商选择决策模型。采购风险指标体系是通过分析采购流程和采购的组织结构来构建的。针对每一个风险指标，我们给出可能的数据源及其可能的数据格式。针对不同的数据格式，我们给出对应的风险识别和风险测度方法，通过综合运用这些方法来充分挖掘大数据在“可视性”和“可控性”方面的优势。我们提出的数据驱动的决策框架融合了采购风险指标体系，以及从多源异构数据中识别和测度采购风险的方法。该框架可以实现大数据在采购风险管理中的赋能，为上文中提到的采购风险问题提供解决方案。

大数据的“可视性”和“可控性”赋能含义分别如下。

（1）基于大数据可以挖掘跨界数据（如行业报告、第三方信息、信用历史、社交媒体评论、交易数据等），使原本难以观察的事件变得更加可视。例如，根据市场监督管理局发布的数据评估企业财务状况；通过社交网络上的评论来评估商家诚信度；通过网上商店的评论来评估企业服务质量等。但是，挖掘跨界数据也有许多挑战，如处理非结构化数据、解决信息过载问题、过滤错误信息、测度跨界数据信息相关性等。

（2）基于大数据我们还可以挖掘其背后隐藏的知识（如关联模式、客户行为、演化机制等），提升预测的准确性。例如，通过研究天气状况预测企业生产能力，从而控制企业履约的可靠性；通过对交易记录的挖掘，识别可能的犯罪行为；使用信息更新技术观察消费者对产品质量的舆论演化，帮助企业提高产品质量，降低交付风险。但是，挖掘隐藏知识需要使用许多新的分析技巧，如文本挖掘、数据流挖掘、学习机制、商业智能、知识发现、回归等。

大数据的赋能对采购风险管理的影响体现在采购企业的商业目标中，主要包括成本、收益和竞争优势。在成本方面，大数据可以连接生产、采购、运输和销售，增强企业运营的可控性。采购部门在传统的采购企业中属于成本中心，大数据赋能将采购作为收益管理的一部分归入收益中心，从而降低成本；大数据赋能还可以为产品的质量问题提供预警，预防召回事件的发生，规避对企业成本和声誉造成的巨大损失。在收益方面，大数据赋能帮助发现产品、服务中的问题，改进产品和服务质量；通过消费者细分精准定位消费者需求，从而改进需求计划，并帮助开发新产品。在竞争优势方面，大数据赋能帮助改进采购相关信息的透明度，获得更精准的供应商信息；帮助采购企业更全面地测度供应商表现，加强供应商管理，帮助供应商改进；帮助洞见采购活动中的各种可能的变化，发现潜在价值，实现实时决策。例如，依赖于供应商历史数据进行决策有供应商意外中断的潜在风险，实时的纠错和供应商调整可以帮助预防此类风险的发生。

11.2　采购风险识别

在本节中，我们在梳理一般企业采购流程的基础上识别各个环节的潜在风险。

11.2.1　基于采购流程和组织结构的采购风险

一般企业的采购流程如图 11-1 所示。流程第一步为供应商入围，即满足企业要求（如达到企业的评估标准）的供应商进入企业的采购备选名单中。

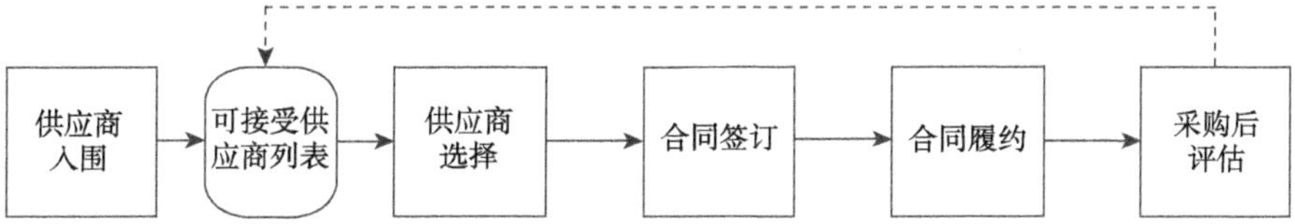

图 11-1　采购流程图

筛选出符合要求的供应商是供应商管理的第一步，成功的供应商管理始于正确有效的供应商入围流程，其详细流程如图 11-2 所示。采购方首先邀请可能满足其要求的潜在供应商参加投标，采购方一方面要求投标方提供必要的材料并对其进行资格审核，另一方面要主动对其进行综合风险评估（如财务风险评估、道德风险评估等）。达到预定资格审核和综合评估要求的投标方进入采购方的可接受供应商列表。

在图 11-2 中，我们将可能出现的采购风险标在相应可能出现的位置，其中不同的数字代表不同的采购风险类别，下面分点论述。

（1）采购方对潜在客户需求的预测不准确，导致邀请了错误的潜在投标方；采购方邀请潜在供应商时存在偏见，导致没有邀请潜在的优质投标方。

（2）投标方提供伪造的文件或虚假资料，如不正确的财务报告、虚假证书等。

（3）采购方对供应商调查时输入了错误或不正确的信息，导致后期评估出现错误或偏差；采购方调查人员有腐败行为。

（4）采购方没有考虑或低估外部环境因素（如经济、政治、政策）的影响，导致实际不符合要求的采购方通过资格审核。

（5）采购方低估技术进步和其他竞争因素的影响，导致实际不符合要求的采购方通过资格审核。

（6）采购方对投标方进行综合评估时，投标方与采购方内部人员共谋，篡改评估结果。

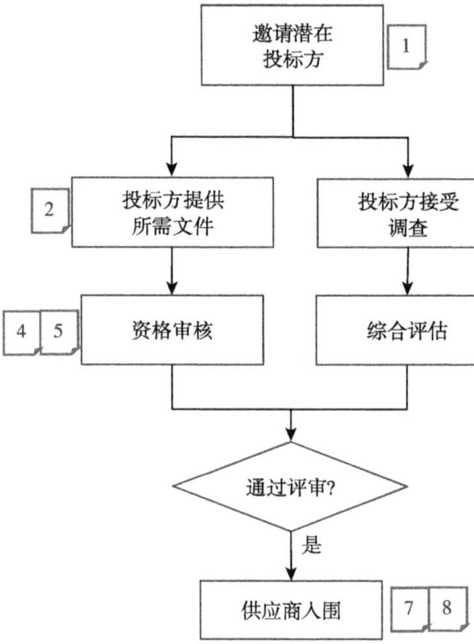

图 11-2 供应商入围流程图

（7）供应商入围后，环境因素（包括经济、政治、政策、自然条件）的变化带来新风险。

（8）供应商入围后，竞争环境因素（包括新产品、新技术、可替代的产品或服务、新商业模式等）发生变化带来新风险。

通过建立一流的供应商入围流程，企业可以避免许多下游风险，或者避免在供应商生命周期中供应商治理不利发生的问题。另外，采购方还可以咨询专业的第三方“供应商信息管理方案”提供商，帮助其识别供应商风险。例如，HICX（https://www.hicx.com）提供的供应商入围方案允许客户收集、管理并确保核心供应商信息的准确性。

对于入围的供应商，采购企业需要根据自己的业务需求、业务优先级、战略等综合考虑质量、可靠性和服务等诸多因素进行供应商选择；同时，被选择的供应商应当可以提供符合或超过采购企业要求的产品或服务。在实际操作中，采购方首先定义采购需求，然后从可接受供应商列表中确定潜在供应商，生成供应商候选名单，之后接受投标文件，接着进行开标和评标，最后根据评价结果从候选名单中确定中标供应商，如图 11-3 所示。

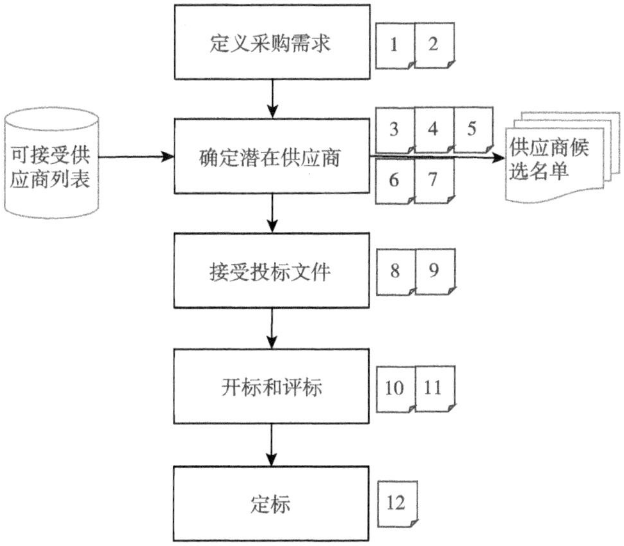

图 11-3 供应商选择流程图

上述子流程中蕴藏的潜在风险包括以下几点。

（1）定义需求阶段没有正确定义采购需求（包括规格、交货期等）导致采购失败。

（2）采购方为客户提供采购服务时，客户和潜在供应商之间共谋，导致虚假采购、采购质量差等问题。

（3）采购管理人员与潜在供应商之间共谋，将有问题的供应商纳入候选名单。

（4）采购方数据库中的供应商信息没有及时更新导致候选供应商选择错误。

（5）采购方采购任务分解不当，导致没有将必要的供应商纳入候选名单。

（6）采购方忽视政府政策和法规等环境因素，将无资质的供应商纳入候选名单。

（7）采购方忽视供应链因素，将供应商、供应商的供应商都纳入候选名单。

（8）投标方夸大承诺的产品或服务，导致产品或服务交付质量不合格。

（9）投标方故意隐瞒重要事实或信息，造成供应链意外中断、履约失败等风险。

（10）评标时存在串通舞弊行为导致评估结果扭曲。

（11）评标时使用不适当的评价标准致使评分不能正确反映供应商能力，从而造成履约失败、财务危机等风险。

（12）选择供应商的执行阶段存在不确定性风险，如经济、政治、政策、竞争因素等发生变化。

供应商确定之后，采购方和供应商要确定各自的权利和义务，正式签订采购合同。采购合同是采购履约的重要依据，采购执行中的任何细节有疑问时需要以合同文件作为依据。在实际操作中，采购方定义详细的需求，给出各种采购产品的规格要求并与供应商谈判，达成一致以后签订合同，然后生成采购对账单并开具发票，最后预付定金，如图 11-4 所示。

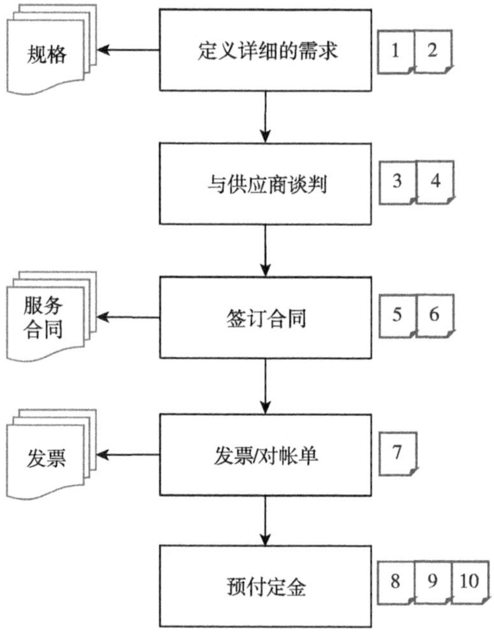

图 11-4 合同签订流程图

上述子流程中蕴藏的潜在风险包括以下几点。

（1）采购方和供应商一般共同参与合同文件的设计过程，如果采购需求定义（如售后服务）不够详细或不够准确，将导致多种交付风险。

（2）采购方为客户提供采购服务时，客户和潜在供应商之间共谋并制定不利于采购方的采购条款。

（3）采购方管理人员与供应商之间有串通和回扣行为，导致采购方的利益受损。

（4）采购方与供应商对同一条款的理解不一致，导致交付风险。

（5）签订合同阶段，签订双方忽视环境因素的变化导致的法律纠纷，如政府调整关税导致成本上升。

（6）签订合同阶段，忽视版权和专利等引发法律纠纷。

（7）供应商违反法律法规开具发票和生成对账单。

（8）预付定金时，客户需求可能发生变化导致财务损失。

（9）预付定金时，采购方的管理人员与供应商之间有共谋、回扣等违法行为，导致财务损失。

（10）预付定金后，采购执行中供应商行为的不确定性导致违约等风险。

签订合同之后进入合同履约阶段。该阶段贯彻采购合同内容，它是一个动态的过程。对于采购的有形商品，供应商组织货物生产，生产完成后运输交付给采购方；如果采购的是无形商品，供应商需要设置服务团队，完成对采购方或客户的服务过程。无论是有形商品还是无形商品，采购方都要对照合同验收规范进行核验，如果不符合规范将返回给供应商进行返工，如果符合规范则完成交货，最后采购方将剩余合同款支付给供应商，如图 11-5 所示。

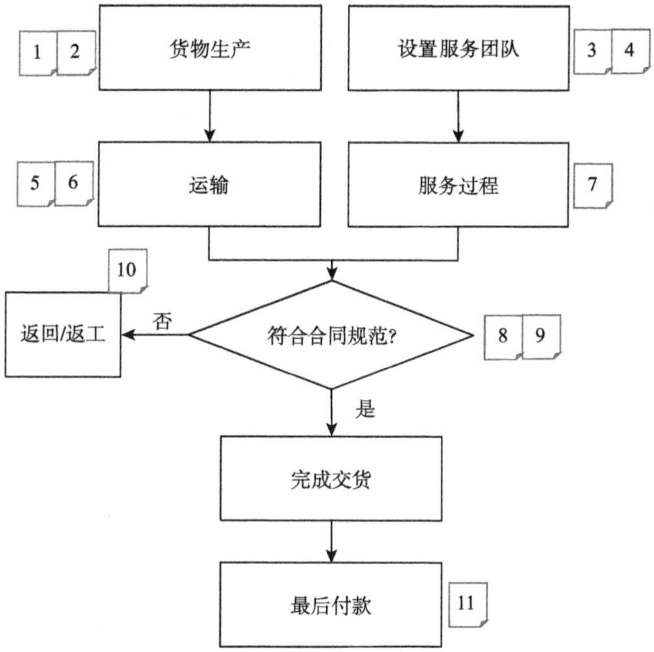

图 11-5　合同履约流程图

上述子流程中蕴藏的潜在风险包括以下几点。

（1）供应商生产能力和流动资金短缺，使用过时的生产技术和基础设施导致货物不能按时、按质生产。

（2）在生产中使用劣质材料导致货物验收不合格。

（3）缺乏合格的员工（如工程师和程序员）提供符合质量规范的服务。

（4）因使用非法劳工（如童工）而违反供应商要求的合同规范，违反法律、法规。

（5）货物在运输途中有丢失或损坏导致交付失败。

（6）交通堵塞、交通意外、自然灾害或恶劣天气造成交付延误。

（7）供应商服务进度落后于合同计划时间；供应商服务质量差，服务过程中缺乏协作精神。

（8）采购方验收交付商品时与供应商之间有串通舞弊行为，使得不合格商品通过验收。

（9）采购方在校验商品阶段工作不及时或内部管理混乱，造成验收执行延迟。

（10）对于不满足验收标准的商品，供应商方面缺乏合作精神，返工敷衍了事。

（11）采购方与供应商在最后付款阶段有共谋、回扣等违法行为。

合同履约结束以后，采购方需要对供应商进行采购后评估，以维护、更新供应商信息。在前面所述的采购流程中，采购方和供应商有大量交互活动，产生了许多数据。采购方收集这些数据，建立评估标准，然后考评供应商绩效并给出各项评分，这些评分会影响下一次采购中的供应商选择。对于采购后评估结果不能达到采购方最低要求的供应商将从可接受供应商列表中删除，如图 11-6 所示。

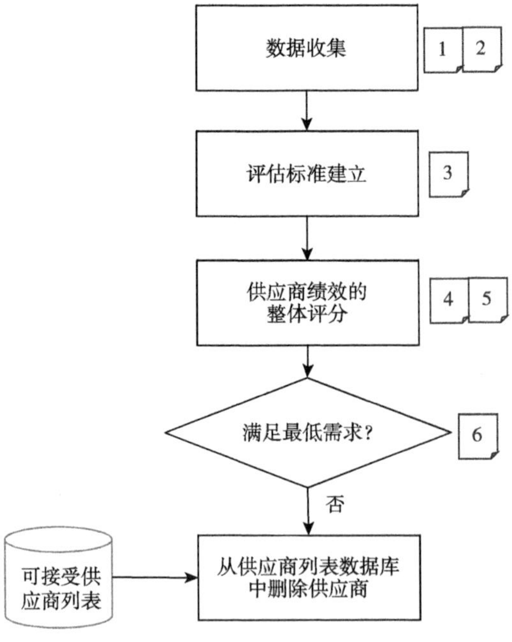

图 11-6　采购后评估流程图

上述子流程中蕴藏的潜在风险包括以下几点。

（1）采购方从业务部门（包括研发、质量、供应、服务等）收集错误或不准确的数据。

（2）采购方的业务部门与供应商之间有共谋、伪造数据行为。

（3）采购方使用不恰当的评估方法或标准，致使片面或不能全面、有效地评估供应商。

（4）在评估阶段，采购方和供应商之间有腐败和共谋行为，扭曲、篡改评分。

（5）采购方对供应商有管理偏见，未能客观评价供应商。

（6）采购方和供应商之间存在腐败和共谋行为，将不符合规范甚至非法供应商纳入可接收供应商列表。

图 11-7 给出了不同组织的视角下的采购风险。采购方为来自内部和外部的客户提供采购服务，采购的商品包括有形的货物或无形的服务。采购的货物或服务由卖方或承包商提供。卖方和承包商作为网络的节点构成了供应网络。具体而言，卖方相关的组织包括制造商、供应商等，制造商可能还有代工生产的企业，遭遇竞争对手的竞争；承包商提供的服务需要软、硬件，人力资源的支撑，有时还需要将服务分包出去。供应网络受到来自外部环境的影响，包括国家、世界贸易组织、政府、行业协会和自然条件等。

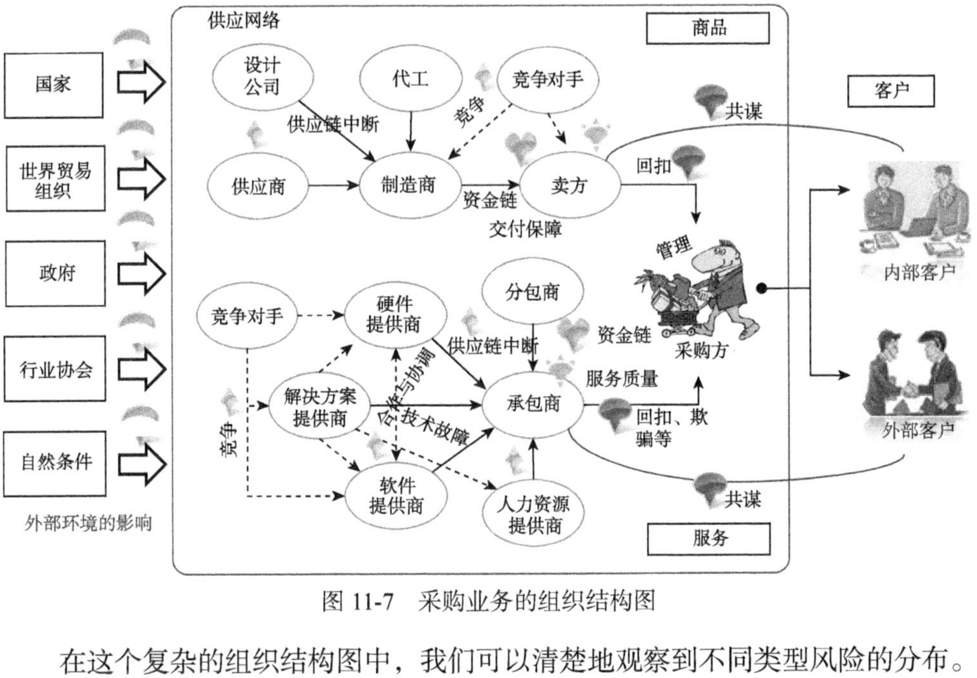

图 11-7　采购业务的组织结构图

在这个复杂的组织结构图中，我们可以清楚地观察到不同类型风险的分布。网络结构受到来自外部的环境风险的威胁；网络结构内部组织之间存在各类竞争风险；卖方和客户之间存在回扣、共谋、欺诈等道德风险；卖方和承包商自身有资金链断裂等财务风险，还有交付保障、服务质量相关的履约风险；另外，采购方自身及与客户之间存在管理的内部控制风险。综合采购流程和组织的观点可知，环境风险、竞争风险、道德风险、财务风险、履约风险、内控风险这六大类风险普遍存在于采购流程的各个环节，分布在五种（直接采购、服务、技术产品、软件、后勤）采购的各项业务中。

11.2.2 “5+X”采购风险框架

对上述流程中的风险进一步梳理，我们提出一个“5+X”采购风险框架，如图 11-8 所示。其中，数字 1~5 表示环境风险、竞争风险、道德风险、财务风险和履约风险等五类风险，X 表示采购的内部控制风险（简称内控风险）。这些风险可以通过对多源数据的深入挖掘进行识别和测度。

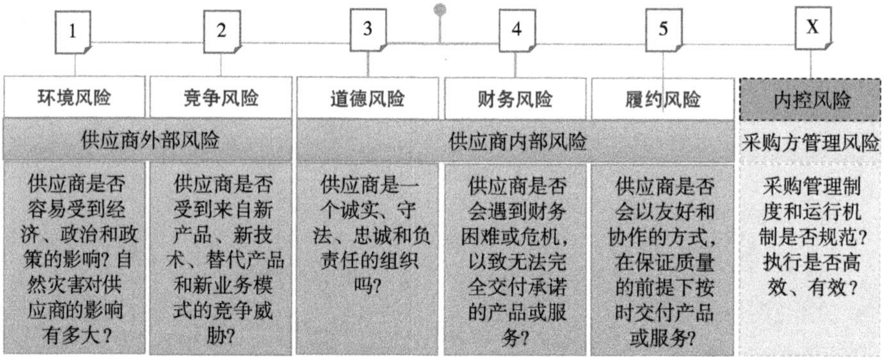

图 11-8 “5+X”采购风险框架

环境风险、竞争风险属于供应商外部风险，道德风险、财务风险、履约风险为供应商内部风险，而内控风险属于采购方管理风险。外部风险是供应商难以控制的，包含了各种环境要素和供应商相关的组织和企业，如上下游企业、竞争企业、供应商的供应商等；内部风险是供应商内部发生的，并且可以通过有效的管理减少这些风险的发生；内控风险是采购方管理风险，即采购管理制度和运行机制是否规范，执行是否高效、有效。下面具体分析每一个风险类别中包含的风险子类。

环境风险是外部环境不确定性所带来的采购风险，包含以下四个子类别。

（1）经济风险：国家或行业面临经济放缓或复苏的风险，进而可能对采购过程产生负面影响；经济发展和货币汇率等因素也会影响到采购运营。

（2）政治风险：与政治不稳定有关的事件（包括恐怖主义、暴动、政变、内战、关税等）而造成公司战略、财务或人员损失的风险；意外的政治事件可能既有直接影响（如关税），也有间接影响（如放弃的机会成本）。

（3）政策风险：特定地区或特定行业的地方政策、监管或立法环境的风险可能会影响企业的经营，这些政策涉及财政、货币、贸易、投资、工业、收入、劳动力和发展等；其他相关行业的政策风险也会影响采购企业所处行业。

（4）自然灾害风险：自然灾害（包括洪水、火山爆发、地震、海啸等）和极端天气事件（包括风暴、暴雨、龙卷风等）可能中断供应商或供应链的运作；自然灾害还会影响国家的政治关系，而国家内部的管理不善或暴力冲突会削弱国家、社区和个人救灾的能力，从而加剧自然灾害的影响，进一步加剧供应链风险。

竞争风险是供应商受到来自新产品、新技术、替代产品和新业务模式的竞争威胁，包含以下四个子类别。

（1）技术风险：与技术（包括产品设计、生产、运输和存储技术及其基础信息技术）的快速变化和发展相关的风险，这些风险可能威胁到供应商的履约可靠性，甚至威胁供应链的可靠性。

（2）创业者威胁：新的竞争对手进入市场，采用竞争性商业模式或先进技术，或通过竞争性渠道提供替代性的产品和服务；创业企业或竞争对手可能威胁供应商的正常运营，挤占市场份额从而影响供应商承诺的产品和服务的实现。

（3）供应链中断：与供应商所属供应网络中任何节点的中断或故障带来供应商自身风险；供应商的现金链中断影响供应商承诺产品和服务的实现。

（4）客户行为转变：客户选择偏好和选择行为发生了转移；市场模式的重大转变影响了供应商的业绩，从而影响其所承诺的产品和服务的实现。

道德风险是采购中涉及的伦理道德，它是大多数采购相关原则（如公平、诚信和透明度）的基础，包含以下四个子类别。

（1）社会责任风险：供应商是否承诺改善员工及其家庭、当地社区和整个社会的生活质量；供应商行为是否合乎道德，并为经济发展做出贡献；是否遵循了有害污染物排放的指导方针；是否采取了一些措施来参与社会建设，解决民生问题。

（2）诚信风险：供应商是否秉持了正确的诚信观念，包括真实、诚实、公正和廉洁等；是否保持了良好的诚信和道德价值标准。

（3）规范的管理风险：供应商是否在行政体制和运行机制方面制定了详细的规范和标准；供应商是否有高效、规范、有序的管理体系，使其经营活动规范化。

（4）欺诈和欺骗风险：供应商是否有虚假陈述、蓄意欺骗、隐瞒重要事实等行为以获取利益、逃避义务或在采购过程中对其他组织、公共财产造成损失；是否存在回扣、共谋、诈骗、提供虚假发票等行为以获得不正当利益。

财务风险是指难以观察、预测的因素致使其企业蒙受经济损失的可能性。供应商财务不稳定可能导致服务减少、中断或竞争力下降。例如，供应商将可能因合并或收购而停止经营生产、供应商进入破产管理或重组程序等。采购方需要基于财务风险指标时常检查供应商的财务状况。财务风险包含以下四个子类别。

（1）盈利能力风险：供应商盈利是赚取收入并维持其短期、长期的增长。盈利能力通常以损益表为基础，包括净利润和利润率、净资产收益率、销售收益率、每股收益等。

（2）偿债能力风险：供应商偿债能力是供应商向债权人和其他第三方长期偿债的能力。相关财务指标包括资产规模、负债率、债务结构、国债评级、流动负债、长期负债、总负债与净资产比率等。

（3）流动性风险：供应商需要具备在满足即时义务的同时保持正现金流的能力。流动性风险有两种类型，即资产流动性和融资流动性。相关财务指标包括周转率、货币比率等。

（4）稳定性风险：稳定性指的是供应商长期的经营能力且在经营过程中不会承受重大损失。相关财务指标包括股票风险、利率风险、货币风险和大宗商品风险等。

履约风险是从销售询价到供应商提供承诺的产品、服务的整个过程中所涉及的风险，包含以下四个子类别。

（1）按时交付风险：供应商不能在合同规定的时间内交付承诺的服务或约定数量的产品。例如，生产能力和运输能力可能会影响按时交付。

（2）质量保证风险：供应商提供的产品服务不符合合同规定的质量标准。例如，供应商使用的技术不符合规范、使用不合格材料、聘用技术水平不过关的人员导致产品质量问题。

（3）服务质量风险：供应商提供的服务质量差导致了内部和外部客户的不满。例如，客户在实际体验过服务后产生落差，从而感受到不满。

（4）协作风险：供应商在完成采购或实施外包项目时是否表现出合作精神。例如，供应商是否为客户着想；供应商是否能够适应客户不断变化的需求。

表 11-1 对上述五类风险进行了汇总。

表 11-1　采购中的五类风险

类别	子类
环境风险	经济风险、政治风险、政策风险、自然灾害风险
竞争风险	技术风险、创业者威胁、供应链中断、客户行为转变
道德风险	社会责任风险、诚信风险、规范的管理风险、欺诈和欺骗风险
财务风险	盈利能力风险、偿债能力风险、流动性风险、稳定性风险
履约风险	按时交付风险、质量保证风险、服务质量风险、协作风险

11.2.3　两类采购中的风险

一般大型企业将其采购的业务划分为直接采购（direct procurement）和间接采购（indirect procurement）两类，如表 11-2 所示。其中，直接采购又称生产性采购，涵盖了企业产品生产所需的各种原材料和零部件。间接采购又称非生产性采购，涵盖了企业运营中所需的服务、技术产品、软件、后勤用品等方面。直接采购只发生在制造环境中，包括所有属于成品的项目，如原材料、零部件等。间接采购活动涉及公司为实现其经营而购买的经营资源，它包括各种的商品和服务，范围从标准化的低价值物品（如办公用品和机器润滑油）到复杂而昂贵的产品和服务。由于间接采购涉及范围广，我们将间接采购分为服务、技术产品、软件、后勤四个类别。

表 11-2　两类采购

类别		商品目录
直接采购		通信和网络设备、微电子技术、连接器、电源和冷却部件、随机存取存储器、存储器及相关外围设备、印刷电路板组装（printed circuit assemble，PCA）、PC（personal computer，个人计算机）组装、制造设备和固定资产等
间接采购	服务	保险服务、员工助理计划、教育和培训服务、商业咨询服务、外包服务（如人力资源、IT、市场营销）等
	技术产品	机器保养及维修、配件、网络产品、网络安全、IT 产品维护与服务、电信设备许可证和专利等
	软件	操作系统、办公自动化系统、电子邮件系统、杀毒软件、办公套件、计算软件、ERP（enterprise xesource planning，企业资源计划）系统等
	后勤	办公用品、办公家具和设备、物业、餐饮服务、航空公司、酒店和租车公司、电信、视频会议服务等

当前环境下采购呈现出一些新的特征，体现在以下几个方面。

（1）多样性：采购商品种类及其中包含的子类繁多，而且有各种产品–服务–信息的混合采购。另外采购形式也是多样的，如自行采购、外包等。多样性使得信息不对称的程度变得更加严重（如买方对混合采购商品相关的专业知识的缺乏），这给采购带来了更高的风险。

（2）不可见性：服务、信息等产品是无形的，这使得商品质量难以量化。例如，我们难以观察到承包商是否缺乏能力，是否有责任感，而这可能会导致外包项目的失败。

（3）兼容性：供应链网络中的各个企业既有竞争关系又相互依赖，这就需要对这些企业进行协调，使它们在各个时期和各个阶段都可以相互兼容。缺乏兼容性可能会延迟整个采购的执行并影响交付质量。

（4）异质性：内、外部客户的需求和偏好一般是异构的，在服务采购中异质性尤其明显。因此，采购风险评估应根据具体情况进行，但这增加了评估的难度。

（5）动态性：环境、业务、客户需求、采购方式都在不断变化，这不仅要求供应商或整个供应链实时适应不断变化的环境，还要有一个灵活而稳健的采购系统作为支撑。

基于这五个基本特征，不同的采购业务呈现出不同的特点，这些特点伴随的主要采购风险也不尽相同。下面我们分别分析五种采购业务的特点，并按照特点的重要程度对它们进行排序（即序号顺序），然后通过例子给出这些特点涉及的主要风险。

直接采购的主要特点和风险如下。

（1）直接采购与生产关乎企业根本，供应商能否按时交付规定数量的产品是企业关注的重点。例如，供应商因财务问题被迫调整生产线导致产能下降或停产（财务风险）；供应商的供应商不能及时交付订购的原料，导致供应商生产延期（履约风险）；突发自然灾害导致供应商生产车间毁损或生产链断裂（环境风险）；供应商在交付产品的运输途中发生事故，交付产品毁损或丢失（履约风险）。

（2）直接采购包含了生产所需的原材料和半成品等，但是供应商提供产品的质量常常难以控制。例如，供应商使用了劣质的原料或原件进行生产（道德风险）；供应商使用了不合格的技术人员从事生产，导致产品质量不合格（履约风险）。

（3）直接采购的数量一般较大且平均单价相对较高，资金管理难度大。例如，市场预测不准确导致采购过量或不足（内部控制风险）；企业采购管理（ERP 等）相关数据更新不及时或缺失导致库存管理不当甚至错误采购（内部控制风险）；采购方或客户资金链断裂（例如，银行贷款被终止，销售业务发生的应收款不能及时到账）导致不能支付采购合同的余款，致使生产停止，发生法律纠纷（财务风险）。

（4）采购方和供应商之间有利益冲突。因为采购金额一般较大，采购方的管理人员可能与供应商发生共谋、回扣等导致供应商交付产品时以次充好（道德风险）。

服务的主要特点和风险如下。

（1）客户、采购方和供应商之间的利益冲突通常很难确定，这是大多数公司都非常关注的问题。例如，采购方与客户或供应商之间存在串通、回扣、贿赂等违法行为（道德风险）；供应商可能在投标过程中使用伪造的证书或虚假数据进行欺骗或躲避责任（道德风险）；供应商在履约过程中使用非法劳工、劣质硬件或盗版软件（道德风险）。

（2）一些终端客户的服务采购需求过于复杂，无法提前很好地定义，并且会随着时间的推移而调整和改变。例如，对客户采购需求的定义不准确或错误导致服务履约失败和财务损失（内部控制风险）。

（3）服务实现的效率和有效性通常由提供服务的人员的能力、知识等决定。例如，供应商对员工的待遇差或使用不合格的员工，致使服务未能达到所承诺的水平（履约风险）；由于服务能力不足（如劳动力不足），供应商无法在承诺的时间内提供采购的服务（履约风险）。

（4）服务实现结果及实现过程决定了客户满意度的水平。例如，服务履约过程中服务质量差导致客户不满意（履约风险）；由技术问题引起的服务执行失败或客户不满意（竞争风险）。

（5）服务执行的不同部分（硬件、软件、不同供应商）之间的不匹配或缺乏协调可能会导致严重的执行延迟或服务质量差。例如，意想不到的供应链问题（如供应商的供应中断）导致服务履约失败（竞争风险）。

技术产品的主要特点和风险如下。

（1）技术产品通常嵌入了知识产权（包括许可证、专利、版权），没有这些知识产权，采购方可能会陷入法律纠纷。例如，由于非法使用第三方专利技术，技术产品供应商提供非法产品（道德风险）；由于缺乏许可证，技术产品提供者无法提供所承诺的维护服务（道德风险）。

（2）客户、采购方和技术产品提供者之间的利益冲突。例如，由于技术产品供应商与采购方之间存在串通舞弊行为，技术产品供应商无法向客户提供承诺的质量水平的产品（道德风险）；由于客户检测产品质量的成本很高（如墙内电线、水管的走线、架设等），技术产品供应商未能提供承诺的质量水平的产品，使用了劣质产品或二手产品（道德风险）；由于外包和分包商管理不善，技术产品供应商未能提供承诺的质量水平的产品（内控风险）。

（3）技术产品的安装、配置和维护通常需要专业技术人员或工程师的支持。例如，由于没有合格的供应商（优秀的全球品牌无法进入中国市场），技术产品供应商无法提供承诺的质量水平的产品（环境风险）；由于客户站点的环境复杂（技术产品提供者在安装和调试服务器时遇到问题），技术产品供应商无法提供所承诺的质量水平的产品（履约风险）。

（4）由于技术的进步，技术产品经常需要升级。例如，成本高，客户不愿意购买维修等扩展服务导致技术产品执行失败（竞争风险）。

（5）技术产品的故障或意外故障没有及时修复。例如，设备意外故障导致客户不满意或遭受重大经济损失（竞争风险）。

软件的主要特点和风险如下。

（1）使用盗版软件或未经授权的系统属非法行为，并可能引致法律纠纷。例如，由于非法复制其他软件代码，软件供应商提供非法产品（道德风险）；由于缺乏对软件的完全独立著作权，软件提供者提供非法产品（道德风险）。

（2）除了安装和配置，软件维护和备份服务在日常操作中也是必不可少的。例如，软件供应商限于能力不能提供及时的补丁修复导致软件故障（履约风险）；由于安装和配置不当（软件参数设置不正确等）导致软件运行错误（履约风险）。

（3）由于技术和商业模式的进步，软件产品必然会频繁地升级。例如，由于新的业务模型需要额外的功能，而软件的功能不能适应新的需求导致软件运行失效（竞争风险）；新的编程语言使新的应用程序比旧的软件产品更强大，导致旧版软件效率低下或失效（竞争风险）。

（4）信息系统意外故障应由专业软件工程师尽快修复。例如，网络故障、黑客攻击和病毒攻击等意外故障导致的软件故障（履约风险）。

（5）客户、采购方和技术产品提供者之间的利益冲突。例如，由于软件外包和分包商管理不善，软件供应商未能提供所承诺的质量水平的产品（内部控制风险）；软件供应商鼓励客户继续购买软件许可证而引起客户的不满（履约风险）；重复采购（客户内部的不同部门购买了相同的计算软件）而引起客户不满（道德风险）。

后勤的主要特点和风险如下。

（1）后勤的供应商通常以集中管理和分散执行的方式签订合同，在执行过程中缺乏控制。例如，供应商与采购方签订合同为其员工提供折扣，但供应商由于一些技术问题无法识别该公司员工，导致供应商拒绝提供承诺的产品或服务（履约风险）；供应商提供不合格或劣质的产品或服务导致客户不满意，比如，酒店与采购方签订合同为其员工预订提供折扣，但供应商提供位置较差的房间或删减应有的服务（道德风险）。

（2）后勤的采购在日常运营中频繁发生。例如，采购方依赖固定的供应商频繁购买低值易耗品（垃圾袋、打印纸、工作餐等），致使采购方的管理人员与供应商串通降低产品质量（道德风险）；对客户采购需求的定义不准确或错误导致供应商的履约失败或客户不满，如酒店、餐饮服务的供应商很难把握客户偏好的变化（履约风险）。

（3）后勤服务的一致性是选择供应商时最重要的考虑因素之一。例如，在客户订酒店、订机票时供应商缺乏及时获取客户需求的合作精神而导致客户不满(履约风险）。

（4）服务质量对客户满意度至关重要。例如，供应商提供服务的人员操作不专业导致客户不满意（履约风险）；在客户获得供应商承诺的产品或服务的过程中发生不愉快的经历导致客户不满意（履约风险）。

11.3 基于大数据的采购风险评估

本节首先给出大数据驱动的供应商选择决策框架，然后分别论述该框架中的数据源、风险识别和测度方法。

11.3.1 大数据驱动的供应商选择决策框架

大数据驱动的供应商选择决策框架如图 11-9 所示。其中，风险评估包含数据收集、风险识别和风险测度。风险评估可以为决策提供数据支撑；反过来，以供应商选择问题为导向的决策可以为风险评估明确评估对象，筛选风险指标。该框架的具体步骤如下。

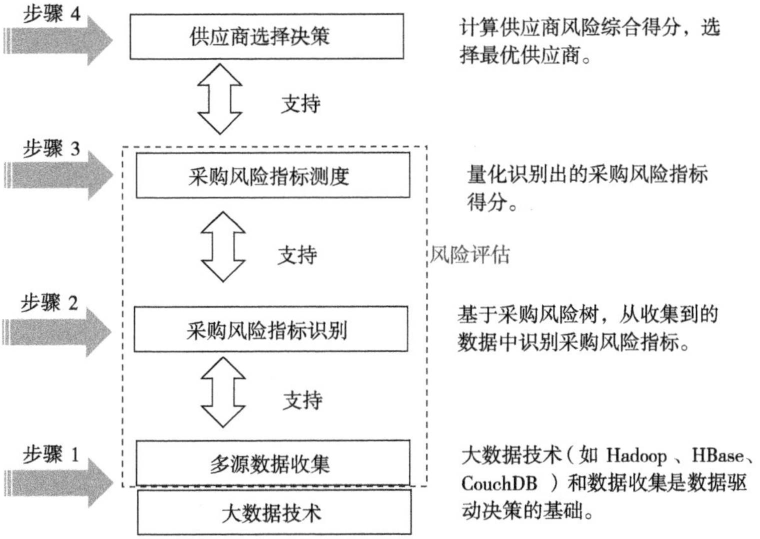

图 11-9　大数据驱动的供应商选择决策框架

步骤 1：使用大数据技术（如 Hadoop、HBase、CouchDB）收集多源数据。然后，根据数据特点使用不同的数据库存储这些数据，例如，使用 CouchDB 进行文档存储，使用 Hbase 对非结构化数据进行存储。

步骤 2：基于采购风险树，针对收集到的不同数据使用风险识别方法识别出隐藏的风险指标。例如，针对文本数据使用文本挖掘，针对社交网络数据使用社交网络分析，针对结构化数据（如财务数据、评估得分数据）使用统计分析。

步骤 3：对识别出的风险使用风险测度模型计算风险指标权重和指标得分。

步骤 4：基于风险测度的结果，使用集成算子综合计算供应商的风险综合得分并进行供应商选择决策。决策人可以根据决策准则选择不同的集成算子，例如，使用加权平均算子（Yager，1993）考虑所有指标的平均水平，使用几何加权平均算子（Yager and Xu，2006）重点考虑得分偏高或偏低的指标，还可以使用幂平均算子（Yager，2001）通过调节参数考虑不同得分区段的指标。

11.3.2　采购风险的潜在数据源

与采购风险可能相关的数据有很多，我们将可能的数据源分为六大类，在表11-3 中列举出一些常用的或容易获得的数据源（不限于列举的数据源）。结合五大采购风险分类和数据源，我们分别给出识别不同风险可能的数据源。

表 11-3 采购风险相关的可能数据源

数据源	描述
内部数据	· 供应商后评：数据可以是内部的（采购方），也可以是外部的（如供应商的客户）。 · 供应商内部财务数据：数据可以是水平的（跨越历史时期），也可以是纵向的（竞争对手的数据）
政府数据	· 公安部门：公安部门数据库中与供应商有关的资料，包括犯罪记录、亲属关系等。 · 工商部门：工商部门数据库中与供应商相关的数据，包括注册资本、信用记录、客户报告等。 · 法律部门：法律部门公开的数据中与供应商有关的法院诉讼、公告等
第三方数据	· 第三方认证：认证范围包括服务、质量、产品、资质等。 · 第三方调查：第三方调查可用于识别包括环境、竞争、财务、履约和道德风险在内的诸多风险
个人数据	· 社交媒体：评论、讨论、信息分享、人际关系等。 · 客户评价：客户对供应商的面试或在线评价
社交网络数据	· 门户网站：与供应商相关的门户网站新闻，如新浪、雅虎等。 · 主题网站：来自与供应商相关的主题网站的新闻报道，如慈善、客户权益、投资等
利益相关者数据	· 竞争对手：供应商与竞争对手之间的竞争影响供应商的绩效，如市场地位等。 · 上下游企业：供应商上下游企业的绩效影响供应商的绩效，如按时交付等

1. 财务风险数据源

财务风险可能的数据来源包括以下几个方面。①供应商内部财务数据。例如，供应商与采购方约定可以完全或部分公开的反映企业运营状况的财务数据。②上市公司公开数据。例如，财务报告、招股说明书等。③证券公司研究报告。例如，证券公司发布的上市公司研究报告。④工商局公开数据。例如，工商部门对供应商年检时登记的财务报表。⑤法院。法院关于供应商财务问题而引起纠纷发布的诉讼公告。⑥第三方调查。例如，D&B（Dun & Brandstreet）、新华信国际信息咨询有限公司等提供的财务调查报告。

另外，财务风险包含了多个风险指标，每一个指标又包含了一些财务指标，需要针对每一个风险指标定位数据源中的相关数据。具体来说，盈利风险包含的指标有净利润、利润率、权益报酬率、资产回报率等；稳定性风险包含的指标有股票风险、利率风险、货币风险、商品风险等；偿债能力风险包含的指标有资产规模、负债率、债务结构、国债评级等；流动性风险包含的指标有现金流、周转率、货币比率等。

2. 履约风险数据源

1）按时交付履约风险

按时交付履约风险可能的数据来源包括以下几个方面。①供应商评价。采购方对供应商交付的后评；供应商交付的标准流程、奖惩等规则信息。例如，供应商员工人数可以反映交付能力，送货要求及送货时间等反映历史送货情况。②客户评论。对客户进行访谈获取的点评，例如，在发货过程中所花费的时间，有哪些抱怨，是否有由延迟导致的销售退货等；客户的在线评论，如 B2B、B2C 电子商务平台上的评论信息。③工商局、法院。工商局出具的信用记录报告；法院发布的诉讼公告，如因交付延误而造成损失或纠纷。④供应商网络调查。供应商网络中与供应商有关的其他组织的数据，如为供应商提供服务的物流公司的绩效。

2）质量保障履约风险

质量保障履约风险可能的数据来源包括以下几个方面。①供应商评价。采购方对供应商员工资质、产品质量标准、生产标准等质量相关的后评。②第三方认证。包括世界可持续发展工商理事会（World Business Council for Sustainable Development，WBCSD）、UL、ISO9000 等第三方对产品质量进行认证。③客户评价。客户对产品质量的访谈或在线评价。④法院与工商局。来自法院的诉讼公告，如假冒产品；来自工商局的举报，如商标侵权、虚假广告等。⑤供应网络调查。供应商网络中与供应商有关的其他组织的数据。

3）服务质量履约风险

服务质量履约风险可能的数据来源包括以下几个方面。①供应商评价。采购方对供应商员工资质、产品服务标准等服务相关的后评。②第三方认证。如中华人民共和国国家标准化管理委员会（Standardization Administration of the People's Republic of China，SAC）提供的质量认证。③客户评价。客户关于物流服务、维修服务等方面的访谈或在线评价。④法院与工商局。来自法院的诉讼公告，如供应商未能提供维修等各项服务；来自工商局的报告，如虚假广告。⑤供应商网络调查。供应商网络中与供应商有关的其他组织的数据。

4）履约合作精神

履约合作精神可能的数据来源包括以下几个方面。①供应商评价。采购方对供应商的沟通、效率、满意度、响应时间等合作精神相关的评价。例如，供应商是否能够提前告知可能出现的问题，供应商是否能够主动沟通并解决已经发生的一些问题。②客户评价。对客户的投诉、表扬；对客户进行的访谈或在线评价。③企业架构和规则。企业的组织结构（官僚或扁平结构）和企业文化（如文化是否强调效率）等会影响供应商合作精神的形成。④供应商网络调查。供应商网络中与供应商有关的其他组织的数据。

3. 道德风险数据源

1）社会责任道德风险

社会责任道德风险可能的数据来源包括以下几个方面。①第三方认证。包括世界可持续发展工商理事会、UL 等第三方对供应商的产品进行的质量认证（如无毒无污染）。②美国环境保护局（U.S. Environmental Protection Agency，EPA）。EPA

的公告、报告等，如重点监测公司名单。③法院公告。法院关于有毒废物排放的诉讼公告等。④媒体报道。新闻、公益中国·慈善联盟报道、中国慈善榜等关于企业法人的报道。⑤供应商网络调查。供应商网络中与供应商有关的其他组织的数据。

2）诚信、欺诈和欺骗道德风险

诚信、欺诈和欺骗道德风险可能的数据来源包括以下几个方面。①供应商评价。采购方对供应商是否有合谋、回扣、贿赂等行为的后评。②网络媒体。关于供应商贿赂、经济犯罪、指控等的新闻、网络媒体（如易财）的报道。③法院、公安局和工商局。公安局犯罪记录与可查询的亲属关系；工商局提供的信用记录（国家企业信用信息公示系统）、消费者权益报告等；法院关于供应商的与诚信和欺诈相关的诉讼公告。④社交媒体。微博、博客、虚拟社区上的与供应商的诚信和欺诈相关的评论、讨论、信息分享等。⑤第三方调查。如D&B、Sinatrust等提供的道德风险调查。

4. 环境与竞争风险数据源

环境与竞争风险数据源可能的数据来源包括以下几个方面。①网络媒体。来自网络媒体的关于经济、政治、政策等的新闻报道，如中国政府网、《商业周刊》等。②第三方调查。第三方提供的环境调查服务，如环境风险信息服务（Environmental Risk Information Service，ERIS）提供的调查报告。③网络媒体。新闻、专业网站对特定生产经营技术的报道，如oracle.com、iceo.com等网站。④第三方调查。来自第三方的市场调查服务，如McKinsey、BearingPoint和SAP等提供的报告。

11.3.3 风险识别和测度方法

风险评估包括风险识别和风险测度。风险识别的目的是识别和建立相关的风险指标以确保有效的风险测度；风险测度要量化每个风险指标为风险控制提供依据。风险评估的相关研究成果丰富，许多风险识别和评估方法被提出。例如，常用的风险识别方法有德尔菲法（Chapman，1998）、问卷调查法（Chapman，2001）、SWOT分析法①（Humphrey，2005）等。常用的风险测度方法有层次分析法（Fattahi and Khalilzadeh，2018；Schoenherr et al.，2008；Yucesan and Kahraman，2019）、网络分析法（Ghorbanzadeh et al.，2018；Martino et al.，2017）、多属性决策法（Nie et al.，2018；Vishwakarma et al.，2016；Zhang et al.，2019）、财务分析法（Sikorski et al.，2019）。

随着大数据的发展，近年来许多新的技术、方法被用于风险识别和风险测度，

---

① 根据企业自身的内在条件探寻企业的优势、劣势、机遇和威胁，以及潜在的核心竞争力的分析方法。S代表strength（优势），W代表weakness（劣势），O代表opportunity（机遇），T代表threat（威胁），其中，前两者是内部因素，后两者是外部因素。

包括文本分析、机器学习、统计分析、数据挖掘、比较分析等。例如，使用文本挖掘模型能提取网络新闻中包含的风险因子（Zhao et al.，2019）；使用有监督学习从非结构化数据中提取公司的风险关系（Nugent and Leidner，2016）；采用统计分析方法对互联网中的供应链金融风险进行评估（Yang et al.，2019）；基于数据挖掘的框架从半结构化数据中发现潜在风险信息，评估供应链中不同类别的风险（Kara et al.，2020）。使用比较分析对一个供应商不同历史时期的数据做纵向比较，也可以对该供应商和竞争对手做横向比较。

除了上述常用方法之外，我们还可以用一些开放的分析工具或平台。例如，可以使用 IBM InfoSphere Identity Insight 进行社交网络分析，它是一个身份和社交网络分析平台，可以发现涉及采购方的关系和事件，如采购管理人员和供应商相关人员的连接关系；可以使用 IBM SPSS Modeler Premium 进行实体分析（entity analytics），对数据进行清理和转化，分析结构化和非结构化数据（文本数据），发现与实体相关的事件以识别风险。

基于表 11-3 中列举的六大数据源，我们提出一个风险识别和测度过程，如图11-10 所示。其中，我们将针对风险数据源的分析方法分为两类，即直接数据分析和间接数据分析。直接数据可以直接测度风险指标的风险，例如，供应商内部评价数据中包含了对供应商风险事件的描述和评价，财务数据中一些财务指标出现了异常值时即可能发生风险，公安部门供应商的违法记录与供应商道德风险直接相关。间接数据可以间接测度风险的发生，即通过概率的学习描述风险指标

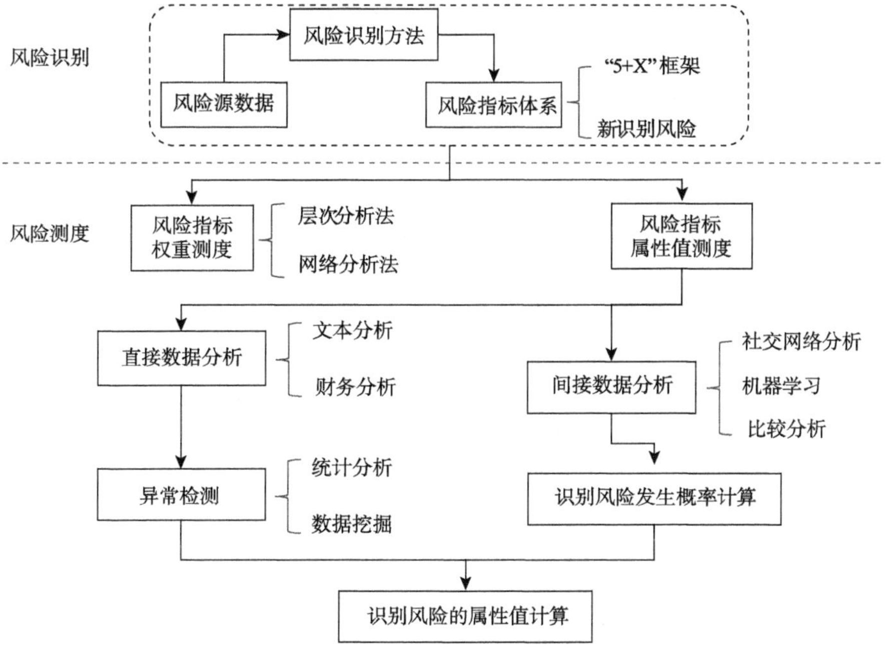

图 11-10　风险识别与测度过程

对应风险发生的可能性，例如，通过社交网络数据发现供应商的采购人员和客户之间存在社交、亲属关系，通过个人的评价数据（情感分析）描述消费者对供应商的满意度，通过上下游企业分析推断供应商运营状况。

图 11-10 中，一方面，我们使用“5+X”风险指标体系作为风险测度的依据；另一方面，使用风险识别方法可能从风险数据源中识别新的风险，这些新风险可以作为“5+X”体系的补充。这里要强调的是，通过文本分析、机器学习等方法发现的新的风险指标需要经过行业专家的鉴别，因为准确性是风险管理的基础。风险指标权重的测度基于行业专家的观点确定，使用层次分析法和网络分析法根据专家提供的偏好关系信息计算各个风险指标的权重。

风险指标属性值测度中直接数据分析包含：①分析与风险相关指标的关键字句；②将非/半结构化数据转为结构化表格数据。例如，通过文本分析从第三方出具的风险报告中识别与风险指标相关的关键字句；通过财务分析找出与风险相关的关键指标并整理成表格。异常检测包含关键字句统计分析及表格数据异常值检验。例如，基于关键字句的统计分析发现统计异常值（statistical outlier），通过数据挖掘发现表格数据的异常值等。异常检测发生的越多说明风险发生的可能性越大，那么对应的属性值越大。

风险指标属性值测度中间接数据分析就是学习风险指标对应风险发生的概率。例如，通过社交网络分析买卖方之间有密切的社交网络关系，社交距离越短则风险发生概率越大；通过机器学习将每一个风险指标当成一个标签，然后对文本（第三方报告，社交媒体、客户评价等）进行分类，风险指标获得的分类结果越多则风险发生的概率越大；通过比较分析对比供应商上下游企业的财务、运营状况，如果状况差异悬殊则容易发生供应链中断，风险发生概率大。风险发生概率是风险属性值计算的补充，通过在线学习风险源数据可以提高风险测度的可靠性。

风险识别、测度方法的分布不局限在所标注的位置，因为许多方法可以灵活运用。例如，层次分析法、网络分析法可以用于风险识别：使用层次分析法和网络分析法从众多风险要素中通过排序识别高风险要素。再如，文本分析法、统计分析、财务分析、社交网络分析等可以用于风险测度：将财务分析、统计分析结果直接标准化为风险指标权重，将文本分析、社交网络分析结果中的事件、关系转化为数量并标准化为风险指标权重或权重计算依据。下面举例说明这些方法的运用。

（1）层次分析法。以道德风险为例，我们使用层次分析法估计道德风险中社会责任风险、诚信风险、规范的管理风险、欺诈和欺骗风险 4 个子风险指标的权重。首先，邀请 3 名采购管理人员对这 4 个子风险做比较（1~9 标度）得到判断矩阵；然后，检验判断矩阵一致性，如果不满足一致性则对一致性进行改进，例如，可以将不一致信息反馈给管理人员修改，或者基于最大程度保留原始判断矩阵信息的原则自动修改判断矩阵直至达到一致性要求；接着，对于满足一致性要求的矩阵可以通过求解最大特征值对应的特征向量并归一化分别获得对应 3 个管理人员的 4 个子风险权重；最后，基于 3 个管理人员的权重（如假设他们在本次评估中相同重要）和风险指标权重，使用加权平均算子计算得到 4 个子风险指标权重。

（2）文本分析+聚类。以道德风险为例，我们希望通过社会媒体了解供应商法人是否有贿赂行为，并计算供应商的欺诈风险指标得分。我们通过搜索引擎以“张三+贿赂”为关键词，搜索事件范围定位在 2014~2018 年，然后将搜索引擎返回的结果以“关键词+事件+链接”的格式存储，存储格式为“张三+贿赂，2014 年 5 月，http://blog.sina.com.cn/s/blog_91080e990101gyfl.html”，所有存储的记录称为初始文档集。使用文本分析（主题模型、词袋模型等）处理初始文档集，提取文档主题和关键词构成文档特征集。从文档特征集中提取与贿赂相关的关键词（使用 Word2vec 等工具计算关键词与贿赂之间的词距离提取），如官员、丑闻、监管、纠纷、免职、处罚、罚款等，基于关键词与贿赂之间的词距离计算文档的重要程度，然后对文档进行排序得到文档风险序关系，排序结果越靠前风险越大，对于识别风险越重要。基于文档关键词对文档进行聚类，聚类结果中高风险文档越多、越聚集说明道德风险越高，最后基于文档的风险序关系计算欺诈风险指标得分。

（3）比较分析+财务分析+文本分析。以财务风险中的盈利能力风险为例，我们从深圳证券交易所选取潜在供应商 000555，选取该上市公司近五年的年报，根据其中的财务报表数据进行财务分析，计算的相关财务指标包括净利润、利润率、净资产收益率、销售收益率、每股收益等，然后比较五年盈利能力的变化。通过该供应商五年数据的纵向比较量化盈利能力风险，即盈利能力增长说明对应的风险低。供应商 000555 有 115 家同行企业，我们选取 002439 和 600271 与其进行比较，然后描述该供应商与同行企业盈利能力的差异。通过该供应商与同行企业的比较量化盈利能力风险，即在同行中盈利能力越高风险越低。

从证券公司每年发布的研究报告中获得该供应商的财务风险相关信息，包括财务报表数据和文本的分析、评论数据。对财务报表数据做财务分析，并对比供应商自己的财务报表分析结果，两者结果的一致性高说明风险低。对于文本的分析、评论数据使用“文本挖掘+聚类”量化盈利能力风险指标得分。将财务分析与“文本挖掘+聚类”量化的盈利能力风险进行比较分析，如果一致性高说明财务分析结果准确，反之则可以融合两个结果做综合分析。

11.4　采购风险评估：实施步骤与示例

考虑采购方需要帮助一家深圳企业采购某种网络产品，要求就近在深圳选择一家供应商（三个候选供应商），图 11-11 展示了供应商选择的决策过程。图 11-11 描述了供应商选择的四个步骤：步骤 1——构建采购风险属性簇；步骤 2——计算风险属性权重；步骤 3——计算风险属性值；步骤 4——计算供应商风险得分。其中，步骤 1 中采购方需要确定选择的目标和属性选择原则并做采购风险分析。具体来说，选择的目标可以考虑某种关键风险或者考虑综合风险，例如，选择具有良好道德表现的供应商，或选择综合表现较好的供应商。属性选择原则包括：加权原则，即按照平均的方法综合考虑所有风险指标；优先原则，即优先考虑几个最重要的风险指标，如潜在供应商至少要具备一些资质。风险分析包括采购风险、产品特征、高风险项、需求、供应商背景分析等。

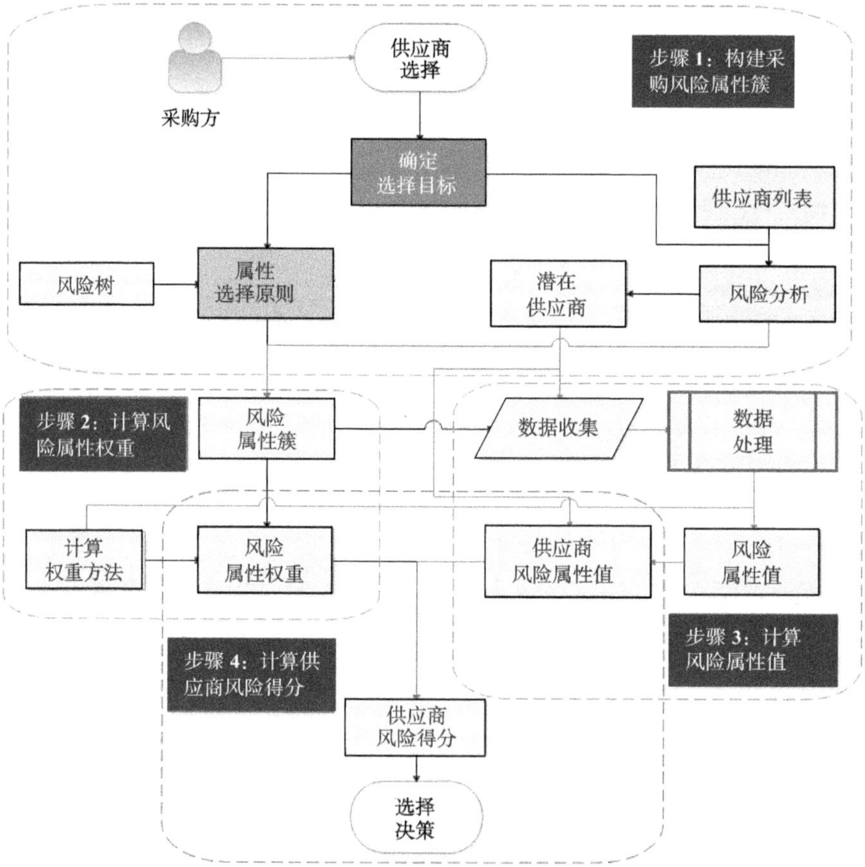

图 11-11　供应商选择决策过程

（1）步骤 1：构建采购风险属性簇。

首先，确定选择目标为“良好的道德表现”。该目标是选择一个在道德风险上表现最好的供应商。同时，供应商的其他风险指标应不大于一个阈值，该阈值设定为 0.5。其次，确定属性选择原则为优先原则，也就是当其他风险指标满足阈值要求时选择道德表现最好的供应商。假设采购方经过筛选确定了供应商 A、B、C 为入围供应商，它们都可以提供满足客户要求的网络产品，而且对于采购方来说它们都是首次入围的供应商，没有历史数据。下面进行采购分析：采购业务为技术产品；技术产品的特点是涉及专利、知识产权等问题；高风险项包括第三方专利技术的非法使用、技术产品提供商提供非法产品等；供应商背景比较结果为三家潜在供应商都位于深圳，它们的企业规模相似，且都可以提供同质的网络产品。

（2）步骤 2：计算风险属性权重。

从三家供应商的背景比较来看，它们都面临着相同的外部风险，即环境风险和竞争风险，此外履约风险并不属于技术产品类采购的高风险项。基于以上分析并根据风险树筛选风险之后，我们使用道德风险和财务风险来构建风险指标簇，其中，道德风险包括的风险指标为社会责任风险、诚信风险、规范的管理风险、欺诈和欺骗风险，财务风险包括的风险指标为盈利能力风险、偿债能力风险、流动性风险和稳定性风险。

基于层次分析法邀请 3 名采购经理人对供应商 A 的风险指标提供主观偏好信息，然后计算各风险指标的权重。结果如下：道德风险=0.7，财务风险=0.3；社会责任风险=0.1，诚信风险=0.2，规范的管理风险=0.1，欺诈和欺骗风险=0.6；盈利能力风险=0.1，偿债能力风险=0.1，流动性风险=0.4，稳定性风险=0.4。另外，基于层次分析法根据采购经理人的偏好得到 6 个数据源的权重分别为 *S*1（工商部门）=0.1，*S*2（法院）=0.2，*S*3（公安）=0.2，*S*4（社交网络）=0.2，*S*5（网络媒体）=0.1，*S*6（供应网络调查）=0.2。

（3）步骤 3：计算风险属性值。

此步骤需要从可能的数据源收集收据，然后根据风险测度方法量化风险指标的得分。以量化欺骗和欺诈风险为例，可能的数据源如下。

工商部门（*S*1）：通过深圳市市场监督管理局可以查询供应商的“公司公示信息”，包括统一社会信用代码、名称、营业期限、注册资本、经营状态等；另外还可查询工商局公示的非法企业信息。

法院（*S*2）：通过深圳市中级人民法院的“案件通报”和深圳法院网上诉讼服务平台可以查询与供应商有关的案件及诉讼。

公安（*S*3）：通过深圳市公安局可以查询供应商法人或其他相关人员是否有犯罪记录，查询资格证企业信息及工程检测结果是否达标。

社交网络（*S*4）：通过天涯社区等社交网站以欺诈、欺骗、道德等为关键词搜索与供应商有关的文章、评论等。

网络媒体（*S*5）：使用搜索引擎搜索供应商相关信息，关键词包括法人姓名、供应商名称、欺骗、欺诈等。

供应网络调查（$S6$）：如果供应商是上市企业则可以通过证券公司或财经网站提供的供应商网络调查数据查看供应商的上下游企业，例如，"同花顺财经"提供的上市公司产品图谱可以观察到供应商的上下游企业和这些企业之间的产品关系；如果供应商是非上市企业则可以通过专业的第三方企业提供的调查服务进行调查，如信数金服、数联铭品等。

使用采购决策风险测度方法（财务分析、文本分析、比较分析、聚类等）计算欺骗和欺诈的属性值，不同数据源下该风险指标的值分别为 $C(S1)=0.6$，$C(S2)=0$，$C(S3)=0$，$C(S4)=0$，$C(S5)=0.7$，$C(S6)=0.5$。集成权重和属性值得到欺骗与欺诈的综合属性值为 0.23。按照上述方法计算的风险指标的属性值分别如下：社会责任风险=0.5，诚信风险=0.2，规范的管理风险=0.1，欺诈和欺骗风险=0.23；盈利能力风险=0.3，偿债能力风险=0.4，流动性风险=0.8，稳定性风险=0.7。

（4）步骤 4：计算供应商风险得分。

集成 4 个道德子风险指标的权重和属性值得到供应商 A 的道德风险为 0.24，类似可得到财务风险为 0.67。集成道德风险和财务风险的权重和属性值得到供应商 A 的综合风险得分为 0.37。类似地，我们可以得到供应商 B 和供应商 C 的风险指标得分，见表 11-4。

表 11-4　采购风险树中的风险

供应商	道德风险	财务风险	综合风险
A	0.24	0.67	0.37
B	0.5	0.3	0.44
C	0.4	0.5	0.43

根据优先原则，即供应商满足其他风险阈值时优先考虑道德表现好的供应商，供应商 C 是最佳选择。供应商 A 虽然道德风险更好，但其财务风险 0.67 大于阈值 0.5，不符合要求。如果我们使用加权原则选择供应商，那么供应商 A 是最佳选择。

我们对供应商的风险指标得分做灵敏度分析。基于加权原则，当道德风险的权重从 0 增加到 0.58 时，供应商 C 是最佳选择；如果权重大于 0.58，则供应商 A 是最好的。

基于优先原则，我们给出供应商风险指标的蛛网图，如图 11-12 所示。供应商 A 在道德风险上表现最好，但同时财务风险最大；供应商 B 的财务风险最小，但在道德风险上表现最差；供应商 C 的表现介于两者之间。如果我们将阈值调整为 0.3，那么这 3 个潜在供应商均不满足要求。

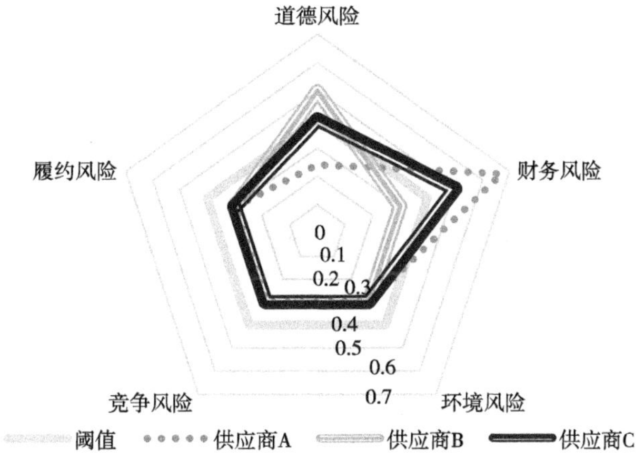

图 11-12　供应商风险指标蛛网图

11.5　小　　结

本章提出了大数据驱动的供应商选择决策框架。该框架将跨界数据的收集与处理纳入风险识别和风险测度中，提升了对采购风险事件的挖掘和预测能力，更好地支撑供应商选择决策。这对于帮助采购企业在复杂、变化的世界中应对由信息不对称和不确定性带来的风险管理挑战具有重要意义。本章从采购流程角度系统地梳理了采购中可能发生的风险，从采购的组织结构角度明确了采购风险的分布，继而提出了“5+X”风险分类框架。该框架中的“5”包括环境风险、竞争风险、道德风险、财务风险和履约风险，“X”为采购方的内控风险。这些风险可以通过对多源数据的深入挖掘进行识别和测度。通过分析、融合内部数据（采购企业）、个人数据、政府数据、社交网络数据、第三方数据和利益相关者数据，可以更全面地刻画供应商的内、外部风险。我们给出了每一类风险相关的主要数据源，介绍了常用风险识别、测度方法。对于供应商选择决策问题，我们使用风险识别、测度方法计算供应商的综合风险得分，并用一个例子详细说明了供应商选择决策的流程。基于数据驱动的供应商选择决策框架为基于大数据的采购风险管理提供了研究方向。更多的风险识别和测度方法可以集成到该框架中，并可以用于采购中的诸多管理决策问题，如采购方案决策、供应商欺诈风险评估、IT 服务采购、采购合同风险预警等。

参考文献

Chapman R J. 1998. The effectiveness of working group risk identification and assessment techniques. International Journal of Project Management，16（6）：333-343.

Chapman R J. 2001. The controlling influences on effective risk identification and assessment for construction design management. International Journal of Project Management，19（3）：147-160.

Fattahi R，Khalilzadeh M. 2018. Risk evaluation using a novel hybrid method based on FMEA，extended MULTIMOORA，and AHP methods under fuzzy environment. Safety Science，102：290-300.

Ghorbanzadeh O，Feizizadeh B，Blaschke T. 2018. Multi-criteria risk evaluation by integrating an analytical network process approach into GIS-based sensitivity and uncertainty analyses. Geomatics Natural Hazards & Risk，9（1）：127-151.

Humphrey A. 2005. SWOT analysis for management consulting. SRI Alumni Newsletter，1：7-8.

Kara M E，Firat S Ü O，Ghadge A. 2020. A data mining-based framework for supply chain risk management. Computers & Industrial Engineering，139：105570.

Kim G H，Trimi S，Chung J H. 2014. Big-data applications in the government sector. Communications of the ACM，57（3）：78-85.

Martino G，Fera M，Lannone R，et al. 2017. Supply chain risk assessment in the fashion retail industry：an analytic network process approach. International Journal of Applied Engineering Research，12（2）：140-154.

Nie R X，Tian Z P，Wang X K，et al. 2018. Risk evaluation by FMEA of supercritical water gasification system using multi-granular linguistic distribution assessment. Knowledge-Based Systems，162（15）：185-201.

Nugent T，Leidner J L. 2016. Risk mining：company-risk identification from unstructured sources. IEEE International Conference on Data Mining Workshops.

Schoenherr T，Tummala V M R，Harrison T P. 2008. Assessing supply chain risks with the analytic hierarchy process：providing decision support for the offshoring decision by a US manufacturing company. Journal of Purchasing and Supply Management，14（2）：100-111.

Sikorski J J，Inderwildi O，Lim M Q，et al. 2019. Enhanced procurement and production strategies for chemical plants：utilizing real-time financial data and advanced algorithms. Industrial & Engineering Chemistry Research，58：3072-3081.

Vishwakarma V，Prakash C，Barua M K. 2016. A fuzzy-based multi criteria decision making approach for supply chain risk assessment in Indian pharmaceutical industry. International Journal of Logistics Systems and Management，25（2）：245-265.

Yager R R. 1993. Families of OWA operators. Fuzzy Sets and Systems，59（2）：125-148.

Yager R R. 2001. The power average operator. IEEE Transactions on Systems，Man，and Cybernetics-Part A：Systems and Humans，31（6）：724-731.

Yager R R，Xu Z S. 2006. The continuous ordered weighted geometric operator and its application to decision making. Fuzzy Sets and Systems，157（10）：1393-1402.

Yang Q F，Wang Y Y，Ren Y D. 2019. Research on financial risk management model of internet supply chain based on data science. Cognitive Systems Research，56：50-55.

Yucesan M，Kahraman G. 2019. Risk evaluation and prevention in hydropower plant operations：a model based on Pythagorean fuzzy AHP. Energy Policy，126：343-351.

Zhang Z W，He J，Gao G X，et al. 2019. Sparse multi-criteria optimization classifier for credit risk evaluation. Soft Computing，23：3053-3066.

Zhao L T，Guo S Q，Wang Y. 2019. Oil market risk factor identification based on text mining technology. Energy Procedia，158：3589-3595.